ELEONORE DEHNERDT

Die Reformatorin

Roman

SCM Hänssler

SCM

Stiftung Christliche Medien

Bestell-Nr. 395.181
ISBN 978-3-7751-5181-8

Internet: www.scm-haenssler.de
E-Mail: info@scm-haenssler.de
Umschlaggestaltung: OHA Werbeagentur GmbH, Grabs, Schweiz;
www.oha-werbeagentur.ch
Titelbilder: Elisabeth von Calenberg: NMGrh 606; Unknown artist: Erik I, 1470-1540, hertig av Braunschweig-Calenberg Elisabet, 1510-1558, prinsessa av Brandenbur; Oil on canvas; photo: Erik Cornelius © Nationalmuseum. Wandteppich: Archiv OHA Werbeagentur GmbH
Satz: Satz & Medien Wieser, Stolberg
Druck und Bindung: CPI – Ebner & Spiegel, Ulm
Printed in Germany

Inhalt

»Meiner Herrin Elisabeth, Prinzessin von Brandenburg, will ich treu und ergebenst dienen bis zum eigenen Tode« Berlin, 1525

»Agnes, deine neue Herrin ist zwei Jahre jünger als du«, sagte meine Lehrmeisterin. »Sie wird Herzog Erich I., Herzog von Braunschweig-Lüneburg und Göttingen-Calenberg, heiraten, und du wirst ihre Kammermeisterin.«

Mehr sagte sie nicht. »Wer, wer genau ist die gnädige Frau, der ich dienen soll?«, hätte ich am liebsten gleich gefragt. Aber eine solch törichte Frage wäre mir nie über meine Lippen gekommen; seit meinem sechsten Lebensjahr war ich auf meine Aufgabe vorbereitet worden. Demut und Verschwiegenheit waren mir zur zweiten Natur geworden. Nun war ich 16 und bereit, meiner Bestimmung gerecht zu werden. Doch wer, wer würde meine Herrin sein? Mein Kopf zählte wie im Fieber alle jungen Prinzessinnen auf. Aber solange mir niemand sagte, zu wem ich geschickt werden würde, war eine solche Mühe vergeblich.

Meine Lehrmeisterin hatte jedoch das Feuer in meinen Augen bemerkt. Sie sah mich freundlich an und meinte endlich: »Du wirst Prinzessin Elisabeth, der Tochter des Kurfürsten Joachim I. von Brandenburg und seiner Frau Elisabeth, Tochter des dänischen Königs Johann I., dienen.« Sie beobachtete mich genau und wartete darauf, dass ich begriff, was sie sagte. Freude stieg in mir hoch. Ich erinnerte mich daran, was über meine Kindertage gesagt worden war: Meine Mutter war Amme am Hof der Prinzessin Elisabeth gewesen. So hatte es mir meine Mutter erzählt und später das Gesinde und die Adeligen. Also hatten Elisabeth und ich beide an der Brust meiner Mutter getrunken. Und nun würde ich mein Leben lang Elisabeth Gesellschaft leisten und in den Nächten, in denen sie allein war, das Bett mit ihr teilen.

Erst später, auf der langen Reise in die neue Heimat, ging mir auf, dass diese Aufgabe ein Leben in der Fremde bedeutete. Aber dieser Gedanke war mir an diesem Tag noch fern. Ich sprang auf. Am liebsten wäre ich sofort aus dem Zimmer gelaufen und hätte allen die Neuigkeit erzählt. Aber meine Meisterin hielt mich zurück. »Gehe zuerst in die Kapelle, erbitte Segen für deinen Weg«, sagte sie mit der freundlichen Stimme, die mich zehn Jahre lang begleitet hatte.

Ich war noch nie alleine in der Kapelle gewesen und fragte mich, wen ich um Segen bitten könne, wo doch kein Priester zugegen war. Ich sah mir alles genau an und dachte, dass Gott ja auch in der Kapelle sei, wenn niemand außer mir da ist. Das war mir zuvor nie in den Sinn gekommen. Als ich nach dem Gebet über den Hof zu den anderen Mägden schritt, fühlte ich mich stärker als eine Löwin.

Beilager in Berlin, Hochzeit, Residenz in Münden (1525)

Meine Herrin kam durch die linke Türe geschritten. Ihr neues Kleid saß tadellos und die geputzten Halsketten glänzten im Fackellicht wie kleine Sonnen. Wie herrlich sah sie aus! Erst seit Kurzem war ich in ihrem Gefolge und doch war mir jede ihrer Bewegungen schon so vertraut. Ich sah an ihrer Haltung, dass es ihr gut ging. In der Mitte des Zimmers blieb sie stehen, aufrecht und entschlossen. Sie schwieg und sah zur zweiten Türe. Kurz darauf öffnete sich diese und der Herzog kam herein. Er stand meiner Herrin im Putz nicht nach. Hemden, Röcke und Wämser saßen über der engen Hose. Um seine Schultern lag eine Stola aus Hermelin, an den Lenden hing sein siegreicher Degen und auf der Brust prangten die Auszeichnungen des Königs. Die Ketten und das Rubinkreuz klirrten leise, als er sich bewegte. Er blieb stehen und es war ganz still. Die Brautleute standen sich gegenüber und lächelten sich freundlich an. Beide Türen schlossen sich wie von unsichtbarer Hand und es war mir, als bliebe die Zeit stehen. Ich staunte: Es war meine Herrin, die freundlich, aber bestimmt das Wort ergriff: »Meine liebe Frau Mutter«, sagte sie, »gab mir den Rat, dass es das Beste sei, mit dem Küssen zu beginnen.« Und sie hob ihre Hand in die Höhe, damit der Herzog diese küssen könne. Er löste sich aus seiner Starre, schritt auf sie zu und küsste ihre Hand, wie es sich bei einer zukünftigen Herzogin gehörte. Und dann verhielt sich Elisabeth so, dass es mir bis heute den Atem verschlägt, wenn ich daran denke.

Ehe der Herzog etwas erwidern konnte, sprach sie: »Die Zeugen sollen nicht umsonst gekommen sein. Ich bin bereit meine Aufgabe zu aller Zufriedenheit zu erfüllen.« Sie winkte mir, damit ich kommen und sie entkleiden solle. Ich senkte den Kopf und tat es wie immer. Ich löste die Halsketten und knöpfte das Kleid auf. Innerlich zitterte ich, aber ich hatte jeden Handgriff tausendmal geübt. Ihre Kleider waren mir vertraut wie die meinen und ich bereitete meiner Herrin kein Ungemach. Der Herzog stand da und schaute uns zu. Es jagte mir einen Schauer über den Rücken. Ich griff aus Gewohnheit nach dem Nachtkleid, als meine

Herrin nackt war. Aber sie winkte ab. Ich trat zurück in die Dunkelheit und sah auf. Da stand meine Herrin. Aufrecht stand sie, wie ein Ritter vor dem Kaiser. Aber ich sah ihren Körper und es schnitt mir ins Fleisch. Sie war doch noch ein Kind! Mir schossen die Tränen in die Augen, und ich wünschte mir, ich hätte ihr meinen üppigen Körper leihen können. In meinem Innern schrie ich zu meiner Meisterin und bat um die Kraft, meine Aufgabe zu erfüllen. So wie Elisabeth nun ihrer Aufgabe gerecht wurde. Ich selbst wurde in diesem Augenblick zu einem Ding, das zu diesem Zimmer gehörte, nicht mehr als ein Schrank oder Stuhl. Ich hatte weder Ohren noch Augen. Diese mussten jetzt die Zeugen öffnen.

Ich muss an etwas denken, ich muss an etwas denken, was mich ablenkt, denn in diesem Augenblick tut sie mir nur leid. Diesen Augenblick will ich mir merken und werde nie wieder wünschen, eine Prinzessin zu sein. Nie könnte ich einen Mann heiraten, den ich erst am Tage zuvor gesehen hätte und der zudem noch älter wäre als mein eigener Vater. Aber so wie ich denken eben einfache Leute. Elisabeth war zufrieden, sie war immer bemüht, alles richtig zu machen. Sie war stolz darauf, zu dieser Ehe ausgewählt worden zu sein. Woran kann ich denken? Soll ich eine Geschichte erfinden oder in meinem Innern ein Lied summen? Nein, ich muss jetzt einen klaren Kopf behalten. Von den viel gepriesenen Brautwochen vor der Hochzeit waren nur zwei Tage und eine einzige Brautnacht geblieben. Welche Eile! Der Herzog hatte nicht früher aus Spanien zurückkehren können. Die Trauung würde wie üblich erst später in Stettin stattfinden. Woran soll ich denken? Es gibt keine Flucht, dies ist mein Platz, dies ist meine Aufgabe.

Aus den Augenwinkeln sah ich, wie sich der Priester regte. Sein Gesicht zeigte gespannte Aufmerksamkeit. Ich wandte mich ab. Hinter einem der Vorhänge konnte ich den Obersten Amtsdiener sehen, der vergeblich versuchte, seine Leibesfülle zu verstecken. Ihm war das Zeugenamt sichtlich unangenehm.

Welche Aufregung heute Morgen, als sich der Herzog mit seinen Leuten dem Schloss genähert hatte. Es eilte ihm eine große Schar entgegen. Sobald er auf dem Fürstenhof einzog, hatte Elisabeth hinter ihrem Fenster gestanden, und wir sahen, dass er der

Stattlichste aller Kämpfer war. Es war das erste Mal, dass Elisabeth ihren zukünftigen Gemahl sah. Ich beobachtete sie, wie sie ihn betrachtete: Ein kräftiger Mann, mit freundlichem Gesicht, den Bart sorgfältig gekämmt. Seine Augen ließen auf Klugheit und Entschlossenheit schließen. Es war ein Mann, der es gewohnt war zu herrschen. Ich blickte Elisabeth an, wir sagten kein Wort. Sie beobachtete alles genau und trug den Kopf erhoben und aufrecht. Sie war zufrieden. Welch eine Frau.

Und da rief mich meine Herrin.

Ich wusste nicht, wie viel Zeit verstrichen war. Der Priester und der Amtsdiener waren verschwunden, selbst der Herzog war nicht mehr zugegen. Hatte ich so tief geträumt? Elisabeth hatte sich die Decke bis über die Schultern gezogen. Ihre Wangen waren gerötet. Hatte sie Fieber? Ich eilte zu ihr. »Was wünscht Ihr, Herrin? Kann ich Euch etwas helfen?« Elisabeth schüttelte den Kopf: »Geh und hole meine Mutter. Sie wollte mich sehen, wenn die Brautnacht zu Ende ist.« Die Kurfürstin hatte sich nicht weit entfernt, sie wartete in einem Raum auf der anderen Seite des Flures. Als sie mich sah, eilte sie an das Bett ihrer Tochter. »Geht es dir gut, meine liebste Tochter?« Sie strich Elisabeth über die Stirn. »Hier, trink dies.«

Sie reichte Elisabeth einen dampfenden Kelch mit einem heißen Trunk aus Eigelb und Zucker, dazu drei Feigen. »Kaue die Feigen gut und achte auf das Knirschen der kleinen Samenkörner.« Immer wieder reichte die Mutter ihr den Becher mit dem süßen, warmen Eitrunk. Als Elisabeth zu ihrer Zufriedenheit die Feigen gegessen und den Becher geleert hatte, streichelte die Kurfürstin ihre Tochter und nahm sie in die Arme. »Ich bin voller Liebe und Stolz«, sagte sie. »Soll ich diese Nacht an Eurem Bette bleiben?« Meine Herrin lachte. »Es wird Zeit, dass wir alle schlafen, denn morgen ist ein großer Tag und meine liebe Dienerin soll auch nicht länger stehen müssen.« Wie immer war meine Herrin vernünftig. Sie dachte sogar an mich.

Elisabeth stand auf. Ich eilte und holte das gewärmte Wasser, das ich schon vorbereitet hatte. Dann wusch ich sie mit einer feinen Seife und legte ihr das Nachtkleid um. Währenddessen zog ihre Mutter eigenhändig das Laken ab und untersuchte es genau. »Gut, gut, gut« hörten wir sie murmeln. Sie drückte ihre Tochter noch einmal, sah sie stolz an und verließ das Zimmer.

Wenig später kam die Hebamme, um sich das Bettlaken zu holen. Sie streute Asche über die feuchten Stellen. »Ihr werdet viele Kinder bekommen«, sagte sie zu Elisabeth, als sie die Zeichen betrachtet hatte. Sie gab das Tuch einer Heilerin und wies sie an: »Verbrenne es zusammen mit dem Schweif einer trächtigen Stute. Sammle die Asche in einen Krug und achte darauf, dass du sie auf den Weg streust, wenn die Brautleute nach Stettin ziehen. Sie müssen darüber reiten, damit die Kinder bald kommen.«

Zwei Tage nach der Brautnacht meldete ein Diener den Herzog bei meiner Herrin an. Wenig später trat Erich I. in die Stube. Er lächelte Elisabeth freundlich an und küsste ihre Hand: »Ich verlasse Euch nur ungern, aber dringende Geschäfte rufen mich von Euch fort. Wir werden uns erst in Stettin zur Hochzeit wiedersehen.« Elisabeth schaute ihn überrascht an. Schnell fuhr er fort: »Vielleicht wird es Euch ein wenig trösten: Ich will Euch einen wahrhaft königlichen Stoff mitbringen von meiner Reise, purpurnen Samt. Ich habe bereits zwei Berittene vorausgeschickt, um dieses Anliegen zu vertreten.« Und schmunzelnd fügte er hinzu: »Solch ein kluger Kopf wie der Eure sollte nur auf dem edelsten Stoff Platz nehmen.«

Elisabeth jauchzte vor Freude. Purpurner Samt! Keiner kann sich die Freude Elisabeths, ihrer Schneiderin, ihrer werten Mutter und mir vorstellen. Als der Herzog gegangen war, tanzten wir wie ausgelassene Kinder in der Herrin Kammer.

Es lag am roten Samt, der uns über alles erhaben machte. Ja, Elisabeth frohlockte sogar, als sie dem Herzog zum Abschied winkte. Denn je schneller er fortritt, umso schneller würde er doch damit zurückkehren.

Doch die letzte Bemerkung des Herzogs blieb nicht ungehört. Bei der ersten Begegnung zwischen Elisabeth und Erich I. hatte ihr Vater Kurfürst Joachim von Brandenburg im Beisein von allen anderen verkündet, dass Erich mit seiner Tochter bald eine gebildete Frau sein Eigen nennen würde. Seit ihrem zehnten Lebensjahr war Elisabeth zusammen mit ihren Brüdern in Schreiben und Mathematik unterrichtet worden. Damals hatte der Kurfürst hinzugefügt: »Auch wenn eine Frau nicht die natürlichen Geistesgaben eines Mannes besitzt, so ist sie doch jedem einfachen Manne überlegen und kann sehr wohl mit Geschick und Verstand dem Volke befehlen und durch ihr kritisches Auge Schaden von ihrem Hause abwenden. Meine Tochter braucht keine Übersetzer für die Messen und Rechtssprüche. Sie ist des Lateinischen besser kundig als mancher Aristokrat!« Stolz hatte er seine Tochter angeblickt. Ihre Wangen hatten sich rot gefärbt und sie hatte zu Boden geblickt.

Doch als der Kurfürst nun von den Worten des Herzogs erfuhr, machte er sich Sorgen und auch die Kurfürstin blickte besorgt. Sie bat Elisabeth um ein ernstes Gespräch. »Die Adeligen bevorzugen einfache Frauen, die gesunde Kinder gebären und sich gerne schmücken«, sagte sie zu ihrer Tochter. »Was ist an mir falsch?«, empörte sich meine Herrin. »Ich habe stets nach den Wünschen meiner Eltern gehandelt und mich auf meine Aufgaben vorbereitet!« »Ihr seid eine wunderbare Tochter und Ehefrau«, tröstete sie die Mutter. »Ihr habt eben nur den geradlinigen, gescheiten Sturkopf Eures Vaters geerbt. Und den verlieren in der heutigen Zeit die Frauen nur zu schnell. Egal, auf welch schönem Stoff er sitzt.« Da begriff Elisabeth, was sie meinte. Diese Worte hätte ihre Mutter nie im Beisein des Vaters gesprochen. »So zählt eine Adelige, die ihrem Gemahl das Bier brauen kann, mehr als eine edle Frau, die sich auf das Rechnen versteht?« »So ist es, meine liebe, kleine Elisabeth. Aber Ihr habt Glück, Euer zukünftiger Gemahl schätzt an Euch die edle Form ebenso wie Euren scharfen Verstand.« Meine Herrin seufzte erleichtert. Ihre Mutter fuhr fort: »Ihr werdet oft ohne Euren Gemahl sein. Er ist ein Mann des Krieges und kann nicht immer sein eigenes Land im Auge behalten. Seine vorherige Gemahlin verstand es, seine Geschäfte zu ordnen, und ich fürchte, dass auch Ihr der Aufgabe gewachsen sein müsst. Meine liebe Kleine, Ihr werdet Euer Wissen nötig haben, damit Ihr den Überblick behaltet, wenn er außer Landes ist.« Wie recht die Mutter damit hatte!

Die Wochen, während wir auf Nachricht warteten, dass der Herzog nach Stettin unterwegs war, wurden unerwartet anstrengend für mich. Und das kam so: Nur wenige Tage nachdem der Herzog abgereist war, schrieb meine Herrin den ersten Brief an ihn. »Ich muss ihm schreiben, wie viel Samtstoff ich brauche, sonst wird das Kleid vielleicht nicht lang genug oder der Stoff für den Hut fehlt«, sagte sie zu mir, während ich Papier und Feder holte. »Außerdem will ich ihm versichern, dass ich treu und ergeben auf seine Ankunft in Stettin warte. Hole am besten zuerst die Schneiderin, dann kann sie gleich Maß nehmen, wie viel Stoff wir brauchen.« Die Schneiderin maß Elisabeth sorgfältig ab. »Nun schreibe mir auf, wie viel Maß und Elle du benötigst«, sagte Elisabeth und reichte ihr Papier und Feder. Die Schneiderin schaute sie erstaunt an. »Aber Herrin, ich kann nicht schreiben. Ich weiß nur im Kopf, wie viel Stoff ich brauche.« Elisabeth runzelte die Stirn und wandte sich an mich: »Nun gut, dann notiere du es, Agnes«. Ich schüttelte den Kopf. »Es tut mir leid, Herrin, aber auch ich habe nie schreiben gelernt.« Elisabeth wurde ungehalten: »So können die, die um mich sind, mir nicht mit Sicherheit mitteilen, wie viel Stoff ich benötige, geschweige denn die Farbe der Bänder und Perlen aufschreiben? Sollen denn die Handwerksmeister und Kaufleute in allem über uns hinauswachsen?« Sie sah uns wütend an. Doch plötzlich klatschte sie in ihre Hände. »Agnes, hol mir die Köchin, den Schmied und den Pferdemeister her. Sofort!« Verblüfft rannten wir aus dem Zimmer. Draußen schauten die Schneiderin und ich uns noch einmal ängstlich an. Dann lief ich ins Gesindehaus. Die Schneiderin suchte die Köchin. Warum war unsere Herrin wütend auf uns? Was hatte sie vor?

Elisabeth sah uns an und fragte: »Wollt ihr mir wirklich dienen und Gefahren von mir wenden?« Wir nickten und waren gekränkt, weil sie uns doch schon kannte und wir uns nichts zuschulden hatten kommen lassen. »Nun, um richtig dienen zu können, reicht es nicht aus, geschickte Hände zu haben und ein reines Herz. Ihr müsst auch eure Geschäfte so sorgsam wie ein Kaufmann führen und damit Betrug und Scharlatanerie ausmerzen.« Es war niemand unter uns, der in dem Augenblick der Herrin in die Augen sehen konnte. Aber wir verstanden. Vom nächsten Morgen an kam täglich ein Lehrer und blieb bei uns, bis wir anständig rechnen und lesen konnten. Wir litten gemeinsam, während unsere zitternden Hände die Feder führen mussten, aber was blieb uns übrig? Des Schmieds Frau bekam Angst, denn sie fürchtete, dass andere ihrem Mann misstrauen würden, wenn er des Lesens kundig wäre. »Zu viel Wissen ist gefährlich«, sagte sie. »Schaut nur, wie viele Frauen und Männer schon auf dem Scheiterhaufen landeten aus diesem Grund.« Alle, alle schüttelten verwundert den Kopf, selbst die Eltern meiner Herrin fanden die Anweisung unnatürlich.

Oh, wie schwer waren diese Buchstaben! Ich konnte am Tage nicht mehr klar denken und des Nachts weckten mich Albträume, in denen sich Buchstaben versammelten, auf mich einredeten, mir nach dem Leben trachteten, mir in beide Ohren bissen oder an den Finger kleben blieben. Elisabeth bemerkte meinen Kummer wohl, sagte jedoch öfter klar und deutlich zu mir: »Vielleicht wirst du mir einmal das Leben retten, weil du lesen und schreiben kannst.«

Wenn ich an die Hochzeit denke, so schwirren mir heute noch all die Namen der Edelleute, die Kleider und Huldigungszeremonien ebenso wirr durch den Kopf. Meine Aufgabe war es wie immer, meine Herrin nicht aus den Augen zu lassen. Sie war so schön und zufrieden. Ihr Gemahl trat in den Saal, setzte sich zu ihr und fing eine rege Plauderei mit ihr an. Zusammen lachten sie und jeder konnte sehen, dass sie sich gut waren. Dann trat einer seiner Knappen ein, ein großes Bündel auf den Armen. Der Herzog nahm es ihm aus der Hand und sagte zu Elisabeth: »Als Zeichen meiner Ergebenheit nehmt mein Hochzeitsgeschenk.« Damit schlug er die Umhüllung zurück. Ein »Aah!« und »Ooh!« war im ganzen Saal zu hören. In den Händen des Herzogs lag ein Stoff, wie ich ihn noch nie gesehen hatte. Er übergab meiner Herrin den purpurnen Samt. Sie strich staunend über den Stoff. Dann erhob sie sich kurzerhand und gab dem Herzog einen Kuss. Mitten auf den Mund. Alle lachten und johlten.

Später, als die Schneiderin den Stoff in den Händen hielt, schossen ihr die Tränen in die Augen, denn noch nie hatte sie einen so wertvollen Stoff verarbeitet. Sie vermaß die Länge und die Breite und schrieb die Maße auf ein Stück Papier. Später sagte sie, dass der Stoff üppig sei und sie deshalb zu einem Mantel rate, damit er jederzeit über den Kleidern getragen werden könne. »Mit dem Mantel werde ich wahrlich eine richtige Herzogin sein«, freute sich Elisabeth. »Aber zuvor muss mein blaues Kleid mit dem weißen Überwurf fertig werden, denn damit werde ich in Münden einreiten.«

Welch ein Tag, als meine Herrin in Münden einzog! Vom Schloss und der Kirche wurden Fanfaren geblasen. Sie ritt auf einem Schimmel. Über ihrem blauen Kleid wehte ihr weißer Umhang, und ihr Hut war über und über mit goldenen Perlen bestickt. Vier junge Männer trugen einen Baldachin über ihr, damit sie nicht von der Sonne verbrannt würde.

Die ganze Stadt war auf den Beinen. Die Dienerschaft rief uns gute Wünsche entgegen, und aus den Fenstern wurden Blumen geworfen. Auf den Flüssen Werra und Fulda schaukelten geschmückte Boote. Der Hofstaat hatte vor dem Schloss eine Gasse gebildet. Alle jubelten und verneigten sich aufs Lieblichste. Die angereisten Herzöge, Fürsten, Ritter und Adelige hatten sich in vollem Putz auf ihre Pferde gesetzt und schwenkten ihre Fahnen.

So erschöpft wir auch von der Reise waren, wir vergaßen augenblicklich alle Müdigkeit und gerieten in einen Taumel voller Glückseligkeiten. Am Abend wurden die köstlichsten Speisen aufgetischt und es gab keinen Diener, der nicht mindestens einen halben Krug Bier trank.

Zu Ehren seiner Frau hatte der Herzog alle Ritter zu einem Ritterturnier geladen, was eine kostspielige Seltenheit darstellte. Drei Tage dauerte es, bis der Sieger feststand. Aus Elisabeths Hand erhielt der Beste das Zeichen des Siegers. Das Tuch war von Mündens Meisterschneiderin angefertigt worden und mit dem Calenbergischen Wappen bestickt.

Der Herzog und Elisabeth saßen drei Tage lang in der Tribüne und unterhielten sich angeregt, während ich im Hintergrund stand und das

Turnier gespannt beobachtete. Ich konnte sehen, wie stolz der Herzog auf Elisabeth war. Sie war voller Neugier, fragte ihn viel und beobachtete mit Zufriedenheit, dass ihr Gemahl modisch gekleidet war und zu den wenigen gehörte, die sich noch solch kostspielige Ritterturniere leisten konnten. »Die Ritter sind heutzutage im wirklichen Kampf wie die Schellen an den Schuhen. Sie klappern und beeindrucken – behindern aber das schnelle Voranschreiten erheblich«, erklärte ihr der Herzog. »Wie meint Ihr das?«, fragte Elisabeth nach. »Seht doch selbst, wie langwierig die Prozedur ist, bis ein Ritter in voller Ausrüstung auf sein Pferd kommt. In der Zeit hat er ja gegen das Fußvolk schon verloren.« »Aber sie sehen sehr edel aus«, warf Elisabeth ein. »Ja, meine Liebe, so edel, dass sie meinen, dem Adel nun Konkurrenz machen und Ansprüche stellen zu müssen. Meine Liebe, Ihr werdet noch spüren, was es damit auf sich hat. Sobald ein Fürst an Macht verliert, sind sie da und erpressen ihn. Wir müssen uns eben gut mit ihnen stellen.«

Es waren gewiss an die 60 Berittene da, aber mir haben sich nur zwei Männer wirklich eingeprägt. Beim Anblick des ersten gefror mir das Blut in den Adern. Heinrich, Herzog von Wolfenbüttel, war der Neffe Erichs I. Als er an die Tribüne herantrat, grüßte er den Herzog freundlich genug, doch seine Augen verengten sich, als er Elisabeth ansah. Seine tiefe Verbeugung schien etwas Spöttisches an sich zu haben. Heinrich hatte damit gerechnet, dass sein Onkel ohne Erben bleiben würde und er dann seine eigenen Ländereien Braunschweig und Wolfenbüttel mit dem Herrschaftsgebiet Erichs I. vereinen könne. Mit dem Calenbergischen Gebiet wäre er sehr viel mächtiger geworden, vor allem, weil er selbst schon Söhne hatte. All die Burgen, Klöster und Schlösser ... alles hatte Herzog Heinrich schon in seinen Händen geglaubt. Aber dann war Erichs I. unfruchtbare Frau, Katharina von Sachsen, im vorigen Jahr unvermutet gestorben und Erich hatte Elisabeth geheiratet, die, wer weiß, vielleicht schon seinen Samen in sich trug ... und damit einen Erben.

Doch es gab auch andere Besucher. Der andere Adelige, den ich in guter Erinnerung behielt, hatte keine weite Reise gehabt. Landgraf Philipp von Hessen hatte seinen Hof bei Kassel und war ein ausgesprochen umgänglicher Herr. Sobald er zugegen war, wurde die Stimmung heiter und seinem Versprechen von Freundschaft und Unterstützung ließ er stets Taten folgen. Ich war erleichtert, den freundlichen Landgrafen in der Nähe zu wissen. Trotzdem blieb ich auf der Hut, ließ alle Speisen kontrollieren, die Elisabeth zu sich nahm, bis Herzog Heinrich abgereist war.

Nach der Aufregung der Ankunft und des Turniers begann für uns alle der neue Alltag in Münden. Da der Herzog jeden Abend in das Schlafgemach von Elisabeth kam und bei ihr lag, schlief ich häufig in der Mägdekammer. So lernte ich das übrige Schlossgesinde kennen. Die Altfrau Bertha stand den Dienstleuten vor, sie begrüßte mich an meinem ersten Abend freundlich und bestimmt. »Du wirst dir ein Lager mit den anderen von eurem Gefolge teilen«, wies sie mich an. Ich blickte zu der Schneiderin und der Meisterköchin hinüber und nickte erfreut. Es war gut, nicht die einzig Fremde zu sein. Altfrau Bertha eilte davon, um Ärger zwischen zwei Burschen zu schlichten, die sich wohl um einen Platz stritten. Es war noch hell, jetzt im Sommer, und so saßen wir an diesem Abend noch lange zusammen am Feuer. Alle bestürmten uns und wollten jede Kleinigkeit hören über die neue Herrin, ihre Reise und die Gepflogenheiten am Berliner Hof. Erst weit nach Mitternacht konnte ich in mein Bett kriechen.

Trotzdem war ich viel zu aufgeregt, um gleich in den Schlaf zu finden. Zum Glück ging es den anderen ähnlich, wir vier lagen im Bett und unterhielten uns noch, als die meisten anderen schon schnarchten. Plötzlich raschelte es in einem der Betten und eine junge Magd (sie hieß Neuberin, wie ich später erfuhr) keifte durch den Raum: »Wenn ihr schon die andern beim Schlafen stört, dann sprecht wenigstens richtig deutsch und schwatzt nicht so blöd daher wie die neue Herrin!« Wie vom Blitz getroffen saßen wir da. Zuerst konnte ich gar nicht begreifen, was ich da hörte. Dann ergriff mich blinde Wut. Ich sprang aus dem Bett und rannte zu der frechen Frau. Ich packte sie hart beim Hemd. Sie schrie auf und ich konnte ihre Angst riechen. »Sag das noch mal, du ungebildetes, nichtsnutziges Weib«, brüllte ich sie an. »Bloß weil du hier nur die Küche kennst und nicht weißt, welche Sprachen die Adeligen anderer Länder sprechen, musst du nicht unser aller Herrin beschimpfen! Hast du ihr nicht heute beim Einritt gehuldigt? Hast du nicht wie die andern vor Gott ein Gelübde abgelegt? Wenn du dabei übel dachtest, mögen dich alle bösen Flüche treffen!« Ich war so erbost, dass mir Tränen über die Wangen liefen. Die Schneiderin, die Köchin und Altfrau Bertha eilten herbei und zogen mich von der Neuberin weg. Alle anderen waren wieder wach und sahen mit großen Augen der Szene zu. Die Schneiderin versuchte, mich zu beruhigen: »Das ist doch nur der Berliner Dialekt, Agnes, den kennt sie nicht«. »Meine Herrin«, fauchte ich, »meine Herrin beleidigt niemand ungestraft. Gott wird es zeigen.«

Damit sollte ich recht behalten. Fünf Tage später fand man die Neuberin ertrunken in der Fulda. Ihre Leiche wurde zwischen zwei Booten gefunden, als die Frachtschiffer am nächsten Morgen ihre Fahrt fortsetzen wollten. Mir wurde ganz schwindelig, als ich es erfuhr, und nahm mir vor, in Zukunft Vorsicht walten zu lassen mit meinen Aussprüchen.

Am Tag danach richtete ich meiner Herrin gerade die Haare, als eine Dienerin hereinstürzte: »Der Leibarzt Mithof ist beim Herzog, gnädige Herrin«, stammelte sie außer Atem. »Ihr wolltet doch wissen, wenn es so weit ist«. »Mach schnell, mach schneller«, drängte mich Elisabeth. Nur halb fertig frisiert stand sie auf und lief aus dem Zimmer, ich mit der Stola hinterher. Der Herzog schaute verwundert auf, als wir in sein Gemach stürzten. »Verzeiht die Verspätung«, rief meine Herrin atemlos und setzte sich. Ich legte ihr die Stola um die Schultern und wusste nicht, wohin ich sollte. Also trat ich einfach zurück und wartete. »Ihr hättet nicht so zu eilen brauchen«, meinte der Herzog. »Ich hätte Euch schon berichtet, dass wir nun eine Küchenmagd weniger haben. Sie wurde tot im Fluss gefunden. Aber ich denke, da wird sich bald jemand Neues finden; und wenn Ihr möchtet, könnt Ihr mit Eurer Köchin die neue Frau aussuchen. So werdet Ihr über den Verlust leicht hinwegkommen.« Die Herzogin wandte sich an den Leibarzt: »Mithof, sagt mir, was geschehen ist!« »Nun, ich erfuhr, dass all das Unglück doch einzig zu Eurem Glück beiträgt.« »Ich nenne es kein Glück, wenn erst eine Magd sterben muss, damit ich eine Neue aussuchen kann.« Mithof nickte ergeben. »Gewiss, gnädige Herrin. Jedoch verhält es sich anders. In den Tagen vor Eurer Ankunft haben wir alle Krankheiten und alles Unglück der seligen ersten Gattin des Herzogs und selbst ihren Tod in einen Topf gebannt, damit es Euch nicht ebenso erginge. Zusätzlich haben wir für jedes Unglück einen Nagel in den großen Ahorn geschlagen, damit er alles Unheil annimmt. Den Topf haben die Heilerin und Altfrau Bertha an einen geheimen Ort gestellt. Wer nun als Erstes durch die Türe geschritten ist, wo der Topf stand, auf den hat sich das Unheil gelegt. Altfrau Bertha hat mir schon berichtet, dass es die Neuberin gewesen ist, die zuerst an dem Topf vorbeigeschritten war. Ebenso ist es dem ersten Tier ergangen, das über den Ahorn geflogen ist.«

Meine Herrin versuchte zu verstehen, was Mithof sagte. »Bei uns in Brandenburg sind die wirksamen Rituale anders. Aber Ihr meint, somit ist der Fluch also gebannt?« »Jawohl, gnädige Herrin«, antwortete Mithof. »Meine liebste Mutter pflegte sich immer noch drei Tage und Nächte zu schützen, wenn die bösen Geister ausgefahren waren«, gab Elisabeth zu bedenken. »Das wird auch jetzt vonnöten sein«, erwiderte Mithof. »Da aber eine Magd umkam, wird auch eine Magd, die Euch nahesteht, der Schutzschild sein.« Mir schoss augenblicklich das Blut ins Gesicht. Meine Herrin sah meinen roten Kopf und die Angst in meinen Augen. »Mein Kind«, sagte sie, »Agnes, dir krümmt doch niemand ein Haar! Wir werden doch beide in den Schutz Gottes gestellt werden.« »Kanntest du die Neuberin?«, fragte mich Mithof. Ich nickte stumm. Und ich konnte es nicht lassen hinzuzufügen, dass sie gewiss nicht freiwillig der Herrin Gutes getan hätte, sondern wohl eher wie Judas die gerechte Strafe erhalten habe. Danach durfte ich endlich wieder schweigen. Die beiden sprachen weiter miteinander, als ob ich nicht da wäre. Und so war es mir recht.

Die nächsten drei Tage musste ich frischen Beifuss in meine Schuhe stecken, damit die Teufel vertrieben würden. Das Kraut stach mich in die Füße und mehr als einmal verlor ich deshalb fast meine Schuhe und stolperte. Als angenehmer stellte sich eine andere Prozedur heraus. Ich sollte mich auf Anweisung von Mithof bei Sonnenaufgang und Sonnenuntergang mit Johanniskraut abreiben, das mit Butter verknetet worden war. Also rieben mich meine Bettgenossinnen jeden Abend und Morgen mit der grünen Butter ein. Trotz meinen Ängsten, dass ich mit der Salbe eher die Fliegen und das Unglück anziehen würde, war es jedoch so, dass meine Haut weich und weiß wurde. Die andern wollten noch Tage danach meine Arme anfassen und sie staunten darüber, dass auch in meinen Adern sich das Blut blau gefärbt hatte. Ich war sehr stolz und meiner Herrin von Herzen dankbar.

Es war gewiss schon die Zeit eines Mondmonats um, als ich eines Abends im Gemach meiner Herrin wartete, damit sich wie gewohnt die Tür öffnete. Aber es geschah nichts, der Herzog kam nicht. Die Nachtwächter hatten Mitternacht schon lange ausgerufen. Elisabeth lag wach wie ich selbst. Wir hörten den Wind in den Bäumen und die leisesten Geräusche. Ab und zu kreischten die Katzen. Dann irgendwann stand Elisabeth auf. »Bleib ruhig liegen«, wies sie mich an, »ich schaue nach, ob etwas geschehen ist. Genieß so lange die weichen Kissen!« Auf bloßen Füßen glitt sie zur Türe hinaus und schloss diese leise wieder hinter sich. Wie sollte ich die weichen Kissen genießen, wenn sich in mir die Angst breitmachte, dass meiner Herrin etwas geschehen könnte? Vielleicht war ja auch der Herzog nur nicht gekommen, weil er nicht mehr lebte? Die Stunde, in der ich alleine in dem Bett lag, war eine Höllenqual. Ich sah Mörder unter dem Bett, Drachen hinter den sich blähenden Gardinen und Gift, das in die Kissen genäht war. Als sich die Tür öffnete, machte ich die Augen zu und wagte nicht, mich umzusehen. Aber es war meine Herrin, die unter die Decke schlüpfte und ihre eiskalten Füße an meine Beine streckte. »Was ist geschehen?«, frage ich und rieb ihre Füße zwischen meinen Händen. »Nichts ist geschehen«, lachte meine Herrin. Als sie mein verständnisloses Gesicht sah, fügte sie hinzu: »Der Herzog ist so betrunken wie sein Knappe. Er schlief auf dem Boden und der Herzog auf seinem Stuhl.« »Und dann?«, fragte ich. »Ich denke«, wehrte meine Herrin freundlich ab, »solche Nächte sind eher gewöhnlich.« »Warum seid Ihr so lange ausgeblieben?« wollte ich wissen. Sie meinte: »Wo denkst du hin, wie schwer es ist, einen solch großen Mann zu entkleiden und ins Bett zu bringen! Ich musste meinen Herrn Gemahl von einer Seite auf die andere drehen, um ihn aus den Kleidern zu bringen. Und dabei glaubte er auch noch gegen die Türken zu kämpfen, sodass ich seiner Faust geschickt ausweichen musste. Dabei fielen mir erst die vielen Narben auf, die er am Körper trägt. Und ich begreife nun, was es bedeutet, so viele Schlachten zu schlagen und Belagerungen durchzuhalten.«

Meine Herrin geriet zu meiner Verwunderung immer mehr ins Schwärmen. Hatte sie nicht eben ihren völlig betrunkenen, fünfundfünfzigjährigen Mann wie ein Kleinkind zu Bett gebracht? Doch sie erzählte munter weiter von seiner Pilgerreise nach Jerusalem, dass er dem kaiserlichen Heer von 15 000 Mann befahl und selbst schwer verwundet Kaiser Maximilian in der Schlacht bei Regensburg noch das Leben gerettet hatte. Ich war es nicht gewohnt, dass meine Herrin so viel von sich erzählte, und tat lieber, als ob ich einschliefe, damit es sie nicht später gereuen sollte.

Doch ich wollte die Begebenheit nicht auf sich beruhen lassen, denn ich wollte nicht, dass der Knappe davonkam. In aller Frühe ging ich zur Altfrau Bertha und fragte sie: »Wie kann ich mit Mithof sprechen, ohne dass meine Herrin etwas davon erfährt?« Sie sah mich nur wissend an. Ich hätte es mir denken können, nichts blieb vor ihr verborgen. »Ich werde es schon richten, dass er dich finden wird, wenn du alleine bist, Agnes.« Bei Bertha war immer alles ganz einfach. Ich habe nie herausgefunden, über welche Mittel und Wege sie verfügte, aber ihre Ruhe machte mich immer zuversichtlich.

Mithof fand mich schneller, als ich gedacht hatte. Es war am späten Vormittag und ich war gerade in der Küche, um nach dem Mittagessen zu sehen. Meine Herrin hatte mich weggeschickt, da sie sich ungestört umfangreichen Abrechnungen widmen wollte. Mithof lächelte mich an und meinte zu mir: »Eine gute Kammermeisterin hat wenig freie Zeit, es sei denn die Herrin schaut so gerne in die Bücher, wie es nun die deine tut.« Er wusste also Bescheid und er hatte wohl noch dafür gesorgt, dass meine Herrin so schnell nicht wieder zugegen sein würde. Ich nickte ihm dankbar zu. »Ich muss Euch eine unangenehme Begebenheit erzählen.

Gestern Nacht musste sich Elisabeth eigens um den Herzog kümmern, denn sein Knappe war so betrunken gewesen, dass er weder in der Lage war seinen Herrn ins Bett zu schaffen, geschweige denn meiner Herrin angemessen zu dienen«, begann ich. Aber dann versagte mir die Stimme und ich heulte wie ein Waschweib. Schluchzend stammelte ich: »Ich habe Todesängste um meine Herrin gehabt.« Mithof war erstaunt, wie sehr mir der Vorfall ans Herz ging, aber er versprach mir, für Ordnung zu sorgen, ohne dass ich den Zorn des Knappen auf mich zog. Und tatsächlich: Der Knappe verrichtete am Abend blau geprügelt seinen Dienst und war niemals wieder in unserer Gegenwart betrunken.

Meine Tage waren voll emsiger Arbeit. Es verging keine Minute, in der Elisabeth untätig war. Wartete sie auf Besucher, so studierte sie die Hofordnung oder die Karten. Kamen wir aus der Stadt zurück und hatten noch den Staub der St.-Blasius-Kirche an den Schuhen, so verlangte sie vom Schreiber die Zeichnung und Kostenrechnung über den Anbau zu sehen. Sie prüfte auch die Rechnungen und alles, was über den Hof und die Ländereien geschrieben stand. Wurden ihre Augen müde, so reichte sie mir das Papier, damit ich weiter vorlesen sollte. Ich setzte meinen Finger auf das Papier und der Schweiß perlte auf meiner Stirn. »Das muss sich bessern«, drohte sie mir. Doch ich konnte nicht mehr als stottern. Später wurde sie milder und sagte: »Das kommt von ganz allein. Du musst nur immer tüchtig lesen.« Und sie fügte hinzu: »Wer die Mühe des Schreibens kennt, wie sich die Muskeln verkrampfen und die Augen zu tränen beginnen, wird niemals den Finger auf das Buch legen und damit die Arbeit eines Schreibers zerstören.« Danach traute ich mich fast nicht mehr, ein Buch oder Blatt in der Hand zu halten. Aber ich musste. Und irgendwann war ich darin sogar gut, denn ich wurde auch dazu beauftragt, aus der Amts- und Schreibstube im Schloss Papiere für meine Herrin zu holen. Mich, die Kammermeisterin, sah man mit einem Bündel Papier unter dem Arm die Treppen empor- und wieder hinuntersteigen! Das hätte meine Lehrmeisterin bestimmt nie gedacht.

Die Papiere machten Elisabeth aber keine Freude, nur Sorgen. Ich verstand nichts davon, nur, dass es immer um Geld ging. Sie aber studierte jedes Dokument genau und erkannte, dass der Herzog unübersehbare Schulden hatte.

»Bei Gott, dieses Land ist schwer zu regieren«, klagte der Herzog eines Abends, als das Paar mit dem Kanzleischreiber zusammensaß. »Als ich es von meinem Vater übernahm, war einzig Uslar bereit mir zu huldigen. Es war ein langer Kampf, Göttingen zu gewinnen, das sich unter den Schutz Hessens gestellt hatte und sich zudem noch als Reichsstadt führte. Ein langer Kampf war es. Alle wussten, dass ich von meinem Vater Schulden geerbt hatte, die es zu begleichen gab.« »Und, sind diese inzwischen abgetragen?«, fragte Elisabeth mit aufrichtigem Interesse. Statt seiner antwortete der Kanzleischreiber Lorleberger: »Die Wahrheit ist, dass sich die Schulden mehren, denn wir sind dem Kaiser zu Steuern verpflichtet und zahlen an die heilige Kirche ebenso unseren Tribut.« Und er fügte hinzu: »Es soll uns ja nicht ergehen wie den armen Edlen Lüneburgern, die nicht einmal das Geld für den Papst aufbringen konnten und bei denen so ungehindert die Reformation Einzug halten kann!« »So weit wird es nicht kommen«, erklärte der Herzog. »Übers Jahr werden Göttingen, Hannover, Hameln und Northeim 13.000 Gulden aufbringen, und die 150 Adeligen und kleineren Städte werden ebenfalls das Ihrige dazutun. Aber man muss alle ermahnen und das Geld eintreiben. Freiwillig kommt niemand daher.« Er schien unbelastet zu sein von den Schulden, anders als Elisabeth. Ich sah in ihren Augen, wie der Gedanke an die Last sie bedrückte.

Am nächsten Tag war die gemeinsame Zeit für den Herzog und meine Herrin zu Ende. Der Herzog reiste ab. Als sie im Burghof zusammenstanden, sagte er zu seiner Frau: »Dass ich so lange in Münden bleibe, wird nie wieder so sein. Wenn ich nicht im Kampfe bin, so muss ich mich mit den Räten der Städte, den Adeligen und der Ritterschaft verständigen oder auf der Burg Calenberg bei Hannover weilen, denn dieses Bollwerk muss noch weiter ausgebaut werden.« Elisabeth nickte und lächelte tapfer, obwohl sie sich ängstigte, lange ohne ihn zu sein. Er nahm ihre Hand und küsste sie. Dann saßen beide auf, denn Elisabeth war entschlossen, ihn eine Strecke mit dem Pferd zu begleiten. Noch war sie nicht ganz sicher auf ihrem neuen Pferd, das konnte ich an ihren Bewegungen erkennen. Doch sie gab dem Tier die Sporen, als hätte sie den Hengst schon tausendmal geritten, und sprengte vor ihrem Gatten aus der Burg. Ich blieb im Hof stehen und ging hin und her. Es erschien mir eine Ewigkeit, bis Elisabeth durch das Tor geritten kam. Ich hatte eine traurige Frau erwartet. Aber sie war fröhlich und erklärte mit roten Wangen, dass sie nun täglich zu reiten gedenke.

»Und ich werde nicht nur beim Reiten die Zügel in die Hand nehmen«, erklärte sie Lorleberger wenig später. »Ich werde auch die Geschäfte übernehmen.« Natürlich nahm der Alltag viel Zeit in Anspruch, allein umkleiden musste sich sie sechs- bis siebenmal am Tag, je nachdem, ob sie reiten wollte, zur Kapelle ging, Gäste empfing oder in die Stadt wollte. Worauf ich jedoch nicht vorbereitet war, war der Umstand, dass sich meine Herrin das Reisen zu eigen machte und es selbstverständlich fand, dass ich an ihrer Seite blieb. Bald schon schickte sie einen Boten nach Kassel zum Hofe des Landgrafen Philipps von Hessen und erklärte, dass sie seine ausgesprochene Einladung gerne annehmen würde und nachfragen wolle, wann es beliebte. Die Antwort ließ nicht lange auf sich warten:

»Als der Bote eintraf, ließ ich sofort die Gemächer herrichten, und wir sind bereit, Eure Hoheit jederzeit zu empfangen. Für den Landweg sende ich Euch drei berittene Wachen mit, die Euch sicher zu uns bringen. Für das Gepäck könnt Ihr die Handelsboote nutzen, die täglich bei Euch anlegen. Falls Eure Kammerdienerin nicht gut zu Pferd ist, wird sich auch für sie ein Platz auf dem Boot finden. Es könnte jedoch sein, dass Ihr wie alle Adeligen eine Kutsche vorzieht. Das alles soll mir recht sein.«

Der Brief kam mit den berittenen Wachen. Nur zwei Tage waren vergangen, seit meine Herrin angefragt hatte. »Lies es selbst«, sagte sie fröhlich und klatschte in die Hände. Ich las es sehr langsam. Und seufzte. Denn die Einladung bedeutete, dass auch ich auf ein hohes Ross steigen musste oder mit einem der wackeligen Kähne Vorlieb nehmen sollte. Ich kannte Elisabeth inzwischen nur zu gut. Sie würde reiten wollen und dabei ihre arme Magd Agnes ganz und gar aus den Augen verlieren.

Zu meinem Glück wollte Elisabeth jedoch nicht sofort aufbrechen.

Erst rief sie Mithof zu sich. Er verbeugte sich. »Mithof«, sprach sie ihn an, »ich gedenke, nach Kassel zu reisen. Nutze deine Kunst, um den richtigen Tag dafür zu bestimmen.« »Wie Ihr befehlt, Herrin«, erwiderte er und entfernte sich.

In dieser Nacht war es sternenklar und ich wusste, dass Mithof die Sterne befragen würde. Ich hatte Ähnliches noch nie erlebt, wagte aber nicht, das Bett meiner Herrin zu verlassen. Umso gespannter war ich auf seinen Bericht. Er überbrachte ihn gleich am Morgen, doch es war weniger aufregend, als ich erwartet hatte. Er berichtete einfach, dass wir uns zehn Tage gedulden müssten.

Die Tage bis zu Abreise vergingen schnell. Musste ich doch die Ausstattung des Gepäcks persönlich überwachen. Tagelang scheuchte ich die Mägde mit Kleidern, Hüten, Schuhen und Mänteln und hatte oft Grund zu schimpfen, wenn wieder eine nicht sorgfältig genug mit den Sachen umging. Dann sattelten wir die Pferde. Ja, ich sollte reiten und es war so schmerzhaft, wie ich befürchtet hatte. Mein Hintern tat noch Tage nach unserer Ankunft so weh, dass ich kaum sitzen konnte. Und es regnete. »Die Sterne werden befragt, das Wetter hingegen nicht«, murmelte ich vor mich hin, als wir Münden verließen und nach einer Stunde in einen heftigen Regen gerieten, sodass wir zu tropfen begannen wie die Bäume am Wegesrand. »Solange es nicht blitzt und donnert, ist es ein gutes Zeichen«, meinte Elisabeth nur. Es schien ihr zu gefallen, der eigenen Mutter entronnen zu sein und endlich den Regen genießen zu können.

»Welch schöne Frauen speit nun das Meer ans Land.« sagte der Kurfürst, als er uns in Kassel mit offenen Armen entgegentrat. »Welch schöne Frauen ...« Meinte er etwa auch mich? Ich was nass bis auf die Haut, mein Hut hing mir tropfend ins Gesicht und meine verdreckte Reisekleidung klebte an mir. Schön fühlte ich mich wahrhaftig nicht, anders als Elisabeth, deren königliche Haltung wie immer ungebrochen war. Sie schien das Wetter nicht im Geringsten zu stören. Doch der Kurfürst meinte es ernst. In seiner Gegenwart wurde ich nicht wie eine Dienerin behandelt, sondern so zuvorkommend aufgenommen, wie es nur einer Freundin meiner Herrin zugestanden hätte. Es war herrlich.

Nachdem wir uns erfrischt hatten, wartete uns seine Frau am Abend bei einem wunderbaren Gastmahl auf. Ich musste immer von einem zum anderen schauen. Ich wusste nicht, wer schöner war. Der Kurfürst in seinem weißen Hemd, den offenen Haaren und ach: diesem Mund!; oder seine wunderschöne Gemahlin, die ihre Perlen wie eine Königin trug und deren Gesicht aussah wie von einem Künstler gemalt. Wie anders war dieses Paar als meine kindliche Herrin und ihr alter Gemahl, deren Ehe eine ernste Angelegenheit war. Das Landgrafenpaar war heiter und ausgelassen. Philipp von Hessen war erst 21 Jahre alt und seine Gemahlin, Christine von Sachsen, zwei Jahre jünger. Sie bewegten sich beide so elegant und anmutig, dass es schien, sie würden ein Schauspiel vorführen.

Das Essen war so vorzüglich, dass sich meine Herrin nach den Köchen erkundigte. »Oh«, meinte der Kurfürst, »das liegt an der schönen französischen Hand, die den Speisen diese auserwählte Note gibt.« »Habt Ihr etwa einen französischen Koch?«, fragte Elisabeth nach. Die Antwort auf die Frage gab seine Frau: »Der Koch ist schon seit Jahren hier und er variiert täglich aufs Neue mit den Gerichten und den Gewürzen. Mein Gemahl unterliegt nur einer gewissen Sinnestäuschung, weil er eine neue Küchenmagd aus Frankreich mitgebracht hat und ihm an ihr mehr gefällt als nur ihre Arbeitshände.« Keiner sagte etwas dazu. Und so plauderten wir über dieses und jenes. Bei diesen belanglosen, netten Gesprächen war meiner Herrin jedoch nicht lange wohl und sie bestand darauf, nach dem Mahl dienstlich mit dem Landgrafen zu sprechen.

Später schlenderten wir durch den weiten Park, Elisabeth ganz in sich gekehrt. Ihre düstere Stimmung blieb mir nicht verborgen und ich erkundigte mich vorsichtig nach ihrem Wohlergehen: »Welch schwere Gedanken belasten Euch, Herrin?« Elisabeth blieb stehen und sah mich an: »Er ist ein Lutheranhänger«, stieß sie hervor. »Einer der aktiven Reformatoren. Ich hatte keine Ahnung.« Dann sah sie auf ihre Füße. Ich wusste nicht, was ich dazu sagen sollte, denn sie hatte ja geschworen, die Lutheraner als ihre Feinde anzusehen. Um sie abzulenken, deutete ich auf den Vollmond. »Seht Ihr den Mond?«, fragte ich. »Seht Ihr, dass er einen so weiten Ring um sich trägt, wie ich es noch nie sah? Und das, so sagt man, sei wie ein Regenbogen und bedeutet Fruchtbarkeit.« Elisabeth sah auf. Der Mond stand inmitten eines hellen weiten Kreises. »Ich wünschte, es könnte mir den Schrecken nehmen, den ich eben erfuhr«, seufzte sie. Auf einmal, wie auf ein geheimes Zeichen hin, zeigten sich helle Punkte zwischen den Baumstämmen. Immer mehr kleine Lichter wurden angezündet und wie funkelnde Wolken schwebten sie auf und nieder. »Noch nie sah ich so viele Glühwürmchen«, staunte meine Herrin. »Ich vergesse über den Geschäften die Natur zu sehen. Komm, lass es uns noch dem Landgrafen und seiner Frau zeigen.« Bald darauf kamen die edlen Herrschaften heraus und wir schritten gemütlich plaudernd durch den Park.

Die Tage am Kasseler Hof vergingen leicht und angenehm. Es wunderte mich bald nicht mehr, dass Philipp von Hessen auch »Philipp der Großmütige« genannt wurde. Er hatte es sich zum Vorsatz gemacht, meiner Herrin täglich ein Geschenk zu machen. »Mein Wunsch ist es, dass auch Ihr ein glückliches Leben führt. Was es auch immer sei. Eine seltene Pflanze, einen Bediensteten, einen Lehrer, einen Zuchteber, ... sagt es mir. Und wenn ich es entbehren kann, so sei es das Eure.« Meine Herrin lachte: »Das meint Ihr im Ernst?« »Es ist mir lieber, mit Euch zu scherzen, aber jetzt scherze ich im Ernst.« Elisabeth schaute erst zum Landgrafen, dann zu seiner Frau Christine. Dann nahm sie ein Stück Gemüse auf und aß es genüsslich. »Die Hände, die das Gemüse gerichtet haben, hätte ich gerne an meinem Hof! Wir haben erst kürzlich eine Küchenmagd verloren.«

Der Landgraf nickte eifrig und sprach wortreich von der großen Ehre, die ihm zuteil werde, nun seine schönste Magd an Elisabeth zu verlieren. Ich jedoch sah zur gleichen Zeit den Blick, den sich Elisabeth und die Landgräfin zuwarfen. Christine lächelte. Ich staunte wieder einmal über meine junge, kluge Herrin. Ohne viel Worte zu verlieren, hatte sie die Freundschaft der Landgräfin gewonnen.

Nachdem Elisabeth den ersten Schrecken über die Luther-Anhängerschaft des Landgrafen überwunden hatte, stellte sie ihn in vielen Streitgesprächen zur Rede. Ich war immer dabei und hatte noch nie solche Debatten gehört! Was gab es alles, das ich nicht wusste. Jeden Abend drehte sich mein Kopf vor lauter neuen Dingen, die ich erfahren hatte.

Philipp begann solche Gespräche immer mit einer Frage an Elisabeth. »Wisst Ihr, was Luther an der alten Kirche nicht gefällt und welchen neuen Geist er predigt?« begann er einmal. Elisabeth antwortete: »Über die Mängel der Kirche ist mir wenig mitgeteilt worden.« Der Landgraf forschte weiter: »Was missfällt Euch selbst denn an den Lehren der Kirche?« Elisabeth schnappte nach Luft, noch nie war sie aufgefordert worden, etwas an der Kirche zu kritisieren. »Hättet Ihr die Güte dem zuzuhören, was ich Euch nun sage?«, fragte Philipp. »Gewiss«, antwortete Elisabeth, »doch ich denke, Ihr werdet damit nicht mein Innerstes ändern können.« »Es liegt mir fern, Euer Innerstes zu ändern. Das vermag nur der Allmächtige allein. Aber gestattet mir Euch zu sagen, was ich weiß, und ich bitte Euch, denkt darüber nach.«

Was er erzählte, war hart, und deshalb prägte es sich mir ein. »Wie denkt Ihr über einen Mann, der sich Mätressen hält und von Ammen gesäugt wird, damit er bei guter Gesundheit bleibt? Stellt Euch vor, es ist ihm egal, ob die Kindlein der Ammen deswegen verhungern.« Meine Herrin riss die Augen auf und wollte empört antworten, aber der Landgraf hob die Hand: »Der selbige Mann benötigt auch noch das Blut junger Knaben, damit er sich seine jugendliche Frische bewahrt. Und dabei verloren drei Knaben ihr Leben.« Noch immer nicht war er fertig: »Antwortet nicht! – Ich sage Euch: Es gibt so einen Mann. Und es ist ein Papst.« Meine Herrin fragte ungläubig: »Wie kann das sein?« »Es ist so«, antwortete Philipp, »und nun denkt weiter: Wenn sich ein solches Verhalten in Eurer Dienerschaft zutragen würde, würdet Ihr denjenigen nicht mühelos einen Übeltäter nennen und einer gerechten Strafe zuführen?« Elisabeth nickte. »Seht Ihr, aber da es ein Papst ist, ist alles anders. Allein die Missstände beim Namen zu nennen, hat schon manchen das Leben gekostet. Wer kann es sich denn noch leisten, der Wahrheit ins Gesicht zu sehen und anzuprangern, dass die Mächtigen der Kirche sowie des Adels sich benehmen wie wild gewordene, blutgierige Tiere? Das edle, wahrhaft christliche Ansinnen steht in keinem Herzen mehr geschrieben. Wer dies öffentlich macht, endet im Kerker oder auf dem Scheiterhaufen. Die Zeit verlangt zu handeln!« Meine Herrin schaute erstaunt auf ihn und meinte: »Aber nicht alles ist schlecht, viele Botschaften der Kirche sind sehr wichtig.« Philipp gab ihr recht: »Richtig, jedermann sollte sich täglich neu auf seine Pflichten besinnen und um Kraft bitten. Was ich aber meine, verehrte Herzogin, ist nicht nur das Private, sondern die öffentlichen Handlungen, die für uns alle Konsequenzen haben. Ich nenne Euch ein anderes Beispiel. Ihr wisst, dass es verboten ist, die Ärmel und Schleppen über ein gewisses Maß an Weite und Länge zu tragen?« Meine Herrin nickte und sagte: »Es wurde wohl so angeordnet, damit sich das normale Volk nicht mit Schulden überhäuft ...« »Ihr sagt recht. Es ist jedoch auch uns Adeligen verboten, denn wir sind die Vorbilder und unsereins hat meist mehr Schulden als der einfache Mann, dem niemand gerne leiht.« Elisabeth nickte wieder. »Warum, meint Ihr, tragen wir trotzdem weite Ärmel und Schleppen, die von vier Dienern getragen werden müssen? Ihr könnt in Eurem Leben so viel Stoff tragen, wie Ihr wollt, denn Herzog Erich hat für drei Frauen und sich selbst bereits den Ablass bezahlt.« »Deshalb kann er nach Gutdünken so viel für mich kaufen, wie er will?« »Genauso ist es. Auch ich kann kaufen, so viel ich will, denn auch ich habe den Ablass entrichtet. Die Papiere dazu liegen wohlverwahrt in einer Schatulle.« Philipp ließ eine kleine Pause entstehen, dann redete er weiter: »Und so kann der, der den Ablass bequem zahlen kann, morden, stehlen und fluchen, ohne auch nur von Weitem den Schein des Fegefeuers zu sehen. Aber die Armen, die mit Gott im Reinen sein wollen, müssen ihren letzten Acker und ihr täglich Brot geben, damit ihre Seelen erlöst werden.« Nun hörte meine Herrin richtig zu. Noch nie sah ich sie mit solch großem Interesse den Worten eines andern lauschen. »Geht in ein Kloster und seht, wer dort die unteren Arbeiten verrichtet. Es sind nicht die Mönche und Priester. Nun, es sind die armen Leute, die froh sind, ein kärgliches Mahl dafür zu erhalten und in der Nähe einer Reliquie zu sein, damit sie wenigstens auf ein seliges Ende hoffen können, wenn sie schon auf Erden kein Glück fanden. Elisabeth, meine teuerste Herzogin. Ich denke, von fünf Menschen sind drei zu Müßiggängern geworden, die sich auf Kosten anderer sättigen und sie in elender Abhängigkeit halten. Denkt nur an eines und lest es selber in der Bibel nach: Alle, dic an Christus glauben, sollen gerettet werden. Sie sollen in seiner großen Liebe Trost und Glückseligkeit finden. Einzig darum geht es Luther. Diese wahre Botschaft den bedrückten Seelen zuzurufen. Das Seelenheil ist für den armen Sünder und für den reichen Sünder gleichermaßen von Gott gewollt. Denkt um unserer Freundschaft willen darüber nach!« Meine Herrin erhob sich und sagte: »Es soll nicht an mir liegen etwas im Falschen zu lassen. Ich studiere die Bibel seit Kindesbeinen.« »Dann«, bat der Landgraf, »studiert die Bibel weiter, mit einem neuen Herzen und offenen Augen!«

Ich dachte bei mir: Wenn der Landgraf nur wüsste, wenn er wüsste, dass meine Herrin immer ihre Augen offen hielt. Manchmal dünkt mich, sie würde diese nicht einmal zum Schlafen schließen wollen. Ich wusste, diese Worte würde Elisabeth so leicht nicht mehr vergessen, ebenso wenig wie ich selbst.

Nachwuchs stellt sich ein, Bauernkrieg und Hexenbulle verbreiten Schrecken (1525–1526)

Leiser als eine fallende Schneeflocke und vor aller Augen und Ohren verborgen, begann im Leib meiner Herrin ihr erstes Kind zu wachsen. Als sie sicher wurde, zog Elisabeth Mithof ins Vertrauen. Er untersuchte sie und sagte, dass es Grund gäbe, guter Hoffnung zu sein. Welch freudige Botschaft! Es war ein Geheimnis, das ich nur schwer für mich behalten konnte. Am gleichen Abend schrieb meine Herrin einen langen, geheimen Brief an ihre liebe Mutter und bat sie, die Nachricht noch für sich zu behalten und zu beten, dass ein gesunder Junge in ihr wüchse. Die Mutter antwortete so freundlich, dass meiner Herrin die Tränen über die Wangen liefen und sie immer wieder sagte: »Lies nur, Agnes, wie sie sich freut. Und lies auch, was sie weiter schreibt«:

Und es ist auch so, dass es keine Schande wäre, wenn es ein Mädchen werden würde, das Euch ähnlich wäre, denn auch Ihr seid unser Glück und ein Sohn wird dann auch gewiss noch folgen. Ich werde Euch nun eine gute Hebamme schicken, der Ihr vertrauen könnt und die Euch beraten und begleiten kann. Ihr kennt sie bereits und ich weiß, dass Ihr Euch gut seid. Noch über zwei Monde und wir werden das neue Leben spüren.

Elisabeth schrieb auch ihrem Gemahl,

... dass es wohl sein könnte, dass ich ein Kind von Euch trage.

Die Antwort des Herzogs kam prompt. Er schrieb ihr, dass er vor Freude kaum hätte schlafen können und er nun versuche, über Braunschweig ein schönes Seidenkleid zu erwerben. Er habe deswegen sofort drei Berittene entsandt und würde selber dorthin reisen. Der Bote überreichte noch 20 Gulden vom Herzog und gab die dringende Anweisung an den Pferdemeister, Elisabeth dürfe nur noch mit den alten, gutmütigen Gäulen ausreiten. Meine Herrin war erbost über diese Anweisung: »Ich werde eher die Fulda durchschwimmen, als mich auf einen alten Gaul zu schwingen!« Da sie es aber doch nicht wagte, sich auf ihr Lieblingspferd zu setzen, ließ sie sich bei weiten Strecken in einer Sänfte tragen und ich ging bequem hinterher. Mir war es recht.

Was meiner Herrin jedoch wirklichen Kummer bereitete, war, dass der Herzog nebenbei bemerkte:

Da Ihr nun durch Gottes große Vorsehung wohl schwanger seid, kann ich ja guten Mutes noch länger bleiben und komme nicht wie geplant in wenigen Tagen gen Münden.

An dem Abend lag meine Herrin lange mit offenen Augen in ihrem Bett. Ganz still lag sie, aber zu beiden Seiten liefen aus ihren Augen die Tränen und wollten nicht enden. Ich holte ein weiches Tuch und tupfte ihre Wangen immer aufs Neue trocken. Dann nahm ich all meinen Mut zusammen und sagte: »Eurer werten Frau Mutter würde es gewiss das Herz brechen, wenn sie wüsste, welchen Kummer Ihr habt. Sie weiß sehr wohl, dass eine Frau ihren Mann an ihrer Seite braucht und ich nur schlecht dienen kann.« Ich schwieg eine Weile und gab zu bedenken: »Vielleicht würde sich die liebste Mutter glücklich preisen, wenn sie hierherkommen könnte? Der Herzog würde sich gewiss darüber freuen.« »So wird es sicherlich sein«, sagte Elisabeth und schloss die Augen. Aber die Tränen versiegten nicht.

Es muss einen Himmel geben, der in den Herzen der Menschen wohnt. Bereits am nächsten Tag, gegen Abend, als wir zum Badehaus aufbrechen wollten, kam der Bote mit einem Brief. So wahr Gott mein Zeuge ist, mit dem Brief wuchsen meiner Herrin Flügel. Sie, die die Tinte liebte wie andere den Wein, hatte sich sogar das Papier an den Busen geheftet, als wir zur Badestube schritten. Und ich musste immer aufs Neue die Nachricht lesen. Selbst als sie in der Wanne lag, verlangte sie den Text zu hören:

Mein liebes Kind, ich komme mit Anna und Margarethe. Erst wollte ich Euch nur eine erfahrene Hebamme schicken, aber seit ich um Euren Zustand weiß, hält mich nichts mehr zu Hause und ich packe schon alles zusammen.

Bitte sagt mir noch, was ich Euch mitbringen kann. Da ich jedoch weiß, wie gerne Ihr reitet und es der Herzog verbot, werden wir Euch ein Pferd einer friedlichen Rasse mitbringen. Sie sind klein und kompakt. Schöne Tiere mit viel Ausdauer und Kraft. Ihr werdet sehen, dass Ihr die Rasse lieb gewinnt. Sie haben den Vorteil, dass man nicht so tief fällt, falls man stürzt. Ich denke, manchmal müssen wir die Gatten einfach etwas überlisten, damit wir nicht nur ans Heim gebunden bleiben, wie ich bei vielen Frauen beobachten kann. Der faule Körper macht auch den Geist träge.

Bitte schreibt mir eilends, falls Ihr noch etwas aus Eurem Elternhaus wünscht. Ich kann Euch schon verraten, dass mir Euer Vater ein wahres Kleinod für Euch anvertraute, das Euch, wie ich Euch kenne, ein schönes Lächeln entlocken wird. Ich herze Euch, und wir eilen zu Euch. In innigster Zuneigung: Eure liebende Mutter, Elisabeth von Dänemark und Kurfürstin von Brandenburg.

Als die Badefrauen vom glücklichen Zustand meiner Herrin erfuhren, besorgten sie sich Frauenmantel bei der Kräuterfrau. Aus dem Kraut kochten sie einen Sud und gaben diesen dem Badewasser zu. Anschließend massierten sie meiner Herrin feines Öl in die Brüste und den Bauch, damit sich die Haut gut ausdehnen könne und das Kind gut wachse.

»Ach«, sagte ich eines Samstagabends zur Küchenmeisterin, als wir wie gewohnt die Badestube teilten, »ich wünschte, mich würden diese geschickten Hände auch einmal so liebevoll einreiben.«

Ich beschrieb ihr, wie fein sich die Haut von Elisabeth nach dem Bade anfühlte und wie samtig sie noch Tage später war. Daraufhin erwiderte die Küchenmeisterin fröhlich: »Warum sollten wir uns nicht ebensolche Freuden bereiten?« Und so machten wir es: Waren wir samstags eine nach der andern in den Zuber gestiegen, hatten uns gegenseitig den Rücken geschrubbt und uns später unsere widerspenstigen Haare ausgekämmt, so fügten wir der Prozedur eine weitere hinzu: Die Küchenmeisterin ließ sich ein Teil ihres Gehaltes in Butter auszahlen. Und damit massierten wir uns ein, bis wir glänzten wie Silberteller. Anschließend rieben wir unsere fettigen Hände in den Haaren aus, sodass auch diese schimmerten wie nasse Fische. Das Geheimnis unserer schönen Haut gaben wir jedoch nicht preis. Einzig Madeleine, die französische Magd, nahmen wir in unsere Gemeinschaft auf. Die Küchenmeisterin hatte Mitleid mit ihr, und da sie von den anderen gemieden wurde, war sie uns eine treue Freundin.

Das ganze Gesinde freute sich genauso wie Elisabeth auf den Besuch der Kurfürstin und ihrer Familie und traf ausgelassen und fröhlich alle Vorbereitungen.

Die Mutter meiner Herrin war schon immer eine besondere Frau mit verwegenen Einfällen gewesen. So wussten wir nicht, auf welcher Strecke sie reiste und wann sie ankommen würde. Aber wenige Tage vor ihrer Ankunft erhielten wir eine Nachricht, in der stand:

Meine geliebte Tochter, unsere liebste Schwester. In gut zwei Tagen werden wir wohl in Münden eintreffen. Wir befinden uns alle vergnügt und bei guter Gesundheit. Ich nützte die Zeit der Reise, um mich in den Städten nach dem Fortgang der Religion und dem Befinden der Regierenden zu erkundigen. Als Frau des Kurfürsten von Brandenburg ist dies allemal nützlich, wie Ihr Euch denken könnt. Und doch eilt, was eilen kann, zu Euch!

Wir freuten uns, und ich war glücklich, dass ich lesen konnte. Solche Nachrichten gemeinsam mit meiner Herrin zu lesen, bereitete mir mehr Vergnügen als die Inventarlisten der Burgen.

An diesem Tag stand ich gerade wie ein Wachposten am Fenster und sah dem Treiben auf der Brücke und den Straßen zu. »Bleib am Fenster stehen«, hatte mich Elisabeth angewiesen. »Denn bald wird meine geliebte Mutter über die Hügel kommen.« Es sollte zwar noch zwei Tage dauern. Es waren aber keine zwei Stunden verstrichen, als ich in der Ferne einen Mann ausmachte, der ein ungewöhnliches Pferd am Zügel führte. Er war gekleidet wie die Bauern meiner Heimat und das Pferd war kein Ackergaul, der Eggen und Pflüge zog. »Habt Ihr einen Bauern aus Eurer Heimat bestellt?«, fragte ich meine Herrin. Elisabeth schaute mich verwirrt an. »Wozu sollte ich einen Bauern herholen, wo doch hier alles so gut bestellt ist?« »Es kann sein, dass mich meine Augen trügen, aber es kommt mir so vor, als ob da drüben ein brandenburgischer Bauer mit einem seltsamen Pferd kommt.« Meine Herrin lachte von ganzem Herzen. »Mir dünkt die Ankunft meiner lieben Mutter malt dir Geschichten in die Gegend.« »Seht selbst, jetzt wird er vor der Brücke von den Wachen angehalten.« Elisabeth trat zum Fenster und sah, was ich meinte. Der Bauer sprach mit den Wachen. Er zeigte auf das Schloss, das Pferd ... Die Wachen nahmen ihm das Pferd ab und schickten ihn fort.

»Ich will genau wissen, was da vonstatten geht.« Ich konnte Elisabeth kaum folgen, so schnell schritt sie auf kürzestem Weg die Wendeltreppe hinunter und stürzte ins Freie. Die Wache wollte das Pferd in den Stall bringen, aber Elisabeth rief die Wache zu sich. »Sag, was sich zugetragen hat!« »Dieser komische Gaul wurde von einem seltsamen Mann gebracht, der sich gewiss eine Woche lang nicht gewaschen hat.« Elisabeth sah die Wache erbost an. »Das ist alles, was Ihr zu sagen habt? Das ist alles?« »Nein, nein«, erwiderte der Befragte dienstbeflissen. »Der Kerl murmelte etwas davon, dass das Pferd von Eurer Mutter wäre und Ihr damit unbeschwert reiten sollt.« Elisabeth sah auf das Pferd. Sie strich dem artigen Gaul über den Kopf und sah in seine samtig dunklen Augen. »Mutter«, sagte sie. »Das kann nur meine Mutter sein.« Und dann schwang sie sich, obwohl das Tier keinen Sattel trug, auf seinen Rücken und schnalzte mit der Zunge. Fröhlich rief sie mir zu: »Ich werde nun unseren Neuankömmling dem Pferdemeister vorstellen, und du kümmerst dich mit der Wache um den guten, armen Mann.« Sie galoppierte im Kreis und danach mit freudigem Jauchzen dem Reitstall zu. Ich konnte nichts ausrichten. Wenn sich meine Herrin etwas in den Kopf gesetzt hatte, tat sie es. »Nun«, wandte ich mich seufzend an die Wache, »so bring mich zu dem armen Mann, von dem ich nicht denke, dass es ein verwirrter Mann ist, sondern ein anständiger Bauer aus meiner Heimat.«

Wir holten den Bauern ein und als er mich kommen sah, warf er sich auf den Boden und flehte um sein Leben. Ich sprach ihn an: »Hab Dank, dass du das Geschenk für meine Herrin gebracht hast. Und sei willkommen in Münden.« Ungläubig sah er auf und mir war, als ob ich ihn kennen würde. Um ihn zu ermuntern, sagte ich: »Sag mir, was dich zu uns führt. Den Weg von Berlin nach Münden konntest du alleine wohl nicht bewältigen.« Und da erzählte er, dass er die Erlaubnis der Kurfürstin bekommen hatte, die letzte Strecke vorauszureisen. Sie habe ihm einen Wegeschein geschrieben. »Doch den Schein hat, so wahr Gott mein Zeuge ist, das Pferd aufgefressen.« Ich fragte ihn, ob es ihm recht sei, wenn ich ihn in der Gesindestube unterbringen ließe, damit er sich waschen und mit neuen Kleidern versorgen könne. Später sollte er dann meiner Herrin Bericht geben. »Wenn ich bitten darf«, bat er hoffnungsvoll, »führ mich zu dem Gesinde, das aus Berlin mit nach Münden gezogen ist, denn ich kenne alle, außer dir.« Ich nahm ihn mit und ging mit ihm geradewegs zum Haus des Schmieds. Als uns der Schmied sah, warf er sein Eisen so plötzlich in die Ecke, dass ich befürchtete, die Schmiede würde in Flammen aufgehen. Er umarmte den Bauern so herzlich, dass mir schon vom Zuschauen fast die Knochen brachen. Dann rief er seine Frau und seine Kinder. Wie ein verlorener Sohn wurde der Bauer aufgenommen. Er versprach am Nachmittag in sauberer Kleidung bei der Herzogin vorzusprechen und alles noch einmal genau zu erläutern. »Und hab keine Angst«, fügte ich hinzu. »Mir scheint, je mehr Berliner hier sind, umso fröhlicher ist die Herzogin.« Der Bauer war erleichtert.

Ich sprang so schnell es schicklich schien zum Reitstall. Es war, wie ich erwartet hatte: Da war meine Herrin und probierte eifrig mit dem Reitmeister verschiedenes Sattelzeug aus. Das Pferd hatte kurze Beine und einen breiten Rücken. Es dauerte eine Weile, bis alle zufrieden waren. Endlich saß der Sattel und Elisabeth schwang sich ohne weitere Worte aufs Pferd und galoppierte aus dem Hof. Eilig griff sich der Reitmeister das nächste gesattelte Pferd und preschte hinterher. Ich konnte nur den Kopf schütteln. Manchmal, manchmal hatte meine Herrin ein wenig zu viel Temperament.

Wenn ihre Mutter da gewesen wäre, hätte sie gewiss Elisabeth gerügt. Aber so sah ich meine Herrin erst nach drei vollen Stunden wieder, als sie am Stall absaß und zum Reitmeister sagte: »Dieses Pferd ist wirklich wunderbar. Stellt es in einen guten, trockenen Stall und erkundigt Euch noch einmal bei diesem Bauern, ob es besonderer Pflege bedarf.« Ich bat sie, sich das nächste Mal Reitkleidung anziehen zu lassen, denn das

Kleid war aufwändig zu reinigen. »Dann soll sich die Waschfrau eben die Mühe machen, dazu ist sie ja da«, lachte Elisabeth nur, erhitzt und sorgenfrei. Später, als ich das Kleid in die Waschstube trug, schüttelte die Magd den Kopf und meinte: »Meinem Kind hätte ich dafür den Hintern versohlt.«

Der Bauer wurde wenig später zu uns gebracht und berichtete, dass wohl über zwei Tage die werte Frau Mutter nachkommen würde, er aber schon vorausgeeilt sei. Er stockte und sah zu Boden. »Nun, was verschlägt dir die Sprache?«, forschte Elisabeth nach. »Wolltest du mir den Gaul früher bringen, so ist das verwunderlich, aber ich frage mich, warum du überhaupt mitgereist bist. Das Pferd hätte sich doch von anderen führen oder reiten lassen.« »Dass ich mitkam, werte Herrin, ist hierin beschlossen.« Er kniete sich nieder und legte die Hand auf sein Herz. »Du sprichst sonderbar und gibst mir Rätsel auf. Doch ich mag keine Rätsel dieser Art«, sagte Elisabeth streng. »Sprich frei heraus.« »Ich möchte Eure Köchin heiraten, denn wir waren, so wahr Gott unser Zeuge ist, schon in Berlin ein Paar und wurden dann getrennt.« Elisabeth sah mich erstaunt an. »Warum hat die Köchin nie etwas gesagt?«, wunderte sie sich. »Ich hätte gewiss nichts dagegen gehabt, wenn du damals gleich mit uns gekommen wärst. Einen Helfer mehr werden wir schon beschäftigen können.« »So kann ich jetzt zu meiner Braut?«, fragte er mit froher Miene. »Gewiss«, sagte Elisabeth. »Meine Kammerfrau wird dich zu ihr bringen und ich hoffe, meine liebe Magd erinnert sich noch ebenso lebhaft an dich, wie du ihrer gedachtest.« Doch er hörte kaum noch hin. Ich führte ihn einen Umweg in die Küche, damit ich Zeit hatte mir auszumalen, was gleich passieren würde. Der Bauer überließ mich jedoch nur kurz meiner Fantasie und sagte: »Luther hat recht: Was Gott zusammenfügt, das soll der Mensch nicht scheiden. Auf sein Wort hin habe ich die Reise unternommen.« »Bist du des Wahnsinns!«, herrschte ich ihn an. »Wie kannst du hier so ungehindert von den Irrlehren Luthers reden? Das kann dich Kopf und Kragen kosten und den deiner Liebsten dazu, das weißt du doch wohl gut genug.« »Ich dachte, da wir unter uns sind, könnte ich mich erklären?« »Du erklärst mir nie wieder etwas, verstanden? Nimm dich in Acht. Das ist das Einzige, was ich dazu sage.«

Ich hatte mir vorgestellt, dass die beiden Liebenden, wenn sie sich begegneten, herzen und küssen würden. Aber die Meisterköchin sah nur kurz auf, als wir eintraten. Dann schlug sie das Kreuz. Sie rieb sich die Augen und sagte: »Ist es denn wahr? Du bist noch nicht tot?« Es war eine sehr seltsame Begrüßung. Der Bauer ließ sich jedoch nicht beirren: »Nun lasse ich dich nicht mehr gehen und werde so lange hier bleiben, bis wir Mann und Frau sind. Eure Herrin hat uns schon ihren Segen gegeben.« Er strahlte über das ganze Gesicht. Die Meisterköchin blieb jedoch seltsam ernst, obwohl sie sich sichtbar freute. Nur zu gerne hätte ich an diesem Abend das Bett mit der Meisterköchin und der Schneiderin geteilt. Im Bett spricht es sich ganz anders als auf den Fluren. Aber leider war der Herzog nicht anwesend.

Als ich den Bauern wieder zur Familie des Schmiedes brachte, wo er vorerst mit wohnen konnte, fragte ich: »Warum sprecht Ihr so viel von Luther?« »Nun, Luther spricht zu allen Leuten. Adel, Bauern, Gesinde, Familien. Selbst Kinder sind bei seinen Predigten zugegen und die Lieder, die er schreibt, summen auch einem Dummkopf lang genug in den Ohren, um die Gesinnung zu ändern.« »Hast du Luther schon einmal gesehen?« fragte ich erstaunt. »Ja, aber das soll nicht heißen, dass ich ein Anhänger von ihm bin. Oh nein, uns Bauern bringt er die gute Nachricht von der Freiheit eines Christenmenschen und dann sollen wir uns weiter von den Herren knechten und ausbeuten lassen!« Der Bauer sprach mit Herzblut in der Stimme. »Bist du etwa einer der aufständischen Bauern, die einen neuen Krieg ins Land bringen?« Mit meiner Frage tat sich ein Abgrund vor mir auf. Was sollte ich denn bloß meiner Herrin sagen, wenn dem so wäre? Der Bauer sah, dass ich bleich geworden war, und sagte besänftigend: »Ich will nichts mehr als endlich freien! So wahr mir Gott helfe.« Ich versuchte zu lächeln, aber mir war nicht wohl zumute.

Als mich die Frau des Schmieds hereinbat, nahm ich die Einladung dankbar an. Ich setzte mich an den Tisch und mir fiel plötzlich auf, um wie vieles ich besser gekleidet war als die Familie. Das war neu für mich, noch nie hatte ich in einem Zuhause des niederen Gesindes gesessen. Doch ehe ich richtig schauen konnte, wo ich gelandet war, wurde der

Bauer mit Fragen überschüttet. Und ich saß mit offenem Mund dabei und sah von einem zum andern. Ich wusste nicht, dass es noch so eine ganz und gar andere Welt gab als die meine, eine Welt, in der durcheinandergeredet, gelacht und gescherzt wurde. Der Bauer sprühte auf einmal vor Kraft und Witz. »Oh, mir steckt die Liebe in den Knochen, sie sind heißer als deine Eisen im Feuer, mein Freund«, rief er dem Schmied übermütig zu. Die anderen aber bestürmten ihn, von politischen Vorkommnissen zu erzählen. Mir wurde immer klarer, dass er nicht nur auf den Äckern unterwegs gewesen war. Langsam fragte ich mich sogar, ob der Schmied für die Bauern noch anderes als Eggen und Pflüge schmiedete und schärfte. Aber im Grunde verstand ich wenig von all dem, was gesprochen wurde. Ich konnte auch gar nicht mitreden. Um wenigstens nicht nur dumm dabeizusitzen, warf ich während einer kleinen Pause ein, dass ich mich über die Wegelagerer und Straßenräuber ärgerte. Aber anstatt mir recht zu geben, antworteten alle wie im Chor: »Morden und Rauben ist keine Schand', tun's doch die Edelsten im Land.«

Verwirrt und langsam ging ich an diesem Abend zum Schloss zurück. Erleichtert stellte ich fest, dass Altfrau Bertha vor dem Tor auf mich wartete. »Ich will noch mit dir reden«, sagte sie, als sie mich sah, und deutete auf den Platz neben sich. »Ich glaube nicht, dass ich im Augenblick eine aufmerksame Zuhörerin abgebe«, gab ich zu bedenken und setzte mich. »Das wäre ja auch zu viel verlangt, nach all dem, was du heute erlebt hast, stimmt's?« Ich sah sie erstaunt an. Woher wusste sie? »Im Grunde«, lächelte sie, »im Grunde ist es ganz einfach: Es ist doch gut, dass Mittel und Wege da waren, damit die Geliebten wieder vereint sind. So viel Freuden bleiben einer Magd während ihres Dienstes ja nun wirklich nicht.« »Aber«, warf ich ein »warum gab er sich damals nicht gleich zu erkennen und ist mit uns nach Münden gereist?« »Nun, vielleicht war er woanders und er konnte es nicht erfahren?« Mir dämmerte es nun langsam. »Vielleicht war er bei Luther?«, fragte ich ungläubig. »Oder er war bei den aufständischen Bauern?« Ich wartete gespannt auf eine Antwort. »Woher soll ich das wissen, mein Kind?«, Bertha zuckte mit den Achseln. »Wir wissen gar nichts. Und so soll es bleiben. Es ist nun einzig wichtig, eine schöne Hochzeit zu halten und unsere Herrin nicht zu beunruhigen.« Sie sah mich eindringlich an: »Ich bitte dich also, vergiss, was du nicht verstehst, und freue dich mit der Herzogin auf den Besuch ihrer Mutter. Freu dich auf die Hochzeit unserer lieben Köchin und halte jegliche unnötige Aufregung von der Herrin fern.« Ich verstand, wie sie es meinte, sagte jedoch: »Aber es ist schwer, denn ich möchte keine Geheimnisse vor meiner Herrin haben.« »Was die Dienstboten angeht, so bitte ich dich einzig, keine Geheimnisse vor mir zu haben«, bat mich Bertha. »Mein Kind, du kannst mir vertrauen, dass es auch mein Anliegen ist, alle Gefahren von unserer Herrin zu wenden. Aber es ist auch so, dass landauf, landab mal die Lutherischen und dann wieder die Katholischen zu brennen haben, grad wie es den Fürsten gefällt. Und dann sind es oft die Bauern, die schlechter als das Vieh behandelt werden. Diesem grausamen Treiben werde ich weder von der einen noch von der andern Seite voreiligen Beistand leisten. Meine Aufgabe ist es, das Wohl der Herrschaften sowie das Wohlergehen der Dienerschaft im Auge zu behalten.«

Ich sah sie an und wusste, dass ich mich auf sie verlassen konnte. »Ich danke dir«, sagte ich. »Und ich danke dir.« Dann nahm mich Bertha in die Arme und wir hielten uns eine Weile und das tat sehr gut. Als wir uns dem Schloss näherten, meinte sie: »Wenn du Zeit brauchst, um dich zu sammeln oder zu stärken, dann denke daran, die Kapelle ist immer offen. Du gehst zwar jeden Morgen mit deiner Herrin zur Messe, aber ein Gebet in der Stille gesprochen ist oft die ganze und einzige Hilfe, auf die wir bauen können. Vergiss das nicht.« Wir trennten uns, und ich war erstaunt, wie einfach Bertha die Dinge sehen konnte.

Ehe ich ins Schloss ging, trat ich in die kleine Kapelle, die praktisch an das Schloss angebaut war. Ich war nicht die Einzige, die im Raum war. Jemand hatte ein Kerze angezündet und sich davor niedergekniet. Ich setzte mich hinten auf eine Bank und lehnte meinen Kopf gegen die vordere Lehne. Ich dachte nichts. Aber ich spürte, wie mich eine große Erleichterung erfasste, einfach so sitzen zu können und vor allem meinen Kopf anzulehnen und die Augen schließen zu können. Und dann begann ich zu weinen. Ich wusste nicht warum. Vielleicht waren meine

Augen und meine kleine Seele so erschöpft, aber ich hatte es nicht bemerkt. Der Gekreuzigte wartete geduldig, bis ich zu Ende geweint hatte.

Die Schneiderin fragte meine Herrin, ob sie für die Köchin aus Stoffresten einen schönen Sonntagsrock nähen könne und sie damit zur Hochzeit überraschen dürfe. Elisabeth stimmte zu, und so sahen wir schon eine glückliche, verheiratete Meisterköchin vor uns. Wir steckten die Braut mit unserer Zuversicht an. Bertha sollte alles Weitere richten. Bertha hatte nicht nur vor, diese Heirat auszurichten, sondern ebenso nahm sie es zum Anlass, mit Madeleine und dem Sohn des Schmieds zu reden. Sie hatte sehr wohl gesehen, wie die beiden sich immer anschauten. In den vergangenen Tagen meldete sich die Schneiderin fast täglich bei uns und dann probierte Elisabeth den Mantel aus rotem Samt an. Als die Puffärmel angefertigt wurden, sollte ich sie zum Spaß auch einmal probieren. Ich schlüpfte mit der Hand durch den gehefteten kurzen Ärmel, konnte ihn aber nicht einmal über die Unterarme ziehen. So viel dicker war ich also als meine Herrin. »Wenn meine liebe Mutter sieht, wie schön der Mantel wird ...«, freute sich Elisabeth. »Sie wird es sehen – und ich denke, sie wird begeistert sein«, pflichtete ich ihr bei. Und die Schneiderin ergänzte: »Es war sehr weise einen Mantel daraus zu machen, der vorne offen ist. Das wird die werte Frau Mutter gewiss auch meinen, denn wer weiß, wozu das noch gut ist.« Elisabeth freute sich über die Worte der Schneiderin. Diese konnte zwar nicht wirklich wissen, dass sie guter Hoffnung war, aber manche Frauen haben eben das zweite Gesicht. Und dazu brauchen sie weder Knochen noch Sterne zu befragen.

Ich hatte weiterhin am Fenster zu stehen, um nach der Mutter meiner Herrin Ausschau zu halten. Zwei Tage genügten mir, um zu begreifen, dass es keinen aufregenderen Platz im ganzen Schloss gab als das Eckfenster im Lieblingszimmer meiner Herrin. Die Kurfürstin kam jedoch erst nach vier Tagen, als die Sonne schon längst hinter dem Horizont versunken war. Elisabeth und ich wurden durch den Tumult aufmerksam. Das ganze Schlosspersonal lief, wie auf ein geheimes Zeichen, durch die Flure und über die Treppen hinunter und der Kurfürstin entgegen.

Alle waren aufgeregt und fröhlich. Die Kutsche der Kurfürstin hielt auf offener Straße. Die Pferde scheuten, als die vielen Menschen auf die Kutsche zuströmten. Die Kurfürstin lachte herzlich, als sie ihre Tochter sah, sprang ab, breitete die Arme aus und rief: »Mein Kind, kommt, kommt endlich in meine Arme und legt Euch an mein Herz!« Elisabeth ließ es sich nicht zweimal sagen. Sie fiel ihrer Mutter um den Hals und freute sich so sehr, vor all den Leuten, dass ich ganz befangen wurde. Als der erste Jubel vorbei war, klatschte meine Herrin in die Hände und rief in die Menge: »Wendet euch euren Aufgaben zu, empfangt meine werte Mutter und ihr Gesinde, indem ihr ordentlich dient. Morgen werdet ihr eure Aufwartung machen können!«

Mir war klar, dass die Kurfürstin nicht nur als Mutter, sondern als getreue Freundin und Ratgeberin zu Elisabeth kam. Das Geschenk, das der Mutter am wichtigsten war, war die Hebamme, die sie aus Berlin mitgebracht hatte. Eine Hebamme, die ihre Tochter beraten sollte und für gesunden Nachwuchs zuständig war.

Alle im Schloss ließen es sich zusammen mit den Gästen in den nächsten Tagen richtig gut gehen. Das Essen fiel reichlich aus und die Feuer im Hof des Schlosses und in der Stadt brannten länger oder gingen erst gar nicht aus. »Meine liebste Mutter«, sagte Elisabeth, »ich will Euch alles zeigen! Die Silberkammer, die Gebeine der Verstorbenen, die Stadt, die Pferde, die Gegend …« »Und dann, meine Liebe, werden wir noch zusammen reisen«, ergänzte ihre Mutter. »So wahr Gott mein Zeuge ist. Ich werde mit Euch noch nach Kassel reiten und am liebsten würde ich mit Euch auch noch über Göttingen, Northeim, Hardegsen, Dassel bis nach Hannover reisen. Ist erst einmal das Kind auf der Welt, wird es nicht mehr möglich sein. Was meint Ihr wohl, warum ich mit den drei besten Kutschen gekommen bin? Damit sie hier in Münden herumstehen?« Elisabeth warf ein: »Dann werden wir aber auch immer das neue Pferd mitnehmen, damit ich auch ausreiten und mir alles anschauen kann.« »Ihr seid schon immer gerne geritten und ich erinnere mich, dass Euch schon als Kind in den Kutschen übel wurde.« »Nun, mir wird in den Kutschen nicht mehr übel, wenn ich dabei auch aus dem Fenster sehen kann, aber ein Pferderücken ist mir dreimal lieber.«

Welch eine Frau war die Kurfürstin! Sie wehte wie ein Wind aus dem Norden durch das Schloss, durch ganz Münden und brachte Aufregung und Freude in alle Ecken.

Als ich mich spät in der Nacht zu meiner Herrin legte, war ich ganz aufgewühlt und konnte keinen Schlaf finden. Sollte ich etwa überall hin mitreisen müssen? Elisabeth mussten ja gewiss noch mehr Gedanken im Kopf herumgehen. Doch sie schlief fast im gleichen Augenblick, als sie sich zu Bett gelegt hatte. Welch Unterschied es doch macht, wenn eine Mutter zugegen ist, dachte ich. Eine Mutter oder ein streitbarer Mann.

So müde wir am nächsten Tag auch waren, trafen wir doch die Kurfürstin und die Hebamme selbstverständlich in der Hauskapelle. Nach dem Morgenmahl, zu dem es auch gebratene Wachteln und süßen Kuchen gab, trafen sich Elisabeth und die Kurfürstin mit Lorleberger und Mithof. Sie wollte noch gründlicher als meine Herrin wissen, wie es um die Einnahmen und Ausgaben stand. Sie erkundigte sich genauestens danach, wie treu die Gebiete und Städte waren, und fragte, ob sich die Ritter loyal verhielten. Zu Elisabeths Erstaunen wollte sie auch einen genauen Bericht über die Ausbreitung der neuen Lehre Luthers.

»Wozu sollten wir uns mit den Lehren Luthers befassen?«, fragte Elisabeth verwundert. »Weil er es ist, der dem Volk das Wort Gottes ausstreut, und dadurch Alte und Junge Lust verspüren, selbst das Lesen zu erlernen«, antwortete ihre Mutter bestimmt. »Seine Worte sind jedoch nicht nur eine Lehre für die Herzen«, gab Mithof zu bedenken. Ich konnte seinem Gesicht ansehen, dass ihm nicht wohl war. »Der weitaus größere Sprengstoff liegt darin, dass die Heilige Kirche ihren Besitz verliert, wenn Gebiete evangelisch werden. Die Städte, Ritter oder die Landesherren bemächtigen sich dann der Ländereien, Klöster und Reichtümer und verweigern Rom die Treue.« Die Kurfürstin nickte und ergänzte: »Es war nicht Luthers Wille, die Kirche zu spalten und dem Papst den Gehorsam zu verweigern. Er wollte einzig die Kirche reformieren, weil er dem Ablasshandel zürnte.« »Er hat uns keinen Frieden gebracht. Es ist doch so, dass sich nun einer wider den andern erhebt und die Menschen der Obrigkeit keinen Gehorsam mehr leisten wollen!«, warf Elisabeth wütend ein. »Nun, meine Tochter«, erwiderte die Kurfürstin. »Es gibt durchaus evangelische Regenten, die aus allem das Gute zu nehmen wissen und damit dem Volk und der Obrigkeit dienen können. Seht Euch Philipp von Hessen an, er wird nun als einer der ersten Landesfürsten im nächsten Jahr zu Homberg eine Synode einberufen, um zu verhandeln, wie kirchliche Güter zu sozialen Zwecken genutzt werden können. Ebenso möchte er Schulen für Knaben und Mädchen einrichten. Habt Ihr schon davon gehört?« Mithof und Lorleberger sahen sich nur still an und so ergriff Elisabeth wieder das Wort: »Ich hatte die große Ehre am Kassler Hof zu sein und mit Philipp von Hessen zu sprechen. Er hat mit mir jedoch mehr über die Sünden der Katholischen Kirche gesprochen als von den Schulen.« Lorleberger sagte: »Ihr könnt Euch vorstellen, dass jeder vorsichtig ist mit seinen Äußerungen. Doch Philipp von Hessen prüft furchtlos alle neuen Lehren. Er verkehrt mit den Humanisten, befasst sich mit der Natural- und Finanzwirtschaft und versucht aus allem eine dem Menschen dienliche Politik zu machen. Ihr habt sicher gehört, dass man ihn den Großmütigen nennt?« »Ja, ich habe es vernommen«, bestätigte die Kurfürstin. Und sie fügte hinzu: »Könntet Ihr es richten, dass wir noch einmal nach Kassel reisen? Ich habe großes Interesse an dem Regierungsstil des Landesfürsten.« »Es wird Euch große Freude bereiten in Kassel zu sein«, bestätigte Elisabeth und zögerte. Sie ergänzte: »Wenn mein werter Gemahl keine Einwände hat, würde ich gerne auch in Begleitung Lorlebergers reisen, denn so könnte mein Rentmeister sich noch mit den Beratern Philipps austauschen.« Die Kurfürstin war mit dem Wunsch ihrer Tochter einverstanden. Doch sie fügte hinzu: »Mich dünkt, meine Kleine bräuchte dringender einen Arzt an ihrer Seite.« Mithof verstand den Hinweis und versprach, gleich ein großes Horoskop zu erstellen, damit an den Reisetagen nicht auch noch die Teufel unterwegs seien, und meine Herrin immer zu begleiten, weil sie ein Kind in sich trug.

Ich stand wie immer bei solchen Besprechungen im Hintergrund und doch begann jedes Mal mein Herz zu rasen, wenn meine Herrin Pläne machte oder Mithof Rezepte für die Gesundheit Elisabeths ausstellte. Wer weiß, was dabei immer für mich zu tun war. Doch ich bekam, Gott sei Dank, diesmal keine neuen Aufträge. Die Kurfürstin spann das Gespräch weiter: »Elisabeth, meine Liebste, ich bitte dich Kontakt mit deinem Onkel in Mainz zu halten. Schreibe ihm regelmäßig und lass dich beraten, denn er versteht sich darauf, das Lehns- und Steuerwesen Preußens in eine neue Form zu bringen.« »Ihr meint, Albrecht, Kurfürst von Mainz, löse die Probleme am besten?« Da lachte die Kurfürstin: »Niemandem auf Erden gelingt es, etwas zum Besten zu lösen. Mir scheint nur, dass wir manchmal schlimmen Schaden verhüten können. Und sei es der Schaden, der anderen droht.« Dabei wurde sie wieder ernst. Elisabeth brachte nun ihre Herzensangelegenheit vor: »Wenn wir schon dabei sind, über die Verantwortung zu reden, die den Regierenden über die Untertanen anvertraut wurde, so will ich noch einmal deutlich sagen, dass es mein Wunsch ist, dass die Alten und Kranken in unserer Stadt gut versorgt sind. Mithof, ich bitte Euch zu Beginn und zum Ende der Woche ins Spital zu gehen, um nach den Kranken zu sehen. Ich werde auch mehrmals in der Woche selber mit Hand anlegen, denn das ist der Gottesdienst, der uns aufgegeben ist.« Mithof und die Kurfürstin sahen sich an. »Habt Ihr ein Pesthaus, das außerhalb der Stadt liegt?«, erkundigte sich die Mutter bei ihm. Mithof antwortete: »Weit abgelegen, außerhalb der Stadtmauern, leben die Aussätzigen und die Pestkranken.« Daraufhin sprach die Kurfürstin in strengem Ton zu ihrer Tochter: »Dahin, meine liebste Elisabeth, werdet Ihr niemals gehen! Versprecht es mir! Ich sah schon zu viele danach selbst ihr Leben aushauchen. Und dazu seid Ihr nicht geboren!« Meine Herrin wollte erst widersprechen, aber Mithof pflichtete der Kurfürstin bei und beide redeten ihr ernsthaft zu, bis sic nachgab.

Ich war erleichtert, musste ich doch immer meine Herrin ins Siechenhaus begleiten, was mir gar nicht recht war. Ich staunte dort immer über Elisabeth. Sie war dann wie ein Engel. Sie sprach freundlich mit den Alten und Kranken, streichelte ihre Hände und verband ihre Wunden. Die Köchin begleitete uns oft, mit einem Topf warmer Suppe auf einem

Holzkarren. Wie schnell die Kranken dann aus ihren Betten kamen! Wie viele plötzlich laufen konnten! Und wie schnell sie ihren Löffel, den sie stets bei sich trugen, unter dem Hemd hervorholten!

Wenn ich jetzt an die Besuche in den Siechenhäusern denke, kommen mir grausame Bilder in den Kopf, vor allem aber der würzige Geruch von Wacholder. Auf Anweisung von Mithof trug ich im Siechhaus ein Säckchen Wacholderbeeren mit mir. Vor der Tür warf ich drei Beeren siebenmal in die Luft und gab sie dann meiner Herrin. Sie kaute diese, während sie mit den Kranken sprach. Ich selbst behielt sieben Beeren im Mund und betete schweigend siebenmal das Vaterunser. Wenn wir die Stätte der Alten und Kranken verließen, spuckte ich die Beeren in die Gasse und zertrat sie siebenmal. Immer, wenn ich die Beeren zertrat, überkam mich eine große Erleichterung und ihr Duft wurde unlösbar mit den guten Taten meiner Herrin verbunden.

Ich schreckte auf, als Stuhlbeine auf dem Boden rückten. Die Männer verabschiedeten sich schon von den Damen. Blind folgte ich meiner Herrin und ihrer Mutter. Mir fielen die zwei Wachen auf, die sie begleiteten und schwere Schlüssel mit sich trugen. Ich fragte, wohin wir gingen. »In die Silberkammer«, entgegnete mir Elisabeth freudig. »Ich werde meiner werten Frau Mutter meine Morgengabe zeigen und die Geschenke, die wir zur Hochzeit erhielten.« Mich überfiel Angst. Gewiss hätte sich jede andere Frau glücklich gepriesen einen Blick auf den Schmuck, das Geld, das Silbergeschirr und die anderen Kleinodien werfen zu dürfen. Aber ich wollte von all dem Glanz nicht blind werden. Schließlich hatte meine Meisterin immer gesagt: »Wer zu lange einen Schatz anschaut, dessen Seele holt der Teufel«, wenn ich sehnsuchtsvoll auf ein Geschmeide geschaut hatte. Das hatte ich mir gemerkt. Ich wandte mich an meine Herrin: »Wenn Ihr erlaubt«, bat ich, »würde ich gerne derweil in die Kapelle gehen und ein Vaterunser beten.« »Geh nur«, sagte die Kurfürstin. Da ich versprochen hatte, in die Kapelle zu gehen, musste ich es nun auch tun. Ich öffnete die schwere Eichentür und schlüpfte ins Innere. Ich schlug das Kreuz, kniete nieder und murmelte: »Es tut mir leid, dass ich meine Herrin verlassen habe. Ich fürchte mich vor Gold und Silber und Edelsteinen.« Ich schämte mich meiner Angst und war froh, dass niemand zugegen war. Doch dann, wie auf ein geheimes Zeichen, zeigte sich noch ein anderer Gast. Eine Haselmaus spazierte den Mittelgang entlang, lief über den roten Teppich und sprang die Treppe zur Kanzel hoch. Oben angekommen richtete sie sich auf und sah sich um. »Keine Bange, Kleine«, sagte ich, »dir kann geholfen werden.« Ich sprach mein Gebet und ging zum Ausgang. Ich öffnete die Türe weit und stellte einen Stein zwischen die Schwelle. So konnte sie gewiss wieder ins Freie finden.

Was ich nicht wissen konnte, war, dass sich die arme Maus nicht zufällig in die Kapelle verlaufen hatte, sondern mit zwei weiteren Mäusen von der Kräuterfrau dorthin gesetzt worden war. Da sie einen Trank zur Fruchtbarkeit brauen musste und dazu drei gesottene Mäuse brauchte, die drei Tage in einer Kirche gewesen waren, hatte sie die Tiere dort ausgebracht. Sie fand sie nie wieder. Irgendwie musste ich die entlaufenen Mäuse wiedergutmachen, doch wie sollte ich das anstellen? Da fiel mir ein, dass Mithof zu Beginn und am Ende einer Woche ins Siechenhaus gehen wollte. Konnte er dann auch nicht mit Rat und Hilfe für das Gesinde da sein? Er würde gewiss einer bittenden Dienstmagd keinen Rat abschlagen. Ich sagte Bertha, wann Mithof im Siechenhaus sein würde, und sie bedankte sich, denn sie hatte noch mehr Bedürftige im Sinn, die seinen Rat gebrauchen konnten. Mithof war nicht begeistert, nun auch noch mehrere Bedienstete im Siechenhaus vorzufinden, aber als Elisabeth davon erfuhr, war sie zufrieden mit mir. Sie bedankte sich sogar bei mir, denn sie wollte gerne für alle Untertanen, die Sorgen hatten, Hilfe finden. »Sag mir, wenn ich etwas für dich oder deine Freunde tun kann«, ermunterte sie mich. »Dass du an die Mägde und Bediensteten denkst, rechne ich dir hoch an. Gott segne dich dafür.« Das war viel unverdientes Lob. Sie wusste ja nicht, dass der Grund für dies alles eine entlaufene Maus war und ich nur meine eigene Haut retten wollte!

Sie selbst wurde für die Bürger immer mehr zu einer Mutter. So sehr das Volk unter den Abgaben an den Herzog stöhnte und oft noch das beste Huhn bei den Besuchen meiner Herrin und ihrem Gefolge auftischen musste, so glaubten doch alle daran, dass, wer von der Herzogin berührt wurde oder den Mantel oder das Pferd der Herrschaft berühren konnte, sich gewiss sein konnte, dass er mit Glück und Reichtum gesegnet werden würde. Es waren immer die Ärmsten der Armen, für die meine Herrin zum Boten der Liebe und der Barmherzigkeit wurde.

Auch für die Menschen im Schloss erwies sie sich als mildtätige Herrscherin. So streng sie sich selbst gegenüber war und von den Bediensteten viel abverlangte, so mildtätig war sie denen gegenüber, die alles verloren hatten. Es war außergewöhnlich, dass Elisabeth in die Hofordnung schreiben ließ, dass an den Sonntagen auf dem Schlosshof jeder etwas zu essen erhalten sollte, der Hunger litt. Ebenso sollte jeder, der neu in die Stadt kam, am ersten Tag ein Brot und einen halben Liter Bier erhalten, damit er sich nicht elend ins Bett legen musste.

Selbst ihre Hebamme teilte sie mit dem Volk. Diese musste außerhalb des Schlosses bei angesehenen Bürgern wohnen und Elisabeth ordnete an, dass sie bei allen Geburten gerufen werden solle. Ihr selbst war es genug, wenn die Hebamme am Abend mit ins Badehaus ging und sie mit Ölen einrieb. »Ich bin ja nicht krank«, sagte Elisabeth zu ihrer Mutter. »Ich würde erst krank, wenn man mich in die Räume einsperrt und mir das Reiten und Jagen verbietet!« Die Kurfürstin nicke und fügte hinzu: »Elisabeth, meine liebe Tochter, es ist von großer Bedeutung, dass Ihr gut für Euch sorgt! Und wenn Ihr nichts dagegen habt, so würde ich mit Euch gerne nach Kassel reisen, danach können wir noch dem Kloster Bursfelde einen Besuch abstatten, und ich denke, damit Eure Wangen auch im Herbst noch einmal richtig Farbe bekommen, sollten wir noch eine Zeit im Jagdschloss Nienover verbringen. Dort wird Euch genug Wildbret zu Füßen gelegt werden. Mich dünkt, dass dann auch der Herzog nicht lange auf sich warten lassen wird. Dort, wo sich das Jagdfieber einstellt oder sich Kriegsleute tummeln, wird auch euer Gemahl nicht fern sein.« Die erfahrene Kurfürstin sollte recht behalten. Meine Herrin schrieb an den Herzog, was sie sich vorgenommen hatten. Die Antwort kam prompt.

Dachte ohnehin eine Zeit in Nienover zu verbringen, um die Küchenvorräte aufzubessern. Ich werde alles für Eure Ankunft vorbereiten lassen und Euch Gesellschaft leisten. Heinrich hat wohl auch ein Auge auf das Jagdgebiet geworfen und wollte selbstverständlich den Herbst dort verbringen, aber dem Treiben habe ich Einhalt geboten. Er achtet oft nicht die Grenzen, die uns von meinem Herrn Vater angezeigt wurden. Ich bin in großer Freude darüber, dann in Nienover meine schöne, angetraute Gemahlin vorzufinden.

Elisabeth staunte. »Mutter, wie recht Ihr hattet mit Euren Aussagen über meinen Gemahl! Woher kennt Ihr ihn denn so gut?« »Den Männern ist vieles gemeinsam. Wenn Ihr die Augen nicht vor dieser Wahrheit verschließt, könnt Ihr Euren Mann bald wie eine Stute am Zügel führen.« »Mutter, wie sprecht Ihr von meinem Herzog!« Elisabeth war empört. Die Kurfürstin achtete jedoch nicht auf den aufwallenden Zorn ihrer Tochter und wechselte das Thema: »Elisabeth, sagt mir, welches Verhältnis Erich I. zu Heinrich hat.« Elisabeth wurde unsicher: »Mutter, ich kann Euch die Frage nicht beantworten. Auf dem Ritterturnier gingen die beiden Männer wie Freunde miteinander um. Aber mir war nie wohl dabei.« Ich erinnerte mich noch gut an die große Abneigung, die Elisabeth und ich beim Turnier geteilt hatten. Die Kurfürstin fuhr fort: »Ich will Euch nicht zu nahetreten oder ängstigen. Aber ich bitte Euch, nehmt Euch in Acht vor Heinrich. Er schreckte nicht davor zurück, seinen eigenen Bruder zwölf Jahre lang gefangen zu halten, nur um neue Ländereien zu erpressen.« Sie schwieg eine Weile und meinte: »Der Kampf um die Güter und Ländereien macht aus Geschwistern oft die schlimmsten Feinde.« Elisabeth erklärte: »Wir können uns mit Heinrich nicht überwerfen, denn wir nutzen die Bodenschätze des Harzes zu gleichen Teilen. Doch fürchtet Euch nicht weiter. Wenn Heinrich in meiner Nähe ist, werden die Speisen kontrolliert und meine Kammermeisterin und Mithof haben dann schärfere Augen als ein Adler.« »Das ist gut so und erleichtert mich. Heinrich ist sich nicht zu schade, die, die ihm heute helfen, morgen an den Pranger zu stellen und ihnen nichts zu verzeihen. Er ist ein großer Freund der Folter und sieht bei Hinrichtungen gerne zu.« Plötzlich rief sie ohne ersichtlichen Grund: »Ich vergaß ja das Wichtigste! Wie wir von den Männern sprechen, fällt mir ein, dass ich Euch noch nicht das Geschenk Eures werten Herrn Vater überreicht habe.« Elisabeth sprang auf: »Und, wo ist es?« »Ich ließ es in die Silberkammer legen.« Die Mutter lächelte und sagte: »Habt Geduld, wartet noch bis morgen, denn ich möchte, dass es zuvor von einem Geistlichen gesegnet wird. Elisabeth, gebt Eurem Beichtvater Bescheid, dass er nach der Messe morgen früh ins Schloss kommen soll.«

Elisabeth war so aufgeregt, dass sie sich den ganzen Abend immer wieder selbst laut fragte: »Was es bloß ist?« »Was mir mein Vater wohl übersenden ließ?« Sie ließ auch mir keine Ruhe und fragte mich: »Was wird es wohl sein, das nun ohne mein Wissen in der Silberkammer ruht?« Aber woher sollte ich es denn wissen? Mal blickte sie auf ihre Hände, ob wohl ein Ring bald ihre Hand schmücken würde, dann ging sie zum Spiegel, reckte ihr Kinn in die Höhe, strich sich über den Hals und das Dekolleté und dachte dabei gewiss an eine fehlende Kette.

Am nächsten Morgen lüftete sich das Geheimnis. Die Kurfürstin saß in Elisabeths Kammer, gerade hatten wir die Toilette und das Frühmahl beendet. Sie ließ sich von einer Wache eine Kassette reichen und gab sie Elisabeth. Diese öffnete den kleinen Kasten behutsam, ich lugte über ihre Schulter. Es verschlug uns den Atem: Es war eine Goldkette – aus hunderten kleinen Goldringen gefertigt. Dazwischen waren zu Tropfen geschliffene Granatsteine eingearbeitet. Die roten Steine glitzerten wie Blutstropfen. Elisabeth konnte den Blick nicht lösen, mir ging es genauso. Nie hatte ich etwas Herrlicheres gesehen. Die Mutter reichte ihrer Tochter einen Zettel. Elisabeth hatte jedoch ihre Augen immer noch auf das Kleinod geheftet und sagte leise zu mir: »Lies, was mein Vater schreibt.« Ich nahm den Zettel aus Elisabeths Hand und las laut:

Meiner hochverehrten, geliebten Tochter, geb. Prinzessin von Brandenburg, Herzogin von Calenberg – Braunschweig.

Dieses Kleinod wurde von spanischen Goldschmieden gefertigt. Dem lauteren Gold fügten sie die Blutstropfen der werten Heiligen bei. So gedenket, wenn Ihr die Kette erhaltet, daran, dass Ihr selber lauter bleibt und mit Eurem Blute treu zur Kirche steht und ihr der Mutter Kirche getreu dient bis in den eigenen Tod.

Mich ergriff ein Schauder und ich hoffte, nie das blutige Gold in Händen halten zu müssen. Doch ich hoffte vergebens. Der Priester trat ein, nahm die Kette und segnete sie. Danach reichte er sie mir und sagte: »Nun legt das Geschmeide Eurer werten Herrin um.« Die Kette war so lang, dass sie keinen Verschluss brauchte. Meine Finger waren auf einmal steif, und ich traute mich kaum zu atmen. Meine Herrin bemerkte meine zitternden Hände nicht. Elisabeth ließ sich verschiedene Spiegel bringen und betrachtete sich von allen Seiten. »Das ist der richtige Schmuck für den roten Samtmantel«, frohlockte sie und fügte hinzu: »Ich werde mich meines Vaters und des Papstes würdig erweisen.«

Die Kurfürstin wandte sich an mich. »Warum bist du so blass geworden?«, fragte sie. »Ich bin blass geworden? Wann?«, versuchte ich auszuweichen. »Als du meiner Tochter das Geschmeide umgelegt hast.« Nichts blieb dieser weisen Frau verborgen! »Es ist nur ...«, stammelte ich, »es ist mir mehr als genug, meiner Herrin den Eid zu halten. Aber sie soll nun dem Papst, dem Herzog und dem Vater getreulich dienen – nicht weniger, als es die Märtyrer einst taten!« Elisabeth wiegte sich noch mit den Ketten vor den Spiegeln und meinte dazu fröhlich: »So ist jedem das Seine aufgetragen.« Die Kurfürstin blickte mich freundlich an. »Du hast ein weises Herz«, sagte sie zu mir. »Nur wenige Menschen begnügen sich mit dem, was sie auch tatsächlich tragen können. Die meisten mehren ständig ihre Macht und ihr eigenes Ansehen und werden doch nur schuldig dabei.« »Mutter, was redet Ihr!«, beschwerte sich Elisabeth. »Ich erkläre Euch gerne, was ich meine«, erwiderte die Kurfürstin freundlich: »Seht, es genügt den meisten nicht, das Land zu regieren, das ihnen anvertraut wurde. Sie rauben es aus, um weiteres Land zu erlangen. Andere, die ein Amt haben, wollen das nächst höhere, wer König ist, will Kaiser werden und vernachlässigt dabei, was ihm zuerst anvertraut wurde. Er sieht die Feinde nicht, die danach greifen.« »Ihr wollt mir sicher etwas damit begreiflich machen«, sagte Elisabeth und legte das Geschmeide vorsichtig zurück in seine Kassette. »Ach Kind, ich wollte Euch damit sagen, dass wir in unserem Leben nicht allem gerecht werden können und immerfort Schuld auf uns laden. Wir können nicht immer allen Herren gleichzeitig dienen.« »Mutter, ich will mich aber nicht sorgen, dass ich meinen Aufgaben nicht gerecht werden kann!« »Das sollt Ihr auch nicht. Aber wir müssen unser Herz immer wieder fragen, was wirklich wichtig ist und uns aufgetragen wurde. Manchmal, meine Liebe, müssen wir uns auch entscheiden, damit wir nicht alles verlieren.

Wir müssen etwas loslassen, weil wir einen vollkommenen Schatz hüten müssen.« Sie machte eine kleine Pause und fuhr fort: »Denkt einfach nur immer wieder an meine Worte, ehe Ihr zu schnell handelt. Wir müssen auch die Schuld ansehen können, die wir in unserem Leben auf uns laden, und mit ihr leben. Denn Christus starb einzig deshalb.« Elisabeth nickte. »Mutter, das werde ich tun. Aber sagt, warum redet Ihr so viel vom Glauben? So mitten am Tag. Reicht es nicht, wenn wir dreimal täglich die Hände falten?« »Ich weiß nicht, was reicht. Ich sinne unentwegt über Gottes Wort nach, seit ich es selbst gelesen habe.« »Ihr habt die Heilige Schrift schon auf Deutsch gelesen?« staunte ihre Tochter. »Aber gewiss doch. Es ist nun nicht mehr schwer, an die Übersetzungen zu kommen. Ich werde dafür Sorge tragen, dass Ihr auch in Münden eine Schrift erhaltet«, versprach die Kurfürstin. »Vielleicht hat Philipp von Hessen schon ein Evangelium oder die Psalmen?« »Wir werden uns bei ihm danach erkundigen«, versprach Elisabeth.

Die erneute Reise nach Kassel war so viel angenehmer als die erste. Es war schönes Wetter, wir fuhren in den Kutschen der Kurfürstin, und das wahrlich prunkvoll. Sie waren innen mit Samt bezogen und mit Goldfäden bestickt. Die weichen Kissen ließen sich auch so anordnen, dass man sich legen und schlafen konnte. Sie wurden von sechs pechschwarzen Pferden gezogen. Ich durfte in der zweiten Kutsche reisen, in der nur noch Mithof und ein Priester saßen. Wir schwiegen die ganze Zeit. Ich denke, jeder war froh, seinen Gedanken nachhängen zu können und ein wenig zu schlafen oder nach draußen zu schauen.

Als wir in den Hof von Kassel fuhren, konnte ich meine Neugier kaum noch zügeln. Wie würde uns der Landgraf diesmal empfangen? ›Welch schöne Frauen speit das Meer ans Land‹ konnte er diesmal nicht sagen, denn es hatte seit Tagen nicht geregnet.

Philipp trat zuerst auf Elisabeth zu und sagte: »Welch eine Ehre, dass Ihr mir von Eurem Mutterglück erzählen wollt!« Ich war sprachlos. Woher wusste er? Vor der Kurfürstin verneigte er sich tief, küsste ihre Hand und meinte: »Vor solchen Heiligen falle ich gerne nieder.« Ich lachte laut los und hielt erschrocken meine Hand vor den Mund. Er sah mich schmunzelnd an und meinte: »Wie gut, dass Ihr die Hand vor Eurem Mund habt, denn sonst hätte ich ihn zur Begrüßung gar geküsst!« Jetzt lachten alle ungehemmt und ich traute mich lange Zeit nicht mehr, die Hand von meinen Lippen zu nehmen. Philipp begrüßte auch Mithof und Lorleberger zwanglos und freundschaftlich. Christine von Sachsen war noch genauso schön. Die Landgräfin und die Mutter Elisabeths kannten sich bereits gut, und so war die Kurfürstin in besonderer Weise ihr Gast, denn sie brachte ihr Neuigkeiten aus ihrer Heimat mit. Es war herrlich, wieder in Kassel zu sein!

Das heißt, es hätte so herrlich sein können. Doch meine Herrin kannte keine Ruhe. Sie hatte es sich in den Kopf gesetzt, dass Mithof sich mit den Kasseler Ärzten traf, Lorleberger bei allen Besprechungen zugegen war, und sie fragte sofort nach der Bibelübersetzung von Luther. »Aber natürlich habe ich die Übersetzung«, sagte Philipp. »Sobald ein Evangelium erschienen war, wurde mir davon ein Exemplar ausgehändigt. Es werden immer mehr gedruckt. Inzwischen hat die Zahl der Heiligen Schrift bereits die des Hexenhammers überboten.« »Habt Ihr auch den Hexenhammer in Eurer Bibliothek?« fragte die Kurfürstin nach. »Kommt mit und seht selbst. Ich habe den Hexenhammer und die dazugehörige Hexenbulle.« Und dann, einfach so, ich konnte es kaum glauben, beschloss Elisabeth, dass ich aus dem Hexenhammer vorlesen solle, wenn die Frauen im Bade lagen. Ich warf ein, dass die feuchten Dämpfe der Tinte sicher großen Schaden zufügen würden und die Feuchtigkeit das Papier wellen würde. »Du brauchst ja nicht neben der Wanne zu sitzen«, wehrte sie meine Einwände ab.

So viel Papier! So viele Worte, und tausend Teufel wohnten zwischen den Seiten! Und sie flüsterten nur eine Botschaft, immer und immer wieder:

Das Weib ist aus der krummen Rippe des Mannes und ist das schlechteste Wesen der ganzen Schöpfung. Sie ist boshaft, trägt das edle Haupt eines Löwen, den stinkenden

Leib der Ziege und hat den Schwanz einer Viper. Lügnerisch ist sie. Die Weiber lassen sich wegen ihrer Blödigkeit und Lebhaftigkeit geistig gefangen nehmen. Unheil, alles Unheil kommt von ihr. Es ist kein Wunder, dass unter den Weibern so viel Hexen wohnen, die sich mit den Dämonen verbinden. Sie bringen Unwetter, Hungersnöte und Seuchen über die Menschen; braten und kochen ungetaufte Kinder und stellen daraus eine Hexensalbe her.

Ich erwartete fast, meine Finger würden sich in Krallen verwandeln und wenn ich aufstünde, wäre mir ein Huf gewachsen.

So verging mein erster Abend in Kassel, der doch so wunderschön werden sollte, mit grausamen Vorstellungen und in den Träumen flog ich selbst mit den Teufeln über das Schloss hinweg bis Berlin. Am nächsten Tag musste ich vorlesen, wie man sich vor Hexen schützt und wie viel es kostet, von dem Wahn befreit zu werden. Mir wurde klar, dass man sich nur befreien konnte, wenn man sein Hab und Gut der Kirche vermachte und noch die eigenen Kinder in die Dienste der Kirche gab.

Mir war das Essen verdorben, denn es fühlte sich an, als ob sich Steine in meinem Innern angehäuft hätten. Zum ersten Mal in meinem Leben war ich krank. Doch nicht krank genug, um nicht mehr den dritten Teil lesen zu müssen, der genau beschrieb, wie die Hexen gefoltert und wie sie zu brennen hätten und dass eine Verurteilte zuvor mindestens drei weitere anzuzeigen hätte.

Als ich am dritten Tag das Buch in die Bibliothek zurücktrug, stolperte ich, fiel und hatte nicht mehr die Kraft alleine aufzustehen. Da erst wurde allen klar, dass der, der das Buch hält und daraus liest, krank wird. Man brachte mich zu Bett. Nur halb bei Sinnen beobachtete ich den Priester, der die Flure und mein Krankengemach mit Weihrauch reinigte. Der Landgraf kam sogar persönlich zu mir, ergriff meine Hand und sagte: »Ich hatte keine Ahnung, glaube mir. Ich versichere dir, dass nie wieder schwache Weibspersonen dieses Werk lesen oder hören werden. Es ist für die Geistlichen und Juristen geschrieben.« Er verzog sein Gesicht: »Ich selbst halte es jedoch für eine üble Erfindung der Geistlichen, um mehr Geld in ihre Kassen zu holen. Seit Hexen und Zauberer verbrannt werden, geht es den Bettelmönchen und der Kirche wieder gut, denn ihnen fällt die Hälfte des Besitzes der Verfolgten zu. Nimm es dir nicht länger zu Herzen«, schloss er dann einfach.

In mir jedoch fraß ein Wurm, den kein Weihrauch vertreiben konnte. Mir war ganz Kassel vergällt, obwohl in der Stadt unter Philipp dem Großmütigen keine Hexe verfolgt wurde. Sobald ich meine Augen schloss, griffen Hände nach mir, die mir die Kleider vom Leib rissen. In den Nächten zeigten spitze Finger auf mich, und die Menge schrie: »Ins Feuer mit ihr. Sie soll brennen!« Es brannten mein Bett, das Zimmer, das ganze Schloss und die Straßen. Und dachte ich, jemand käme, um zu löschen, so trugen sie das Wasser nur heran, um mich darin zu ertränken. Mir nützte es nichts, dass ich schwimmen konnte, meine Füße waren an schwere Steine gebunden, und das Wasser lief mir in Mund und Ohren. Ich fuhr aus dem Schlaf, weil mir die Luft fehlte, oder ich erwachte von entsetzlichen Geräuschen, weil meine Knochen brachen. Die Kirchenglocken läuteten nicht mehr in ihrem warmen Ton, sondern schrillten und schluchzten, wie es am Jüngsten Gericht zu sein hatte.

Ich war aber die Einzige, der es so erging. Elisabeth und die Kurfürstin konnten sich mit anderen über die Machenschaften der Hexen und deren Verfolgung ohne Albträume unterhalten. Auch Landgraf Philipp konnte sachlich über das Papier sprechen. Aber er verstand meine Bedrängnis. Ein paar Tage später nahm er mich beiseite und meinte: »Ich hätte das Schriftstück verbrennen sollen; ich denke sowieso, es ist die Arbeit kranker Hirne. Und wenn wegen ihm eine so holde Frau über ihre eigenen anmutigen Füße fällt, wird es zu nichts Gutem nützen.« Ich nickte dankbar und schwieg. Niemandem erzählte ich, wie ich wirklich litt. Für alle war ich ja nur einmal umgefallen und über meine eigenen Füße gestolpert. In meinen Träumen aber wurden meine Füße in Eisen wundgescheuert, im Ofen glühten die Kohlen und warteten darauf, dass mich die Wärter banden und hineinstießen. Niemand wusste davon, denn ich fürchtete, sie würden mich in ein Spital geben und ich hätte meinen Verstand nie zurückgewonnen. Also lächelte ich und sagte zum Landgrafen: »Ein Mensch wie ich hätte nicht lernen sollen zu lesen.« Aber damit weckte ich nur seine Wut: »Was redest du da! Könnten nur alle Frauen und Männer lesen, besonders die, die von ihren Priestern ausgenommen werden! Dann könnten sie nachrechnen, wie einträglich die grausamen Geschäfte der Kirche sind, und sie würden nur noch den Papst fürchten, aber nicht die Teufel! Wahrlich, die Hölle findet hier auf Erden statt und wird von den geldgierigen Priestern betrieben. Dabei ist uns Christenmenschen im Heiligen Wort doch die gnädige Errettung aus unseren Nöten schon versprochen.« »Nehmt Euch in Acht«, warnte die Kurfürstin, als sie seine laute Stimme hörte, »ich befürchte, Ihr handelt Euch sonst den Ärger des Papstes ein. Vergesst nicht, auch Luther haben sie mit dem Bann belegt!« »Ja, Luther haben sie mit dem Bann belegt und das erst gab ihm den Mut, die päpstliche Bulle zu verbrennen. Mich gelüstet damit fortzufahren!«, ereiferte sich der Landgraf. Dann aber fügte er hinzu: »Ich weiß, welches Bollwerk ich gegen den Betrug des Volkes wähle. Ich werde eine Universität gründen, in der sich der Geist frei entfalten kann und alle Dispute zur Wahrheitsfindung dienen!« Die Kurfürstin nickte wohlwollend mit dem Kopf und ermutigte den Landgrafen: »Nur zu mit Euren guten Taten und werdet nicht müde! Ihr seid mir ein Bruder in Christo.«

Am ersten Abend, als ich wieder zu meiner Herrin ins Bett schlüpfte, fühlte ich mich noch schwach und das Buch lastete noch auf meiner Seele. Aber Elisabeth freute sich, dass ich wieder das Bett mit ihr teilen konnte. »Nun liegen wir wieder zu dritt im Bett und so ist mir am wohlsten«, sagte sie, als ich sie ausgekleidet und ihr die Haare ausgebürstet hatte. Ich lächelte sie an. Das Kind, das in ihr wuchs, war eben auch meines geworden.

Elisabeth lag schon im Bett und ich huschte noch durchs Zimmer, um die letzte Kerze zu löschen, da klopfte es leise an der Tür. Die Kurfürstin trat herein. Sie trat ans Bett ihrer Tochter und setzte sich. Sie griff nach ihrer Hand, als sei sie ein kleines Kind, und legte die andere segnend auf ihren Leib. Dann plauderte sie über dies und das. So erfuhr ich zu meinem großen Erstaunen auch die wahre Geschichte über den Bauern, der das Pferd früher nach Münden gebracht hatte.

»Er hatte sich den Bauern im Süden angeschlossen, die ihren Landesherrn den Krieg erklärt hatten«, erzählte Elisabeths Mutter. »Wie kommen Bauern denn dazu, ihren eigenen Herrn anzugreifen?«, fragte Elisabeth. »Ihre Herren hatten sie zuvor als vogelfrei erklärt und es blieb ihnen nichts anderes übrig. Ihr Zeichen war ein Schuh, der mit Bändern geschnürt auf einen Stock gespießt ist. Mit völlig unzureichenden Waffen zogen sie gegen ausgebildete Kriegsveteranen.« »Und unter ihnen war jener Bauer?«, fragte Elisabeth nach. »Was genau er gemacht hat, weiß ich nicht, jedenfalls hat er das Gemetzel überlebt.« »Warum habt Ihr mir von den Unruhen nichts erzählt? Ich erfahre nichts, auch der Herzog schweigt über diese Dinge!« »Mein Kind«, beruhigte sie ihre Mutter, »es war für Euch doch genug zu heiraten und das Elternhaus zu verlassen. Wir wollten Euch nicht noch andere Sorgen aufdrücken.« »Aber dann habe ich jetzt einen aufständischen Bauern in Münden?«, empörte sich Elisabeth. »Dieser Bauer wird Euch treuer zur Seite stehen als jeder andere«, beruhigte die Mutter. »Er kam einzig zurück, um seine ihm bereits angetraute Frau zu ehelichen. Und es verhält sich auch so, dass wir hier die Bauern nicht zu fürchten haben, denn sie haben ein besseres Auskommen, da sie Geld für ihre Ware erhalten.« »Was ist denn im Süden für die Bauern anders?«, erkundigte sich Elisabeth. »Oh, einiges«, sagte die Kürfürstin: »Die Edlen machen sich über die Frauen und Kinder der Bauern her, und wenn sie etwas auf dem kargen Land erwirtschaftet haben, so sind unerbittliche Abgaben fällig. Sie leben wie Sklaven, woran sie sich im Grunde schon gewöhnt haben. Aber jetzt, da ihnen die Kinder wegsterben und die einzigen gesunden Söhne schon im Kindesalter für die eigenen Peiniger in den Krieg ziehen müssen und nicht die Felder bestellen können, entsteht eine nicht mehr zu bändigende Wut. Dazu kommt, dass sie seit Kurzem nicht nur den zehnten Teil der geernteten Früchte abgeben müssen, sondern auch noch den zehnten Teil des Viehs. Jetzt haben sie nichts mehr, womit sie Handel treiben können!« Elisabeth warf ein: »Aber wir treiben doch auch Steuern ein bei ihnen! Und es ist richtig so!« »Gewiss treibt Ihr die Steuern ein, aber Ihr seid alleinige Herrscher und haltet Euch an die Regeln. Die meisten Bauern haben mehrere Herren über sich. Wenn diese die Steuern mehrmals jährlich eintreiben und dabei die gesündesten Tiere bei den Adligen über dem Grill schmoren, so kann sich jeder ausrechnen, dass für eine Familie nichts mehr übrig bleibt.« »Und haben die Aufstände nun für etwas mehr Gerechtigkeit gesorgt?« erkundigte sich meine Herrin. Die Kurfürstin schüttelte den Kopf. »Elisabeth, mein Kind, wo denkt Ihr hin! Der Widerstand der Bauern besiegelte doch deren Elend erst recht! Ich denke, fast alle Familien der nun Geächteten werden den Winter nur mit Mühe überleben. Die Landesfürsten wird das nicht weiter stören. Sie kümmern sich erst wieder um ihre Bauern, wenn sie die eigenen Kammern füllen wollen und ihnen wegen der Wilderei ihr Wildbret nicht reicht.« »Mutter, Ihr sagt das sehr frei heraus. Ich denke, Ihr wollt mir damit auch sagen, dass ich selber sorgsam sein soll?« »Ja, mein Kind, das will ich sagen. Versuche dich zu begnügen. Wir sind es so sehr gewohnt zu herrschen und Ansprüche geltend zu machen, dass wir dabei übersehen, welchen Preis andere dafür bezahlen. Und es werden immer mehr, die um das Hab und Gut anderer ringen.«

Wie gerne hätte ich die Kurfürstin noch viel mehr gefragt! Aber ich war wie ein Kopfkissen, das zur Seite gerückt wurde, damit die Mutter besser Platz fand. Ich betete, meine Herrin möge die Fragen stellen, die mir auf der Zunge brannten. Was war genau mit den Bauern geschehen? Ging es den Bauern hier wirklich so viel besser? Sie waren doch auch hier elende Gestalten, die keine Rechte hatten. Einzig an den Sonntagen wurden sie mit allen andern in die Liste der Kirchgänger aufgenommen. Und wozu hielten sie eigentlich einen albernen Schuh in die Höhe? Und was hatte unser Berliner Bauer genau erlebt? Elisabeth fragte nur: »Ihr seid Euch also sicher, dass mir vom Bauern keine Gefahr droht und er mit der Köchin kein falsches Spiel spielt?« Das war das Einzige, was sie fragte.

Was Wunden reißt, wird sie auch wieder heilen. So geschah es jedenfalls bei mir und es geschah noch in der Zeit, als wir in Kassel weilten. Hatten mir die Buchstaben des Hexenhammers das Herz zerrissen, so wurde es durch die Buchstaben der Heiligen Schrift wieder geheilt. Und das kam so:

Die Kurfürstin ließ nicht locker und fragte Landgraf Philipp wiederholt nach den Übersetzungen Luthers. Er hatte fast das gesamte neue Testament in einzelnen Evangelien vorliegen. »Wenn Ihr wollt, sucht Euch ein Evangelium aus, und meine Schreiber sollen es bis zu Eurer

Abreise kopieren«, bot er uns an. Das ließ sich Elisabeth nicht zweimal sagen. Wir gingen in die Schreibstube und suchten ein Evangelium aus. Willkürlich griff ich nach einem der Bände, die dort lagen, und schlug ihn auf.

Kommt her zu mir, alle, die ihr mühselig und beladen seid; ich will Euch erquicken.

Das waren die ersten Worte, die ich las. Elisabeth hingegen hielt das Lukasevangelium in den Händen und hatte die Weihnachtsgeschichte aufgeschlagen. Schon nach ein paar Sätzen liefen ihr Tränen über die Wangen und sie rief: »Dieses Evangelium möchte ich haben. Das ist die beste Weihnachtsgabe, die ich Münden bringen kann. Denn auch mich sah Gott freundlich an und ich trage nun ein Kind. Und wie er Maria und Josef zur Seite stand, so begleitet er auch uns auf allen Reisen.«

»Es verhält sich seltsam«, sagte Elisabeth später zu ihrer Mutter: »Ich kannte die Geschichten und die Worte. Mir waren auch die lateinischen Übersetzungen vertraut und ich verstehe den Sinn schon lange. Aber jetzt, da ich sie selbst gelesen habe, in der eigenen Sprache – da erkenne ich Gott als meinen Freund, der mich einlädt und liebt. Wenn hingegen die Geistlichen bei ihren Messen drohend die Fäuste ballen und wir auf Knien liegen, so bleibt mir auch die Liebe Gottes fern.«

Vierzehn Schreiber kopierten in fünf Tagen das Lukasevangelium und die anderen bereits übersetzten Evangelien wurden in Wittenberg bestellt. Das Neue Testament hatte Luther bereits übersetzt und wo immer eine Druckmaschine im Land stand, klapperte und ächzte sie bei Tag und Nacht und spuckte mit schwarzer stinkender Tinte die gute Nachricht aus. Hunderttausend Exemplare waren bereits gedruckt, und die Menschen verlangten immer mehr. »Die Übersetzungen Luthers übertreffen nun die Druckauflagen des Hexenhammers«, erklärte uns dic Kurfürstin. »Und das Schönste ist, dass die Bibel nun von allen gelesen werden kann und ihre Botschaft weitererzählt wird.« Welch eine wunderbare Nachricht für mich. Ich wünschte mir, die Bücher des Hexenhammers würden auf einem Haufen verbrannt oder in den Gefängnissen und Löchern verrotten und nicht die Menschen. Meine Herrin sprach mir aus dem Herzen, als sie sagte: »Das Wort Gottes in Deutsch wird uns gewiss in den nächsten Jahren viel Freude bereiten.« Und sie fügte entschlossen hinzu: »Das bedeutet noch lange nicht, deshalb dem Papst untreu zu werden oder die Hexenbulle zu verbrennen.«

Der Tag der Abreise rückte näher. Unser nächstes Ziel sollte das Kloster Bursfelde sein, bevor wir im Jagdschloss Nienover auf den Herzog treffen sollten. Ich wäre noch gerne in Kassel geblieben oder sogar am liebsten nach Münden zurückgekehrt, aber meine Herrin und die Kurfürstin waren reiselustiger als ich. So musste ich die Kleider packen und Abschied nehmen.

Meine Herrin wollte einen guten Teil der Strecke selber reiten, damit sie die Felder besser im Blick hätte. Sie nahm dazu den neuen Gaul, den ihre Mutter mitgebracht hatte.

Wir hatten eine ausgesprochen vergnügliche Reise, bis wir das Kloster Bursfelde erreichten. Wir waren angemeldet, aber die Mönche hatten keine besonderen Vorbereitungen getroffen. Als wir über die Gänge zu unserer Unterkunft geleitet wurden, begegneten wir Gruppen von Klosterbrüdern, die uns anstarrten und miteinander flüsterten. Der Abt sprach zwar am ersten Abend mit Elisabeth und ihrer Mutter, aber es war deutlich zu erkennen, dass er nicht erfreut war, die Frauen zu treffen. »Ich danke für Euren Besuch«, meinte er nur, als ihn Elisabeth auf die Geschäfte des Klosters ansprach. »Aber diese Dinge hatten wir dem Herzog schon berichtet und wir erwarten seine Antwort jeden Tag.« Mit einem falschen Lächeln fügte er hinzu: »Ich würde doch die hochwürdigen Damen nicht unnötig belasten.«

Elisabeth sah ihn nur an und zuckte mit den Schultern. Ihre Mutter warf ein: »Sagt, werter Abt, wir hörten auf dem Weg zu Ihnen ein erbärmliches Heulen aus dem Loch. Wer ist es, der dort einsitzt?« »Ach, das hat Euch nicht zu bekümmern«, winkte der Abt ab, »das ist eine entflohene Bauersfrau, die vorgegeben hat eine Nonne zu sein. Sie hat sich auf diese Weise Essen erschlichen und es zu ihren versteckten Kindern getragen. Ich nehme an, dass sie nun Ihre Sünden beweint. Vielleicht sind es aber auch nur die leiblichen Schmerzen nach der Folter und die Trauer, dass die Bälger da unten inzwischen tot sind.«

Mit diesen Worten verabschiedete er sich und überließ uns dem freudlosen Abendessen, das die Mönche für uns gerichtet hatten.

In dieser Nacht hörten wir die Frau wieder klagen und weinen. Ihr Leid rührte mich an und ich konnte sehen, dass es Elisabeth genauso ging. Erst vor Kurzem hatte doch die Kurfürstin berichtet, wie schwierig der Winter für die Bauersfrauen werden würde. Hatte die Frau nicht alles getan, was in ihren Kräften stand? Es war ein fragwürdiges Vorrecht, dass wir so sicher in den Betten lagen.

Dem Abt hatte sie jedoch in der Nacht zu laut geheult. Als wir beim Frühstück saßen, hörten wir die Brüder reden, dass er an diesem Morgen so lange kochendes Wasser in das Loch hatte gießen lassen, bis nichts mehr zu hören war. Elisabeth und ihre Mutter beschlossen, noch am gleichen Tag nach Nienover weiterzureisen, und niemand machte sich Mühe, sie von den neuen Plänen abzuhalten. Elisabeth hat sich nie über die Behandlung im Kloster beklagt, aber sie legte auch keinen Wert darauf die Freundschaft der Klosterbrüder zu gewinnen.

Endlich ritten wir weiter! Wir waren alle froh, entronnen zu sein! Auch ich setzte mich zeitweise aufs Pferd und ritt neben meiner Herrin durch die noch grüne Landschaft, auf der die Bauern die letzte Ernte einbrachten. Meine Herrin war sich nicht zu schade, die Menschen zu grüßen oder kurz mit ihnen zu sprechen. Ohne zu bitten, schenkten sie uns oft, was sie gerade in den Händen hielten, und wir spürten ihre aufrichtige Freude darüber, ihrer Landesherrin etwas von ihrer Güte zurückgeben zu können.

Während wir so ritten, kam das Gespräch noch einmal auf die arme Frau, die doch nur getan hatte, was eine Mutter tun würde. Die Kurfürstin erzählte uns eine Geschichte von Luther. An seine Tür hatte auch eine ärmliche Frau geklopft und gesagt, sie sei eine entlaufene Nonne. Er hatte sie aufgenommen und als Magd angestellt. Wenige Wochen später war sie mit einigen wertvollen Gegenständen auf und davon. Doch nicht nur das: Sie hatte ihm ihr frisch geborenes Kind zurückgelassen. »Und?«, fragte Elisabeth. »Nun«, fuhr die Kurfürstin fort und ließ sich viel Zeit unsere Neugierde zu befriedigen: »Also, Martinus Luther stand da mit dem kleinen Kind. Seine Frau Käthe war aber für einige Wochen verreist.

Was sollte er mit dem Frischgeborenen anfangen?« »Ja was denn?«, drängte Elisabeth. Uns schien das Glück aller Mütter und deren Kinder von der Antwort der Kurfürstin abzuhängen. »Nun, er trug den kleinen Knaben ins Waisenhaus und bezahlte gleich für ein ganzes Jahr die Rechnung. Er versprach, so lange für den armen Wurm zu bezahlen, bis er groß sei und ein anständiger Mensch aus ihm geworden wäre.« Wir waren erleichtert und sehr zufrieden. »So verschieden können Menschen reagieren«, ergänzte die Kurfürstin. »Da ist die Frau Käthe aber sicher stolz auf ihren Mann«, rutschte es mir von den Lippen. Ich hatte es ganz ehrlich gemeint und gerade deshalb begann die Kurfürstin lauthals zu lachen. »Ihr kennt Käthe schlecht! Selbst wenn sie genauso gehandelt hätte, oder noch viel wahrscheinlicher hätte sie das Kind noch mit an ihre eigene Brust gelegt. Aber ihren Mann hat sie über seiner Leichtgläubigkeit sehr gescholten und verbot ihm, je wieder eine Magd einzustellen, die nicht von ihr auf Herz und Nieren geprüft worden war. Sie jammerte noch wochenlang um ihr verloren gegangenes Hab und Gut.«

Der Empfang auf Nienover war das Gegenteil zu dem in Bursfelde. Als wir Einzug hielten, eilten uns die Bediensteten entgegen und die Gemächer waren vortrefflich gerichtet, ein Feuer brannte in jeder Kammer. Freudig überwachte ich, wie die Mägde die Reisetruhen hereintrugen, und öffnete sie, um neue Kleider für Elisabeth herauszulegen. Ich ahnte schon: Nichts anderes als Jagdkleider würde sie hier tragen wollen, schon früh am Morgen und den ganzen Tag. Und so war es auch. Selbst ihre Hüte wählte sie so, dass sie sich wendig zwischen Baum und Busch und auf dem Pferd bewegen konnte.

Ich erinnere mich noch so gut an diese Zeit in Nienover, selten hatte ich so viel zu tun. Es waren nur wenige Bedienstete in diesem Jagdschloss, deshalb setzte ich es mir in den Kopf, meine Herrin überallhin zu begleiten. Ach, was hatte ich mir nur dabei gedacht! Wo doch Pferde noch nie meine Freunde gewesen waren. Elisabeth ritt schnell und sicher auf ihrem eigenen Pferd, wie sollte ich ihr da nur folgen können? Ich schenkte jedem Glauben, der mir eine lammfromme Stute versprach. Aber die erste fromme Stute zwickte mich hinterlistig in den Arm und die zweite lahmte, noch ehe wir vom Hof waren. Elisabeth war so erbost, dass sie den Stallburschen anbrüllte und ihn zurückschickte. Er führte nun ein wahrhaft prächtiges Pferd heran, ein Ross des Herzogs. Ich schluckte, als ich dieses große, edle Tier vor mir stehen sah, doch sobald ich aufsaß, veränderte sich alles. Auf dem Rücken dieses Hengstes lag die Welt weit unter mir. Er reagierte auf jedes leise Kommando und schien im Voraus zu wissen, wohin ich wollte. Ich war nun, wenn ich wollte, schneller als meine Herrin.

Welche Freude waren diese Jagdtage. Der Wald hatte sich prächtig verfärbt, die Sonne schien und wir sprengten in großem Gefolge über Stock und Stein. Der Wind brauste um uns und wir wurden begleitet vom Bellen der Hunde und den Schreien der Treiber. Nun verstand ich Elisabeth; nie zuvor hatte ich mich lebendiger gefühlt. Meist ritt der Jäger voraus, Elisabeth hinterher, und ich sah zu, dass ich beide nicht aus den Augen verlor. Aus den Händen meiner Herrin empfing ich Hasen und Rebhühner und knüpfte diese am Sattel meines Pferdes auf. Sie baumelten lustig mit jedem Schritt, wenn wir nach Hause ritten. In solchen Augenblicken fühlte auch ich mich wie eine Herzogin.

So ritten wir auch an dem Tag Richtung Schloss zurück, an dem der Herzog eintraf. Ohne Vorankündigung und ganz allein ritt er uns entgegen. Meine Herrin freute sich so sehr, dass sie gar nicht wusste, was sie tun sollte. Der Herzog saß ab und half ihr vom Pferd. Elisabeth glitt so schön in seine Arme, wie es in Geschichten erzählt wird. Ich musste schmunzeln. In solchen Geschichten waren die Frauen nicht zuvor durchs Moor gewatet, um eine Ente aus dem Netz zu holen, und steckten mit schmutzigen Füßen in den Reitstiefeln.

Der Jäger winkte mir. Zusammen ritten wir zum Schloss voraus und ließen die beiden allein. Als Elisabeth und Erich später ins Jagdschloss kamen, hatte ein Hase schon sein Fell an den Gerber verloren und schmorte nackt und hohl über dem Feuer. Die Hunde stritten sich um den Hasenkopf und knurrten wütend, wenn sich ihnen jemand näherte.

Der Herzog war da und ich wurde wieder zu einer normalen Bediensteten, die bei den andern schlief und in der Küche aß. Im Solling wurde es früher dunkel als in Münden und die Nächte waren still und unheimlich. Der Wald schien in der Dämmerung selbst das Schloss verschlingen zu wollen, denn die Zweige schauten zum Fenster herein und klopften mit dem Wind gegen die Scheiben. Ich war froh, am Abend nicht nach draußen zu müssen. Es war mir erlaubt worden, den Bediensteten das Evangelium vorzulesen. So saßen wir Abend für Abend in der warmen Küche und ich las, bis mir die Augen vom Licht der Kerzen tränten. Ich lud niemanden ein und doch waren alle da. Vom Stalljungen bis zum Verwalter – alle wollten Gottes Wort auf Deutsch hören. Sie murmelten die Worte noch am frühen Morgen und bis in die Nachmittagsstunden vor sich hin, damit sie es auswendig hersagen konnten. Meine Herrin war sehr stolz auf mich und sagte es mir. Ich glaube, es war das erste Mal, dass sie mich lobte, und das vor ihrer Mutter.

Mit der Ankunft des Herzogs brauchte mich meine Herrin nur noch zum Ankleiden und Baden. Da sie weiter keine Aufgaben für mich hatte, ging ich auch der Kurfürstin zur Hand. Diese unterhielt sich so freundlich mit mir, als ob sie meine eigene Mutter wäre. Eines Abends, als ich zu ihr ins Zimmer trat, hielt sie ihre Nase in die Luft und sagte: »Schnuppere einmal. Es duftet hier doch nach Parfüm, findest du nicht auch?« Ich tat es und wirklich, die Luft in diesem Raum roch sanft und unverkennbar nach Rosen. Die Kurfürstin sagte leise: »Mir gefällt nicht, dass ein so schöner Raum nach Parfüm riecht. Ein Mann will doch immer, dass seine Frau duftet wie nur sie alleine. Nur falsche Frauen schmuggeln sich mit Parfüm ein, sie riechen auf der ganzen Welt gleich und sind schnell zu ersetzen.« Sie sah mich ernst an und bat: »Erwähne Elisabeth nichts gegenüber.« Ich nickte und versprach zu schweigen. Erst später ging mir auf, was die Kurfürstin angedeutet hatte. In diesem Raum musste öfter eine Frau zugegen gewesen sein, die wir nicht kannten, die sich aber doch teures Parfüm leisten konnte. Hatte der Herzog wohl, ehe er ehelichte, eine Mätresse gehabt? Aber konnte man Duftwasser denn so lange noch riechen?

Wir sprachen auch viel über Luther. Langsam verstand ich, warum die Kurfürstin so viel wusste über dessen Lehre und Wirken. Ihr Onkel, Kurfürst Johann Friedrich von Sachsen berichtete ihr immer viel. Die Kurfürsten von Sachsen waren es gewesen, die erst Luther das Leben gerettet und später viele Anhänger Luthers unter ihren Schutz gestellt hatten. Die Kurfürstin erklärte mir auch, dass Luther es am leichtesten fände, die frohe Botschaft mit Liedern zu verbreiten. »Wo Luther ist, ist auch Musik. Es gibt viele Lieder, die noch schneller durch die Lande reisen als die Bibelübersetzungen«, erklärte die Kurfürstin. »Kennt Ihr ein solches Lied?«, fragte ich gespannt. Sie antwortete fröhlich: »Aber natürlich kenne ich viele Lieder. Eines davon ist ein Psalm, den er ausschmückte und eine Melodie dazu machte; wenn du willst, bringe ich es dir bei. Komm, ich lehre dich die zweite Stimme dazu zu singen und dann überraschen wir das herzogliche Paar.« Und sie sang mir vor:

»Ein feste Burg ist unser Gott, ein gute Wehr und Waffen.
Er hilft uns frei aus aller Not, die uns nun hat betroffen.
Der alt böse Feind, mit Ernst er's jetzt meint;
groß Macht und viel List sein grausam Rüstung ist;
auf Erd ist nicht seinsgleichen.

Mit unsrer Macht ist nichts getan, wir sind gar bald verloren;
es streit für uns der rechte Mann, den Gott hat selbst erkoren.
Fragst du, wer das ist? Er heißt Jesus Christ,
der Herr Zebaoth, und ist kein andrer Gott;
das Feld muss er behalten.«

Sie sang es Zeile für Zeile, und ich wiederholte das Gesungene. Es war auch nicht schwer und nach zwei Tagen machten wir damit Elisabeth und Erich unsere Aufwartung. Die beiden geizten nicht mit echter Freude, wobei Erich I. auch sorgenvoll einwarf: »Nicht, dass mit den schönen Liedern auch die Reformation hier Einzug hält. Das sei ferne, das sei fern!« Und Elisabeth ergänzte: »Im gesamten Calenbergischen Land herrscht das Reformationsverbot. Lasst uns alle sorgsam darauf achten, dass wir den religiösen Eifer mehren, ohne damit den Unfrieden zwischen den Gläubigen zu säen.« Später vertraute mir die Kurfürstin an, dass sie befürchtet habe, der Herzog würde sie deshalb gar von seinem Hof weisen. Ich tröstete sie: »Ich kenne den Herzog noch nicht lange, aber ich kann mir nicht vorstellen, dass er je die Hand gegen Elisabeth oder Euch erheben würde.« Und das erwies sich als richtig. Erich gab der Kurfürstin zwei gute Männer mit, welche sie im Calenbergischen Gebiet begleiteten und für eine gute Unterbringung sorgen sollten. Es solle der Mutter seines gesegneten Weibes und deren Gefolge an nichts fehlen, wies er die beiden an. Und so reiste Elisabeths geliebte Mutter ab. Doch Elisabeth blieb fröhlich, wie ich erwartet hatte. Der Herzog war ein guter Ersatz für die Mutter. Und es schien, als könne die glückliche Zeit noch ein wenig anhalten.

Streit gab es nur, wenn der Herzog etwas verbot, was Elisabeth gar zu sehr liebte. So war es auch mit der Wildschweinjagd. Der Herzog hielt es für ein zu schweres Geschäft für eine Frau und sagte, das Töten von Wildschweinen könne ihrer Frucht schaden. Elisabeth war deswegen wütend und zürnte ihm. Ich tat, als ob ich nichts gehört hätte, und mischte mich nicht ein. Sie einigten sich dann jedoch darauf, dass Elisabeth an der Lichtung verbleiben sollte, wo das erlegte Wild abgelegt und ausgeweidet werden sollte. Damit war meine Herrin einverstanden.

Nach der erfolgreichen Jagd mit vier Schweinen, acht Hasen und drei Füchsen wollte Elisabeth mit der Beute nach Münden zurück, damit das gesamte Schloss in den Genuss der Schwarzkittel käme. Der Herzog wollte über wenige Wochen mit dem Fleisch des Rotwildes nachkommen. Wir packten unsere Sachen zusammen und verabschiedeten uns vom Gesinde. Zwischen Farnwedeln und duftendem Heu durften die Schweine ihre Fahrt nach Münden antreten. Keiner kam auf die Idee, über Bursfelde zu reisen. Wir wählten die kürzeste Strecke.

Endlich waren wir in Münden. Ich war sehr froh, wieder in der gewohnten Umgebung zu sein und alle zu treffen, die mir vertraut waren. In den ersten freien Minuten suchte ich Bertha und die Köchin. Ich fand beide im Hof stehen. Seit ich die Geschichte des Bauern gehört hatte, brannten viele Fragen in meinem Kopf, die mir niemand beantwortete. Ich konnte es kaum erwarten, alles über die Bauernkriege zu erfahren, und ich redete auf Bertha ein. Aus mir sprudelte all das, was ich schon wusste: »Denkt nur, 6000 Bauern starben in dem ungleichen Krieg, sagte die Kurfürstin. Sie wurden niedergemetzelt und ihre Familien von ihrem

Land vertrieben. Niemand weiß, wie sie diesen Winter überstehen werden. Die Bauern werden mancherorts schlechter behandelt als Vieh!« Die Köchin wandte sich mit einem finsteren Gesicht ab und murmelte nur. »Du bringst uns Wildbret ins Haus und willst noch, dass ich da stehe und schwatze? Frag meinen Bräutigam, wenn du mehr wissen willst. Aber geh dazu in das Haus des Schmieds, da bist du sicher.« Sie ließ uns stehen.

Ich sah Bertha fragend an. Sie zuckte mit den Achseln und sagte: »Einer Köchin, die Schweine zu zerlegen hat und zudem noch in wenigen Tagen heiratet, solltest du nicht mit solchen Fragen kommen. Es wird ihr schwer genug sein, nun einen Bauern zu ehelichen. Wenn du wirklich wissen willst, was geschah, dann geh zum Schmied.« »Ich möchte aber von dir noch mehr erfahren, denn wenn du mir etwas erklärst, dann kann ich es besser verstehen«, bat ich Bertha. Bertha seufzte, suchte sich einen Stock und setzte sich auf einen Stein. Dann zeichnete sie einige Formen auf den Boden. »Das sind alle mir bekannten Fürstentümer. Und das«, sie unterteilte die Flecken mit vielen Strichen, »sind die Gebiete der einzelnen Herrscher«. Wieder und wieder teilte sie die Gebiete, es wollte kein Ende nehmen. »So viele?«, fragte ich entsetzt, »da weiß ja niemand mehr, wer sein Herr ist!« Bertha hatte Gefallen an meiner Empörung. »Das wollte ich dir zeigen«, erwiderte sie zufrieden. »Wie du siehst, bleibt da wenig Platz für einen Bauern. Die Länder sind verpachtet, die Bauern Leibeigene. Die freien Bauern dürfen weder jagen noch fischen und es ist den Landesherren egal, wenn das Rotwild Sämereien abfrisst und die Wildschweine Äcker verwüsten. Deshalb kamen an vielen Orten die Bauern heimlich zusammen und sprachen: ›Warum sollen Adelige, Fürsten, Äbte und Bischöfe die Herrschaft ausüben, wenn wir sie nicht brauchen? Wem gehört denn das Land, das Gott schuf?‹ Sie wollten Gott die Treue halten, aber keinen Herrn anerkennen, der sie schlecht behandelte. Ihr Wahlspruch hieß: ›Als Adam grub und Eva spann, wo war denn da der Edelmann?‹« »Sie wollen die Obrigkeit stürzen?«, entfuhr es mir. »Nun, das stand nicht im Vordergrund«, erklärte mir Bertha. »Es war zuerst die Not, die sie zusammenbrachte. Aber dann erreichte sie die Lehre Luthers. Sie begriffen, dass der, der sie liebt, auch Erbarmen mit ihnen hat und aber die Fürsten keine Liebe für sie hatten. Auch hörten sie davon, dass Gott sie in die Freiheit eines Christenmenschen führen will.« Ich nickte. »Und dann malten sie einen schönen Schuh auf die Fahne und kämpften?« Bertha lachte. »Sie malen sich doch nicht einfach einen schönen Schuh darauf! Es ist ein gebundener Schuh, wie ihn Bauern tragen. Ein Schuh, der bei schwerer Arbeit fest am Fuß bleibt und nicht verloren geht. Er ist anders als die Schuhe eines Adeligen oder die Stiefel eines Ritters. Ihr Schuh ist es wert, geachtet zu werden und auf einer Fahne zu stehen. Als Waffen wählten sie Harken. Womit sie ihr Brot verdienten, damit wollten sie sich auch zur Wehr setzen.« »Und, haben sie gewonnen?« Bertha schüttelte über meiner blöden Frage ungläubig den Kopf. »Aber Agnes, weißt du denn nicht, wie der Wahlspruch der Bauern lautet?« »Doch«, sagte ich, »›Mit Gott! Mit dem Gekreuzigten! Aber gegen die Ungerechtigkeit der Grundherren.‹« Bertha schaute mich fast mitleidig an und fragte: »Und du glaubst, dass ein solcher Wahlspruch zum Sieg verhilft?« »Aber ja, wenn Gott hilft?« Bertha schwieg und meinte dann nur: »Wisse: Gott will immer helfen, aber oft stellen sich ihm dabei Menschen in den Weg, die Kronen, Zepter und Kreuze tragen.« Dann trennten wir uns, ich tief in Gedanken. Bertha rief mich noch einmal zurück, als ich bereits ein Stück gegangen war: »Wenn du Mut besitzt und wirklich wissen willst, was geschieht, dann geh zum Schmied. Wenn dir jedoch eine warme Stube und ein ruhiges Gewissen lieber sind als der Gestank von heißen Eisen, dann denke nicht weiter darüber nach.« Ich wusste nicht, was sie meinte. Ich gab mich vorerst zufrieden mit dem, was ich erfahren hatte.

Elisabeth bekommt ihr erstes Kind und verrät ihre lutherische Mutter (1526)

Die Altfrau hatte ihre Arbeit gut gemacht: Nicht nur die Hochzeit der Köchin mit dem Bauern würde bald sein, auch der Sohn des Schmieds und Madeleine, die französische Magd, wollten den Bund der Ehe schließen. Bertha war zufrieden, sah sie doch die Bediensteten des Hofes gerne in geordneten Verhältnissen leben. Als Ehestifterin tätig zu sein, war ihr eine besondere Freude.

Die Schneiderin und ich begleiteten die Meisterköchin in die Kirche. Sie war ganz allein, weil sich ihre Verwandtschaft die weite Fahrt nicht hatte leisten können. Die Schneiderin war so aufgeregt, als ob sie die Mutter der Braut wäre, saß neben mir und schnäuzte sich lautstark in ein Taschentuch. Wie glücklich war der Bauer, als der Priester dem Paar das Band um die Hände schlang und das Sakrament damit besiegelte. Elisabeth war sehr freundlich: Sie schenkte den Brautleuten Bettlaken, Tücher, zwei Becher und das Recht auf ein Stück Land. So stand die Köchin nicht nur in einem neuen Rock in der Kirche, sondern sie wurde gleichzeitig zu einer kleinen Bauersfrau, die einen eigenen Garten bewirtschaften konnte. Den gesamten Hochzeitstag erreichten die Brautleute noch weitere Geschenke: Sie bekamen noch zwei Hühner und eine junge Ziege, ein federnes Bett und eine Waschschüssel. Ich versprach beiden Paaren, ihnen im Advent das Evangelium im neuen Zuhause vorzulesen. Madeleine würde nach der Eheschließung in die Schmiede ziehen. Während der Zeremonien war die schöne Magd so aufgeregt und zitterte so sehr, dass ihr Mann kurzerhand seinen starken Arm um sie legte. Ich sah, wie sie ruhiger wurde, und war erleichtert, dass es ihr besser ging.

Da Philipp und Christine in Kassel über die Hochzeit ihrer ehemaligen Magd informiert wurde, schickten sie dem Paar einen Käfig voller Hühner und einen anderen Käfig, in dem eine ganze Schar Enten schnatterte. Das Besondere daran war jedoch, dass diese von einem Paar überbracht wurde, das am Kassler Hof angestellt war und auch aus Frankreich stammte. Am Festabend holten sie ein Saiteninstrument aus ihrem Gepäck und sangen für die Braut ein Lied nach dem anderen, Lieder in einer Sprache, wie sie sie als Kind schon gehört hatte und wie sie auch in Kassel erklungen waren, wenn sie sich getroffen hatten zum gemeinsamen Musizieren und Tanz.

Welch ein Fest! Elisabeth hatte für jedes Brautpaar 15 Liter Bier und 10 Liter Wein spendiert, und die Gäste waren fröhlich. Alle vergaßen an diesem Abend, dass die Magd immer eine Fremde geblieben war und die Mündener sie nicht in die eigenen Reihen hatten aufnehmen wollen.

Der November legte seine Nebel über die Flüsse und Niederungen, die Vögel sangen nicht mehr und einzig die Krähen umkreisten laut hörbar die Türme und krächzten von den Ästen herunter. Mir war es, als ob sie um Futter bettelten, und ich sah Elisabeth dabei zu, wie sie genau prüfte, ob noch genug Vorräte in den Kammern waren, damit das Gesinde über den Winter wohlversorgt sei.

Der Herzog machte sich zum Aufbruch bereit, er wollte im Harz nach den Bergwerken schauen und in Goslar Verhandlungen führen. Er ließ dafür einige Pferde neu beschlagen. Elisabeth hatte ihm einen wollenen Umhang filzen lassen, damit er bei Unwettern gut geschützt sei.

Als der Herzog mit einem Trupp treuer Männer aus Münden ritt, fragte mich meine Herrin: »Habe ich etwas vergessen? Vergaßen wir meinem Gemahl etwas einzupacken?« Ich zählte ihr zuliebe alles auf, was wir getan hatten, und wusste zur gleichen Zeit, dass der neue Umhang zu warm war. Der Herzog würde ihn gewiss schon nach der nächsten Biegung seinem Knappen reichen mit den Worten: »Wenn du willst, behalte den Rock!«

Weihnachten nahte. Bald verschluckte der Schnee die Landschaft und die weißen Hügel in den Straßen wuchsen gleich dem Leib meiner Herrin. Elisabeth wurde mit süßem Gebäck und gebrannten Mandeln verwöhnt und ließ mich daran teilhaben, ebenso wie die Besucher, die auf dem Weg durch das Land bei uns Rast machten. Am Heiligen Abend teilte sie Äpfel aus. Sie sorgte dafür, dass im Siechenhaus und in der Aussätzigensiedlung Kerzen brannten, und ließ die Nachricht verbreiten, dass dort am Weihnachtstag nach der Messe ihre Kammermeisterin die Weihnachtsgeschichte auf Deutsch lesen würde. Die Kammermeisterin war ich, aber ich wurde überhaupt nicht gefragt, mein Wunsch war es nicht.

Als ich dann aber am Weihnachtstag nicht alleine durch den Schnee lief, sondern Elisabeth mich mit einem Sack voll Zuckerzeug begleitete, schämte ich mich. Auf unserem Weg zum Siechenhaus staunten wir. Immer mehr Menschen liefen mit uns und als wir vor dem Haus ankamen, stand eine große Menge vor der Tür. Als sie uns sahen, machten sie eine Gasse frei, bekreuzigten sich und zeigten ihre Verehrung. Als wir vorbeigingen, schloss sich die Traube umso enger und drängte uns nach. Drinnen waren es nicht nur die gewohnten armseligen Gestalten in den Betten, die uns erwarteten. Nein, es hatte sich herumgesprochen, dass wir das Wort Gottes auf Deutsch lesen würden, und so war, wer zwei Beine hatte, gekommen, um den Vortrag zu hören. Auf jedem der Betten saßen gut ein Dutzend Menschen. Sie standen in den Ecken, saßen in den Fensternischen, warteten unter den Fenstern und verstopften die Straße. Im Flur des Siechenhauses gab meine Herrin den Sack mit dem Zuckerzeug in die Runde, damit jeder sich etwas nehmen sollte. Meine Herrin gebot Ruhe und sagte dann: »Es liegt nun an meiner treuen Kammermeisterin, die mit viel Mühen das Lesen erlernte, euch die gute Nachricht der Weihnacht vorzulesen.« Dann nahm sie eine Fackel und gab sie einem Burschen, der neben mir stand. Zögernd und so laut ich konnte, begann ich zu lesen:

Es begab sich aber zu der Zeit, dass ein Gebot von dem Kaiser Augustus ausging, dass alle Welt geschätzt würde.

Wenn ich einen Satz beendet hatte, wurde er weitergesagt zum Fenster und den Türen hinaus auf die Gassen, von einem zum andern.

Da machte sich auf auch Josef aus Galiläa, aus der Stadt Nazareth, in das jüdische Land zur Stadt Davids, die da heißt Bethlehem, weil er aus dem Hause und Geschlecht Davids war, damit er sich schätzen ließe mit Maria, seinem vertrauten Weibe; die war schwanger. Und als sie dort waren, da kam die Zeit, dass sie gebären sollte. Und sie gebar ihren ersten Sohn und wickelte ihn in Windeln und legte ihn in eine Krippe; denn sie hatten sonst keinen Raum in der Herberge.

Ein Murmeln erfüllte den Raum und die Straßen.

Nach gut einer Stunde schloss ich das Buch und wir gingen weiter. Es war, als ob der Stern mit seinem hellem Schweif auch über uns leuchtete, und mein Herz war so froh, wie ich es noch nie zuvor gespürt hatte. Elisabeth bestand darauf, auch zu den Aussätzigen zu gehen, obwohl sie Mithof, ihrer Mutter und dem Herzog hatte schwören müssen, dass sie die Stätte so lange nicht mehr betreten würde, bis das Kind gesund zur Welt gekommen und bei einer Amme sei. Aber was sollte ich an solch einem Tag protestieren? Meine Herrin war sich sicher, dass, wenn dann überhaupt am heiligen Christtag Wunder geschehen könnten, die Aussätzigen gesunden könnten und sie selbst von heiligen Engeln umstellt sei. So zogen wir mit unseren Fackeln und einem Handkarren zum Dorf hinaus, immer weiter, bis zu den Wohnungen der Aussätzigen. Hinter uns her liefen die Leute aus dem Dorf, die die Geschichte noch einmal hören wollten. In der Mitte des Aussätzigendorfes stellte ich mich neben den Karren und meine Herrin hielt mir die Fackel:

Und es waren Hirten in derselben Gegend auf dem Felde bei den Hürden, die hüteten des Nachts ihre Herde. Und der Engel des Herrn trat zu ihnen, und die Klarheit des Herrn leuchtete um sie; und sie fürchteten sich sehr. Und der Engel sprach zu ihnen: »Fürchtet euch nicht! Siehe, ich verkündige euch große Freude, die allem Volk widerfahren wird; denn euch ist heute der Heiland geboren, welcher ist Christus, der Herr, in der Stadt Davids. Und das habt zum Zeichen: Ihr werdet finden das Kind in Windeln gewickelt und in einer Krippe liegen.« Und alsbald war da bei dem Engel die Menge der himmlischen Heerscharen, die lobten Gott und sprachen: Ehre sei Gott in der Höhe und Friede auf Erden bei den Menschen seines Wohlgefallens.

So wahr Gott mein Zeuge ist, diese wenigen Fackeln und das Wort Gottes verwandelten die dunkle Wohnstatt der Aussätzigen in einen hellen Tempel. Wenn ich aufsah, so konnte ich in die offenen Münder der

Kranken schauen und selbst wenn kein Zahn mehr darin schimmerte, aus ihren Augen rannen Tränen und ihre Gesichter leuchteten. Die Worte, die ich las, verwandelten sich in eine Heilsalbe und in ein köstliches Geschmeide, das jeder Bettler, so er bereit dazu war, empfangen konnte.

Spät in der Nacht gingen wir, von Mündener Bürgern umringt, nach Hause zurück. Niemand fand Worte für das, was geschehen war, und doch wusste jeder, dass nach dieser Weihnacht nie wieder etwas sein würde wie zuvor.

Ein neues Jahr brach an. Noch mussten die Pferde die Lasten auf Schlitten über die Straßen ziehen, doch Herzog Erich I. versprach zu kommen, sobald die Straßen frei wären. Er bereiste die Ländereien erneut, um die Gelder für den neuen Krieg einzutreiben. Elisabeth verfolgte seine Berichte auf das Genaueste und hörte zufrieden, dass das nördliche Regierungsgebiet eine ebenso gute Verwaltung hatte wie Münden. Die Festung in Neustadt bei Hannover war ein wirksames Bollwerk gegen angreifende Feinde und Erich I. konnte sich auf die Kanonen, die in der Gießerei in Neustadt angefertigt wurden, verlassen.

Mit dem Frühjahr kamen die Schwalben und der Herzog. Doch der Leib meiner Herrin stand schon in voller Frucht und die Hebamme sagte, es würde nicht mehr lange andauern. Geduldig ließ Elisabeth alles über sich ergehen, wozu Mithof und die Hebamme rieten. Sie trank Eselsmilch mit gemahlenem Quarz, legte sich nur noch auf die rechte Seite des Bettes und trat zuerst mit dem rechten Fuß auf. Eines Morgens waren wir gerade auf dem Weg zur Messe, als sie plötzlich stehen blieb, mich beim Arm packte und sagte: »Das Wasser läuft aus mir, ich denke, es ist an der Zeit die Hebamme zu rufen.« Mir wurde heiß und kalt. Ich sah mich um, ob uns jemand helfen könnte, aber es war niemand zu sehen. Vorsichtig geleitete ich Elisabeth die Treppen hinauf und in ihr Zimmer. Als ich sie auf das Bett legte, stöhnte sie leise. Dann ließ ich die Hebamme holen. Die kam und verjagte mich wie einen Schwarm Tauben nach der Saat. »Geh endlich, geh«, herrschte sie mich an und wedelte mich dabei mit ihren Handrücken zur Tür hinaus. Ich konnte es kaum glauben; ich sollte meine Herrin alleine lassen, jetzt, wo sie jede Hilfe brauchen konnte? Doch die Hebamme war unnachgiebig und schlug mir die

Tür vor der Nase zu. Ich schluckte und ging unschlüssig den Gang hinunter. Altfrau Bertha kam mir entgegen und sah sofort, in welcher bedrückten Stimmung ich mich befand. Sie nahm mich in den Arm und sagte: »Ganz ruhig, meine Liebe, es wird alles gut. Der Herr hat Elisabeth in seiner Hand. Geh doch in die Kapelle und bete für sie. Ich lasse dich rufen, wenn es vorbei ist.« Mit Mühe löste ich mich aus ihrem Arm und ging in die Kapelle, obwohl ich nicht beten konnte, denn was sollte ich denn bitten? Ich hatte ja keine Ahnung, was nun zu tun war! Nur eine einzige Sorge beherrschte mich: Meine Herrin, würde sie diese Geburt überleben? Waren nicht schon so viele Frauen im Kindbett gestorben? Und sie war doch so zart und klein. Sie war ja immer noch selbst ein Kind mit kleinen Brüsten und schmalem Becken. Mir liefen schon die Tränen aus den Augen, ehe ich die Kapelle erreicht hatte. Es war mir nicht möglich, einen klaren Gedanken zu fassen.

An die Stunde allein in der Kapelle habe ich keine Erinnerung. Als mich Madeleine fand, war meine Stirn blutig. Ich musste mich wohl auf der Bank vor- und zurückgewiegt haben und die Stirn an der Vorderbank blutig geschlagen haben. »So beruhig dich doch«, flüsterte Madeleine. »Es ist doch nur Gottes Wille, der geschieht. Und wie Maria ihren Sohn zur Welt brachte, so wird der Allmächtige auch unserer Herrin Elisabeth beistehen.« Ich wollte antworten und sagen, dass ich es glaubte und Gott vertraute, aber als ich meinen Mund öffnete, drang nur ein lautes Schluchzen aus ihm. Da erzählte mir Madeleine noch einmal die Geschichte aus der Bibel und erklärte mir, dass Elisabeth die Tante und Freundin Marias war. Ob ich mich noch an die Weihnachtsgeschichte erinnern würde? Die im anderen Evangelium, wo von Zacharias die Rede war und seiner Frau Elisabeth. Und wie sich Maria ganz allein aufmachte, um Elisabeth zu besuchen? Ich erinnerte mich dunkel. Und da fragte mich die Magd: »Meinst du nicht auch, dass Gott nun alle beschützt, die Elisabeth heißen? Damals ging er mit zu Elisabeth und heute wird er bei unserer Elisabeth sein. Es wird alles gut. Ich spüre es.« Da begriff ich es langsam. Meine Herrin hatte in Gott den besten Freund, den es gab. »Ich bleibe bei dir«, versprach mir Madeleine. »Altfrau Bertha schickte mich zu dir. Sie sagte, dass während einer Geburt weder der

Vater des Kindes noch eine gute Kammermeisterin allein sein solle.« Und so saßen wir da. Hand in Hand. Stunde um Stunde.

Als Bertha kam, um uns zu holen, war es bereits tiefe Nacht. »Wir haben ein gesundes Mädchen«, sagte sie und strahlte. Sie verbesserte sich sofort: »Der Herzog hat eine gesunde Tochter bekommen und Elisabeth hat ausdrücklich befohlen, dass du das Kind sehen sollst, ehe es zur Amme gebracht wird.«

Ich hatte Mühe, meine Hand aus der Hand Madeleines zu lösen. In den letzten Stunden schienen unsere Hände ineinandergewachsen zu sein, und ein Band hielt sie zusammen. Bertha löste unsere Hände und sagte: »Nun Kinder, freut euch!«

Als ich Elisabeths Kammer betrat, brannten viele Kerzen in dem Raum und Elisabeth lag in ihrem Bett. Erschöpft sah sie aus und doch glücklich.

Stumm trat ich an ihr Bett und sah das winzige Bündel in ihren Armen. Staunend betrachtete ich das kleine Gesichtchen. Sie war wie ein Vögelchen, das die Augen geschlossen hielt und sanft atmete. »Sie heißt Elisabeth«, flüsterte meine Herrin, »wie es üblich ist. Doch sie ist so klein, dass ich sie Elisa rufen werde.« Ich nickte erleichtert. Nun konnte ich beten. Mein stummes Dankgebet kam aus tiefstem Herzen.

In der folgenden Zeit sehnte sich meine Herrin nicht nur nach ihrem Gatten, sondern auch nach ihrem Kind. Doch sie hielt sich an die Vorschrift, dass die kleine Elisa nur kurz in den Morgenstunden zu ihr gebracht werden durfte und sie am Abend das Kind nach dem Bade zu Bett brachte. Begann das Kind zu weinen, so hatte die Amme die Aufgabe das Kind zu trösten, selbst wenn Elisabeth schon ihre Hände nach dem Kind ausgestreckt hatte. So sehr sich meine Herrin immer auf ihr Kind freute, so schwer konnte sie sich von dem kleinen Wesen trennen. »Ich werde nur so unzureichend meinen Aufgaben gerecht«, klagte sie Mithof. »Zum einen habe ich meinem Gatten keinen Erben geboren, denn es ist nur ein Mädchen, und dann hänge ich an dem kleinen Geschöpf, wie es eine Bäuerin tut, die es Tag und Nacht bei sich trägt.« Mithof tröstete Elisabeth: »Die Sterne sagen mir, dass das nächste Kind ein Sohn sein wird und auch die Hebamme las aus der Nabelschnur, dass Ihr bald einen Sohn empfangen werdet.«

Ich dachte jedoch das Gleiche wie meine Herrin: Wie sollte sie empfangen, da Erich I. bald nach der Geburt abgereist war? Ich lag all die Nächte bei ihr und spürte, wie sehr sie sich nach der Nähe ihres Kindes und der Gegenwart ihres Gatten sehnte. Aber wir beide blieben allein.

Doch Elisabeth ließ sich von ihrem Kummer nicht lange aufhalten. Und es war auch so, dass nun eine Zeit großer Ereignisse anbrach, die sie mit Spannung und Anteilnahme verfolgte. Zuerst erreichte sie der Bericht, dass Landgraf Philipp eine Synode in Homberg einberufen wollte. Sofort schrieb sie ihm und bat ihn um genaue Berichte, die er in der Folge getreulich schrieb. Es war erstaunlich, wie loyal sich der Landgraf die verschiedenen Meinungen angehört hatte und niemanden zwang, seinen eigenen Überzeugungen zu folgen. Luther hatte ihn zuvor ermahnt, er solle seine eigene Meinung zurückhalten, denn er wäre in vielen Dingen auch ihm zu revolutionär. Philipp war einsichtig und hielt mit seinen Ansichten zurück. Er wusste, was er in seinem Land als Nächstes in Angriff nehmen wollte: die Gründung einer Universität in Marburg und kostfreie Schulen in den Dörfern und Städten. Im gleichen Jahr fand der erste Reichstag in Speyer statt. Es war nicht von ungefähr, dass sich dort Philipp wieder für die evangelische Sache stark machte, und auch Elisabeths Großonkel Johann von Sachsen appellierte an die Vernunft der Beteiligten, den Lehren Luthers nicht mit dem Kriegsbeil zu begegnen. Es herrschte eine große Uneinigkeit, wie sich die Landesfürsten in der Religionsfrage verhalten sollten. Um wenigstens keinen Streit aufkommen zu lassen, wurde festgelegt, dass es vorerst Sache der Landesherren sei, wie sie mit den Konfessionen verfuhren. Jeder Landesherr sei für die religiöse Zugehörigkeit seiner Untertanen zuständig und er solle darüber entscheiden, ob sie altgläubig bleiben oder lutherisch werden sollten. Die Städte und Dörfer hätten ihren Landesherren ebenso Folge zu leisten. Da Luther des Blutvergießens müde war, stimmte er den Beschlüssen zu und hoffte auf eine friedliche Ausbreitung der wahren Christenlehre. Somit begann das Landeskirchentum, in dem genau festgelegt war, welche Städte und Gebiete reformiert waren und welche nicht. Doch was an großen Tischen so planbar aussah, entpuppte sich im Laufe der Jahre als unhaltbar, denn die Religionszugehörigkeit war die Sache jedes einzelnen Bürgers. Niemand wollte sich das Recht absprechen lassen, seinem Herzen zu folgen.

Meine Herrin verfolgte den Prozess mit Spannung. Doch bald schon forderte ein anderes Ereignis ihre Aufmerksamkeit, sie beging einen ihrer größten Fehler, weil sie ihrer Natur folgte. Oft schon hatte sie Worte zu schnell ausgesprochen und sie dann nicht mehr rückgängig machen können, selbst wenn sie es bereute. Doch diesmal hatte das furchtbare Konsequenzen: Elisabeth verriet ihre eigene Mutter an den streng katholischen Vater.

Ich berichte, was ich aus den Briefen und Berichten meiner Herrin erfuhr. Wir hatten ja beide erlebt, dass die Kurfürstin ein Freund Luthers war. Eines Tages jedoch schrieb die Kurfürstin ihrer Tochter einen Brief, in dem sie begeistert berichtete, dass sie das Abendmahl in beiderlei Gestalt genommen hätte. Sie hatte nicht nur die Hostie zu sich genommen, sondern auch vom Wein, dem Blut des Herrn getrunken, was ein Zeichen war, dass sie konvertiert und zum evangelischen Glauben übergetreten war. Der Kurfürst war zu dieser Zeit verreist gewesen. Als Elisabeth das las, wurde sie wütend. Wie konnte ihre Mutter das dem streng katholischen Vater antun? Wie konnte sie ihm und auch ihr derart in den Rücken fallen? Elisabeth war entsetzt, dass ihre Mutter, die doch ebenfalls davon unterrichtet gewesen sein musste, dass es Sache der Landesherren war über die Konfessionen zu entscheiden, so einfach ihrem Herzen gefolgt und konvertiert war. Sie setzte sich sofort hin und schrieb an ihren Vater:

Und ob er wüsste, was alle Lande weiß, dass die werte Frau Mutter an Ostern während seiner Abwesenheit das Abendmahl in beiderlei Gestalt genommen habe?

Als der Kurfürst diese Zeilen las, war er dermaßen erbost, dass er anordnete, seine ungetreue Frau hinrichten zu lassen. Er sperrte sie im eigenen Schloss in den Turm und erwartete ihre Absage an die lutherische

Lehre und die Rückkehr zum katholischen Glauben. Er gab ihr ein Jahr Zeit, die Sache zu bedenken, danach solle sie brennen. An ihr sollte ein Exempel statuiert werden, um zu zeigen, was mit all denen geschehen sollte, die sich seinen Anordnungen widersetzten. Elisabeth war über die Folgen ihres Briefes erschrocken und dachte lange darüber nach. Doch dann sagte sie zu mir: »Meine arme Mutter. Aber es ist ihre eigene Schuld. Wie konnte sie nur meinen Vater so verraten!«

So saß die arme Kurfürstin im Turm und wurde kaum besser behandelt als ein Verbrecher. Nach einigen Wochen gelang es ihr jedoch, bei Nacht auf einem Pferd zu fliehen. Sie hatte nur ein Ziel: Ihren Onkel Johann von Sachsen. In zerrissenen Kleidern, abgemagert und schmutzig, trat sie vor ihren Onkel und warf sich vor ihm auf den Boden. Johann von Sachsen soll lange Zeit sprachlos gewesen sein und verstand nicht, welch Elend sich vor seinen Augen abspielte. Seine immer so fröhliche und stolze Nichte, kurfürstliche Mutter und gläubige Christin, war vor ihm auf die Knie gefallen und bettelte um seinen Schutz wie eine Verbrecherin! Er nahm die Kurfürstin mit offenen Armen bei sich auf, ließ ihr ein Bad herrichten und neue Kleider reichen. »Ich darf auf keinen Fall zurückgebracht werden. Hatte mein Gemahl für mich den Feuertod geplant, so will er mich nun bei lebendigem Leibe einmauern lassen. Und das scheint mir der schlimmste Tod zu sein.« Johann von Sachsen wusste, dass die Kurfürstin die Wahrheit sprach, denn er kannte ihren grausamen Gatten. Sie wäre nicht die erste, die er in aller Öffentlichkeit, an Händen und Füßen gebunden, aufrecht stehend in eine Mauer einschloss. Oft dauerte es Tage, bis die Opfer vollends erstickt oder verdurstet waren. Und nie wurden die Gebeine aus dem Gemäuer genommen und in die Erde gelegt.

Als der Kurfürst von der Flucht und dem Aufenthaltsort seiner Frau erfuhr, ergriff ihn erneut ein großer Zorn. Er ordnete an, den Kerkermeister und alle Wachen einem abscheulichen Tod zuzuführen, da sie seiner Frau zur Flucht verholfen hatten. Zudem sandte er Berittene zu Johann von Sachsen mit folgender Nachricht:

Mit Bestürzung habe ich vernommen, dass meine untreue, verurteilte Gemahlin zu Euch geflohen sei und Ihr Euch nicht zu schade seid, diesem Frauenzimmer Essen und ein Dach über dem Kopf zu gewähren. Da sie es wagte, im eigenen Hause zur Verräterin am katholischen Glauben zu werden und heimlich das Abendmahl in beiderlei Gestalt empfing, fordere ich Euch auf, unverzüglich die Kurfürstin gebunden zu mir zu bringen, damit sie ihren Irrtum bereut oder sie ihrer gerechten Strafe anheimgeführt werde.

Johann von Sachsen ließ sich nicht beeindrucken und diktierte seinem Schreiber:

Da meine werte Nichte aus freien Stücken zu mir kam und sie mich zudem um Schutz und Unterkunft anflehte, ist es meine Pflicht als Christenmensch, solch bedauerlichem Elend meine Barmherzigkeit zuteilwerden zu lassen. Ihr könnt nicht von mir verlangen, dass ich die Kurfürstin wie eine Gefangene herausgebe, zumal ich die Hoheit nicht entführt oder gezwungen habe. Ich versichere Euch aber, mit all meinen mir zur Verfügung stehenden Mitteln zwischen Euch zu vermitteln, dass einem glücklichen Fortbestand Eurer geschlossenen Ehe nichts im Wege steht. Nennt mir Eure Bedingungen und ich werde auch mit der Kurfürstin in Verhandlung treten. Ich bitte Euch, seid bereit für einen Ausweg aus dieser so misslichen Lage.

Der Fall war politisch viel zu wichtig, als dass er von den anderen einfach übergangen werden konnte. Der König Österreichs erklärte, die Fürstin habe nicht das Recht, ihren Mann zu verlassen. Und sie solle unverzüglich zu ihm zurückkehren. Auch Philipp von Hessen schrieb der Kurfürstin, die er schätzte:

Ich bitte Euch aufrichtig zu Eurem Manne zurückzukehren, denn was wäre das für eine Welt, in der die Frauen entfliehen und der christliche Glaube die Eheleute trennt.

Doch die Kurfürstin wusste nur zu gut, was geschehen würde, wenn sie zurückkehrte. Und sie erklärte, dass *ihr Herr Gemahl, Kurfürst von Brandenburg, schon länger als zwei Jahre mit ihr weder Tisch noch Bett geteilt habe und dies nach geltendem Gesetz ihr das Recht verleihe, sich von ihrem Mann zu trennen. Sie sei jedoch bereit zu ihrem Gatten zurückzukehren, wenn dieser ihr Glaubensfreiheit, Sicherheit für ihr Leben und die Wiederaufnahme des ehelichen Lebens versprechen würde.*

Der Kurfürst versprach nichts von alledem, sondern forderte weiterhin von Johann von Sachsen die Auslieferung der Kurfürstin und von seiner Frau, der Irrlehre abzusagen. Johann von Sachsen beauftragte eine theologische Kommission in Wittenberg, sich mit der Lage auseinanderzusetzen. Sie brauchten lange, bis sie eine Entscheidung fällten. Diese sagte aus, dass in der Religionsfrage Glaubensfreiheit zwischen den Eheleuten herrschen solle und niemand den anderen zwingen könne.

Diese Schlacht hatte die Kurfürstin also geschlagen. Aber um welchen Preis? Nach Berlin konnte sie nicht mehr zurück, der Kurfürst hätte sie sofort hinrichten lassen. Ebenso weigerte er sich, für ihren Lebensunterhalt zu sorgen, obwohl ihr das zugestanden hätte. Daran änderten auch mehrere Vermittlungsversuche nichts.

Die Kurfürstin richtete sich in Sachsen ein, so gut es ging, lebte aber nun in ärmlichen Verhältnissen, die weder ihrer Geburt noch ihrem Stand entsprachen. Und diese traurigen Verhältnisse blieben ihr ganzes Leben so. Sie hatte verloren, was ihr zustand, und doch verstand ich durch ihr beispielhaftes, unbeugsames Handeln, was das Wort Jesu bedeutete:

Wenn das Weizenkorn nicht in die Erde fällt und erstirbt, bleibt es allein; wenn es aber erstirbt, bringt es viel Frucht. Wer sein Leben lieb hat, der wird's verlieren; und wer sein Leben auf dieser Welt hasst, der wird's erhalten zum ewigen Leben.

Hatte nicht die Kurfürstin dieses getan? Hatte sie nicht alles riskiert, um ihrem Glauben folgen zu können? Ihren Mann und das gute Leben hatte sie verloren, doch eine andere Familie gefunden: Sie beriet ab diesem Zeitpunkt die Freunde Luthers, vermittelte entlaufenen Nonnen eine anständige Ehe und war um die Anliegen Luthers bemüht. Ich konnte nur staunen über ihre Kraft. Eine solche Frau war mir zuvor noch nie begegnet.

Wie gütig sie war, erlebte ich bei ihrer ersten Begegnung mit ihrer Tochter: Kein Wort des Vorwurfs über den Verrat an den Vater kam über ihre Lippen. Elisabeth trat ihr mit gesenktem Kopf entgegen und flüsterte: »Verzeiht mir, Mutter.« Doch die Kurfürstin schüttelte lächelnd den Kopf. Wie beim ersten Besuch schloss sie Elisabeth in die Arme und sagte: »Mein geliebtes Kind, wie glücklich bin ich Euch zu sehen und Eure kleine Tochter herzen zu können.« Welch eine Mutter! Eine großartige Mutter für ihre Kinder und das ganze Land! Und welch Glück für meine Herrin. Die Kurfürstin unterstützte meine Herrin weiter, wo immer es ging, und ihr älterer Bruder, Kurfürst Joachim II., der mitgekommen war, versprach stets alles in seiner Macht Stehende zu tun, um seiner Schwester ein guter Fürsprecher und Helfer zu sein. Und das waren gute Aussichten, zumal Joachim II. ein aufwändiges Hofwesen hatte und über ein schlagkräftiges Heer verfügte.

Die Kurfürstin nahm wie bei ihrem ersten Besuch am Leben von Elisabeth teil und stärkte sie in allen Bereichen. Sie begleitete uns ins Siechenhaus und ermunterte meine Herrin, mit Philipp näheren Kontakt zu pflegen. »Auch wenn Freunde uns nicht immer den Rat und die Hilfe geben, die wir uns wünschen, so sind sie doch wichtig«, sagte sie. Elisabeth nickte und lud den Landgrafen und seine Familie umgehend ein. Und so kam es, dass bald darauf Philipp und seine Frau Christine uns einen Besuch abstatteten. Alle ihre Kinder kamen mit, denn Philipp hielt nicht viel davon, seine Kinder von anderen erziehen zu lassen.

Elisabeths Bruder Joachim freundete sich bald mit dem Landgrafen an. Sie sprachen viel über die Einrichtung einer Universität und den Betrieb von Schulen. Elisabeth gestand ihnen in einem solchen Gespräch aufrichtig, dass der Herzog und sie zurzeit nicht daran denken könnten, solch ein Unterfangen zu bezahlen. »Ich bin froh, den Sold für die Angestellten und die Hofhaltungen begleichen zu können. Außerdem ist mein Mann mehr ein Mann des Krieges und würde eher noch einige Kanonen bauen lassen, als teure Lehrer ins Land zu holen, von denen man auch nicht weiß, was sie sonst noch für Lehren verbreiten. Und ich muss sagen«, betonte sie, »dass mir der Besitz von fünf Kanonen einen ruhigeren Schlaf beschert, als fünf Professoren es zuwege brächten.« Darüber musste die Kurfürstin lachen: »So wart Ihr schon als kleines Kind, Ihr wolltet nicht einsehen, dass Ihr nur mit Puppen spielen sollt, und habt Euren Brüdern die Soldaten entwendet.« »Nicht nur die kleinen Soldaten«, ergänzte Joachim II., »Ihr wolltet auch, wie ich, mit sechs Jahren ein eigenes Pferd besitzen, und habt so lange geweint und getobt, bis man Euch versprach nach einem zu schauen.« »Ich erinnere mich«, sagte Elisabeth. »Es war ein kleines, braunes Pferd und ich bekam es mit einem wunderschönen Sattelzeug zu Weihnachten. Das Pferd von Mutter und das blinkende Geschirr und den weichen Ledersattel von Vater. Und ab dem Tag war ich erwachsen.«

Herzog Erich I., der von dem Besuch wusste, schrieb an Elisabeth:

Meine von Herzen geliebte Gemahlin, ich bitte Euch die besten Grüße an Eure Frau Mutter auszurichten und lege noch einen Brief an Euren Bruder bei, in dem ich ihn herzlich darum bitte, über Calenberg zu reisen, damit ich einige Zeit mit ihm verbringen kann. Vielleicht können wir uns in Einbeck, nahe Dassel, treffen und gemeinsam nach Calenberg reisen. Auch würde ich ihm gerne Hannover zeigen und meinem Neffen Heinrich vorstellen. Ich lege Euch noch 40 Taler für Eure werte Mutter bei, weil ich von Ihrem Unglück hörte, und so kann sie sich ein wenig Trost verschaffen. Ich kann Euch weiter mitteilen, dass wieder eine Ladung des feinen Goldfadens eingetroffen ist, dessen Ihr für die Stickereien Eures roten Samtmantels bedürft. Ich habe das Kleinod bereits in meinen Besitz bringen können.

So sehr sich die Kurfürstin über die 40 Taler freute, ihre Augen leuchteten, als sie einen anderen Gedanken fasste. »Wart Ihr schon einmal in Einbeck und auf der Festung Calenberg? Kennt Ihr Hannover und den Hof Heinrichs?«, fragte sie Elisabeth. Meine Herrin schüttelte den Kopf. »Im letzten Jahr kam ich nur bis zum Jagdschloss Nienover und dann hielt mich unsere kleine Elisa in Münden.« »Nun«, beschloss die Mutter, »was kann es Besseres geben, als mit einem starken Bruder zu reisen und endlich wieder den Gatten zu sehen, nach dem Ihr Euch sehnt?« Und sie fügte hinzu: »Ich wünsche Euch so sehr, dass Eure Ehe glücklich sei! Und dazu müsst Ihr auch Zeit mit Eurem Mann verbringen können. Sonst, mein Kind, erinnern sich unsere Männer bald nur noch an uns, wenn sie die Kinder sehen oder wenn sie uns brauchen, um ihre Position zu zeigen.« »Mutter, wie Ihr sprecht!«, entrüstete sich Elisabeth. Aber die Kurfürstin erwiderte schlicht: »Ich habe nun alle Freiheit sagen zu können, was mein Herz will. Und mein Herz sagt Euch auch, dass ich in der Zeit Eurer Abwesenheit Elisa hüten werde wie meinen eigenen Augapfel und Eure mildtätigen Geschäfte weiterführe, wenn Ihr wollt.« Da freute sich Elisabeth, sprang auf und herzte ihre Mutter: »Das ist eine Freude, Mutter, dass Ihr wisst, was vonnöten ist und was mein Herz braucht.« »Wer sein Herz sprechen lassen kann, wird auch die Herzen erreichen«, erklärte die Kurfürstin schlicht. »Weibergeschwätz!«, meldete sich Joachim II. zu Wort. »Aber mit meiner kleinen tapferen Schwester reise ich mit oder ohne Herz gern!«

Es war also beschlossene Sache. Elisabeths Feder flog über das Papier, als sie an den Herzog schrieb:

Mein von Herzen geliebter Gemahl, meiner treu sorgenden Frau Mutter verdanke ich es, dass Ihr nicht nur meinen Bruder bald sehen, sondern auch Eure treue Gemahlin an Eurer Seite haben werdet. Sobald es die Geschäfte zulassen, werden wir mit kleinem Gefolge nach Einbeck reisen. Mithof wird uns die Ehre erweisen und an meiner Seite sein. Wobei ich ohne Neid weiß, dass seine Freude Euch zu sehen größer ist als die eine schwache Frau zu beraten. Falls Ihr schon vor uns in Einbeck seid, so sauft nicht alles Bier zur Neige, damit wir uns auch noch laben können ... Vielleicht könnt Ihr schon die Herren von Hardegsen und Adelebsen informieren, dass die Herzogin in der Gegend sein wird und auf dem Weg nach Einbeck dort rasten möchte. Ich freue mich über die Maßen, wenn Ihr mir die Länder nördlich der Leine zeigt, denn somit werde ich zum ersten Mal im nördlichen Regierungsbezirk sein. Ich sitze gut im Sattel und fühle solche Kräfte, dass es mir nicht schwerfiele, gegen die Türken zu reiten.

Joachim II., der überall seine Nase hineinstecken musste, lachte über die Zeilen seiner kleinen Schwester. Trotzdem bewunderte er Elisabeth, die wohlgemut und zielstrebig die Dinge anpackte. Mithof bestätigte Elisabeths Lob über das Einbecker Bier. »Es ist nicht zu unserem Schaden, wenn wir einige Tage in Einbeck weilen«, erklärte er. »Ich kenne dort eine passable Herberge und das Bier ist an keinem Ort so köstlich und bekömmlich wie in der Brauerei.« Er hatte dabei Kurfürst Joachim II. freundschaftlich zugelächelt. Aber dann besann er sich auf Elisabeth, schlug sich gegen den Kopf und rief: »Vielleicht wollt Ihr zuvor lieber länger auf der Burg Adelebsen oder in Hardegsen weilen?« Entgegen seinen Erwartungen sagte Elisabeth: »Ich denke, eine gute Herberge und ein fröhlicher Gemahl sind für mich die größte Freude. Mir wird wohl bei unserer Reise genug Zeit bleiben, alles in Augenschein zu nehmen. Und da ich vorhabe, die Reise auf dem Pferd zurückzulegen, wird es mir ein Leichtes sein, die Gegend zu inspizieren. Vor allem die Burg Hardeg will ich kennenlernen.« »Könnt Ihr nach der Geburt überhaupt schon wieder so lange im Sattel sitzen?«, fragte Mithof. »Ich sitze und reite so gut wie nie!«, erwiderte sie. Ich war so stolz auf meine Herrin. Sie kannte keine Untätigkeit und selbst wenn sie schwach war, wollte sie sich nicht schonen. Ihre Schwäche währte nur kurz und selbst wenn sie ruhte, lauerte ihr wacher Verstand auf den nächsten Einfall, plante die nächste Tat.

Alle freuten sich auf die Reise: Mithof, weil er den Herzog sehen würde und endlich die Apotheken in Hannover und Braunschweig besuchen konnte, Joachim II., weil er seine Aufgaben als Regent wahrnahm und hoffte, wichtige Kontakte zu knüpfen., meine Herrin, weil sie endlich wieder reiten, ihre Länder und ihren Gemahl sehen sollte und die Kurfürstin, weil sie während unserer Abwesenheit ein Zuhause hatte und wichtige Aufgaben übernahm. Und ich konnte mich während der Reise darüber trösten, dass ich nicht mehr auf einem zu schnellen Ross oder einem lahmen Gaul reiten musste, sondern die wunderbare Stute meiner Herrin unter mir hatte.

Herzog Erich I. hat zum Unglück Elisabeths eine Mätresse (1527)

Nach fünf Tagen erreichten wir unser Ziel. Wieder einmal zeigte Herzog Erich I. seine Herzlichkeit. Immer mehr wurde mir klar, welch ein beeindruckender Mann er war. Er zeigte seine Freude über Elisabeths Ankunft in Einbeck offen, indem er die Ratsherren und Adeligen aus der Nähe als seine Gäste einlud. Er lobte meine Herrin vor allen anderen und schritt stolz an ihrer Seite.

Der Einzug in Calenberg wird mir immer in Erinnerung bleiben: Wir hatten noch wenige Minuten zu reiten und sahen die Burg vor unseren Augen, als wir einen lauten Schuss hörten. Wie das uns Frauen erschreckte! Dass es eine Überraschung war, begriffen zuerst nur die Männer. Der Herzog ließ Kanonen zu unseren Ehren abfeuern! Die anderen stellten sich in einer Linie auf, als ob sie zum Angriff reiten wollten. Auch mir winkten sie, ich solle mit in die Linie. Ein zweiter Schuss fiel und dabei konnte ich eine Rauchfahne zwischen den Mauern entdecken. Beim dritten Schuss erschrak ich nicht mehr und Elisabeth freute sich bereits. »Dreizehn, ich habe dreizehn Kanonen«, berichtete Erich I. stolz und wir zählten mit. Bei jedem Donnerknall lief ein Zittern durch den Körper meines braven Pferdes und ich hatte das Gefühl, gleich zerrönne es unter mir wie ein Haufen Sand. Ich traute mich jedoch nicht, ihm aufmunternd auf den Hals zu klopfen oder ihm gut zuzureden. Die andern saßen aufrecht und wie zu Statuen erstarrt auf den Pferden. Als ob der letzte Schuss ein Zeichen gewesen wäre und die Schlacht begönne, stürmten sie danach mit lautem Geschrei los. Ich verstand es so wenig wie mein Pferd und so schauten wir erst dem Schauspiel zu und sammelten neuen Mut, ehe wir den andern folgten.

Calenberg war ein Gebäude aus Mauern, Türmen, Verliesen, voller Pracht und Reichtum. Auf meine Herrin warteten die goldenen Fäden und einige Ballen feiner Seide. Mägde und Bedienstete huschten umher und fragten unentwegt, was wir wünschten. Und doch nahm auch das Elend meiner Herrin dort seinen Lauf.

Vielleicht war das Unglück der kommenden Jahre allein meine Schuld gewesen, das frage ich mich noch heute. Wenn ich rechtzeitig geschwiegen hätte, wenn ich einmal die Unwahrheit gesagt hätte: Vielleicht wären sie alle noch am Leben, die in diesen Verliesen starben, die zu Hameln gefoltert und die in Münden deswegen verbrannt wurden. Wenn ich an Madeleine denke, überkommt mich heute noch der Kummer immer aufs Neue. Hätte ich nur geschwiegen, hätte ich alles auf mich genommen. Ich hatte es doch in der Hand!

Gleich am ersten Tag kündigte sich das Unheil an: Meine Herrin bezog auf der Calenberg das Herzoginnenzimmer, das dem Gemach Erichs I. gegenüberlag. Ich brauchte nicht beim Gesinde zu schlafen, sondern hatte ein herrschaftliches Zimmer, das gleich neben dem Schlafgemach meiner Herrin lag und über eine Hintertreppe leicht zu erreichen war. Klopfte meine Herrin an die Tür, konnte ich es so deutlich hören, dass ich sogar aus dem Schlaf erwachte.

Als ich in mein Zimmer trat, fiel mir gleich ein süßer Geruch auf. Sogar das Kissen und die Stühle rochen danach. Ich erinnerte mich an das Jagdschloss in Nienover. Im Gastzimmer von Elisabeths Mutter hatte es auch so gerochen. Doch hier roch es nicht nur: Es stank nach dem Parfüm, als ob ein Fläschchen umgefallen war und es nicht mehr aus den Stoffen zu waschen wäre. Ich erinnerte mich an die Worte der Kurfürstin. »Falsche Frauen brauchen Parfüm.« Und ich solle schweigen. Ja, damals hatte sie gesagt, ich solle schweigen. Ach, wäre sie hier gewesen!

Einige Tage später, als ich meine Kleider ordnete und mich in meinem schönen Zimmer umschaute, kam meine Herrin am Arm ihres Mannes herein, hinter sich ihren Bruder. Sie waren dabei, sich die ganze Burg anzuschauen. »Pfui«, rief sie angewidert aus. »Pfui, in aller Welt! Hast du dir in den wenigen Tagen, als es kaum etwas zu tun gab, gleich einen Buhlen geschaffen, der dir duftende Wässer schenkt?« Vor Empörung stiegen mir Tränen der Wut in die Augen. »Ich habe keinen Buhlen, glaubt mir! Ich hänge an nichts anderem als an Eurem Wohl und vermisse nichts!« Sie sah mich an, völlig außer sich. Ich sank wie eine Bittstellerin auf die Knie. »Und mit welchem Geld habt Ihr dann den Hurengestank in den Raum gebracht?«, schrie sie. Ich konnte nicht antworten, denn ich lag am Boden.

Doch der Herzog kam mir zu Hilfe. Er hätte mich beschuldigen können und damit seiner Gemahlin keine Rechenschaft geben müssen. Er sagte jedoch: »Diese brave Magd hat nichts mit dem Geruch zu tun.« Und er sagte zu mir: »Steh auf und vergiss den Schreck.« Elisabeth blickte immer noch wütend auf mich. Dann änderte sich ihr Ausdruck, langsam erkannte sie, was das alles zu bedeuten hatte. Sie löste ihren Arm aus dem des Herzogs und sah ihn voller Entsetzen an. Der Herzog streckte die Hand nach ihr aus und sagte: »Liebste Elisabeth, lasst mich erklären.« Doch Elisabeth drehte sich wortlos um und stürmte aus der Tür, bevor ich wieder richtig auf den Beinen war. Ich eilte ihr nach und sah sie in den Ställen verschwinden. Schnell rannte ich zu meiner Kammer zurück und rief ihrem Bruder zu: »Sie wird nun reiten ohne zu wissen wohin. Bis sie oder das Pferd tot zusammenbrechen. Ich kann sie nicht mehr einholen.« Er seufzte und machte sich sofort auf den Weg zu den Ställen. Ehe er jedoch hinausging, rief er Erich I. zu: »Anketten müsste man die eigenen Frauen, anketten!«

Am Abend war Elisabeth zurück, schlammbespritzt und völlig erschöpft vom langen Ritt. Behutsam half ich ihr ins Bad und kleidete sie danach an. Wir sprachen nicht, sie stand steif und aufrecht. Mir stiegen die Tränen in die Augen, als ich sie so sah. Und es wurde noch schlimmer. Ich lag diese Nacht in meiner Kammer und hörte den Herzog hereinkommen. Jedes Wort, das sie sprachen, musste ich durch die Türen mit anhören! Ich konnte nichts tun, die leisesten Geräusche und Worte drangen nicht nur in meine Ohren, sie gruben sich in meine Eingeweide.

»Ihr habt hier also ständig Hurengesindel zu Gast?«, begrüßte Elisabeth ihren Gemahl und ich erschrak über ihren Mut. »Es ist nicht, wie Ihr denkt. Ich unterhalte keine Hurenwirtschaft.« Der Herzog klang verärgert. »Der Gestank belehrt mich aber eines Besseren.« »Der Geruch gehört zu Anna von Rumschottel. Sie entstammt dem Landadel und ist schon seit vielen Jahren meine Mätresse. Sie tröstet und liebt mich, wenn ich sie brauche.« »Aber Ihr habt nun eine Frau, die Euch liebt, die Euch Kinder schenkt.« Elisabeths Stimme wurde lauter und erregter. »Und Ihr habt mir bei der Trauung Eure Treue versprochen!« »Jeder hat eine oder mehrere Mätressen«, verteidigte sich der Herzog. »Ich weiß, so wurde nicht nur über meine Mutter das Unglück gebracht. Doch mir, so schwöre ich bei Gott, würde das Unglück einen untreuen Gatten zu haben, meine Gebeine zerfressen. Ich halte mich an die Gesetze Gottes und will Euch stets treu zur Seite sein. Wenn Ihr mich braucht, will ich bei Euch sein.«

Es war lange still. Dann sagte Erich I.: »So will ich dem ein Ende machen. Doch es wird kein Leichtes sein, denn die Rumschöttlerin erhält ihren gesamten Lebensunterhalt durch mich und es geht ihr dabei gut – und sie ist sicher.« »Dann zahlt der falschen Frau eine Abfindung. Setzt eine großzügige Leibrente aus. Mit 1000 Talern im Jahr wird sie auch weiterhin gut leben können.« »Das werde ich tun«, versprach Erich I. Dann hörte ich nur noch Seufzen und Weinen. Wie eng beides doch bei der Liebe zusammen liegt.

Am nächsten Morgen war Elisabeth wieder ganz die alte, voller Tatendrang und guter Pläne. Sie ließ den Priester kommen und bestand darauf, dass er mein Schlafgemach noch am gleichen Tag mit würzigen Kräutern und Weihrauch reinigte. Und er tat es gründlich: Ich hatte in den darauffolgenden Nächten Kopfschmerzen, denn der Rauch hatte sich in den Ecken eingenistet und ich durfte keine Fenster öffnen, damit die schlechte Luft draußen bliebe. Ich war deshalb froh, dass Elisabeth viel unternahm und ich wenig Zeit hatte, in meinem Zimmer zu sitzen. Sie interessierte sich für alles: Sie besuchte die Verwaltung in Langenhagen, ließ sich die Zollhäuser zeigen und machte auch vor der Gießerei nicht halt, obwohl es darin stank und eine Hitze herrschte, als ob wir die Hölle selbst betreten hätten. In riesigen Töpfen glühte das flüssige Eisen, um in die Formen gegossen zu werden. Selbst als Mithof in die Hannoversche Apotheke ging, war es für meine Herrin eine Selbstverständlichkeit ihn zu begleiten. Ich ging auch dorthin mit, in der Hoffnung, dem Gestank meines Zimmers zu entgehen. Doch ich wurde enttäuscht, in der Apotheke war es viel schlimmer. Gewiss standen dort auch die Kräuter, die ich von meiner Kindheit her kannte: Goldraute, Schafgarbe, Malve, Akelei, Pfefferminze, aber ihr Duft konnte den Gestank anderer Arzneien nicht verdrängen. Mithof ließ sich von einigen neuen Heilmitteln große Mengen abwiegen und in seinen großen Lederkoffer packen. Wollte er doch für meine Herrin und den Herzog stets Hilfe in seiner Apotheke haben. Neugierig sah ich ihm über die Schulter. Er nahm eine Tüte »Allerlei«, das gegen alle Gebrechen helfen sollte, ein Gläschen »Nichts«, das gemahlenes Zinkoxyd enthielt, und »Schwarzer Degen«. Er ließ sich auch noch braunen Dost abwiegen, da die krampflösenden Öle der Pflanze bei Husten und Heiserkeit helfen sollte. »De smalle Sophie« bestand aus fein zerriebenem Gartensalbei und »Stinkosant«, ein Harz aus Rinden, sollte die Wirkungen anderer Heilmittel steigern.

Es waren viele Kunden in der Apotheke, doch sie schauten vor allem nach Datteln, Zucker, Mandeln und Spirituosen. Meine Augen wanderten hingegen zu seltsam aussehenden, stinkenden Pulvern, die in Schalen offen standen. Hinter dem Tresen, vor unlauteren Händen sicher, standen frische Kräuter, in die Hirnschalen gerechtfertigter Menschen gepflanzt. Wenn sie jemand kaufen wollte, wurden sie frisch abgeschnitten. Diese Pflanzen waren zehnmal so teuer wie andere. Ich überlegte, wozu meine Knochen einmal zählen würden, wenn ich einmal gestorben wäre.

Am Eingang wurde es unruhig und wir schauten auf. Ein Mann kam herein, er trug Säcke, aus denen Blut tropfte. Die Menschen verstummten und sahen ihm zu, wie er den Raum durchquerte. Er schien sich seiner Wichtigkeit bewusst, selbst die Herzogin grüßte er nur kurz, bevor er mit dem Apotheker in einem Nebenraum verschwand. Elisabeth wandte sich an Mithof: »Lasst uns sehen, was darin war, kommt«, und ging in Richtung der Tür, durch die die beiden Männer verschwunden waren. Mithof nickte eifrig und folgte ihr und auch ich konnte mit in das Hinterzimmer schlüpfen.

Der Mann hatte den Inhalt seiner Säcke schon auf den Tisch geleert. Dort lagen nun zwei Hunde, drei Katzen, sechs Igel und zwei Störche. Sie hatten ihr Leben erst halb ausgehaucht, und der Mann war gerade dabei, das Fett von den Leibern zu trennen. »Das ist die Beute der Vollmondnacht«, erklärte der Apotheker auf Nachfrage Mithofs. Der ließ sich alles genau erklären und ich hörte jedes Wort mit Spannung an. Das Fleisch dieser Tiere wurde zu frischen Umschlägen verwendet. Hatte jemand eine kranke Lunge, so band man ihm die Lunge einer Katze oder eines Storches um die Brust, litt jemand an Würmern im Darm, so half ein Brei aus Därmen, mit einem lebendigen Wurm zusammen auf den Leib gebunden. Der Rest der Tiere wurde getrocknet oder verbrannt und die Asche in sauberen Leinensäcken aufbewahrt.

Auch zurück in der Apotheke fanden wir noch vieles zu bestaunen. Die Regale waren voll mit Aschen und verschiedenen Fetten, die zur Salbengewinnung dienten. Und ich konnte alles lesen, da es säuberlich geschrieben war: »Schlangenbälge«, »Spinngewebe«, »Wildschweinzähne«, »Wolfsleber«, »Otterleber«, »Ochsengalle«, »Fuchslunge«, »Hundefett«, »Gänsefett«, »Kapaunenfett«, »Menschenfett«. In offen stehenden Papiertüten gab es geraspelt, gebrannt und zubereitet Medizin aus Menschenknochen, Schaben, gebrannten Störchen, Kuckucken, Igeln, Hasen, Maulwürfen, gedörrten Kröten, Fröschen, Skorpionen, Regenwürmern. Mithof und meine Herrin waren angetan von der Vielfalt. Es fehlte auch nicht an Grünspan, Quecksilber, Petroleum, rostigen Sargnägeln, Glockenschmiere und abgeschabten Metallspänen von Kirchenkelchen.

Besonders stolz war der Apotheker auf Schätze, die aus den Höhlen im Harz geborgen wurden. Dort gab es Hilfe für Krankheiten, die nie zuvor geheilt worden waren. Er erklärte, dass ein Wissenschaftler dort die Knochen eines Einhornes zusammengesammelt hatte. Die Knochen von Nashörnern, Wisenten, Höhlenhyänen und Höhlenlöwen, Riesenhirschen und noch viel größeren Tieren wären gefunden worden, dazu Zähne, die sechsmal so groß waren wie die eines Riesenhirsches. Doch das Allerwunderlichste dabei aber sei die Höhle selbst, in der spitze Zähne aus dem Boden ragten und von der Decke hingen. Der Apotheker zeigte uns ein Pulver, das er von den fürchterlichen, tropfenden Zähnen abgerieben hatte. »Was ist die Wirkung des Pulvers?«, wollte Mithof wissen. »Wir wissen es noch nicht, wir machen unsere Versuche und sammeln die Ergebnisse«, gestand der Apotheker.

Als der Herzog erfuhr, dass Elisabeth und ich mit in der Apotheke gewesen waren, war er außer sich und bangte um unser Leben. Weder meine Herrin noch ich verstanden seine Aufregung. Der Herzog untersagte uns, die Apotheke noch einmal zu betreten. Zu schnell könnten wir in den Verruf kommen, selber Heilkräuter und Zaubermittel herzustellen, und dann wären den üblen Gerüchten Tür und Tor geöffnet. »Aber Ihr braucht Euch doch nicht zu fürchten«, wandte Elisabeth ein. »Was wir tun, ist doch immer zu Eurem Besten.« »Was meine Gesundheit angeht, so bin ich bei Mithof und meinem Leibarzt hier in guten Händen. Aber ihr Weiber dürft euch nicht einmischen. Zu Braunschweig brennt der Apotheker schon und Heinrich selbst genoss die Folter und die Hinrichtung des Mannes am meisten. Wie viel schneller brennt eine Frau, wenn sie in Verdacht gerät!«

Mit diesen Gedanken machten wir uns auf den Weg nach Braunschweig. Elisabeth und ich saßen zusammen in der Kutsche und erzählten einander die Geschehnisse der letzten Tage. Meine Herrin gestand mir, dass sie nur zu gerne einmal von Northeim aus nach Scharzfeld in die Höhle reiten würde, um alles mit eigenen Augen anzuschauen. »Denkt an das, was wir in der Hexenbulle lesen mussten«, erinnerte ich sie, »und an das, was der Herzog sagte. Vielleicht können wir Frauen der Kraft solch wunderbarer Dinge wirklich nicht standhalten, da uns die Kraft der Männer fehlt.« Sie sah mich scharf an und sagte: »Warum sollen nur Männer solch großartige Wunder anschauen? Jesus hat doch auch keine Frau von sich gestoßen. Sie sind mit ihm gewandert, haben bei ihm geruht und ihn mit Öl liebkost. Warum also sollte ich nicht auch an der Seite eines ehrbaren Mannes die Höhle anschauen?« »Vielleicht«, und ich traute mich nur ungern weiterzusprechen, »sind die ehrbaren Männer eben nicht so, wie Jesus war.« Darüber lachte meine Herrin. Sie lachte das erste Mal, seit sie von Anna von Rumschottel gehört hatte. Ich nahm mir vor, meine Herrin nun öfter zum Lachen zu bringen.

Als wir in Braunschweig ankamen, hieß uns Heinrich herzlich willkommen. Erich I. war auf seinen Neffen sichtlich stolz und konnte es gar nicht erwarten, Elisabeth und Joachim II. Braunschweig zu zeigen. Die folgenden Tage brachten mir viel Unruhe. Meine Herrin genoss den Aufenthalt und ließ sich nur zu gerne von den Braunschweiger Mägden hofieren. Ich aber verstand nicht, wie sie vergessen konnte, dass Heinrich ihr schlimmster Feind war. Doch es gab auch Verbindendes, denn das erste Kind Heinrichs war auch ein Mädchen. Sie konnte schon lesen und war wie die meisten Mädchen von Pferden begeistert. Die Eltern hatten sich bereits mit Elisabeths Vater darauf verständigt, dass Elisabeths jüngster Bruder gut mit dem Mädchen zu verheiraten sei. So wurden die Familienbande weiter gefestigt. Meine Herrin plauderte mit Heinrichs Frau, als ob sie eine Freundin wäre. Da ich befürchtete, dass sie übermütig wurde, achtete ich darauf, was sie aß und mit wem sie Kontakt hatte. Ich erlaubte mir sogar, darüber mit Mithof zu sprechen und der bestärkte mich. »Eine gute Dienerin ist auch eine, die ihre Ohren aufsperrt, um Gerüchte und Ränke zu erfahren«, gab er mir mit auf den Weg. Und so mischte ich mich mutig unter die anderen Bediensteten und klatschte mit den Kammerjungfern. Ich traute meinen Ohren nicht, was sie alles zu erzählen hatten! Als ob sie nur darauf gewartet hätten, endlich jemanden zu finden, der informiert werden wollte. So erfuhr ich, dass Heinrich ebenfalls eine Geliebte hatte. »Du kennst sie bereits«, spannte mich die Magd auf die Folter, »es ist die Hofdame der Gemahlin Heinrichs.« »Eva von Trott? Ein solches Gerücht könnt Ihr aber nicht so einfach in die Welt setzen!« »Während ich nur ein Gerücht in die Welt setze, hat sie schon zwei Kinder von Heinrich in die Welt gesetzt. Ich selber reiste mit ihr, als sie diese auf der Stauffenburg entbunden hat. Dort werden sie erzogen und Heinrich liebt sie mehr als seine legitimen Kinder.« Ich wollte es nicht glauben und sah doch danach mit eigenen Augen, dass sich Heinrich und Eva von Trott heimliche Blicke zuwarfen und der Bauch Evas wohl wieder zu wachsen begann. Mir war vor Schreck mein Mund wie versiegelt. Ich sprach mit niemandem darüber.

Weder mit meiner Herrin noch später in Münden. Und auch die Braunschweiger Bediensteten wussten zu schweigen. Unter ihnen ging eine große Angst um, da Heinrich zur Abschreckung alle, die etwas stahlen oder sich sonst etwas zuschulden kommen ließen, aufs Härteste bestrafte. Und jeder hatte Angst, der Nächste zu sein.

Ich war nicht traurig, als wir aus Braunschweig abreisten. Da der Herzog noch mit Heinrich nach Goslar reisen wollte, musste sich meine Herrin von ihrem Gemahl trennen und die lange Reise ohne ihn antreten. So sehr sie sich über die Begleitung ihres Bruders freute, als wir aus Braunschweig ritten, rannen ihr die Tränen über die Wangen und die Bänder ihres Hutes waren nass. Je länger wir ritten, umso mehr wuchs in mir der Zweifel, ob der Herzog und Heinrich tatsächlich gemeinsam nach Goslar ritten oder ob sich ihre Wege einvernehmlich trennten und sie zu Eva von Trott und Anna von Rumschottel aufbrachen. Ich schwieg über meinen Gedanken und auch meine Herrin war schweigsam.

Kurz bevor wir Einbeck erreichten, fiel mir auf, dass Joachim II. und Mithof häufig miteinander flüsterten. Als wir dann beim Abendmahl zusammensaßen, gestanden sie uns den Grund. Joachim II. sagte: »Wir wollen uns das abenteuerliche Wunder der Scharzfelder Höhle nicht entgehen lassen. Fahrt doch mit uns nach Northeim. Dort werdet Ihr bewirtet und könnt Euch die Stadt anschauen. Wir werden in einfachen Kleidern in Scharzfeld um die Erlaubnis bitten, die Höhle sehen zu können. In Northeim stehen schon einfache Pferde für uns bereit.« Elisabeth atmete tief durch, als sie von dem Vorhaben hörte. Gewiss freute sie sich darauf, Northeim einen Besuch abzustatten, aber ich konnte es an ihrer angespannten Haltung sehen, dass sie es vorgezogen hätte mit den Männern zu reiten. Sie hätte sich genauso gerne all ihrer Pflichten und Ämter entledigt und wäre als einfache Frau verkleidet mitgekommen. Doch sie fügte sich und ließ sich von den Northeimer Räten durch die Stadt führen, die ihr die große Stadtkirche und den Marktplatz zeigten.

Zwei Tage später kamen Joachim II. und Mithof spät in der Nacht nach Einbeck zurück und als wir am andern Abend beieinander saßen, erfuhren wir zu unserem Erstaunen, dass sie ihr Ziel nicht erreicht hatten. »Diese Halunken aus Schwarzfeld führten uns erst zwei Stunden durch den Wald, um dann zu sagen, dass es niemandem erlaubt sei, Fremden die Höhle zu zeigen, geschweige denn, ihnen etwas daraus mitzugeben.« »So konntet Ihr gar nichts ausrichten?«, erkundigte sich Elisabeth. »Dabei wart Ihr nach Eurer Ankunft dreckiger als Wildsauen, die aus der Suhle kommen!« »Nun, wie man es nimmt«, antwortete Mithof. »Nachdem wir den Betrug gemerkt hatten, wurde Joachim II. so wütend, dass er einem Scharzfelder seinen Degen an die Kehle hielt und sagte, er würde ihn auf der Stelle aufspießen, wenn er ihn nicht zur Einhornhöhle bringen würde. Daraufhin versprach dieser, dass er sie zu einer Nebenhöhle führen würde, die nicht bewacht wäre.« »Und wie weiter?«, drängte Elisabeth. Joachim II. berichtete: »Also ritten wir noch ein Stück, bis wir angewiesen wurden abzusitzen und einen kleinen Berg zu erklimmen. Und da tat sich auch ein großes schwarzes Loch vor unseren Augen auf. Als Mithof und ich hinunterspähten, gaben uns die üblen Burschen einen Stoß und wir rutschten auf der glitschigen Erde weit in den dunklen Bauch des Berges hinein.« Elisabeth hatte vor Entsetzen beide Hände über ihren Mund gelegt. Mithof fuhr fort: »Wir landeten in einem großen, dreckigen Tümpel und das Loch, durch das wir gestoßen worden waren, lag weit über uns.« Die beiden überboten sich, als sie erzählten, wie sie wieder aus der Höhle herausgekommen waren. Mal war Joachim II. der Held, dann war wieder Mithof der Retter. Als meine Herrin und ich zu Bett gingen, war es uns, als ob wir selbst dabei gewesen wären, und wir waren mit den Tagen doch noch zufrieden.

Endlich zurück in Münden. Als wir durch das Tor ritten, lief uns ein Mädchen entgegen, das wir kaum wiedererkannten. Es war Elisa. Wir staunten, so gewachsen war sie. Elisabeth nahm sie überglücklich in die Arme. Lächelnd trat die Kurfürstin heran und nahm die Kleine auf, als sie anfing zu weinen. Sie erzählte freudig, wie schön die Zeit mit ihr gewesen war. »Ich sorge gerne weiter für sie, solange ich hier bin«, sagte sie zu Elisabeth. »Ich genieße es, mit meinem Enkelchen zu spielen. Meine eigenen Kinder habe ich viel zu früh weggegeben.« Elisabeth nickte dankbar und so war es eine schöne Zeit, für Elisa, ihre Großmutter und uns. Elisa weinte, als die geliebte Großmutter abreiste. Die Kurfürstin machte sich gegen Weihnachten hin wieder auf den Weg nach Sachsen, in Begleitung von Joachim II. Sie wollte noch eine geraume Zeit bei seinen Kindern und dann wieder zu ihrem Onkel gehen, um sich weiter für die Anhänger Luthers einzusetzen.

Für Elisabeth nahm der Kummer kein Ende. Bald wurde klar, dass sie wieder ein Kind erwartete, doch die Freude darüber wurde verdrängt von einem bösen, giftigen Wurm, der ihr die Kräfte raubte. Hatte ihr der Herzog auf der Calenberg noch versprochen, dass er sich von Anna von Rumschottel trennen würde, so erfuhr sie doch sehr bald, dass die Frau es verstand an seiner Seite zu sein und Erich I. sich dies gerne gefallen ließ. Elisabeth bat Erich I. erneut, endlich zu handeln. Solle sie ihn in einer untreuen Umarmung wissen müssen, sobald er nicht in Münden sei? Bedeute ihm die Rumschöttlerin mehr als das Leben seiner Frau? »Nein«, schwor er. »Das Glück meiner liebsten Gemahlin liegt mir am Herzen wie der Sieg im Kampf und Ihre Schmerzen drücken mich, wie die Fesseln des Papstes mir ins eigene Fleisch schneiden.« So beteuerte der Herzog seine Liebe und wischte die Tränen meiner Herrin mit seinen eigenen Händen fort. »Ist dies nicht unser größtes Glück und Kleinod?«, fragte Elisabeth und führte seine Hand auf ihren Leib. »Und bezeugt nicht dies Bildnis, wie reich wir gesegnet sind?« Elisabeth zeigte auf das frische Gemälde, das sie in ihrem roten Samtmantel zeigte, mit den goldenen Ketten, dem wunderbaren Hut mit der verwegenen Feder. So sprach sie. Nie erlebte ich meine Herrin sanfter und liebevoller als zu der Zeit, als sie ihren Gemahl um seine Treue anflehte.

Erich I. versprach ihr erneut seine Liebe und Treue. Aber er hielt sie nicht. Elisabeth traute ihm nicht mehr und beauftragte einen Diener aus seinem Gefolge, ihr Bericht zu erstatten, wenn der Herzog auf Reisen ging. Sie wollte wissen, ob sich ihr Mann weiterhin mit der Rumschöttlerin traf. Er tat es.

Elisabeth wurde krank. Es gab Tage, an denen sie kaum das Essen bei sich behalten konnte, und ich musste sie oft am Arm führen, weil sie manchmal in eine Ohnmacht fiel. Was war nur aus meiner stolzen Herrin geworden? Die Hebamme sorgte sich, und ich hatte das Gefühl, eher einer Kranken zu dienen als der Elisabeth, die sich am liebsten auf ein Schlachtross schwang und damit zur Jagd ritt. Elisabeth brauchte Mithof nicht zu erzählen, wie es ihr erging. Er sah es und sein Gesicht zeigte seine Sorge.

»Warum ist mir mein Gatte nicht treu, obwohl er es mir doch immer verspricht?«, fragte ihn Elisabeth. »Mich dünkt, der gnädige Herr wird mit einem Liebeszauber belegt«, antwortete Mithof. »Anders könnte ich auch nicht verstehen, dass mir Erich I. nicht in Treue zugetan ist«, sagte Elisabeth und fuhr fort: »Aber nicht nur mein liebster Gemahl wurde verhext, man trachtet auch nach meinem Leben und nach der Frucht meines Leibes. Die Calenbergischen Hexenweiber um die Rumschöttlerin haben auch hier ihre Hände mit im Spiel, denn wie sonst sollte ich mir meinen elenden Zustand erklären?« Mithof überlegte lange und versprach Elisabeth, für drei Tage in Klausur zu gehen und die Sterne zu befragen.

Die Nachricht über die Krankheit Elisabeths und dass sie wohl durch Giftmischerei und Zauber ihre Gesundheit eingebüßt hatte, verbreitete sich in Windeseile. Altfrau Bertha war zutiefst besorgt. Mithof hatte sie befragt, ob sich vor ihren Augen oder hinter ihrem Rücken unlautere Machenschaften ergeben hätten und ob sie einen Verdacht habe. So erzählte sie mir. »So wahr Gott mein Zeuge ist, habe ich gesagt, und wir alle von Gottes Vergebung leben: Ich verbürge mich mit meinem eigenen Leben, dass niemand im Gesinde ist, der das Unglück der Herrin im Auge hat«, berichtete sie. Mithofs Antwort: »Du weißt, welchen Weg wir nun einschlagen müssen. Es liegt nicht in unserer Hand die Übeltäter zu finden. Auf Befehl unserer Herrin werden wir die unklare Sachlage der Justiz übergeben.« »Übereilt nichts«, bat die Altrau Mithof. »Der elende Zustand könnte auch von der Schwangerschaft der Herrin herrühren.« »Auch das haben wir bedacht und wollen mit einem großen Verfahren in Münden warten. Die Sterne sagen mir auch, dass der große Eiterherd in Hannover Rübenberge liegt und die Wurzeln in Hameln, dem Geburtsort der Rumschöttlerin.« Und nach einer Pause fügte er hinzu: »Ich hoffe, dass sich alles noch zum Guten wendet.«

Erich II. wird geboren und die zauberischen Hexen werden verfolgt (1528–1534)

Selbst wenn wir uns über jede gute Stunde freuten, so gab es keinen Zweifel daran, dass jemand meiner Herrin Leid antun wollte. Ich schlief unruhig, denn die Bedrohungen schienen mir zum Greifen nahe. Elisabeth aber lachte mich aus: »Du ängstliches Huhn!«, lächelte sie, »so schnell lasse ich mich nicht unterkriegen. Du wirst sehen, es wird alles gut werden.«

Unser Bett wurde immer enger, denn Elisabeths Bauch war inzwischen riesig. So wachte ich sofort auf, als sich meine Herrin eines Nachts rührte. Dann hörte ich ihren unterdrückten Schrei und fühlte warme Nässe, die sich an unseren Beinen ausbreitete. Elisabeth stöhnte: »Es ist so weit, Agnes. Lauf schnell, hol die Hebamme.« Zitternd sprang ich aus dem Bett und warf einen Blick auf ihr bleiches, schweißbedecktes Gesicht. Voller Sorge rannte ich in die nächste Kammer. Dort hatte die Hebamme schon die letzten Nächte verbracht.

Die Hebamme warf einen Blick auf meine Herrin und wandte sich an mich: »Du verschwindest nun. Ich übernehme das hier.« »Nein!«, schrie Elisabeth und griff nach meiner Hand. Zum ersten Mal, seit ich sie kannte, sah ich in ihren Augen Todesangst. Doch uns blieb keine Wahl: Ich musste gehen. Diesmal hatte ich nicht die Kraft, zum Beten in die Kapelle zu gehen, wie bei der Geburt von Elisa. Mein Innerstes war zu aufgewühlt. Die Angst auf Elisabeths Gesicht stand mir noch vor Augen. »Gütiger Gott, bewahre meine Herrin«, murmelte ich, als ich mich in der Küche an den Tisch setzte.

Die Nacht verstrich unerträglich langsam. Früh am Morgen rührten sich die Küchenmägde und begannen mit dem Tagwerk. Ich war so froh, dass die Küchenmeisterin den Mägden Gemüse zum Putzen und Schneiden gab und meine Hände etwas zu tun bekamen. Die Nachricht von der Niederkunft meiner Herrin hatte sich schnell verbreitet. Niemand wollte reden. Die gedrückte Stimmung im Schloss hatte sich auch unserer Gemüter bemächtigt. Irgendwann begann jemand ein Gebet zu murmeln, und wir waren dankbar darin einstimmen zu können. Endlich kamen die Helferinnen der Hebamme, um heißes Wasser oder Tücher zu holen. »Was ist mit meiner Herrin?«, fragte ich. »Was ist mir ihr?« Sie aber schwiegen. Vor Wut ballte ich meine Hand. »Sagt mir wenigstens, wie es ihr geht«, bettelte ich. Doch sie blickten zu Boden. Altfrau Bertha trat hinter mich und nahm mich an den Schultern. »Agnes, komm. Wir können nicht mehr tun als warten. Füge dich in dein Schicksal.« Doch ich riss mich los und rannte hinaus.

Plötzlich besann ich mich, dass Mithof etwas wissen könnte. Ich klopfte vorsichtig an seine Tür. Er öffnete so schnell, dass ich mich erschrak. »Wie geht es der Herrin? Und, ist es ein Sohn?« Ich schüttelte den Kopf. »Ich weiß auch nichts. Die Türen sind geschlossen.« Ich blickte in sein besorgtes Gesicht und stotterte: »Ich dachte, ich könne vielleicht bei Euch warten? In der Küche halte ich es nicht aus.« Mithofs Miene wurde weich. Er zeigte mir einen Stuhl und wandte sich dann wieder seiner Arbeit zu. Seine Gegenwart war tröstlich und ich betrachtete seine geschickten Hände, mit denen er Pulver und Kräuter in seinem Mörser mischte. Er hatte bereits verschiedene Arzneien vorbereitet, um damit Elisabeth zu dienen.

Lange Zeit schwiegen wir. Dann öffnete sich die Tür. Eine der Helferinnen steckte ihren Kopf ins Zimmer: »Die Hebamme lässt Euch rufen, Mithof. Kommt schnell und bringt das Mittel, das sie vorher erbeten hatte.« Ich sprang bei diesen Worten auf. Mithof warf mir einen nervösen Blick zu und raffte schnell einige kleine Krüge zusammen. Dann verließ er das Zimmer. Ich eilte hinter den beiden her. Vor Elisabeths Kammer blieben wir stehen und die Helferin warf mir einen strengen Blick zu. Sie öffnete die Tür und ich hörte meine Herrin schreien. Das Blut gerann in meinen Adern. Das Kind war immer noch nicht da! Die Tür schloss sich unbarmherzig vor meinen Augen.

Lange Zeit später kehrte Mithof in seine Kammer zurück. »Es ist ein Sohn«, sagte er, bevor ich fragen konnte, »er hatte die Nabelschnur zweimal um den Hals und sein Gesicht war blau.« Er trat an das Arzneiregal und murmelte: »Ich brauche Tintenfischtinte und Windenwurzeln, um die Bläue in die Füße zu ziehen.«

»Und die Herrin?«, fragte ich. »Ihr fragt zu früh. Ich sah sie noch nicht.« Er brachte die Salbe ins Gemach der Herrin. Als er wiederkam, sagte er: »Die Herzogin verliert zu viel Blut. Geh in die Küche und weise die Magd an, alle Lebensmittel, die eine rote Farbe haben, herzurichten. Ich werde daraus einen Brei für die Herzogin kochen. Und sage Bertha, sie soll das beste Legehuhn stechen und ausbluten lassen, damit es anstelle unserer Herrin blutet.«

Ich ging nicht, ich rannte in die Küche und schaffte die Früchte mit herbei. Rote Beete, Karotten, Hagebutten, Brombeeren ... Bertha schickte zur Heilerin, damit sie das beste Huhn stechen solle. Es wurde an einem Bein an einen Baum gebunden und zeterte lautstark, solange es noch dazu in der Lage war.

Endlich öffnete sich auch wieder die Tür des Schlafgemachs für mich. Ich eilte an das Bett, kniete nieder und küsste meiner Herrin die Hand. Ganz kalt lag sie in meiner. Elisabeth sah mich nur kurz an und schloss wieder die Augen. Ihre Haut war so bleich, fast durchsichtig, aber die Blutungen hatten aufgehört. Ich blieb an ihrer Seite, schloss die Augen und betete ein inniges Gebet. Meine Herrin lebte.

Ein Sohn! Das ganze Schloss geriet in Aufregung. Der Priester eilte herbei, um die Taufe vorzubereiten. Zwei Kuriere sprengten los, den Herzog zu holen, der sich in Calenberg aufhielt. Zwei Tage brauchten sie, der Fürst nur einen zurück. Im vollen Galopp sprengte er in den Schlosshof und sprang von seinem Pferd. Schweißgebadet stand es da, der Schaum tropfte von seinen Nüstern. Erich eilte die Stufen hinauf, als ob er sich zuvor ausgeruht hätte. Das Kind war noch im Schlafgemach der Mutter und sollte so lange bei der Mutter bleiben, bis sich Elisabeth in der Lage fühlte selber aufzustehen. Das hatte Mithof beschlossen. Der Herzog erschrak, als er seine Frau so geschwächt sah. Als er erfuhr, dass die Nabelschnur seinem Sohn im Mutterleib um den Hals geschlungen war, nahm er seinen Sohn Erich II. fest in die Arme und sagte zu Elisabeth: »Ich werde nun eine Zeit bei Euch bleiben, um allem Übel zu wehren.« Elisabeth lächelte und nickte dankbar. Mir fiel ein Stein vom Herzen.

Ein Sohn. Der Herzog war zufrieden: Erich II. würde die Regentschaft der Familie sichern und sofort begann der stolze Vater, die Zukunft seines Sohnes zu planen. Tag und Nacht pflegten wir die Herrin, da sie starkes Fieber bekommen hatte, und hörten den Herzog im Nebenzimmer, wie er mit Architekten und Bauherren große Pläne für eine mächtige neue Burg ausbreitete. Die Erichsburg in der Nähe Einbecks sollte für seinen Sohn sein und dessen Herrschaftsanspruch unterstreichen.

Die folgenden Wochen waren mühsam. Nachdem die Hebamme die Nachtwachen endlich an mich abgetreten hatte, durfte ich nicht ruhen, sondern harrte auf einem Stuhle aus, um nicht einzuschlafen. Lediglich am Vormittag übernahm Mithof die Wache am Bett meiner Herrin. Wenn meine Herrin unruhig wurde, legte ich ihr das Kind in die Arme und wir betrachteten es gemeinsam.

»Die Mühe hat sich gelohnt, meine werte Herrin. Was für einen wunderschönen Sohn Ihr habt«, sagte ich. Wir bestaunten das kleine Wesen und streichelten ihm die Wangen und die kleinen Fingerchen. Elisabeth sah mich an. In ihren Augen konnte ich den alten Glanz ihrer Entschlossenheit erkennen. »Ich werde dafür sorgen, dass dieses kleine Kind sicher aufwächst und den Aufgaben, die auf ihn warten, gerecht wird«, sagte sie zu mir. Ich nickte. Es war eine glückliche Zeit. Noch heute denke ich oft an diese Wochen zurück, als wir in dieser Kammer zusammen waren, meine Herrin, das Kind und ich.

Gerüchte machten die Runde. Jeder vermutete etwas anderes, wer die Schuld an dem kränklichen Zustand meiner Herrin hatte. Mithof wollte sich aber nicht festlegen. Alle waren sich jedoch darin einig, dass jemand der Herrin schaden wollte und sogar nicht davor zurückgescheut hatte, die Frucht ihres Leibes zu gefährden. Als sich Lorleberger, Mithof und Erich I. mit Elisabeth darüber besprachen, sagte Elisabeth: »Ich will, dass von einem erfahrenen Rat Ermittlungen eingeleitet werden, die dem Treiben ein Ende bereiten.« Der Herzog und Mithof stimmten zu, dass eine Kommission gebildet und erfahrene Ermittler eingesetzt werden sollten.

Der Herzog versprach einmal mehr die Rumschöttlerin aus seiner Nähe zu verbannen, um seine Familie nicht in Gefahr zu bringen.

Aber was verstehen schon Kommissionen von den Menschen! Sie sehen überall Teufel und Hexereien, ohne nachzufragen, ohne auch nur einen einzigen Augenblick an das folgende Unheil zu denken.

Wie hätte es sonst so enden können! Als Madeleine, die französische Magd, hörte, dass sie in Hannover, auf der Calenberg und in Bursfelde verdächtige Weiber, die mit Kräuter handelten und wohl ihre eigenen Kinder getötet haben sollen, in die Kerker warfen und folterten, da weinte sie laut und wollte vor Kummer darüber kaum mehr essen. Ich bat sie, sich zu beruhigen, doch sie konnte nicht anders. Bald kam ihre Besorgnis der Kommission zu Ohren. Wer geplaudert hatte, kam nie heraus.

Es war ein Abend, an dem meine Herrin mich entlassen hatte. Ich war zum Haus des Schmieds gelaufen, um Madeleine ein Mittel gegen Magenschmerzen zu bringen. Da polterte es an der Tür und die Mitglieder der Kommission stürmten herein, begleitet von mehreren Bütteln. Der Schmied stellte sich ihnen in den Weg, wurde aber weggestoßen. »Mach Platz, wir kommen im Auftrag des Herzogs.« Und dann fingen sie an, das gesamte Haus auf den Kopf zu stellen. Im Zimmer von Madeleine fanden sie zwei Kissen, die mit Lavendel gefüllt waren.

Zurück in der Küche, hielten sie Madeleine die Kissen vors Gesicht. »Woher hast du das? Was hast du damit vor?«, herrschte sie der Kommissionsleiter an. »Aus Frankreich, mein Herr. Einen Teil habe ich von früher und weitere Lieferungen bekomme ich, wenn jemand aus Frankreich kommt und an mich denkt.« »Und wozu braucht eine einfache Frau so viel Lavendel?« »Ich sammle den Lavendel, um unsere Kinder darin zu betten, wenn sie krank sind«, antwortete sie schlicht. »So war es bei uns Brauch.« Jeder konnte sehen, dass sie guter Hoffnung war und wohl einige Kinder gebären würde. »Warum, Weib, hast du geheult, als du hörtest, dass übles Gesindel in die Kerker geworfen wurde?« Da begann Madeleine wieder zu weinen und die Worte, die über ihre Lippen kamen, waren nicht deutsch, sondern französisch. »Nun spricht der Teufel aus ihr!«, rief einer. »Nein«, erklärte ihr Mann. »Es ist die Sprache ihrer Heimat und es stünde Euch selber gut an, diese Sprache zu verstehen, denn es ist die Sprache der Könige.« Und er stellte sich vor seine Frau und sagte: »Dass meine Frau so weint, liegt daran, dass sie ihre eigenen, unschuldigen Eltern im Turm verlor. Die Verfolger ließen es sich jedoch nicht nehmen, den Waisenkindern noch mit einem heißen Eisen ein Kreuz auf das Gesäß zu brennen. Ihre zwei kleineren Geschwister starben an der Tortur.« Anstatt dass die Kommission nun von Madeleine abließ, sagten sie: »Da sitzt also das Übel vor unseren Augen! Bereits gebranntmarkt und will uns entwischen!« Sie packten Madeleine und schleiften sie aus dem Raum. Verzweifelt rief sie: »Philipp von Hessen hat für mich bezahlt! An meine Herren und die Kirche. Ablass für mich und meine Eltern. Ihr könnt ihn fragen. Er hat noch die Ablassbriefe. Er hat bezahlt! Ich bin ein gerechtfertigter Mensch.« Voller Entsetzen blieben wir zurück.

Was danach geschah, konnte mir Madeleine nie erzählen. Ihr Mann durfte sie erst drei Wochen später aus dem Gefängnis holen und da war sie mehr tot als lebendig. Sie hatten ihr die Zunge abgeschnitten und mit einem Beil die gezeichnete Hinterbacke abgetrennt. Nun sei sie vom bösen Bann erlöst, hatten die Richter gesagt. Als sie jedoch nach weiteren drei Wochen starb, weil die Knochen im Gesäß vereiterten, durfte sie nicht einmal auf dem Friedhof begraben werden.

Wir hatten Madeleine doch aus Kassel geholt und nun hatte sie ein solch trauriges Ende in Münden gefunden! Ich war untröstlich und weinte die ganze Nacht. Meine Herrin aber hatte von allem Nachricht erhalten und ließ sich keine Gefühle anmerken. An Philipp schrieb sie:

Es hat sich auch zugetragen, dass jene schöne französische Magd in Verdacht fiel, dem Bösen nicht wehren zu können, und als sie dann gerechtfertigt war, starb sie im Kindsbett.

Sie war aber nicht im Kindsbett gestorben! Sie war verhungert und ihren schlimmen Verletzungen erlegen. Die Frau des Schmieds hatte ihren Sohn gebeten, ihr den Lavendel mit ins Grab zu geben, damit sie an Leib und Seele heil am Jüngsten Tage auferstehen sollte. Und mich bat sie, etwas aus der Heiligen Schrift zu lesen, das der tiefen Gottesliebe ihrer

Schwiegertochter entspräche, denn ich könnte doch in den Schriften lesen. Ich fand darüber keinen Schlaf. Auf der letzten Ruhestätte der Verbannten sollte ich aus der Heiligen Schrift lesen?

Schweigend gingen wir im Trauerzug. Altfrau Bertha und die Küchenmeisterin begleiteten mich. Der Bauer hatte auf dem Feld der Aussätzigen eine Grube ausgehoben. Wir standen alle um die Grube herum, als sie Madeleine mit ihrem ungeborenen Kind hineinlegten. Die Schneiderin hatte ein Tuch gestiftet, das wir um den Körper Madelaines gewickelt hatten. Des Schmieds Sohn weinte so laut und schlug mit den Fäusten auf die Erde, dass sein Vater ihn ohrfeigte, damit er Ruhe gab. Wir alle hatten Angst, dass er sonst der Nächste sein würde.

Am liebsten wäre ich krank gewesen und hätte deshalb nicht dem Begräbnis beiwohnen können. Aber ich war nicht krank. Als der Schmied allen gesagt hatte, dass seine geliebte Schwiegertochter nun der Erde und Gott überlassen werde, da gab mir des Schmieds Frau ein Zeichen, damit ich nun etwas aus der Heiligen Schrift lesen sollte. Ich war aber zu feige gewesen, mir die Papiere auszuleihen, um sie zu einem entweihten Ort zu tragen. Deshalb hatte ich einen Vers auswendig gelernt. Was hatten sie sich nur gedacht? Ich trat an das Grab heran.

»Verzeiht mir, dass ich kein Evangelium mitbrachte. Ich wagte nicht, es an diesen Platz zu tragen. Aber alle, die wir hier sind, wissen, dass die Verstorbene an die Kraft Gottes glaubte. Und so will ich euch den Bibelvers sagen, der wie Gold vor meinen Augen leuchtete, als ich an die liebe Madeleine dachte. Der Apostel Paulus schrieb es in einem Brief nieder und Luther übersetzte seine Verse«:

Denn ich bin gewiss, dass weder Tod noch Leben, weder Engel noch Mächte noch Gewalten, weder Gegenwärtiges noch Zukünftiges, weder Hohes noch Tiefes noch eine andere Kreatur uns scheiden kann von der Liebe Gottes, die in Christus Jesus ist, unserm Herrn.

Ich trat zurück und fühlte mich leer und hilflos. Ich musste die Angehörigen enttäuscht haben. Dabei waren doch alle schon traurig genug. Aber da erklang eine feste Stimme: »Ja«, rief die Frau des

Schmieds: »Am Jüngsten Tag wird auch sie auferstehen.« Die Worte der Frau hallten in meinem Innern nach. Kein Priester war zugegen, um die Angehörigen zu trösten und keine Messe wurde für die schönste Magd gelesen, die ich je sah.

Erich II. war gerade ein Jahr alt, als seine Eltern seine Verlobung feierten. Philipp von Hessen und der Herzog waren sich einig, dass sie ihre Verbindung festigen wollten, und verlobten deshalb die älteste Tochter des Landgrafen, Agnes, mit Erich. Auch die Mütter waren zufrieden. Selbst wenn die Kinder den Ammen noch nicht entwöhnt waren, würden sie später gewiss ein gutes Paar werden.

Auch mir machte die Verlobungsfeier viel Freude, denn die Aussicht, ihre Freundin wiederzusehen, belebte Elisabeth sichtlich. Es war noch früh am Morgen des Besuchs, als sie sich erhob. Drei Stunden lang hieß sie mich Kleider holen und richten und ihr bei der Toilette zu helfen. Ich puderte ihr Gesicht und rieb ihre Wangen mit dem Saft der roten Rüben ein. Damit die Stirn schön frei und hoch war, rasierte ich ihr den Haaransatz. Kein Härchen blickte unter ihrem Hütchen und dem perlengeschmückten Tuch hervor. Niemand sah ihr mehr an, dass sie nicht so gut bei Kräften war. Angeregt unterhielt sie sich mit der Landgräfin, sie erzählten sich von ihren Kindern und tauschten sich über die neue Mode aus.

Später erzählte mir die Schneiderin, dass Philipp von Hessen auf dem Weg nach Münden bei den Gräbern der Verstoßenen vorbeigeritten war und sich das Grab seiner ehemaligen Küchenmagd hatte zeigen lassen. Er war abgesessen und hatte gebetet. Danach sei er zum Haus des Schmieds gegangen und habe ein Geldgeschenk überreicht und gesagt, dass er den Tod der lieben Magd bedauerte. Ihm wären sogar vor Rührung die Tränen über die Wangen gelaufen, als er zu dem jungen Witwer sagte, dass mit dem Tod der lieben Magd gewiss auch die schönsten und liebsten Kinder gestorben wären.

Sein Verhalten sprach sich in ganz Münden herum, und die Menschen wunderten sich. »Er hat eben ein großes, unerschrockenes Herz«, sagte Altfrau Bertha, als sie es hörte.

Tag für Tag ging es Elisabeth nun körperlich besser. Doch mit der Kraft kamen auch die Sorgen zurück. Erich I. hatte immer noch seine Mätresse. Die Häscher kamen immer zu spät, und jedes Kind konnte sich ausrechnen, dass es wohl der Herzog selber war, der dafür sorgte, dass sie rechtzeitig entwischen konnte.

Hatte Elisabeth sich früher mit leichter Hand in die Regierung eingearbeitet und sich mit Lorleberger und Mithof besprochen, so sah ich sie nun immer öfters grübelnd am Schreibtisch sitzen, die Feder untätig in der Hand. Eines Nachts gestand sie mir ihre Sorgen: »Was passiert mit mir, wenn Erich I. von einer Reise nicht wiederkommt? Heinrich aus Braunschweig löst mich doch sofort in der Regierung ab und ich habe Angst, in die nördlichen Gebiete zu ziehen.« Ich dachte an die Ländereien, die ihr als Witwenanteil zustanden, und an die zauberischen Weiber, die dort hausen sollten. Ich verstand ihre Sorge so gut. Elisabeth beschloss, von Erich I. die Änderung des Ehevertrags zu erlangen und im Falle seines Todes die Rechte über andere, ertragreiche Gebiete. Doch sie erreichte nichts. Der Herzog verstand nicht, warum Elisabeth auf eine Änderung pochte. »Ihr habt doch alles, was Ihr braucht«, sagte er nur, »und für Erich II. baue ich einen wahrlich fürstlichen Sitz.« Er wandte sich ab.

Der Herzog sah Elisabeths Kummer nicht; er wollte davon nichts wissen, zumal er ganz andere Sorgen hatte. Die Städte seines Landes schickten sich immer mehr an, dem Papst untreu zu werden. Während andere katholische Landesherren dem Treiben gleich Einhalt geboten, die eingeschmuggelten lutherischen Theologen ausfindig machten und die Aufrührer nicht am Leben ließen, hatte er nicht die finanziellen Mittel, die Aufrührer in Schach zu halten.

Der Herzog reiste ab. Fast täglich erreichten Elisabeth neue Berichte, die sie mit mehr und mehr Sorge hörte. In Hannover griff die Reformation in gewalttätiger Form um sich. Als sich Göttingen Jahre zuvor der Reformation angeschlossen hatte, war alles friedlich geblieben. Dort hatten die Franziskanermönche und -nonnen freiwillig die Stadt verlassen. In Hannover jedoch mischten sich religiöse Anliegen mit politischen. Die Handwerker der Gilden pochten auf die »Freiheit der Christenmenschen«. Mit brachialer Gewalt drangen sie in die Kirchen ein, zerstörten Altäre und Kruzifixe und feierten das Ende der religiösen Unterdrückung. Erich I. hatte schon den Handel nach Hannover unterbinden müssen, weil weder die Waren noch die Reisenden sicher waren.

Gewiss hätte der Herzog die Städte gerne katholisch gesehen. Doch es gab ein überzeugendes Argument: Wenn eine Stadt gegen den Willen des Landesherren lutherisch werden und nicht die Repressalien des Regenten fürchten wollte, so kauften sie sich frei und zahlten hohe Summen an die Regierenden. Und ein paar Tausend Gulden waren für die Hofhaltung und den Bau der Erichsburg dringend nötig.

Und doch ließ sich Elisabeth durch die Sorgen nicht lähmen. Ich bewunderte meine Herrin. Sie überließ die Geschäfte nicht ihrem abwesenden Gatten, sie regierte mit sicherer Hand, egal, ob ihre Tage glücklich waren oder nicht, wie im Augenblick. Spätestens an jedem dritten Tag schrieb sie an den Herzog und berichtete ihm vom Wohlergehen der Kinder und davon, was sich in Münden zutrug.

Elisabeth schrieb nicht nur an ihren Gemahl. Sie korrespondierte ebenso häufig mit ihrem Vater und schrieb ihm, wie unglücklich auch sie über die Zustände sei und dass sie mehr Sicherheit bedürfe. Sie war hin- und hergerissen zwischen Vater und Mutter. Von ihrem Vater konnte sie in der Not finanzielle und militärische Unterstützung erwarten. Ihre Mutter war es jedoch, die ihr Trost und mütterlichen Rat zukommen ließ. Elisabeths Vater wurde zu einem immer gefährlicheren Gegner Luthers. Und dieser zahlte es ihm zurück, indem er den Kurfürsten denunzierte und seinen Lebenswandel öffentlich anprangerte. Elisabeth, die sich weder mit ihrem katholischen Vater noch ihrer Mutter, weder mit dem evangelischen Philipp von Hessen noch mit ihrem papsttreuen Gemahl streiten wollte, wählte ihre Worte gut und versuchte, sich keine Feinde zu machen.

Der Riss, der sich durch Familien und Länder zog, ging auch durch die Familie meiner Herrin. Erich II. wurde nach dem Wunsch des Vaters streng katholisch erzogen, während Agnes von Hessen von ihren Eltern im lutherischen Sinn unterrichtet wurde. Was meine Herrin dachte, war mir oft ein Rätsel. Wonach entschied sie? Woran hielt sie sich fest? Es gab Tage, da lief Elisabeth wie ein krankes Tier auf und ab und wusste sich nicht zu helfen. Als sie erneut schwanger wurde, war sie nicht frohgemut und zuversichtlich. Hinter jedem Unglück vermutete sie eine Verschwörung. Ehe sie ausritt, ließ sie das Pferd genau untersuchen, ob nicht jemand einen Nagel unter den Sattel gelegt hatte oder ein Dorn im Huf steckte.

Als am Abend eine Badefrau das Wasser zu heiß nachgoss, geriet sie außer sich und ließ sie sofort in den Turm werfen. Dort war die Frau fünf Wochen ohne Nahrung und hatte noch immer nicht gestanden, wer sie zu der Tat angestiftet hatte. Erst unter der Folter sagte sie aus und so kamen noch vier weitere Frauen hinzu, die ebenso gefoltert wurden und danach als Krüppel weiterleben mussten.

Alle hatten Angst, sie würden etwas falsch machen und die Nächsten sein, die in Ungnade fielen. Ich musste ständig an Braunschweig denken. Als wir dort gewesen waren, hatten die Bediensteten auch alle Angst gehabt. Und nun schlichen diese hungrigen, hinterlistigen Löwen auch hier herum.

Elisabeth schrieb an Erich I. und bat ihn, er möge zurückkommen und in der Zeit bis zur Entbindung ihren Leib und sein eigen Fleisch und Blut schützen. Er jedoch kam nur kurz und wollte nichts hören. Ich wurde immer trauriger. Nichts konnte Elisabeth ablenken: Vorlesen, spazieren gehen, gemeinsame Zeit mit Elisa oder Erich II., alles ging an ihr vorbei. Wir sahen Erich II. zu, wie er im Schlosshof seine ersten Kämpfe mit einem kleinen Holzschwert bestand. Er rannte zu ihr und barg seinen Kopf in ihrem Kleid, aber sie strich ihm nur geistesabwesend über den Kopf.

Ihre Stimmung blieb nicht ohne Folgen. Als sich ihr Bauch zu wölben begann, aber ihre Zeit noch nicht gekommen war, litt sie an leichten Blutungen, die weder durch Bäder noch durch Medizin zu stillen waren. Gleichzeitig unternahm sie von ihrem Lager aus einen weiteren Versuch, der Rumschöttlerin habhaft zu werden. Da es dem Herzog nicht gelingen wollte, die Rumschöttlerin dingfest zu machen, schickte sie heimlich eigene Spione und Soldaten los, um die Giftmischerin ausfindig zu machen. Für Elisabeth bestand kein Zweifel, dass sie ihren Mann verhext hatte und ebenso ein weiteres Mal versuchte, ein Kind in ihrem Leibe zu töten. Als der Trupp meldete, dass die Rumschöttlerin wieder entflohen sei und nun im benachbarten Fürstentum Minden weilte, befahl Elisabeth ihnen, ihr unverzüglich nachzueilen und sie gefangen zu nehmen. Ebenso all jene, bei denen sie Schutz gefunden hatte. Damit ging sie ein großes Risiko ein, denn sie verletzte die Grenzen und Hoheitsrechte des Bistums Minden. Die Männer kamen ohne die verhasste Mätresse zurück. Der Befehl Elisabeths blieb nicht ohne Folgen: Sie hatte rechtswidrig gehandelt, selbst ihr Vater und der Herzog wiesen sie hart zurecht. Ein hohes Bußgeld war die Folge.

Als die kleine Anna Maria geboren wurde, atmeten wir alle auf. »Vielleicht wird sie sich nun beruhigen«, sagte Bertha zu mir, »drei gesunde Kinder, welch ein reicher Segen.« Ich stimmte ihr zu, doch unsere Hoffnung währte nur wenige Tage. Der Amme, die für Anna Maria sorgte, ging die Milch aus. Und als eine andere Amme bestellt wurde, ging es dieser nach kurzer Zeit genauso.

Damit war für Elisabeth genug Unheil geschehen und sie war nicht bereit, länger auf das Handeln ihres Gemahls zu warten. »Es ist genug«, sagte sie eines Abends zu mir, »ich bringe meine Kinder nicht länger in Gefahr.« Mithof wusste keinen Rat und mir war so unheimlich, dass ich ihre weiteren Anweisungen nur zu gut verstand. An die Kommission erging der Befehl, in Münden, Nienover, Hannover und Calenberg alle verdächtigen Weiber auszurotten. Dann schrieb Elisabeth an ihren Mann und bat ihn, Anna von Rumschottel als Hexe auszurufen, damit sie endlich ihre gerechte Strafe empfangen könne. Doch Elisabeth wartete vergeblich. Der Herzog gab keine Antwort.

Das brachte das Fass zum Überlaufen. Elisabeth floh aus Münden. Ohne den Herzog zu informieren oder ihn um Erlaubnis zu fragen, wies

Elisabeth an, ihr Reisegepäck zu packen. Sie ließ die besten Pferde vor die Kutschen spannen und rief eine große Eskorte Wachen zusammen. Sie befahl einem Priester, Mithof, der Hebamme und drei Ammen, sie zu begleiten. Wohin die Reise gehen sollte, sagte sie niemandem, nicht einmal mir. So sehr fürchtete sie sich, dass ihr jemand nachstellen würde.

Selbst Mithof dachte, sie würde bei ihrem Vater Zuflucht suchen. Aber wir schlugen den Weg ins sächsische Liebenwerda ein. Elisabeth begab sich in den Schutz ihres Onkels Johann von Sachsen, genau wie ihre Mutter.

Wir waren gerade angekommen, schrieb sie schon an ihren Mann:

Mein lieber Gemahl!

Mir ist alles zu viel geworden und ich fand vor Sorgen nicht mehr in den Schlaf und fürchtete, dass gar unsere liebste kleine Tochter verhungern müsse. Ich bin nun in Liebenwerda, wo mir niemand ein Leides will. Gebt mir eine Zeit, in der ich wieder zu Gesundheit komme und mein Seelenheil wiederfinde.

Schickt mir Geld und lasst mir regelmäßig Nachricht zukommen, wie es Erich II. und Elisa ergeht, die ich unter viel Tränen zurückgelassen habe.

Und dann wartete sie. Ich leistete ihr nach Kräften Gesellschaft und versuchte sie mit allen Mitteln aufzuheitern, aber das war schwer. Es kam kein Brief von Erich I. Und was fast noch schlimmer war: Nicht einmal Geld schickte der Herzog. Obwohl sich Elisabeth nun in Sicherheit fühlte und Anna Maria sich endlich gut entwickelte, hatte sie doch keine Mittel mehr, um den Haushalt aufrechtzuerhalten. Zu diesen Sorgen vermisste Elisabeth ihre Kinder und dieser Schmerz wurde dann am schlimmsten, wenn sie die kleine Anna Maria in den Armen hielt. Keine Nachricht aus Münden erreichte uns, wir wussten nicht, wie es Elisa und Erich II. erging. In ihrer Verzweiflung schrieb Elisabeth eines Abends einen flehenden Brief an ihren Vater:

Ich befinde mich in einer wahrlich misslichen Lage. Nicht nur, dass mein Gemahl mich mit einem zauberischen Weibe betrügt, er trägt auch nicht für sein eigen Fleisch und Blut Sorge.

Die Antwort ihres Vaters war niederschmetternd:

Kehrt unverzüglich nach Münden zurück, ich will nicht gegen meinen eigenen Schwiegersohn in Verhandlungen treten müssen. Und vergesst nicht, dass es der Mann ist, der eine Mätresse entlässt, und nicht die Aufgabe der Frau. Eine Frau sollte nicht nach ihrem weibischen Gutdünken einen Mann bevormunden.

Elisabeth schrieb erneut, dass sie nicht zurückkehren könne und Hilfe bräuchte, da Erich I. ihr nicht antworten würde. Endlich reagierte ihr Vater und schickte seinen Ratsmann Speckwage, damit dieser Verhandlungen zwischen Elisabeth und dem Herzog aufnehmen solle. Meine Herrin hatte Vertrauen in Speckwage und nach langer Zeit schlief sie endlich wieder tief und fest. Am nächsten Tag machte sie sich unverzüglich daran, einen Brief an den Herzog zu schreiben. Sie wusste, dass Speckwage ihn verlässlich überbringen würde.

Herzliebster Herr,

Ihr sollt wissen, dass ich hier mitsamt Eurer Tochter bei guter Gesundheit bin. Ich bitte Euch sehnlichst, mir Nachricht von meinen Kindern zu senden und ihnen und mir Geld zu schicken, denn ohne Geld kann ich nicht haushalten. In meiner großen Not wandte ich mich an meinen Vater, der mir versprach, meine unglückliche Sache in die Hand zu nehmen. Bedenket doch, welch liebe Frau ich bin und auch weiter sein will, und habt Erbarmen mit mir. Und wenn Ihr nicht mit mir Einsicht habt, dann denkt an Euer eigenes Seelenheil und daran, wie Ihr an Eurem eigenen Fleisch und Blut handelt. Bekümmert mich nicht weiter, denn es ist schon lange zu viel für mich gewesen.

Ich wünsche Euch eine gute Nacht und hoffe auf unsere fröhliche Zusammenkunft. Geb's Gott, dass Ihr mithilfe meines Vaters auch ein Einsehen habt und mir die begehrte Leibzucht zugesteht, damit ich sicher mit unseren Kindern wohnen kann.

Eilt mit Eurer Nachricht, schreibt mir, ehe die Nacht darüber geht.

Elisabeth rief Speckwage zu sich und reichte ihm den Brief. Dann richtete sie sich auf und strich ihre Kleider gerade, so, wie sie es früher zu tun pflegte. Sie warf ihren Kopf in den Nacken und sagte laut: »Das wollen wir doch sehen, ob wir vor unserem Herrgott recht behalten!« »Gewinnen müssen wir den Streit erst noch – und es ist noch lange nicht Frieden«, stellte Speckwage fest. Mithof war anwesend und ging unruhig hin und her, befand er sich doch in einer schwierigen Lage. Zum einen wollte er alles tun, damit von der Herrin Unheil abgewendet wurde, zum anderen war er ebenso Erich I. gegenüber ein guter Freund und Berater. Meine Herrin wandte sich an ihn und bat: »Reist wieder nach Münden, ohne mich. Haltet meine Unterkunft geheim. Treibt in Münden die Teufel aus, damit ich dort wieder sicher wohnen kann. Speckwage wird so lange für mich verhandeln, bis ich zufrieden bin. Selbst wenn ich mich persönlich an den Papst und den Kaiser wenden muss.« »Ich bitte Euch, zügelt Euer Temperament und lernt die Dinge zu nehmen, wie sie sind«, rief Mithof. »Ich werde falschen Wegen nicht meinen Segen geben«, widersprach Elisabeth. »Was Recht ist, muss Recht bleiben! Erst muss ich mir Recht schaffen, dann gibt es immer noch genug zu vergeben!«

Die Männer schauten sich an und wussten, dass sie ihr Bestes geben mussten. Mir selber huschte ein Lächeln über die Lippen, als ich dem Gespräch zuhörte. Ich kannte meine Herrin. Ging es ihr gut, war sie sanft und hilfreich. War sie verlassen und hatte Angst, kämpfte sie wie ein Soldat.

Während meine Herrin in Liebenwerda wieder zu Kräften kam, brannten in Münden die Scheiterhaufen. Ebenso wurden in Calenberg, Hannover und Minden Frauen eingekerkert, gefoltert und, so sie dies überlebten, verbrannt. Es ging nicht um Strafe, nein, die Teufel wurden ausfindig gemacht und vertrieben. Ein einfacher Leberfleck oder ein Muttermal waren Anlass genug, Verdacht zu erregen. Die Verdächtigen wurden mit Nadeln gestochen, um zu sehen, ob sie auch bluteten. Ihnen wurden glühende Nägel ins Fleisch gestoßen oder unter die Fingernägel getrieben, um ihnen ein Geständnis abzupressen. Sie wurden in eine Rüstung eingequetscht, gestreckt oder mit einer Maulsperre versehen. Danach wurden ihnen so lange salzige Getränke oder Jauche eingeflößt, bis sie gestanden und kurz danach mit aufgedunsenen Leibern verstarben. Was nützte einer Frau die Wasserprobe, die ihre Unschuld bewies, wenn sie – an Händen und Füßen gebunden – im Wasser unterging? Die Unschuldigen bewiesen ihre Unschuld mit dem Tod.

Ich vermisste Bertha sehr, denn sie hätte bestimmt viele meiner Fragen beantworten können. Was geschah nur in Münden? Wer war verdächtig? Wer verriet wen? Die Furcht war in Münden schon zuvor umgegangen, aber nun schlich sich das Misstrauen sicher in jede Familie.

Meine Herrin kämpfte in dieser Zeit mit allen ihr zur Verfügung stehenden Mitteln und ihrer ganzen Kraft. Nachdem sie sich vom Vater und Bruder Unterhalt erbeten hatte, stürzte sie sich in die Verhandlungen. Sie instruierte Mithof und Speckwage durch unzählige Briefe, wie die Verhandlungen laufen sollten. Sie schrieb sich regelmäßig mit dem Herzog und traf ihn endlich auch persönlich. Zu diesem Anlass legte sie alle Ketten um, und ich musste schon Tage zuvor ihre Haare bürsten und ihren Körper einölen. Als sie ihrem Mann entgegentrat, merkte ich in seinem Augen den gleichen Blick wie in der Brautnacht. Elisabeth war unnachgiebig. Sie lächelte, sie weinte und zürnte. Und ich fürchtete wieder einmal um ihre Gesundheit, denn sie ritt auch mit ihm aus, obwohl sie noch nicht bei Kräften war.

Doch wenn sich meine Herrin etwas in den Kopf gesetzt hatte, war sie stur und unerbittlich. Und nach Monaten voll mit endlosen Verhandlungen und unzähligen Schachzügen war sie am Ziel: Erich I. gab in allen Punkten nach. Er änderte den Heiratsvertrag und sprach ihr anstatt des bisherigen Amtes Calenberg, das mit dem Schloss Calenberg, Neustatt und Hannover wenig Einnahmen brachte, den wesentlich ertragreicheren und politisch wichtigeren Oberwald mit den Städten Münden, Göttingen und Northeim als Witwengut zu. Somit wurde meiner Herrin das einnahmeträchtige Erbe zuteil. Ihr Sohn würde mit den ärmlichen, nördlichen Gebieten Vorlieb nehmen müssen, solange sie lebte.

Und sie errang noch einen zweiten Sieg: Der Herzog unterschrieb, dass Anna von Rumschottel durch zauberisches Wesen bewiesen habe, dass sie eine Hexe sei. Er erließ die Anordnung, sie gefangen zu nehmen und sie den üblichen Prozeduren zu unterziehen.

Dieser Erfolg war unglaublich. Niemand konnte sich daran erinnern, dass es je einer Ehefrau gelungen war, sich auf diese Weise der Mätresse ihres Mannes zu entledigen.

Weil meine Herrin zu Johann von Sachsen den Kontakt aufrechterhielt, erfuhren wir von den Folgen: Die Herzöge und Fürsten bangten nun tatsächlich, dass auch ihre Ehefrauen Elisabeth von Calenberg nacheifern und auf die Idee kommen könnten, ihre Mätressen und Liebschaften als Hexen zu denunzieren. So versuchte nun einer nach dem anderen seine Mätressen in Sicherheit zu bringen. Heinrich, der seine Liebschaft schon lange nicht mehr geheim halten konnte, war beißendem Spott ausgesetzt. Und zwar von Luther selbst. Dieser hatte nicht nur Elisabeths Vater gemaßregelt, er verteilte auch eine öffentliche Schmähschrift gegen Heinrich. Er nannte Heinrich von Wolfenbüttel darin einfach »Hanswurst«. Darin schrieb er:

Über Hans Worscht!

Wer seinem Ehegemahl nicht seinen Eid hält, der trägt alles aus dem Haus und nichts bringt er ein. Seine Kinder lässt er fingernackig gehen. Er wird nicht nur Menschen, sondern Gott selber treulos und meineidig. Noch nie hat jemand den Ehestand lästerlicher geschändet als Heinrich von Wolfenbüttel!

Erst als wir wieder in Münden waren, bekam Elisabeth die Schmähschrift in die Hand. Erstaunt fragte sie Mithof: »Was denkt sich Luther nur dabei? Das ist ja eine Kriegserklärung an die altgläubigen Landesherren! So denunziert zu werden, heißt den Papst gegen sich zu haben.«

Mithof antwortete: »Eben das will Luther ja bewirken. Er lässt die Schrift verbreiten, damit jeder nachfragt, was dahintersteckt. Jeder soll wissen wollen, was im Hause des altgläubigen Heinrich zu Wolfenbüttel geschieht.«

Elisabeth sah Mithof scharf an: »Ihr wisst doch mehr, als Ihr erzählen wollt. Heraus damit, ziert Euch nicht so.« Mithof verbeugte sich mit einem Lächeln und sagte: »Ihr wisst, dass Heinrich die Hofjungfer seiner Frau als Geliebte hatte?« Meine Herrin schüttelte ungläubig den Kopf. Hatte sie es wirklich nicht gewusst? fragte ich mich. »Eva von Trott, 16

Jahre alt und adlig, wurde von Heinrich inzwischen dreimal schwanger«, fuhr Mithof fort. »Jedes Mal vor ihrer Niederkunft sagte sie ihrer Herrin, dass sie ihre Heimat besuchen wolle. Aber sie bekam dort ihre Kinder.« »Ach«, sagte Elisabeth nur. Da mischte ich mich ein: »Es stimmt nicht, dass sie zu Hause ihre Kinder entband. Eine Braunschweiger Magd sagte mir, dass sie mit Eva von Trott auf die Stauffenburg nahe Seesen ging und sie dort die Kinder gebar und in Obhut gab.« Elisabeth sah mich erstaunt an: »Du wusstest davon?«, fragte sie mich. »Ja, ich hörte einiges, gab aber nicht viel auf das Geschwätz und würde wegen so etwas nie einen Hof denunzieren.«

Nun mischte sich wieder Mithof ein: »So weiß Eure Kammermeisterin Dinge, die mir verborgen blieben, aber nun verstehe ich mehr von der ganzen Geschichte – auch warum Eva von Trott in Gandersheim verbrannt wurde und nicht in Braunschweig.«

»Sie wurde verbrannt?«, fragten meine Herrin und ich entsetzt. »Langsam, langsam«, sagte Mithof und fuhr fort: »Es war wohl so, dass Eva von Trott ein weiteres Kind erwartete und wieder zu ihrer Familie nach Hessen wollte. Die Frau Heinrichs hatte jedoch inzwischen Verdacht geschöpft und als Heinrich zu Ohren kam, dass Ihr, gnädige Herzogin, die Mätresse Eures Mannes als Hexe ausrufen ließet, bekam er es mit der Angst zu tun. Wenn nun auch seine Frau auf die Idee käme zu behaupten, Eva von Trott wäre eine Hexe? Er hätte die Geliebte und Mutter seiner Kinder verlieren können.« Meine Herrin war sprachlos. Und so fuhr Mithof fort: »Heinrich ersann einen Plan, um Eva dem Zugriff zu entziehen. Er ließ einen lebensgroßen Holzkopf schnitzen, der Eva von Trott wie aus dem Gesicht geschnitten war. Als Eva von Trott aufbrach, um scheinbar über Bad Gandersheim zu ihren Eltern zu reisen, streuten die Leute des Herzogs die Legende, sie wäre an der Pest gestorben. Sie gaben eine Strohpuppe mit dem Holzkopf als ihren Leichnam aus, ließen sie verbrennen und die Mönche stellten die Urkunde ihres Ablebens aus.« Wir waren sprachlos. »Und wo ist sie jetzt?«, fragte Elisabeth nach. »Wir wissen es nicht«, antwortete Mithof. »Irgendjemand muss sie versteckt haben Aber Ihr wisst nun, warum über Heinrich von Braunschweig gespottet wird.«

Später, als Mithof und ich auf den Gang getreten waren, fragte er mich: »Nun sagt noch einmal, wo soll sich Eva von Trott verborgen haben?« Ich bekam Angst und sagte nur: »Ach, gebt nichts auf das Geschwätz von Mägden, es ist nicht wert, dass Ihr Euch damit beunruhigt.« Er sah mich an und meinte: »Habt keine Angst, ich werde nichts unternehmen, es ist genug Blut vergossen worden. Mir tut Eva von Trott auch leid. Aber es ist wichtig, dass ich alles weiß. Wir müssen Heinrich etwas mehr unter Kontrolle bekommen. Er ist nach wie vor ein ernst zu nehmender Gegner.« So sagte ich ihm, was ich gehört hatte. Aber wohl war mir nicht dabei.

Elisabeth wird evangelisch und reformiert das Land (1534–1538)

Meine Herrin war wieder schwanger, aber diesmal war alles anders. Der Kummer war von ihr abgefallen und sie war fast so unbeschwert wie beim ersten Kind. Ich freute mich, sie so guten Mutes zu sehen, und dankte Gott im Stillen für diesen Wandel. Wie gut, dass es ihr wohlerging. Ich hätte kaum Hilfe gehabt, sie zu pflegen, denn kaum eine Magd fand sich bereit, meiner Herrin zu dienen. Zu sehr fürchteten sie sich davor, wie ihre Vorgängerinnen in ein falsches Licht zu geraten und der Hexerei beschuldigt zu werden.

Elisabeth machte wieder Pläne. Sie wünschte sich nichts mehr, als ihre Mutter in Lichtenberg zu besuchen, ehe das Kind geboren würde. Und so kam es, dass sie erneut reiste und eine unvergessliche Begegnung hatte, die ihr Leben verändern sollte.

»Heute Nachmittag wird uns ein Ehepaar besuchen, aber ich verrate nicht, wer es ist«, sagte die Kurfürstin fröhlich zu Elisabeth. »Bin ich denn richtig gekleidet?«, fragte Elisabeth erschrocken. »Sagt mir doch lieber, wer es ist, damit ich mich vorbereiten kann.« »Es ist nicht nötig sich vorzubereiten, denn wenn das Herz und die Gottesliebe zählen, so ist jeder Putz unnötig.« Das war alles, was wir hörten.

Der ganze Haushalt geriet in Aufregung und ich wunderte mich. Die Kurfürstin trieb alle zur Arbeit an, aber die Bediensteten schienen das nicht übel zu nehmen, sondern sich im Gegenteil eifrig zu bemühen. Wer konnten nur diese Gäste sein, auf die sich alle so zu freuen schienen? Etwas Ähnliches hatte ich in Münden nie erlebt.

Endlich rückte die festgesetzte Stunde heran und Elisabeth wartete gespannt, auf wen sie treffen würde. Die Tür zum Speisesaal öffnete sich und die Kurfürstin kam herein, hinter sich ein Ehepaar, Johann von Sachsen und mehrere unbekannte Personen. Die Mutter trat lächelnd auf Elisabeth zu und sagte: »Liebste Tochter, darf ich vorstellen: Martin Luther und seine Frau Käthe.« Elisabeth öffnete vor Erstaunen den Mund und mir blieb vor Verwunderung die Luft weg.

Da stand der Reformator vor uns: Obwohl nur ein paar braune Locken unter seiner schwarzen Kappe hervorschauten und seine schwarze Kutte den Mann verbarg, so schien er doch augenblicklich den ganzen großen Saal mit seiner Anwesenheit zu füllen. Seine Frau Käthe hatte ein schlafendes Kind auf dem Arm und unter ihrem gebundenen Mieder wölbte sich bereits wieder der Bauch. »Das ist Paul«, erklärte sie. »Und das ist Eva«, warf Luther ein und zeigte auf seine Frau. »Eva?«, fragte Elisabeth erstaunt. »Mein Mann scherzt nur«, erklärte Käthe. »Er nennt mich Eva, aber er meint damit nur, dass ich das Leben symbolisiere.« »Herr Käthe, misch dich nicht weiter in meine Angelegenheiten, sondern sehe zu, dass wir genug zu trinken kriegen.« Nun nannte Luther seine Frau auch noch Herr! Aber Frau Luther schien an solche Scherze gewöhnt zu sein. Sie lachte darüber und selbst als sie später wie eine brave Frau zu Tische sitzen musste, so lachten ihre Augen weiter und sie konnte sich ihre schlagfertigen Bemerkungen so wenig verkneifen, wie ihr Mann seine spitze Zunge im Zaum hielt. »Wenn ich noch einmal freien müsste, so würde ich mir ein gehorsames Weib aus Stein hauen!«, verkündete er laut, um seiner Käthe zu zeigen, was er von ihren Beiträgen hielt. Und doch war es so, dass sie sich wohl mehr liebten, als ich es je bei einem Paar gesehen habe. Denn wie sonst hätten sie so grob miteinander scherzen können?

Die Kurfürstin hatte wohl damit gerechnet, dass Luthers nicht alleine kommen würden. Denn es war wie immer: Mit ihm reisten bei jeder Gelegenheit mehrere Theologen und Studenten. Und als ob Studenten nichts anderes zu tun hätten als zu schreiben, so legten sie gleich ihr Papier und das Tintenfass neben den Teller und schrieben alles auf, was Luther sagte. Sie notierten, was es zu essen gab, ob Luther das Kraut schmeckte und noch emsiger schrieben sie, als er seinen kleinen Sohn auf den Arm nahm und erklärte: »Ein wahrer Christ kann allezeit so geborgen und zufrieden sein wie ein Kind. Denn auch Gott ist unser Vater und sorgt für uns.«

Die Diener trugen auf, bis sich der Tisch bog, und nun begann ein fröhlicher, ausgelassener Abend, so, als würden sich alle schon immer vertraut sein. Es war alles ganz einfach. Es wurde gelacht und gestritten und Elisabeth stellte Luther unzählige Fragen, die er ausführlich und voller Geduld beantwortete.

»Erklärt mir, warum Ihr Euch dafür einsetzt, dass ein Mönch seine Kutte ablegt und ein Weib zur Frau nimmt. Ist es denn nicht viel gottgefälliger, wenn ein Mann sein ganzes Leben Gott weiht?« Ich erschrak über diese freche Frage meiner Herrin. Doch Luther stellte sich jeder Frage gern und er fragte ebenso keck zurück: »Ist es denn gottgefällig, wenn ein Mönch alle Tage von sündigen Gedanken geplagt wird und seinem Fleisch nicht das geben kann, wozu es geschaffen ist?« Meine Herrin wurde etwas verlegen, weil sie eine theologische Antwort erwartet hatte und keine anzügliche Frage. Aber Luther schien Erbarmen mit ihr zu haben und erklärte: »Gott hat sich für uns ans Kreuz schlagen lassen, damit wir frei und fröhlich sein sollen. Und so ist das wahre christliche Leben nicht mehr und nicht weniger wert, ob wir eine Kutte, eine Robe oder den Rock eines Bauern tragen. Gott hat seinen Sohn für uns geopfert. Er verlangt nicht unser Opfer, sondern unseren Dank. Die armen Kinder, die von ihren Eltern in die Klöster gegeben werden, hatten doch nie die Wahl, ob sie ein keusches Leben führen wollen. Und nur darum geht es mir: Dass sich jeder aus freien Stücken und gemäß seiner Bestimmung und seinen Wünschen entscheiden kann. Denn nur so freut sich Gott über unsere Gaben.« »Ihr räumt dem Menschen viel Freiheit ein, wenn er auch gegen den Willen seiner Eltern handeln darf.« »So steht es im Evangelium. Jesus sagt: Ich bin nicht gekommen, Frieden zu bringen, sondern das Schwert.«

Meine Herrin sah Luther verwundert an: »Ihr stellt die Dinge auf den Kopf«, entgegnete sie. »Jesus selbst hat das Untere nach oben gekehrt, aber das wollen die Oberen nicht wahrhaben!« »Noch verstehe ich nicht, von welcher Art Gottesliebe und welchem Frieden Ihr sprecht. Aber ich verstehe meinen Mann, der Euch wegen Eures Mutes und Eurer Wahrhaftigkeit bewundert.« »Ich erinnere mich nur zu gut an seine Bewunderung, denn er ließ seinen Worten eine Wagenladung Einbecksches Bier folgen. Und das, obwohl er den Altgläubigen zugetan ist.« »Ich denke, er wird mir nicht zürnen, wenn ich mit Euch zu Tisch sitze.« »Ihr könnt Euch über Euren Gatten freuen, der anders ist als Euer Vater, von dessen Hof nicht nur Eure Mutter hier Zuflucht fand ...« Und dann erfuhren wir, wie viele Männer und Frauen schon hatten fliehen müssen, weil sie von den Altgläubigen verfolgt worden waren.

Zu meiner großen Freude durfte ich am Tische bleiben. Käthe Luther übernahm es einzuschenken und nachzureichen. »Wer Speck auf dem Leib trägt, muss mehr ernähren«, sagte sie zu mir. Fasziniert hörte ich Luther zu. Er war der Hausherr, ohne dass das auch nur einer infrage stellte. Er war herzlich und zugewandt und hörte sich jeden Kummer an. Egal ob einer am Tisch von Kindern, Ehepartnern oder säumigen Steuern berichtete, er wurde nicht ungeduldig, sondern wusste guten Rat. Auch spät am Abend sprach er immer noch mit meiner Herrin. Sie schien nicht müde zu werden. Luther auf der anderen Seite schien genau zu wissen, dass sie wichtig war und einiges bewegen konnte. »Ich habe Euch zwar noch nie gesehen«, sagte er offen zu Elisabeth, »aber ich denke, wenn Ihr Euer Leben ganz zur Sache Gottes macht, so seid Ihr eine wichtige Verbündete.« Das tat meiner Herrin sichtlich gut und sie trennten sich als Freunde. Den ganzen folgenden Tag sann sie noch über diese Begegnung nach und sie konnte Martin und Käthe nie mehr vergessen. Als wir in Münden waren, schickte sie ihnen sofort drei große Laibe Käse und zwei Fässchen Einbeckschen Bieres mit dem Wunsch, dass ihnen der Mut nicht sinken möge. Luther schrieb dankbar zurück, dass Käthe zwar vortrefflich Bier brauen könne, aber »das Einbecksche war eben doch das Beste und so bekömmlich wie Muttermilch für den Säugling«. So begann eine Freundschaft, die in den kommenden Jahren zu Elisabeths größten Freuden wurde.

Dann kam der Tag der Niederkunft und Elisabeth gebar ein Mädchen, das sie Katharina nannte. Katharina war schon immer ein guter Name gewesen, aber es war meiner Herrin auch nicht unangenehm, dass so auch die Frau Luthers hieß. Die Geburt der kleinen Katharina verbreitete neue Zuversicht und es war deutlich, dass die schweren Zeiten erst einmal vorbei waren. Elisabeth richtete zu der Geburt in Münden ein großes

Fest aus und beschenkte die Armen. Der Herzog war auch zugegen und er freute sich, Elisabeth bei guter Gesundheit vorzufinden. Als dann auch noch die Kurfürstin und der Bruder Elisabeths zu Besuch kamen, waren einige Tage so unbeschwert, wie ich es schon lange nicht mehr erlebt hatte.

Wie schon so oft, blieb der Herzog nicht lange. Bevor er ging, gab er jedoch dem Drängen seines Sohnes nach und versprach ihm, dass er bald für längere Zeit mit auf die Erichsburg dürfe, denn das solle sein zukünftiges Zuhause sein. »Wenn Erich II. reist, dann nicht ohne seine Mutter!«, stellte Elisabeth klar. Also plante sie die nächste Reise und war sehr zufrieden.

Das Jahr 1535 brachte weitere Veränderungen. Überraschend starb Elisabeths Vater, Kurfürst Joachim I. von Brandenburg, und mit ihm ein erbitterter Gegner Luthers. Elisabeth reiste nach Hause, um den Feierlichkeiten beizuwohnen. Ihr starker Vater war nun nicht mehr da und einige seiner strengen Anweisungen verloren ihre Kraft. Ihre Brüder hatten dem Vater versprechen müssen, die katholische Sache im strengen Sinne weiterzuführen. Natürlich gelobten die beiden weiterhin, sich daran zu halten, aber nachdem die Erde über ihn geworfen worden war, holten sie ihre Mutter zu sich. Joachim II. richtete für seine Mutter eine Geldrente ein und sorgte dafür, dass sie als Markgräfin von Lichtenberg in der Nähe Torgaus leben konnte.

Als Elisabeth nach der Reise zurückkam, war sie eine andere Frau. Sie strahlte eine große Ruhe aus und beobachtete die Geschehnisse mit einer neuen Gelassenheit. Sie ließ ihren Mann in seinen Geschäften gewähren und übernahm doch viele politische Aufgaben, um ihn zu unterstützen und das Land in Frieden zu halten. Sie fasste neue Vorhaben ins Auge und griff alte Ideen wieder auf. Sie steckte mich mit ihrer Begeisterung an und ich verfolgte gespannt, wie sie viele Dinge ins Rollen brachte.

Eines ihrer großen Anliegen war der Abbau der großen Schuldenlast, die das Herzogtum drückte. Und sie wünschte sich, die Anliegen der Bürger zu ihren eigenen zu machen. Aufs Neue wollte sie ihren Untertanen eine gute Mutter sein wie damals, als sie noch ein Kind gewesen war und gerade erst Herzogin wurde. Philipp von Hessen war ihr großes Vorbild.

Und noch etwas anderes nahm seinen Lauf: Meine Herrin machte keinen Hehl mehr daraus, dass sie Calenberg gern evangelisch sehen würde. Sie besprach sich mit ihren Brüdern und Philipp, schrieb Briefe und verursachte dadurch viel Ärger. Ich wurde unsicher: Würde sie es wagen, hinter dem Rücken des Herzogs zu handeln? Das wäre ein Fall für das Reichsgericht. Und es war dazu noch sehr gefährlich. Würden die Städte im Calenbergischen Gebiet evangelisch, dann wäre das ein willkommener Anlass für Heinrich, gegen diese Krieg zu führen. Elisabeth war nach wie vor davon überzeugt, dass Heinrich nur auf eine Gelegenheit wartete, sich ganz Calenberg einzuverleiben. Falls Erich I. stürbe, würde Heinrich sicher die Vormundschaft Erichs II. an sich reißen. Elisabeth schlug Erich I. deshalb vor, die Vormundschaft für seinen Sohn sofort zu regeln und diese auf sie selbst, Philipp von Hessen, ihren Bruder Joachim II. und Heinrich aufzuteilen. Der Herzog war zuerst sehr ungehalten über das Misstrauen, das Elisabeth Heinrich gegenüber hegte. Warum sollte nicht sein Neffe allein die Vormundschaft übernehmen? Doch meine Herrin ließ nicht locker. Sie wusste, was sie wollte, und erklärte ihrem Gemahl, dass Heinrich Calenberg gewiss gerne für seine eigenen Söhne hätte. Erich II. stünde ihm dabei doch nur im Wege. Erich I. verstand, was seine Frau meinte. Schon in der Vergangenheit hatte er sich stets auf ihren Kopf und ihre Diplomatie verlassen können. Und so unterschrieb er schließlich den Vormundschaftsvertrag.

Damit war gesichert, dass Elisabeth bis zur Volljährigkeit Erichs II. die Geschicke des Landes lenken würde und ihr die anderen Vormünder als Ratgeber zur Seite standen. Nun hatte sie freie Hand. Sie hatte es sich in den Kopf gesetzt, die Reformation zu fördern und wenn es sein müsste, Heinrich auch energisch entgegenzutreten. Doch ihr Mann dachte anders. Er bewunderte Luther zwar als mutigen Mann, sah sich aber dem alten Glauben verpflichtet. Und er vertraute seinem Neffen. Elisabeth wollte aber, dass Erich I. in Heinrich nicht nur einen liebevollen Verwandten sah, sondern auch einen, der ihm großen Schaden zufügen konnte.

Erich I. litt unter den Feindseligkeiten, die zwischen seiner Frau und Heinrich immer offener zutage traten. Deshalb lud er seinen Neffen und seine Gattin zu einem Treffen nach Gandersheim ein. Dort sollten sie sich endlich aussprechen und einen Vertrag unterzeichnen, der beinhalten sollte, dass in erster Linie die Familie und nicht politische Interessen im Vordergrund der Handlungen stehen sollten. Wir machten uns also auf den Weg nach Gandersheim. Erich II. reiste in einer separaten Kutsche mit einem Lehrer und zwei Kindermädchen. Er würde die Zeit auf der Erichsburg verbringen können, wo inzwischen für ihn schon Personal eingestellt worden war und zwei eigene Pferde auf ihn warteten. Meine Herrin erzählte ihm, dass er in der Zeit auch von einem der besten Falkner aus Dassel unterrichtet werden sollte, denn dort flögen die Falken wie schwarze Pfeile durch die Luft, wenn ihr Falkner nach ihnen rief. »Wie schwarze Pfeile?«, fragte Erich II. erstaunt. »Ja, sie schauen mit ihren scharfen Augen, wo ihr Herr steht. Dann fliegen sie schnurgerade zum Falkner und setzen sich, brav wie ein Lämmchen, auf seine Hand.« »Ihr habt es schon einmal gesehen?« Da lachte Elisabeth und antwortete: »Mein liebes Kind, ich habe es nicht nur in Dassel gesehen; ich verstehe mich selber auf die Falkenjagd und was so zärtlich und leicht scheint, ist doch ein hartes Stück Arbeit. Alle meine Brüder wurden in der Falkenjagd unterrichtet, aber es ist nicht leicht, das Vertrauen eines guten Tieres zu gewinnen. Und wenn Ihr es erst einmal auf Eurem ausgestreckten Arm haltet, merkt Ihr, wie schwer ein solcher Vogel werden kann und wie sich seine Krallen durch das harte Leder bohren wollen.« Erich II. war begeistert und fragte: »Liebe Mutter, kommt Ihr mit zu dem Herrn mit den Vögeln?« »Wenn ich alle Geschäfte erledigt habe, werde ich auf die Erichsburg nachkommen und mit Euch nach den Falken sehen. Zuvor übt Ihr jedoch fleißig, damit ich sehen kann, was Ihr gelernt habt.« Erich II. versprach brav zu üben und seine Augen leuchteten bei dem Versprechen.

Am ersten Abend nach unserer Ankunft nahm mich Mithof beiseite und meinte verschwörerisch: »Vielleicht kannst du mir helfen?« »Ich?« »Ja, du kannst dich unter den Mägden umhören, die wissen am meisten, und auch beobachten, wohin Heinrich ständig ausreitet. Reitet er vielleicht zu Eva von Trott?«

Ich war sofort einverstanden und die Gelegenheit mich umzuhören kam schneller als erwartet. Als ich an diesem Abend meine Herrin zu Bett bringen wollte, meinte sie: »Es reicht, wenn du mich wäschst und mein Nachtkleid richtest. Ich werde mich zu meinem Gemahl legen.« Ich wunderte mich nicht mehr über diese Zielstrebigkeit. Seit meine Herrin wieder gesund war, wartete sie nicht mehr, dass der Herzog zu ihr ins Gemach kam. Sie war es, die sich schön machte und an sein Schlafgemach klopfte.

Ich wusch sie und rieb ihre Haut mit einem duftenden Öl ein. Und da fiel mir wieder auf, wie schön meine Herrin war. Sie war kein Kind mehr, sondern hatte nun den verführerischen, gesunden Körper einer jungen Frau. Ich sagte ihr, dass jeder Mann sich glücklich preisen könne, eine solche Frau sein Eigen zu nennen. Elisabeth sah mich fröhlich an. Sie nahm mir solche Bemerkungen nicht übel. Ganz im Gegenteil. Und dann sagte sie: »Du hast auch eine lange Reise hinter dich gebracht. Frage doch in der Küche, ob sie noch eine Scheibe Fleisch und einen Tee für dich haben.« Dann trat sie mit mir aus der Kammer. Sie klopfte an die Tür ihres Mannes. Der Herzog öffnete. Splitternackt stand er da und zog seine Frau an sich. Er hatte auf sie gewartet! Ich schlug meine Augen nieder und ging zur Küche. Ich hätte mir den Weg sparen können, denn es war niemand dort.

Es war schwierig, im Dunkeln zu den Ställen zu finden. Aber endlich fand ich den Stallburschen, der Nachtwache hatte, und erkundigte mich beiläufig bei ihm nach unseren Pferden. Er zeigte mir die Tiere und ich sah, dass sie gut versorgt waren. »Warum steht hier ein gesatteltes Pferd?«, fragte ich verwundert, als ich mit ihm wieder auf den Hof trat. »Herzog Heinrich schaut noch nach den Netzen, die ausgelegt wurden«, antwortete er und zuckte mit den Schultern.

Also war es wahr. Als ich Mithof dies am nächsten Tag mitteilte, winkte er ab: Er hatte das Pferd selbst bemerkt. Heinrich war nur zwei Stunden weg gewesen. Zur Stauffenburg hätte er es nicht in der kurzen Zeit geschafft.

Am nächsten Tag ging ich mit Elisabeth auf den Markt nach Gandersheim. Und ich traute meinen Augen kaum, als ich an einem Marktstand genau die Magd wiedererkannte, die mir in Braunschweig die ganze Sache erzählt hatte. »Entschuldigt mich kurz«, flüsterte ich Elisabeth zu und trat hinter einen Marktstand, gefolgt von ihrem verwunderten Blick. Die Magd bemerkte mich nicht und verhandelte weiter mit der Marktfrau. Ich beobachtete, wie beide aufsahen, als Elisabeth vorbeischritt. Alle traten zurück und verneigten sich, nur die Magd sprang wie ich hinter einen Stand. Als sich die Aufregung gelegt hatte, nahm ich den Korb der Magd auf und ging direkt zu ihr. »Ich freue mich dich zu sehen. Hier ist dein Korb. Erschrecke dich nicht, denn auch ich bin allein unterwegs.« Ich hatte den richtigen Ton getroffen. Sie entspannte sich und sagte dann: »Mir bleibt nicht viel Zeit, denn ich werde gleich wieder abgeholt und muss noch Einkäufe erledigen.« »Wo bist du, können wir uns treffen?« Da erschrak sie und sagte: »Nein, nie, ich erledige nur die Einkäufe für die Burg und ich warne dich, dich dieser zu nähern, denn das wäre dein sicherer Tod. Es spukt auf dem Schloss. Nur wer in Begleitung eines Mönches kommt, erreicht die Pforte.« Ehe ich verstanden hatte, war sie fort. Wie vom Erdboden verschluckt. Ich erklärte meiner Herrin, was ich gerade gehört hatte. Elisabeth holte Mithof und wir waren uns einig: Wir hatten den Aufenthaltsort von Eva von Trott herausgefunden. Das Verhalten der Magd war einfach zu verdächtig. Doch was sollten wir mit dieser Information anfangen? Mit kam eine Idee: »Wie wäre es, wenn wir den Herzog ganz ehrlich ansprechen und ihn einfach fragen, was er weiß?« Elisabeth überlegte: »Das könnte gehen. Aber das Gespräch müsst ihr in Gang bringen, Mithof. Agnes, du bleibst am besten dabei.« Bei nächster Gelegenheit sprach Mithof den Herzog an. Erich I. hörte sich an, was wir zu sagen hatten. Er vermied dabei uns zu fragen, woher wir das alles wussten, denn das hätte alle in Schwicrigkeiten gebracht.

Als wir ausgesprochen hatten, rieb er sich seinen Bart mit beiden Händen und sagte: »Bei allem, was Ihr schon wisst und was auch geschieht. Die Frau Heinrichs liebt ihren Gemahl und er liebt sie, deshalb hat er ihr nie etwas von seiner Liebschaft erzählt. Und als sie es erfuhr, da war sie traurig. Erst als Eva von Trott an der Pest starb, war sie erleichtert.

Und das ist sie heute noch.« »Meint sie denn im Ernst, sie sei tot?«, fragte Elisabeth nach. »Ja, sie denkt, sie ist tot, und jeder andere sollte es auch denken.« Mithof räusperte sich und sagte: »Aber die Lutheraner sagen etwas anderes und fordern schon lange von den Mönchen, sie sollen den Sarg Eva von Trotts öffnen, damit sie die Überreste sehen können.« Da lachte Erich. »Darauf können sie lange warten! Und nun, denke ich, haben wir dem leidigen Thema genug Zeit gewidmet. Ich will nichts mehr davon hören.« Uns war klar, dass der Herzog selber in einer Zwickmühle war. Er liebte seinen Neffen, aber es ärgerte ihn ebenso, dass er so in Verruf geraten war. Als ich später Mithof fragte, was jetzt zu tun sei, meinte er: »Die Angelegenheit ist viel zu wichtig, um sich nicht damit zu beschäftigen. Was aber auch von Belang ist, ist die Tatsache, dass Heinrich zwei Frauen hat, die ihn lieben und ihm Kinder schenken ... Das ist auch für ihn nicht einfach.« »Aber gibt es das denn, dass man zwei Frauen liebt?«, fragte ich ungläubig. Da lachte Mithof und stellte fest: »Nun, Heinrich beweist es uns. Aber für meinen Geschmack halte ich mich daran, dass mir eine Frau, die mich liebt, genügt! – Und nun grüble nicht so viel.«

Die Verhandlungen waren scheinbar erfolgreich. Heinrich und Elisabeth unterzeichneten einen Vertrag, dass sie miteinander Frieden halten und sich gegenseitig respektieren wollten, denn beiden lag daran, Erich I. keine Sorgen zu bereiten. In Wirklichkeit aber vergaßen beide sehr schnell das Papier. Was sie jedoch abgemacht hatten und woran sie sich auch hielten, war, dass Julius, der dritte Sohn Heinrichs, mit nach Münden ging, um dort gemeinsam mit Erich II. erzogen zu werden. Die beiden waren gleich alt, und da die Beine von Julius von Geburt an etwas schwach waren, sollte er nicht wie seine älteren Brüder zum Kämpfen und Regieren erzogen werden, sondern einmal ein gutes Studium der Wissenschaften aufnehmen.

Zusammen mit dem Herzog reisten wir nach der Vertragsunterzeichnung zur Erichsburg, wo Erich II. sehnsüchtig auf Mutter und Vater wartete. Er zeigte seinen Eltern stolz, dass sich der Falke auch auf seinem Arm wohlfühlte, und wollte nicht nach Münden zurückkehren. »Es ist meine Burg, also kann ich hierbleiben«, beharrte der Achtjährige. »Später, wenn Ihr ein stattlicher Herr seid, könnt Ihr hier wohnen. Jetzt müsst Ihr jedoch nach Münden zurück und noch viel lernen und Eurer Mutter gehorchen.« Erich II. gehorchte schließlich unwillig und seine Eltern versprachen ihm dafür, dass er im Sommer und in den Wintermonaten für einige Zeit kommen dürfe, um die Länder kennenzulernen und sich in der Jagd zu üben. »Und wenn Ihr artig lernt und dem Falkner Freude bereitet, werdet Ihr später einmal einen eigenen Falken in Händen halten«, versprach seine Mutter. Da Erich II. alles wissen wollte, was Elisabeth von Falken wusste, fuhr er in unserer Kutsche mit zurück. Elisabeth hatte den Arm um ihren Sohn gelegt und erzählte ihm von der Zeit, als sie noch Kind war und immer ihren Brüdern nachschleichen musste, die zum Falkner durften. Ich saß den beiden gegenüber. Es war ein ungewohntes Bild, selten sah ich Elisabeth so innig mit ihrem Sohn. Wie nah sie sich waren und wie zärtlich sie sich liebten. Es freute mich zutiefst, dass sie mit ihren Kindern so glücklich sein konnte und dass Erich II. ein so wunderbares Kind war.

Das Jahr 1538 zog herauf und es brachte große Veränderungen. Der Schmalkaldische Bund, das Verteidigungsbündnis der lutherischen Fürsten, war inzwischen sieben Jahre alt und seit etwa drei Jahren ein bedeutender Machtfaktor in Deutschland. Nun trafen sich die Mitglieder in Braunschweig. König Christian von Dänemark, ein Onkel mütterlicherseits von Elisabeth, war erschienen, ebenso wurde über die Aufnahme ihres Bruders Hans von Küstrin verhandelt. Die Macht des Bundes stärkte auch Elisabeth den Rücken. Sie musste nicht mehr um Land und Leben fürchten und konnte nun zum Luthertum übertreten. Weiterhin war der Herzog nur selten in Münden, sodass auch er keine Einwände erheben konnte. Die Zeit war reif. Es verwunderte mich deshalb nicht, als Elisabeth eines Abends zu mir sagte: »Über Ostern kommt der evangelische

Pfarrer aus Großen-Schneen bei Göttingen. Teile dem Gesinde mit, wer von den Hofdamen und Mägden mit mir das Abendmahl in beiderlei Gestalt nehmen will, kann das tun. Es wird dies das erste Mal für uns alle sein.« Sie sprach allerdings nur die Frauen an, damit Erich I. keinen Verrat wittern konnte. Es war ja schon genug, dass sie ihn weder um Erlaubnis fragte noch davon in Kenntnis setzte.

Welch ein Tag, an dem ich Seite an Seite mit meiner Herrin das erste Mal den Kelch empfing! Ein Osterfest, das ich nie vergessen werde. Ich sah, wie Elisabeth den Kelch nahm und trank. Dann gab ihn der Pfarrer an mich weiter. Es war nur ein kleiner Schluck, doch er berauschte meine Sinne. Für einen Moment fielen alle Schranken und mir schien nichts unmöglich. Ich sah Elisabeth an und ich erkannte in ihren Augen den gleichen Gedanken: Alle, die wir aus dem Becher getrunken hatten, waren Schwestern. Nicht mehr Herrin und Magd, sondern gleich vor unserem Gott. Wir waren eins und selbst der Tod konnte uns nicht scheiden. Wir wussten, dass dieser Schluck unseren Tod bedeuten konnte, denn wir hatten uns öffentlich für ihn entschieden. Aber wir fürchteten uns nicht.

Als die Nachricht Erich I. überbracht wurde, reagierte er sanft und sagte zu dem aufgebrachten Boten: »Weil mich meine Gemahlin in unserem Glauben nicht behindert, so wollen wir sie auch ungehindert lassen.« Er selbst zelebrierte an Ostern mit seinem Sohn gemeinsam das Abendmahl auf altkirchliche Weise und signalisierte damit, dass er dem alten Bund treu blieb.

Alles, was Elisabeth unternahm, musste peinlich genau sein. Die Kleidung hatte stets korrekt zu sitzen, der Tisch musste richtig eingedeckt sein und die Kinder, die inzwischen alle am Tisch mitessen durften, hatten sich artig zu benehmen. Sie wollte auch in ihrem Glauben vorbildlich sein. Sie kannte Luthers Schriften zwar und die politischen Auseinandersetzungen der Christen, aber ihr fehlte ein geistlicher Berater, eine Autorität, der sie vertrauen konnte. So schrieb sie an Philipp:

Hochverehrter Landgraf Philipp von Hessen,

ich bitte Euch zuvörderst, Eure hochgeschätzte Gattin zu grüßen und ihr von

Herzen eine gute Gesundheit zu wünschen. Mein Herr, die Kinder und ich sind wohlauf und wie Ihr vernommen habt, möchte ich meinem Land die luthersche Lehre nicht vorenthalten. Die Menschen dürsten nach Gottes Wort, wie auch ich eine arme Kreatur bin ohne die Hilfe Gottes, unseres Herrn. Mein Geschlecht und meine Erziehung können jedoch nicht bewirken, was ein guter Theologe bewirken kann, und so bitte ich Euch herzliebst, dass Ihr mir Euren Prediger Antonius Corvinus freigebt, damit er hier in Münden lehrt und mir hilft, die Landstriche in Frieden zu halten und die Seelen zu stärken.

Er wird, da er selbst Mönch war, die Klosterleute zu nehmen wissen, und da er ein Freund der Humanisten und ausgezeichneter Theologe ist, wird er sich bei Verhandlungen gewiss in der Rede vortrefflich äußern können. So wie er Euch zu den Konventen in Nürnberg, Schmalkalden, Hagenau, Worms und Regensburg begleitete, so wird er auch in Zukunft das Calenbergische Anliegen auch ohne meine Gegenwart vertreten können. Euer Theologe käme doch zudem wieder in seine vertraute Heimat, da er schon in Goslar Prediger war. Bedenkt, dass er im Calenbergischen Land so viel mehr bewirken kann als derzeit in Witzenhausen. Mein Ansinnen geht so weit, dass ich ihn, so Gott die Wege ebnet, später zum Superintendenten einsetzen will. Er hat viel Ansehen bei der Bevölkerung und mit ihm könnte die Reformation auf einen guten Boden gestellt werden, da er sich darauf versteht, Kirchenordnungen zu verfassen und Streit zu schlichten. Doch was soll ich Euch dazu noch mehr sagen, da Ihr doch alles schon wisst und Euch meine erbärmliche Lage bewusst ist. Denket nur daran, um wie viel mehr hier noch der alte Feind zu wüten versteht, dann wisst Ihr, warum ich gutes, geistliches Bollwerk dringend benötige.

Mein werter Gemahl beauftragt mich nun immer häufiger, in den Städten zu vermitteln. Derzeit weilt er in Northeim, wo sich die lutherisch gewordene Stadtkirche und der Rat bis aufs Blute mit dem Kloster überwarfen und nun den Bürgern bei Strafe den Gang in die Münsterkirche verwehren. Zum Aufruhr kam es, als ein Gildenmitglied während einer Versammlung auf das Neue Testament zeigte und rief: »Mönch, du lügst! Es sind lauter Lügen, die du verbreitest.« Nun hören die Northeimer Bürger die Predigten zu Göttingen, da sie ja auch meinen altgläubigen Gemahl fürchten und sich deshalb vom geschätzten Bürgersohn Tilo Kreiz trennten. Der Abt war gegen ihn getreten und ließ ihn der Stadt verweisen. Jeder versucht nun, den Herzog für sich zu gewinnen, und so bat mich mein Gemahl zu kommen und mit zu verhandeln, denn die Northeimer wissen wohl, auf welcher Seite sie mich finden.

Daran ersehet Ihr deutlich, welch dringende Angelegenheit auf mich wartet; und da sich kaum reformierte Prediger und Amtsmänner im Lande befinden, ist die Not groß.

Ich denke immerwährend an den Bibelvers:

»Die Ernte ist groß, aber es sind wenige Arbeiter, welche die Ernte einbringen.«

Ich bitte Euch herzinnigst, säumet nicht, meinem Gesuch nachzukommen, Corvinus freizugeben und nach Münden in meinen Dienst zu entsenden.

Meine Herrin verstand es, ihren Willen durchzusetzen. Manchmal verschlug es mir die Sprache oder ich sah zu Boden, wenn sie mit allen Mitteln versuchte, an ihre Ziele zu gelangen. Aber wie so oft, hatte sie auch diesmal Erfolg.

Und so war Corvinus bald darauf einfach da. In seinem weiten Mantel und dem schwarzen Mützchen stand er eines Abends bescheiden und lammfromm in der Tür. Er war ein faszinierender Mann, äußerlich sehr ruhig, doch in ihm glühte ein Feuer, stärker als im Ofen eines Schmieds, und seine Gedanken und Taten waren die Glut, unter denen harte Herzen zu schmelzen begannen. Elisabeth verbrachte in den folgenden Wochen viel Zeit mit ihm und so auch ich. Wir liebten es beide, schweigend ein Stück des Weges mit ihm zu gehen, denn seine Gegenwart strahlte eine große Kraft aus. Er redete gerne und viel, wenn man ihn ließ. Aber nie waren seine Worte ohne Bedeutung. Hielt er die Gottesdienste, so saßen meine Herrin und ich oft mit tränennassen Gesichtern in der Bank und schämten uns nicht. Doch er war nicht nur ein Prediger. So glühend er uns das Wort Gottes auslegte, so geradlinig setzte er die Erkenntnis aus dem Wort in Taten um. Wir hatten also jetzt einen Hof- und Stadtprediger, der nicht nur redete und uns Kirchenlieder lehrte, er begleitete uns auch zu den Kranken und Siechen.

Elisabeth begann, der Reformation in ihrem Herrschaftsgebiet Tür und Tor zu öffnen. Sie besuchte dazu mit Corvinus die Klöster und Städte. Schon wenige Tage nach Corvinus' Ankunft reisten sie das erste Mal gemeinsam nach Northeim, um sich die Belange der Bürger anzuhören. Es war ein Samstagabend, als wir durch die feuchten Gassen zum Marktplatz ritten, wo uns eine große Menschenmenge zujubelte. Das Wasser war gerade erst durch die Straßen geleitet worden und alles glänzte frisch und sauber. Die Menschen jubelten, doch der Rat der Stadt und die Mönche waren sichtlich feindselig. Das hatte einen einfachen Grund: Das Kloster sollte im Zuge der Reformation enteignet werden und die Stadt wollte sich die Güter einverleiben. Der Rat hatte nun Angst, der Herzog könnte seine Hände nach den Ländereien und dem Reichtum der Klöster ausstrecken.

Diese Angst kam auch in der Verhandlung mit Elisabeth zur Sprache. Doch sie versuchte die Männer zu beruhigen: »Die freien Klöster und die Güter sollen allen Menschen zugutekommen. Den Armen soll geholfen, Schulen sollen gebaut und das Siechenhaus finanziert werden. Diese Aufgaben müssen durchgeführt werden, und ein Amtmann soll alles kontrollieren. Solange jedoch die Mönche und Kalandsbrüder noch in ihrem Amt bleiben und ihren gottgefälligen Aufgaben nachkommen, dürfen sie von niemandem angegriffen oder denunziert werden«, sagte sie strikt. »Ich hoffe, mich haben alle verstanden?« Verstanden wurde sie von allen Mitgliedern des Rates und der Klöster, nicht aber von den Menschen. Den Amtmann, den meine Herrin einsetzte, verjagten die Northeimer bereits nach wenigen Tagen. Sie dachten, die Herzogin wollte sich nur selber bereichern, und begriffen nicht, dass ein gemeinsames Gut durch die Klöster geschaffen werden sollte, das allen nützen konnte. Es dauerte noch einige Jahre, bis halbwegs Frieden eingekehrt war.

Corvinus sollte am Sonntag in der Stadtkirche predigen. Doch als er mit uns die Kirche betrat, fiel ihm sofort der Büßerturm auf, den reiche Northeimer Bürger dort hatten errichten lassen. Auf dieser großen Säule wurden Menschen an den Pranger gestellt. Corvinus drehte sich zur Gemeinde um, die schon vollzählig versammelt war, und rief ungläubig: »Steht dort oben etwa jemand? Ihr pflegt noch den Brauch, die Sünder öffentlich in der Kirche zu denunzieren?« Er drehte sich zum Turm herum und entdeckte eine Frau, die oben stand. »Ach, Ihr braucht mir keine Antwort zu geben«, ergänzte er wieder mit dem Blick auf die Gemeinde. »Ich sehe ja selbst, dass so ein armes Frauenzimmer mit bitteren Blicken gestraft wird. Aber meint Ihr wirklich, das hätte unser Herrgott auch getan? Gewiss nicht, er hat auch der Sünderin vergeben, die beim Ehebruch ertappt worden war und zu ihm gezerrt wurde. Sie da oben auf eurem erbärmlichen Balkon kann dem treuen Heiland Danke sagen, weil er ihr schon lange vergeben hat. Ich sage Euch, wer eine Sünderin derartig an den Pranger stellen muss, lenkt doch nur von seinen eigenen Sünden ab. Nicht ich werde diese Frau freilassen und ihr die Vergebung zusprechen, sondern der soll sie vom Büßerturm entlassen, der sie darin sehen wollte.« Und er fügte hinzu: »Schämen muss sich einzig der, der die Frau gedemütigt sehen wollte.« Und zu der schamroten Frau, welcher der Aufstand unangenehm war, rief er hoch: »Du brauchst Gottes Vergebung nicht mehr. Er hat dir schon längst vergeben. Versuche du nun, den Menschen zu vergeben!«

Alles war still, die Menschen sahen betreten zu Boden. Dann begann der Gottesdienst endlich und alle atmeten auf. Aber Corvinus war noch nicht fertig. Kaum, dass er den Text aus der Schrift verlesen hatte, donnerte dieser friedliche Mann derart von der Kanzel, als ob er uns alle ordentlich den Kopf waschen müsste. Wie gut, dass wir Lieder mitgebracht hatten! So hatten wir wenigstens auch unsere Freude miteinander. Die Leute scharten sich um die wenigen Gesangbücher und ihr Gesang schallte in der großen Kirche und stieg mit dem Glockengeläut zum Himmel hinauf. Wie üblich wurden immer beim Ausgang alle Kirchgänger in ein Buch eingetragen und wenn jemand fehlte, wurde nach dem Grund gefragt. Es war überall dasselbe, in allen Kirchen und Klöstern wurde genau Buch geführt, wer zu welchen Gottesdiensten zugegen war. Und wehe, jemand fehlte, ohne krank zu sein.

Landgraf Philipp geht eine Doppelehe ein und Herzog Erich I. stirbt in Hagenau/Elsass (1538–1540)

Neue Gerüchte machten die Runde und diesmal betrafen sie das große Vorbild Elisabeths, den großmütigen, mächtigen Philipp von Hessen. Nun wurde auf einmal gemunkelt, er hätte eine adelige Geliebte und dieser hätte er bereits ein Schloss geschenkt und eingerichtet. Als ich das hörte, dachte ich zuerst, das sei ein Witz, der über Philipp von Hessen gemacht würde. Wir wussten ja alle, dass er Weiberröcken zugeneigt war, und während meine Herrin vier Kinder zur Welt brachte, hatte Philipps Frau Christine bereits sieben Kindern das Leben geschenkt.

Da Elisabeth ständig mit Philipp in Kontakt stand, schrieb sie ihm gleich und wollte eine Antwort darauf, was an der Geschichte wahr sei und was erfunden. Philipp schrieb, dass, egal, was die Leute reden würden, nun alles seine Richtigkeit hätte, da es sich nicht um eine Mätresse, sondern um seine Frau handelte. Mit dem Brief ging Elisabeth zu Corvinus. Sie legte Corvinus den Brief vor und sagte: »Was weißt du zu der Angelegenheit? Und komm mir nicht mit Schweigegeheimnis, das hat politische Bewandtnis!« Corvinus wurde rot und fing an zu stottern. Er lief hin und her, und die Augen meiner Herrin wurden zu schmalen Schlitzen: »Nun red schon, ich höre.« »Nun, wir alle wissen doch, dass der Landgraf gerne mit den Frauen scherzt. Er scherzt mit seiner Frau, mit Euch. Nun ist es jedoch so, dass jeder Mann gerne mit der Frau, die sein Herz und seinen Leib begehrt, eins sein will.« Meine Herrin schwieg nun. Ich konnte es nicht lassen in mich hineinzulachen: Also auch der gute Philipp. Ich hatte noch keinen Adeligen kennengelernt, der seiner Frau die Treue gehalten hatte. Keinen einzigen.

Corvinus fuhr fort: »Als Gott Philipp von Hessen schuf, hat er bei ihm etwas anders gemacht.« Er wischte sich den Schweiß von der Stirn. Wir waren mucksmäuschenstill. »Also, wo Gott einem Mann zu jeder Seite eine Samenkapsel in den Hoden legte, da legte er Philipp zwei rechts und eine links hinein. Das machte dem Landgrafen zu schaffen. Er suchte Melanchthon und Luther auf und sagte, dass er eine solch große Samenproduktion hätte, dass er deswegen oft nicht einmal das heilige Abendmahl nehmen könne. Und da er nicht in Sünde leben wollte, so würde er gerne seine Geliebte Margarethe von der Saale ehelichen. Sie wolle nicht länger nur seine Geliebte sein. Sie wolle ebenfalls geheiratet werden.« »Geheiratet!«, entfuhr es meiner Herrin. »Ja, geheiratet. Christine war sogar damit einverstanden, dass ihr Mann noch eine Ehe einging. Und so hat Philipp vor einiger Zeit noch einmal geheiratet.« »Geheiratet?«, fragte Elisabeth nach. »Ja«, sagte Corvinus. »Das ist ja ein Skandal«, antwortete Elisabeth entsetzt. »Darauf steht die Todesstrafe. Niemand wird Philipp mehr ernst nehmen! Wie konnte Luther so etwas dulden?« »Nun«, entschuldigte Corvinus seinen Glaubensvater: »Luther steht bei Philipp in der Schuld, er hat Luther manchen Gefallen getan. Und dann erzählte Philipp bei der Besprechung mit ihm ganz herzzerreißend die Geschichte von Jakob, der auch zwei Frauen hatte. Die erste, weil der Vater es so wollte, die zweite, weil er sie liebte.« Elisabeth konnte es nicht fassen. »So einfach erklärt sich Philipp die Gelüste seines Fleisches? Und auch du, Corvinus, lässt dich mit der alten Geschichte von Jakob einwickeln?« »Wie auch immer, es ist bereits geschehen. Im März haben sie mit dem Segen Luthers und Melanchthons heimlich geheiratet.« Elisabeth schwieg. Dann sagte sie zu mir: »Ich habe genug gehört, bring mich von hier fort.«

Schweigend gingen wir in ihre Gemächer. Sie wartete nur darauf, dass ich die Türen hinter uns geschlossen hatte, dann wetterte sie los. Was sie sagte, kann ich nicht wiedergeben. Ihre Wangen glühten, und sie fühlte den Betrug mit dem ganzen Leibe. »Er ist ein Verräter der guten Sache, des wahren Glaubens – ein läufiger Hund, der über Zäunen wildert …« So ging es eine ganze Weile. Dann beruhigte sie sich und befahl mir, Feder und Schreibzeug zu holen. Was sie im Folgenden schrieb, las ich in der Nische auf der Wendeltreppe, als ich den Brief zum Boten brachte. Ihre Worte an Philipp klangen sehr vernünftig, und niemand hätte vermutet, unter welch wütenden Beschimpfungen der Text zustande kam:

Mein verehrter Landgraf Philipp von Hessen,

wie Ihr wisst, bin ich eine gelehrige Schülerin Eures geistigen und politischen

Wandels. Ihr seid mir Schirm und Schild, aber wie kann ein Schirm decken und ein Schild wehren, wenn er voller Löcher ist und den Hauch des Todes anzieht?

Wart Ihr zuvörderst immer ein Vorbild und untadelig, so habt Ihr nun die gerechte Sache verraten und gebt unsere heilige Sache den Feinden anheim.

Ich bitte Euch herzinnigst, bittet den Kaiser und Rom um Vergebung und sagt ihnen, Ihr habt falsch gehandelt, damit nicht Ihr und unser heiliges Werk der Vernichtung anheimfällt. Gebt Euch nicht dem Spott Heinrichs preis, denn wenn er erfährt, dass ihr eine Doppelehe eingegangen seid, so wird er nicht müde werden Euch zu schmähen und suchen, Euch gar zu vernichten und die Lutherische Sache als Teufelswerk zu bezeichnen, unter dem die Menschen ihren Verstand verlieren. Ich bitte Euch: Kommt Heinrich zuvor. Entschuldigt Euch reumütig, zahlt Ablass. Tut alles, damit es nicht zum Ende der guten Lutherischen Botschaft wird und den Schmalkaldischen Bund schwächt. Wenn Ihr Euch dem Kaiser freiwillig zu Füßen werft, wird er Euch wohl eher verzeihen, als wenn er von andern die traurige Mär erfährt.

Eure ergebene Elisabeth von Calenberg, die Eures festen Charakters noch mehr bedarf als Eures großmütigen Schutzes

Das war eine Post, die ich dem Boten überreichte! Eine Nachricht, die Elisabeth eigentlich nicht einmal ihrem Gatten anvertrauen konnte. Aber sie musste es tun. Es blieb ihr nichts anderes übrig, denn sie konnte sich nun nicht mehr ganz auf Philipps Seite stellen. Der Schmalkaldische Bund hatte einen empfindlichen Schlag bekommen, denn einer seiner wichtigsten Bündnispartner hatte einen großen Skandal heraufbeschworen. Mir erschien auf einmal die Geschichte mit Heinrichs Eva von Trott fast manierlich, denn Heinrich hatte nicht alle geltenden Gesetze außer Kraft gesetzt, sondern aus Scham versucht, seine Taten zu verheimlichen. Ich gebe zu, ich lief an dem Tag noch unter einem Vorwand zur Schneiderin und erzählte ihr und Bertha alles, was ich wusste. Lange saßen wir zusammen und schüttelten die Köpfe.

1538 schlossen sich die Altgläubigen in Nürnberg zu einem Bund zusammen, mit Herzog Heinrich als einem der wichtigsten Mitglieder. Er drängte Herzog Erich I. auch beizutreten, um nicht die Unterstützung des Kaisers zu verlieren. Erich I. fand jedoch immer eine Ausrede, dem Bündnis nicht beizutreten oder es zu unterschreiben. Er sagte seinem Neffen, dass er nicht das Geld hätte, um seine Mitgliedschaft zu bezahlen. Was sollte er auch tun, da die Vormünder seines Sohnes nun in der Mehrzahl evangelisch waren? Und dann gab ihm Elisabeth einen Brief ihres Bruders Joachim II. von Brandenburg zu lesen:

Lasst Euch nicht von anderen unter Druck setzen. Ich empfehle Euch noch auszuharren und nichts zu entscheiden, denn der Kaiser ist des Nürnberger Bündnisses müde und ersuchte mich um eine reichsweite Einigung in der Religionsfrage. Falls Herzog Erich I. sein Beitreten nicht länger hinauszögern kann, so soll er doch ein Gesuch an den Kaiser richten, dass er ihm aufgrund seines hohen Alters den Beitrag erlassen solle.

Der Herzog war empört, weil sein eigenes Weib sich dauernd ungefragt in seine Angelegenheiten einmischte. Elisabeth wusste mehr als er selbst und sie korrespondierte ohne ihn zu fragen! Sein Gesicht rief rot an und wie so oft in letzter Zeit fing er vor Anstrengung an zu schnaufen. Elisabeth versicherte ihm: »Alles, was ich tue, dient doch nur Eurem Besten. Ich mache mir Sorgen um Euch, ich sehe doch, dass es Euch nicht gut geht. Allein wie oft Ihr nach Luft ringt und nach Eurem Herzen greift! Auf den Rat von Mithof hört Ihr nicht, so lasst Euch wenigstens von mir helfen.«

Aber Erich I. war zu zornig: »Es steht Euch nicht an, meine Amtsgeschäfte zu erledigen, nur weil ich nicht bei guter Gesundheit bin!« So ging es immer weiter. Durch die geschlossene Tür hörte ich beide so lautstark und lange streiten, dass meine Herrin wegen ihres Geschreis heiser wurde. Die restlichen Tage schwiegen sie. Elisabeth tat es danach leid, dass sie nicht milder gewesen war, und umwarb ihren Mann so gut sie konnte.

Als Erich I. abreiste, sprach er jedoch noch immer nicht mit meiner Herrin. Er ritt einfach vom Hof, und meine Herrin warf vor Enttäuschung und Wut einen Krug gegen die Wand. Ich fürchtete ihren Zorn und traute mich nicht, die Scherben zu beseitigen, sondern verhielt mich vollkommen ruhig, bis sie mich anwies, eine Magd zu holen. So trennten sich die beiden im Streit. Keiner ahnte, dass es das letzte Mal gewesen sein sollte, dass sie sich sprachen.

Erich I. reiste ab, um in Gent beim Kaiser persönlich vorzusprechen. Er musste wissen, ob sein Sohn und sein Land sicher waren, auch wenn er dem Bund beitrat. Kaiser Karl V. und König Ferdinand gaben ihm ein Schutzversprechen für seinen Sohn, sein Land und seine Leute, falls er selber nicht mehr am Leben wäre. Sie sagten jedoch auch ohne Umschweife, dass es an der Zeit sei, dem Nürnberger Bündnis beizutreten. Sie würden ihm auch, da er schon siebzig Jahre alt war, aufgrund seines Alters den Beitrag erlassen. Ob der Kaiser Erich I. ansah, dass er krank war? Hatte ihn sein Auftreten so milde gestimmt? Oder hatte auch hier meine Herrin mit der flinken Feder und ihrer unermüdlichen Korrespondenz ihre Finger im Spiel gehabt? Ich weiß es bis heute nicht.

Nach der Audienz reiste Erich I. nach Hagenau, um den Vertrag zu siegeln. Auf dem Weg nach Hagenau wollte er nicht länger seiner Frau zürnen und schrieb ihr:

Meine werte Gemahlin, Elisabeth zu Calenberg, treu sorgende Mutter,

ich kann Euch mitteilen, dass der Kaiser und der König unserem Sohne, seinem Land und allen Leuten ein Schutzversprechen gab, da sich unser Land zwischen allen Fronten behaupten muss. Das Versprechen lasse ich Euch alsbald zukommen. Ebenso wurde ich aller Zahlungen enthoben. Um nicht in Ungnade zu fallen, reise ich nach Hagenau, da mir der Nürnberger Vertrag zur Siegelung auferlegt wird. Fürchtet Euch nicht, ich werde lange verhandeln, wie es im Einzelnen zugehen soll, und möchte zuvor von allen die Siegelung der Sicherheit unseres Landes gegenüber. Wenn die Herren einen Friedensvertrag gesiegelt haben, werden sie es nicht wagen unser Land anzugreifen. Es drückt mich schwer, dass ich das Alter auf mir spüre und unser Sohn noch so jung ist. Ach, gebe es der allmächtige Gott, dass ich unseren lieben Sohn, Erich II., frei halten könnte von allen Bündnisversprechungen.

Zu der Zeit, als dieser letzte Brief des Herzogs eintraf, waren meine Herrin und ihr Sohn krank. Sie mussten sich den schlimmen Wurm bei einem fahrenden Händler geholt haben. Elisabeth war mit Erich II. in seiner Nähe gewesen, als er mit seinen Falken durch die Lande zog und seine Dienste anbot. Doch der Falkner erkrankte und konnte keine Speisen mehr bei sich behalten. Als er starb, war seine Haut so gelb wie die Füße der Vögel. Der Mann schloss die Augen und hinterließ unserem Schloss drei wunderbare Falken. Doch die Krankheit des Falkners hatte sich auch im Gedärm meiner Herrin und Erichs II. eingenistet.

Die nächste Nachricht überbrachte ein berittener Bote. Er trat vor Elisabeth, verbeugte sich tief und sprach Folgendes: »Der werte Herzog Erich I. ist in Hagenau gestorben, wo er dem Reichstag beigewohnt hatte. Er starb auf dem Rücken seines Pferdes, als sie sich in ihr Nachtquartier zurückzogen. Sein Knappe hat jedoch noch einen Priester rufen können, der ihn segnete.«

Erneut verbeugte er sich und trat zurück. Für einen Moment war es ganz still. Ich dachte, mir würde das Herz stehen bleiben. Dann antwortete ihm meine Herrin gütig: »Ruh dich aus, du bist weit geritten.« Als er das Zimmer verlassen hatte, stand sie auf und trat zum Fenster. Sie bewegte sich langsam, als ob sie sich jeden Schritt und jedes Wort genau überlegen musste. Dann setzte sie sich wieder, und die Tränen rannen ihr aus den Augen. Ich löste mich aus meiner Starre und brachte ihr ein weiches Tuch, damit sie sich schnäuzen könne. Aber sie nahm mich nicht wahr. »Meine armen, armen Kinder«, sagte sie leise immer wieder. »Ich bringe es nicht über mein Herz, es ihnen zu sagen.« Da kniete ich mich vor sie hin, nahm sie bei den Schultern und rüttelte sie. Dann sagte ich: »Nehmt das Tuch und wischt Euch die Tränen fort. Ich hole Corvinus, damit er Euch beisteht. Der wird wissen, was nun als Erstes zu tun ist. Wie kann man auch einer Gattin zuerst eine solche Nachricht überbringen!« »Halte ein«, sagte sie und räusperte sich. »Ich muss nun die Zügel in der Hand halten. Sag Mithof, Corvinus, Lorleberger und meinen geliebten Kindern Bescheid, dass sie sich im Saal einfinden. Dann werde ich zu ihnen kommen.«

Während meine Herrin ihr Gesicht wusch und sich fasste, rannen mir die Tränen über die Wangen und ich konnte mich nur langsam bewegen. Ich gab kein gutes Bild ab, als ich die Männer suchte und stotternd hervorbrachte, dass sie in den Saal kommen sollten. Danach ging ich zu dem Kindern. Wenn Bertha nicht in diesem Moment vorbeigekommen wäre, hätte ich wohl noch länger vor der Tür gestanden. Aber mit ihr zusammen trat ich ins Zimmer. Alle vier saßen gerade am Tisch und lachten fröhlich. Als sie mich sahen, verstummte ihr Gelächter. Sie sahen mir nur allzu gut an, dass etwas Schlimmes passiert war. »Du weinst ja«, sagte Elisa. »Ja«, sagte ich. »Es gibt Tage, da weinen Dienerinnen, Herzoginnen, Kinder und ein ganzes Schloss. Eure Mutter bittet Euch, gleich zu ihr zu kommen.« Bertha ahnte, was geschehen war, und sagte dasselbe wie meine Herrin: »Die armen, armen Kinder.« Dann trat sie an den Tisch, nahm jedes kurz in den Arm und sagte: »Elisa, Erich, Anna Maria und Katharina, ich weiß nicht, warum die liebe Kammermeisterin Eurer werten Mutter weint. Ich denke, Ihr müsst nun sehr stark sein.« Ich war so erleichtert, dass Bertha den Kindern so nahe war, denn meine Herrin tat sich schwer damit und wer sollte denn die Kleinen trösten?

Ich brachte die Kinder zum Saal und holte meine Herrin. Vor der Saaltür hielt sie einen Moment inne und schloss die Augen. Dann seufzte sie und stieß die Tür entschlossen auf. Bevor sie sich wieder schloss, konnte ich die ängstlichen Augen der Kinder sehen, die ihrer Mutter entgegensahen. Ich wartete und mein Herz war so schwer, als ob meine Herrin in Wehen läge. Eine tiefe Wehmut überkam mich und eine bohrende Angst machte sich breit. Da legte sich eine vertraute Hand auf meine Schulter. »Der Herr ist wohl für immer gegangen«, flüsterte Bertha. Ich nickte und wusste nichts zu sagen. »Ich habe es gespürt, als er fortritt, dass er nicht wiederkommt. Er spürte selbst den Tod in sich. Wir haben nun eine harte Zeit vor uns und die Herrschaften brauchen uns mehr denn je.« Ich nickte wieder und Bertha sagte: »Der Junge ist erst zwölf, das wird am schwersten werden ... Gebe Gott, dass die Herrin und Erich II. bald genesen. Dann wird unsere Herrin wieder stark sein.«

Einige Tage später ging ich in die Kapelle, um allein zu sein. Aber ich war nicht allein. Hier und dort saßen die Unglücklichen in den Bänken und beteten. Auch Erich II. war gekommen und kniete vor dem Altar. Lange saß er da, und ich selbst wollte nicht eher gehen, als bis auch er sich erhoben hatte. Da öffnete sich die Tür und ein junger Mann stürmte herein und warf sich laut klagend auf den Boden. Er stieß mit seinem Kopf dermaßen hart gegen den steinernen Boden, dass sich mit jedem Schlag eine größere Blutlache bildete. »Mein Herr, mein Herr«, jammerte er. Da stand Erich II. auf und ging zu dem Geplagten. Er hielt seinen Kopf fest und sagte: »Erkennst du mich?« Der Tobende wollte nicht innehalten zu klagen und gab keine Antwort. »Erkennst du mich?«, fragte Erich II. noch einmal. Nun sah ich selbst, dass es der Knappe des Herzogs war, der sich seinem Elend anheimgab. Der Knappe besann sich: »Ihr seid Erich II., meines Herren Sohn.« Und als ob es Erich II. nicht schon wüsste, rief der Knappe: »Mein Herr ist tot. Euer werter Vater starb in meinen Armen!« Da hob Erich II. den Knappen vollends vom Boden empor und sagte: »Willst du mich zu deinem Herren, dann schlag ein.« Der Knappe war verdutzt. Dann begriff er, was Erich II. meinte. Er ergriff seine Hand und kniete vor ihm nieder. Erich II. zog ihn ein weiteres Mal in die Höhe und dann umarmten sie sich und weinten gemeinsam. Ich hatte den Knappen nie gemocht. Aber von dem Augenblick an, als sich die beiden in den Armen lagen, wünschte ich, diese Freundschaft würde nie enden.

Ich verstand wenig von dem, was meine Herrin nun alles bewegte. Sie arbeitete unermüdlich, erteilte Aufträge und besprach sich mit ihren Ratgebern. Sie schickte einen Boten nach Braunschweig, um beim besten Bronzegießer eine Grabplatte für Erich I. in Auftrag zu geben. Tagelang legte sie sich abends nicht hin, sondern schlief an ihrem Schreibsekretär ein. Wenn ich sie zu Bett bringen wollte, fuhr sie mich an, dass die Dinge nicht im Schlaf zu klären wären. »Ihr werdet morgen mit neuen Kräften an die Arbeit gehen«, beharrte ich. Wie sollte sie denn bei Kräften bleiben, wenn sie aufhörte zu essen und zu schlafen? Dazu kam, dass sie immer noch an Durchfall litt. Aber sie sagte nur: »Lass mich allein und wenn du nicht schlafen kannst, so sticke wie all die andern.« Das war nicht gerecht. Es war nicht meine Aufgabe Kleider zu besticken, auch wenn alle anderen sich gerne mit Nadel und Faden zeigten und niemand untätig vorgefunden werden wollte. Meine Herrin hatte anordnen lassen, dass alle Hofkleider mit dem Schmalkaldischen Wahlspruch bestickt werden sollten.

»verbum Domini manet in aeternum«

Alle Mädchen und Frauen, die eine Nadel halten konnten und gelernt hatten zu handarbeiten, saßen über den Stoffen und übertrafen sich in Schnörkeln und Schönheit der Worte. Es erzürnte mich jedoch, mit welch großem Selbstmitleid die Stickerinnen ihre Tränen auf die Handarbeiten fallen ließen.

»Des Herrn Wort bleibt in Ewigkeit«,

stickten sie in die Gewänder. Aber wer sprach die Worte Gottes noch frohgemut aus?

Die Sorgen, die Elisabeth drückten, waren groß. Die Stadt Hagenau wollte den Leichnam des Herzogs erst freigeben, wenn die ausstehenden Schulden bezahlt wären. »Ich weiß nicht, woher ich das Geld nehmen soll«, klagte Elisabeth und auch die anderen wussten keinen Rat. Dazu kam die Angst vor den Plänen von Heinrich. Elisabeth ordnete an, dass er vorerst nichts vom Ableben seines Onkels erfahren durfte und das Testament erst eröffnet werden solle, wenn alle Vormünder der Kinder zusammen wären. Elisabeth und ihre Berater Lorleberger und Mithof wussten, dass Heinrich Erich II. sofort zu sich nehmen und ganz Calenberg von ihm regiert werden würde. Das Testament hatte dies jedoch ausdrücklich ausgeschlossen. Das Wittum, das Witwengut für Elisabeth war abgesichert. Die Mädchen sollten bis zu ihrer Verheiratung bei der Mutter bleiben. Jedes Mädchen sollte 16.000 Gulden Heiratsgut erhalten und bis dahin 500 rheinische Goldgulden jährlich. Zur Verwaltung des Gebietes sollte ein Regierungsausschuss gebildet werden. Ich dachte, das wäre eine gute Lösung, und verstand nicht, warum meine Herrin nicht schlafen wollte. Erst als ich einen Blick auf die aufgelisteten Namen warf, war mir klar, dass sich diese Herren nicht zusammen an einen Tisch setzen würden. Die Bürgermeister der Städte, der Abt zu Bursfelde, etliche Adelige, ein Erbmarschall, ein Probst. Vor ihnen sollte meine Herrin alles, was sie unternahm, rechtfertigen. Nicht eingeschlossen waren die Ritter, die ihre Rechte einforderten und sich nahmen, was sie wollten.

Es gelang ihr jedoch nicht, den Tod Erichs I. vor Heinrich zu verheimlichen. Bald darauf wurde ein Schreiben von ihm überbracht:

Meiner bedauernswerten Witwe Elisabeth von Calenberg,

wie mir der Neustädter Rat mitteilte, verstarb unser geliebter Herzog. Ich drücke mein herzinnigstes Beileid aus und werde ohne Verzug meiner Verantwortung gerecht werden. Ich werde Erich II. schützen und das Land verwalten. Ich werde die Räte anweisen, Euch auf Euerem Witwengut einzurichten und die Reformierung nicht länger voranzutreiben.

Elisabeth aß nichts und trank nur mit Mühe die Medizin, die ihr Mithof gegeben hatte. Nach drei Wochen konnte ich ihre Rippen zählen, wenn sie aus dem Bad kam und ich sie ankleidete. »So kann es nicht weitergehen«, sagte ich ganz offen zu ihr. »Ein Pferd, das einen Pflug zu ziehen hat, braucht gutes Futter und selbst die Hühner benötigen ihre Körner und die Ruhe bei Nacht, damit sie munter im Sand scharren und ihre Eier legen. – Wollt Ihr Euch denn zum Herzog ins Grab legen und Eure Kinder im Stich lassen?« Ich hatte die Worte wirklich nicht zu hart gesagt. Aber meine Herrin sah mich nur mit einem strafenden Blick an und antwortete nicht. Aber als ich am Abend mit ihr vom Badehaus zum Schloss zurückging, beugte sie sich vornüber und ihre Hände verkrampften sich vor ihrer Brust. Der kalte Schweiß war auf ihre Stirn getreten und danach fiel sie zu Boden und weinte bitterlich. Wir trugen sie zu Bett und dort lag sie wie ein Kind und wollte weder lesen noch mit irgendjemandem sprechen. Ich sah, wie sich nun auch die Haut meiner Herrin zu färben begann wie ein welkes Blatt und die Schmerzen in ihrem Leib ließen nicht nach.

Ich musste etwas tun. Ich bettete Elisabeth wie ein Säugling und rieb sie mit duftenden Ölen ein, damit neue Lebensgeister in sie steigen sollten. Dann holte ich das neue Testament und las ihr daraus vor. Ich wiederholte das Gelesene so oft, wie sie es wollte, denn sie hörte mir zu und war ganz ergriffen von den Worten. Corvinus kam eines Abends herein, hörte uns eine Weile zu und sagte zu Elisabeth, dass sie nun »ihr Kreuz auf sich nehmen müsse« und nicht den Mut verlieren dürfe. »Ihr habt gut reden«, sagte Elisabeth. »Ihr wisst nicht, dass bei der Abfassung des Testamentes auch Heinrich anwesend war und darauf gedrungen hatte, dass das Testament nur gültig sein sollte, wenn Erich I. sein gesamtes Land zum alten Glauben zurückführte.« »Und«, fragte Corvinus zurück »wurde dies im Testament erwähnt?« »Ich denke nicht«, sagte Elisabeth. »Heinrich kennt das gesiegelte Testament auch nicht, aber er weiß, dass das ganze Gebiet zum alten Glauben zurückgebracht werden sollte.« Und sie fügte besorgt hinzu: »Ich hatte dem Herzog zuvor eingebläut, dass er auf keinen Fall die Glaubensfrage ins Spiel bringen soll. Ebenso soll nicht Heinrich der alleinige Vormund sein.« Als Corvinus gegangen war, sagte sie zu mir: »Wir müssen verhindern, dass Heinrich zu früh das Testament sieht. Erst wenn die anderen Vormünder um uns stehen wie Mauern, wird er die Wahrheit erfahren. Ich möchte auch nicht, dass er das ganze Testament zu Gesicht bekommt. Es sollten ihm zwei Seiten reichen, und die werde ich ihm abschreiben und den Text gefällig formulieren.«

Noch lag das Testament versiegelt, und meine Herrin wurde mit jedem Tag kraftloser. Ich konnte kaum mit ansehen, wie sie bald darauf auch die Besuche an ihrem Bett verweigerte und sagte, sie sei zu keiner Korrespondenz mehr fähig. Ich hielt mich nicht an ihren Auftrag und sagte den Kindern eines Tages, sie sollten alle bei ihrer werten Mutter eine Aufwartung machen, damit sie wisse, was für prächtige Kinder sie ihr Eigen nannte. Ich bat die Mädchen, auch die Musikinstrumente mitzubringen, damit ihre Mutter wieder lächeln sollte. Da Erich II. gesund war, konnte auch er seine Mutter besuchen. So stand er unbeholfen vor dem Bett der Kranken und sagte: »Meine liebste Mutter, Ihr werdet doch nicht auch in den Himmel gehen und uns allein zurücklassen?« »Nein, nein«, sagte Elisabeth. »Vielleicht werde ich einfach nur geprüft, ob ich treu bin auch im Angesicht der Not. Mein Sohn, versprecht mir, dass Ihr den Willen Eurer Mutter tut, damit das Land gesegnet sei und ich wieder vom Bette aufstehen kann.« Erich II. versprach alles zu tun, damit seine Mutter wieder gesund werden würde. Elisabeth strich ihrem Sohn über die Haare und sagte: »Sechs Jahre, mein liebster Sohn, werde ich das Vermächtnis mit Euren Vormündern getreulich verwalten, und wenn Ihr die Regierung antretet, sollt Ihr ein wohlbestalltes Land vorfinden.« »Ich danke Euch, Frau Mutter«, sagte Erich II. und küsste ihre Hand. Was er nicht sagte, ich aber nur zu gut wusste: Am liebsten wäre er zu seinem Onkel Heinrich geritten und hätte Vater zu ihm gesagt und sich in seinen Armen ausgeweint. Des Vaters Knappen, den Erich II. in der Kapelle zu sich geholt hatte, war wohl der größte Trost über den Verlust des Vaters.

Später beobachtete ich Erich II. im Schlosshof und ich sah vom Fenster aus, was seine Mutter nicht sehen konnte: Er hatte die Falken in seine Obhut gebracht, zähmte und fütterte sie. Wie es sein sollte, band er ihnen die Kopfhaube um, wenn er sie aus dem Käfig holte, und legte sie an eine lange Leine. Wenn ein Falke auf seinem Arm saß, entfernte er die Haube ohne fremde Hilfe, indem er, wie er es gelernt hatte, ein Band der Kopfhaube zwischen die Zähne nahm und mit der anderen Hand die Schnürung löste und die Haube absetzte. Ich war erstaunt, mit welcher Ausdauer der Junge übte. Aber ich wollte später zu ihm gehen und ihn bitten, mit den Falken hinter dem Haus zu üben, damit es die Mutter nicht sehen könnte, falls sie aufstünde. Sie hätte ihm den Umgang mit den Vögeln vielleicht untersagt. Es hätte mir leidgetan, wenn der Junge auch diese Freude verloren hätte.

Eines Morgens ging ich über den Hof, als ich bemerkte, dass sich Lorleberger bei den Ställen zum Aufbruch fertig machte. Er schien eine längere Reise zu planen. Bertha stand bei ihm. Neugierig ging ich näher. Ich sah, wie Bertha ihr Gespräch beendete, sich umdrehte und in meine Richtung ging. Lorleberger stieg auf und ritt aus dem Tor. Als ich Bertha erreichte, fragte ich: »Was geht da vor? Wohin reitet Lorleberger?« Bertha schaute sich kurz um und antwortete: »Er wird nach Langehagen geschickt, um dort als Rentmeister zu arbeiten.« »Was sagst du da?«, sagte ich entsetzt, »aber er wird doch hier gebraucht!« Die Altfrau flüsterte: »Schweig. Nicht hier und nicht jetzt. Triff mich unter der großen Buche außerhalb Mündens am Abend, wenn die Glocken zur Nacht geläutet haben. Dann berichte ich dir alles.« Ich war froh, an diesem Abend der Krankenstube zu entrinnen und endlich wieder die Erde unter den Schuhen zu spüren. Die frische Luft erzählte, dass es ein guter Tag gewesen sein musste und sich die Natur auf die Ernte vorbereitete. Ich war lange vor Bertha am verabredeten Platz. Sie schien nicht viel Zeit zu haben und war kurz angebunden. »Versteh mich nicht falsch«, sagte sie. »Ich bin dankbar darüber, wie du unsere Herrin pflegst, und kann deinen Zorn verstehen. Aber du weißt nicht, dass Heinrich nun selbst ein Testament beim Kaiser eingereicht hat und das lautet so, dass er das gesamte Land verwalten soll und unsere Herrin zwar ihren Witwensitz behalten kann, aber ihr eine Stimme in der Religionsfrage nicht zusteht. Heinrich macht bereits mit Hannover Pläne, wie sie diese Regelung auch ohne die Zustimmung aller Vormünder erreichen. Er zieht die Untertanen unserer Herzogin bereits auf seine Seite. Lorleberger wurde nach Hannover abgeordnet, damit Heinrich dort nicht sein Unwesen treibt und unsere Einnahmen einbehält. Der Landgraf Philipp will sein Versprechen halten und unsere Herrin schützen. Und das bedeutet Krieg!« Ich sah sie entsetzt an. »Wie kann das sein?«, fragte ich. »Jetzt, da unser Herr gestorben ist, wird Heinrich um jedes Stück Besitz kämpfen wie ein Raubtier. Aber es sind viele Wölfe, die sich bereits auf den Weg gemacht haben.« »Was können wir nur tun?«, brachte ich stotternd hervor und spürte schon die Angst in mir. »Beten, mehr beten als tun. Und wenn du öfter in die Kapelle gingest, wüsstest du mehr.« Dann ging Bertha. Mir war die Freude über den Spaziergang gründlich vergangen. Beten sollte ich. Beten und in die Kapelle gehen. Sollte ich bald wie eine Gefangene mit meiner Herrin in Münden eingeschlossen sein und sollten uns Corvinus und die Kinder genommen werden? Während ich zurückging, erfasste mich eine große Wut. So hatte ich mir meinen Dienst nicht vorgestellt. Ich ging geradewegs in die Kapelle und haute mit den Fäusten auf den Altar.

Hatte meine Herrin auch ihren Gemahl verloren, so gewann sie zugleich mehrere Ratgeber. Sie hatte alle befreundete Fürsten und Reformatoren gebeten, ihr zu helfen und für sie gute Juristen nach Münden zu entsenden. Sie erhielt die Unterstützung. Einer Idee der Ratsherren war es zu verdanken, dass wir den verstorbenen Herzog in Hagenau einlösen konnten. Sie führten eine Sondersteuer ein: Jeder Kirchgänger sollte 16 Pfennige zahlen. Ich gab mein ganzes Erspartes Corvinus und sagte ihm, das solle er meinen sechzehn Pfennigen hinzufügen, damit die Zeit der Schande abgekürzt werde. Denn es war doch eine Schande, den eigenen Herrn nicht ins Haus zu holen! Da war ich mir mit Bertha einig. Wir wollten erst wieder zufrieden sein, wenn die Gebeine unseres Herzogs da waren, wo sie hingehörten. Schließlich hatten Erich I. und meine Herrin schon vor zehn Jahren ein wunderschönes Epitaph in Auftrag gegeben. Dieses zierte schon den Innenraum der Kirche und wartete auf seine Gebeine. Es zeigte Erich I. mit seiner ersten Frau und Elisabeth, und im Hintergrund war die Kreuzigungsgeschichte zu sehen. Ich wollte erst zufrieden sein, wenn der Herzog dort ruhte. Es wäre doch sonst so, als ob er nur auf Reisen sei!

Mit jedem Tag kamen mehr Briefe. Ein Brief vom Kaiser, sie möge die Reformierung zurücknehmen. Briefe von Heinrich, er bestehe darauf, das Testament zu sehen. Elisabeth war immer noch sehr schwach, aber so wütend über ihre eigene Schwachheit, dass sie sich zwang wieder aufzustehen und bei Tisch zu sitzen. Mit ihrem Ehrgeiz vertrieb sie die bösen Geister, die in ihren Körper gefahren waren. Mithof befahl meiner Herrin dreimal täglich eine grüne Suppe mit neunerlei Kräutern zu sich zu nehmen. Während mir beim Geruch der Suppe übel wurde, sorgte sie bei Elisabeth für rote Wangen.

Und dann wurde das Testament eröffnet. Da Elisabeth noch nicht kräftig genug war, geschah es ohne sie. Heinrich wurde nicht informiert und Elisabeths Bruder schickte nur einen Vertreter, da er es ungehörig fand, Heinrich das Recht abzusprechen, der einzige Vormund Erichs II. zu sein. Er schrieb Elisabeth, dass dies schließlich der normale Gang sei und Heinrich der einzige männliche Agnat. Elisabeth solle sich daran halten. Auch sei sie verpflichtet, die Reformation zurückzunehmen, wenngleich sein eigenes Herz inzwischen der Reformation gehörte. Er riet ihr ab, die von Corvinus erlassene neue Kirchenordnung weder zu drucken oder zu versenden. Und wie sie es überhaupt gewagt hatte, Heinrich nichts vom Testament zu erzählen?

Doch Elisabeth kämpfte darum, sich die Geschäfte von Heinrich nicht so einfach aus der Hand nehmen zu lassen. Sie reiste auf die Erichsburg, um sich zu beraten, schrieb dort Teile des Testamentes ab und übersandte es Heinrich. Dabei, so wurde gesagt, fehlten einige Seiten und sie blieb dem Original nicht ganz treu.

Noch während wir auf der Erichsburg weilten, erreichte uns ein Brief Lorlebergers aus Langenhagen. Während wir ihn lasen, standen uns die Haare zu Berge:

Meine hochverehrte Herzogin, gnädige Elisabeth zu Calenberg!

Ich muss Euch von einem bösen Spiel berichten, das uns widerfahren ist und das ein großes Unglück über uns hätte bringen können, sich nun aber doch zum Guten gewandt hat. Doch lasst mich von Anfang an berichten:

Der große böse Feind, Junker Christoffer, umstellte bei Nacht und Nebel mit dreihundert Pferden die Vogtei. Sie wollten mich gefangen nehmen und Lösegeld erpressen. Indes, als ich sah, dass sie den Eingang verstellt hatten, versuchte ich aus der Hintertür und durch die Gartenpforte zu entkommen. Doch die üblen Kerle griffen mich, verbanden mir die Augen und setzen mich zu einem anderen auf sein Pferd und jagten davon.

Die Barbaren verwüsteten die Kanzlei und zerbrachen alles, was zerbrechlich war. Das einzige Glück ist, dass sie nicht die Räume anzündeten und so die Papiere vernichteten. Nach der üblen Tat sprengten sie davon. Sie rechneten nicht mit dem Mut des Vogtes, der die Sturmglocke läutete, und mit der Kraft der Bauern, die, so belehrte mich ihre Tat, mit unserer Kanzlei und der menschenfreundlichen Politik wohl so zufrieden waren, dass sie sofort alles sattelten, was zu satteln war, und sich bewaffneten. Sie sprengten der wilden Horde nach. Da sich die Halunken trennten und in mehreren Gruppen fortritten, nahmen sie die Verfolgung der Gruppe auf, die gen Gifhorn flüchtete. Sie schlugen diese im Kampf und nahmen alle Adeligen gefangen.

Damit die Adeligen wieder freikamen, musste Junker Christoffer sie mit 11.000 Talern einlösen und mich noch obendrauf geben.

So wahr Gott mein Beschützer war, kam ich frei und hatte die Taschen bei meiner Heimkehr noch voller Geld.

Wie waren wir stolz auf unseren Lorleberger! Auch wenn die Tat davon zeugte, wie instabil die Lage war, so hatte Lorleberger in Langenhagen die Herzen der Bevölkerung für sich gewonnen. Wie gerne wäre ich nach Langenhagen gereist, aber meiner Herrin und Erich II. wurden spontane Reisen streng untersagt. Wenn Elisabeth etwas geschehen würde, wäre Erichs II. Zukunft gefährdet gewesen. Würde Erich II. ums Leben kommen, würde sofort ganz Calenberg Heinrich zugeschlagen werden, da das Erbe an einen männlichen Nachfahren geknüpft war. Erich II. verstand nicht, warum er nicht einfach zu Onkel Heinrich konnte. Er hatte doch die Jahre zuvor zusammen mit dessen Sohn Julius in Münden das Schreiben und Lesen gelernt und sie hatten sich Freundschaft geschworen.

»Ich muss zu Julius«, beharrte er steif und fest, als wir die Nachricht erhielten, dass Heinrichs Frau gestorben war. »Er braucht mich nun, weil seine Mutter tot ist«, bettelte er meine Herrin an. Elisabeth sagte zu ihm: »Ihr seid tapfer und gut. Denn ein wahrer Freund steht dem andern bei, wenn er gebraucht wird. Aber seht doch selbst, Julius hat doch noch zwei ältere Brüder, die werden ihn schon trösten.« »Nein, die trösten ihn nicht«, behauptete er. »Julius hat mir erzählt, dass sie immer nur über ihn lachen, weil er sein Bein mit sich schleppte wie eine geschlachtete Ente. Ja, sie sagen immer, sein Bein wäre ein totes Tier.« Elisabeth erwiderte: »Das sagten sie doch, als sie Kinder waren. Der Vater würde so etwas gewiss nicht dulden. – Aber Erich, mein liebes Kind, mir kommt eine Idee: Julius hat doch eine ältere Schwester, die meinen Bruder geheiratet hat, denen schreiben wir einen Brief, damit sie auf Julius gut achtgeben.«

Sie machte eine Pause und sagte dann: »Und nun, mein Liebster, holt mir doch Euren Knappen, der Eurem Vater so treu diente. Bringt ihn zu mir. Er soll Euch erklären, warum Ihr nun nicht mehr nach Braunschweig oder Wolfenbüttel dürft. Würdet Ihr das machen?« Erich II. tat es nur zu gerne.

Der Knappe trat vor Elisabeth und verneigte sich. Sie nickte ihm zu und sagte: »Ich halte dich dazu an, das Leben Erichs II. zu schützen. Sei von nun an Tag und Nacht um ihn. Ist dir bekannt, dass die Erbfolge nur bei einem männlichen Nachkommen stattfindet?« Als der Knappe das bejahte, fragte ihn Elisabeth: »Weißt du, was deshalb unsere Situation für Erich II. bedeutet?« Da antwortete der Knappe geradeheraus: »Dass andere seinen Tod wünschen. Heinrich von Braunschweig würde von seinem Tod profitieren.« Erich II. sah von einem zum anderen. Zum ersten Mal seit ich meiner Herrin diente, sah ich eine abgrundtiefe Trauer in ihren Augen. Sie stand auf, ging zu ihrem Sohn und legte den Arm um ihn. Dann sprach sie zum Knappen: »Dieser Sohn ist der rechtmäßige Erbe und Nachkomme Erichs I., meines lieben Mannes. Du kannst ermessen, dass wir ihn auf seine Aufgaben vorbereiten und tun, was immer in unseren Kräften steht. Und doch ist es so, dass sein eigen Fleisch und Blut danach trachtet, sich sein Gebiet einzuverleiben. Ich glaube nicht an die vorgetäuschte Freundschaft Heinrichs, denn er hintergeht uns, wo auch immer er kann. Ich bitte dich, schütze du mein Kind, dass es sicher lebt im eigenen Land und wohin immer es geht. Und Gott sende Euch dazu seine Engel.« War Heinrich wirklich so schlimm? Täuschte sich meine Herrin in ihm oder handelte sie weise? Niemand konnte es wissen.

Ich freute mich für Erich II., dass er den ehemaligen Knappen seines Vaters an seiner Seite hatte. Ich freute mich, denn einen Knappen sein Eigen zu nennen, bedeutete, einen Freund an der Seite zu haben. Bei der Begräbnisfeier schritt Erich II. nicht allein neben seinen Schwestern und seiner Mutter. Gleich einem Herold stand in glänzendem Putz sein Knappe neben ihm und gab auf ihn acht. Was war er denn anderes als eine Kammerdienerin! Der Knappe sorgte sich um den jungen Erben. Dies mit anzusehen, war mein größter Trost bei all der Trauer um den Herzog.

An dem Tag nahm ich mir ein Herz und trat zu dem Knappen. »Verzeih mir, wenn ich dich anspreche«, sagte ich. »Wenn ein Knappe von einem Hoffräulein angesprochen wird, so ist es eine Ehre.« »Ich wollte dir keine Ehre erweisen. Ich wollte mich entschuldigen und meinen Dank ausdrücken.« »Das verstehe ich nicht.« »Nun, es ist schon viele Jahre her. Du warst sehr jung. Erich II. war noch nicht einmal geboren, als du völlig betrunken beim ebenfalls betrunkenen Herzog Dienst hattest.« »Ihr meint den Tag, als ich am Morgen dafür geschlagen wurde, weil Ihr mich angezeigt hattet?« »Ihr wusstet, dass ich es war?« »Wer eins und eins zusammenzählen ...« Ich sagte tapfer: »Ja, ich habe dich in blanker Angst angezeigt. Heute wünschte ich mir, ich hätte den Mut gehabt, gleich zu dir zu kommen Ich wollte mich für das entschuldigen, was damals war.« »Das ist alles?« Ich nickte. Der Knappe sah mich an. Spöttisch, prüfend. Dann nickte er. »Ist schon gut«, sagte er.

Danach ging ich in die Kapelle. Die Sonne fiel durch die kleinen Kapellenfenster, als ob Ostern wäre, und ich spürte, wie alle, die eine Seele in sich trugen, verbunden waren mit dem Himmel und Gottes großer, unendlicher Liebe. In der Nacht schliefen meine Herrin und ich geborgen und frei. Als ich am Morgen die Fenster öffnete, hatte eine neue Zeit begonnen.

Elisabeth muss es so ähnlich gegangen sein. Sie trat zu mir ans Fenster und sagte: »Nun, da der Herzog nach Hause gekommen ist, sollen alle an der Güte Gottes teilhaben. Wir werden eine Speisung für Arme einrichten. Jeden Tag soll, wer auch immer will, durch unsere Güte satt werden.« »Meint Ihr nicht, wir holen damit das Gesindel in die Stadt?« »Wer einem meiner Geringsten etwas tut, der hat es mir getan«, sagte sie. Sie hatte recht. Das Einzige, woran es sich zu halten lohnte, waren die Worte aus der Bibel.

Elisabeth kämpft um die Vormundschaft und regiert entschlossen (1540–1542)

Während Heinrich versuchte, Kaiser und König für sich zu gewinnen, hatte Elisabeth die besten Berater aus Brandenburg und Hessen bekommen. Gemeinsam mit den treuen einheimischen Räten führte sie ihre eingeschlagene Politik weiter. Wer nicht mitziehen wollte, sondern sich auf die Seite Heinrichs stellen wollte, wurde entlassen. Elisabeth ordnete an, im ganzen Land lutherische Predigten in Deutsch abzuhalten und Kirchenlieder zu singen. Sie wollte das Land entschulden. Zwei Kanzleien sollten dazu als vorbildliche gerechte Anlaufstellen dienen. Keiner sollte mehr Unrecht erleiden. Die Juristen sollten auch für die Rechte der normalen Bürger zuständig sein. Um die Finanzwirtschaft zu modernisieren, fragte sie Preußen um Rat.

Meine Herrin ging wieder aufrecht. Wo immer sie auftrat, verneigten sich die Menschen vor ihr und jeder spürte, dass sie nun die Regierung übernommen hatte. Ich wünschte, dass ihr alle Pläne gelingen sollten. So ordnete ich jedes Mal voller Stolz ihre Ärmel und Röcke, wenn sie sich erhob und setzte.

Wann immer ich konnte, saß ich in dieser Zeit mit Bertha zusammen. Sie wusste so viel und ich hatte erfahren, dass sie mir helfen konnte, meine Gedanken zu ordnen. Sie wartete geradezu auf Fragen und war glücklich, wenn sie mit mir sprach. Ihr gegenüber konnte ich meine schlimmsten Sorgen äußern. »Könnte es sein, dass Heinrich einfach mit seinem Heer nach Münden reitet und die Stadt bezwingt?«, fragte ich sie eines Tages ganz offen. Sie sah mich an und lachte: »Auch ehrgeizige Männer brauchen Macht und Mittel, um Städte einzunehmen. Heinrich würde dies nie wagen, zumal er ja noch auf legalem Wege Mittel sucht, um Calenberg regieren zu können. Nein, mein Kind. Heinrich plagen doch gerade ganz andere Sorgen.« »Welche denn?« »Zum einen hat er seine Frau geliebt und die ist nun tot.« »Ich denke, er hat sie nicht geliebt. Er hat doch seine Eva ...« »Bedenke nur, seine liebe Frau hat ihm fast ein Dutzend Kinder geboren. Und viele davon wurden gezeugt, nachdem er das Liebesverhältnis mit Eva begonnen hatte. Das spricht von ihrer Liebe. Außerdem weiß ich, dass es Liebesbriefe gibt, die sich Heinrich und seine Frau geschrieben haben.« »Liebesbriefe?« »Du hast schon recht gehört. Sie fühlten sich zueinander hingezogen.«

Aber ich hatte einen Einwand, hatte mir doch Elisabeth oft Folgendes erzählt: »Ich weiß nicht, vielleicht hat er sie nur ausgenutzt? All die Jahre lebte Heinrich doch vom Geld seiner Frau. Im Grunde genommen investierte sie ihr gesamtes Gut in seine Anliegen.« »Sei nicht so vorschnell mit deiner Zunge«, warnte mich Bertha. »Wir verstehen nur sehr wenig von dem, was in anderen Menschen vorgeht. Jedenfalls wird Heinrich auf dem Reichstag in Regensburg nichts zu lachen haben.« »Warum denn?« »Die Lutheraner wollen Heinrichs schändlichen Umgang mit Eva von Trott dort ausbreiten und damit den alten Glauben mit seiner Zwielichtigkeit an den Pranger stellen.« Ich gab kleinlaut zu bedenken, dass die Doppelhochzeit Philipps auch kein großartiges Gegenstück bildete. Bertha nickte, meinte aber eindringlich: »Das muss noch unter uns bleiben! Das ist noch nicht überall bekannt. – Außerdem sind auf dem Reichsparteitag auch die Eltern von Eva von Trott, sie haben Heinrich verklagt und verlangen die Herausgabe ihrer Tochter. Die Eltern sind vor Gram ganz elend, weil sie weder ihre geliebte Tochter noch deren Kinder sehen dürfen.« »Aber warum heiratet denn Heinrich nicht gleich seine Geliebte? Das wäre doch am besten.« »Eva von Trott zu heiraten ist unter seinem Stand. Das kann er nicht machen. Vorsichtshalber ließ er Eva nun wohl von der Stauffenburg auf seine stark befestigte Burg ›Liebenburg‹ bei Schladen bringen. Ich hörte es so munkeln. Genaues weiß ich aber nicht.«

Meine Herrin war endlich wieder gesund und stark. Und das musste sie auch sein, denn die Nachrichten wurden immer schlechter. Das Blatt wendete sich gegen sie. Die Schuldner Erichs I. verlangten ihr Geld. Die entlassenen Ritter drohten, sich zusammenzufinden, um ihren ausstehenden Sold durch Plünderung in Calenberg einzutreiben. Und dann verkündete Heinrich, dass der Kaiser ihm gewährt hätte, über Calenberg und Erich II. als erster Vormund zu entscheiden. So schrieb er an Elisabeth. Nun sei es amtlich, und sie solle unverzüglich die Regierung an ihn übergeben. Er schlug Elisabeth mehrere Treffen vor, die sie aber alle ausschlug. Sie hätte dabei nichts gewinnen können. Außerdem hatte sie keinen kaiserlichen Brief gesehen. Ganz Münden war in Aufregung. Uns war, als ob der Herzog ein weiteres Mal gestorben wäre und wir schutzlos in den Mauern wohnten.

Es wurde Weihnachten und ich musste an die Not von Maria und Josef denken. Ihnen war es noch viel schlechter ergangen, sie mussten mit ihrem Kind fliehen, weil andere nach seinem Leben trachteten. Ich erzählte Elisabeth von diesem Gedanken und fügte hinzu: »Maria hatte wenigstens noch Josef.« »Ja, einen Josef zu haben ist gut. Ich muss mich nun damit abfinden, dass eine Witwe nicht viel gilt. Selbst, wenn ich mich besser um die Finanzen kümmere als mein seliger Gemahl, das zählt alles nichts.« Wenige Tage später verriet sie mir, auf welche Idee ich sie gebracht hatte. »Ich will nicht zu sehr mich selbst beweinen, denn ich bin nicht die einzige Witwe. In den biblischen Geschichten habe ich immer viel Trost gefunden und das will ich anderen weitergeben. Ich will eine Sammlung anlegen mit den Worten Christi, die er über die Witwen spricht. Ich möchte ein Trostbuch zusammenstellen, das Witwen in ihrer Einsamkeit trösten kann und ein Bollwerk gegen die Angst sein soll. Corvinus soll mich dabei unterstützen, denn er kennt die Bibel in- und auswendig und weiß immer, wo etwas steht.«

Wenn meine Herrin etwas sagte, hatte sie es immer schon halb getan. Fortan lagen in ihren Schubladen zwei weitere Stapel Papier. In dem einen sammelten sich Notizen, um Witwen zu trösten, im anderen schrieb sie gute Regeln auf, an die sich eine Frau halten könnte, wenn sie heiratete. Schließlich war ihre Tochter Elisa kein Kind mehr. In ihrem Alter war meine Herrin bereits Herzogin gewesen.

Da sich Elisabeth weder dem Nürnberger Bündnis anschließen wollte noch dem Schmalkaldischen Bund beitreten konnte, versuchte sie ihre

Macht Heinrich gegenüber anders zu demonstrieren. Sie rief die Landesstände zusammen. Am 23. Januar sollten sich alle in Pattensen treffen und die Herzogin wollte mit den Vertretern die Lage erörtern und um ihr Vertrauen werben. Die Stände sollten danach einen Monat Zeit haben, um sich zu beraten und in Verhandlungen mit der Herzogin zu treten. Das Ziel war ein einträchtiger Weg zu einer Regentschaft. Das Vorhaben Elisabeths entging Heinrich nicht und so forderte er die Räte auf, für seine eigene Sache einzustehen und seine Anliegen zu vertreten. Wer wollte schon von einem Weiberrock regiert werden? Und er versprach ihnen, was immer er konnte. Doch sein falsches Werben kam Elisabeth zu Ohren und sie bemerkte, dass die Räte verunsichert waren. So berief Heinrich einen eigenen Landtag in Seesen ein, um die Oberhand zu behalten. So hatte er es gedacht. Meine Herrin reagierte jedoch sofort. Sie verbot allen Landesständen sich mit Heinrich zu treffen und erinnerte sie an den Willen Erichs I. und der Verpflichtung ihm gegenüber. Was sie jedoch nur zu gut wusste: Die Adeligen und Räte wollten sich zum großen Teil am liebsten von allen Regenten trennen. Sie wollten selbständig ihre Ländereien verwalten und keine Steuern zahlen. Heinrich versprach ihnen ihre Unabhängigkeit mit solch schönen Worten, dass sie unschlüssig wurden und sich meiner Herrin entzogen.

Meine Herrin wollte sich das jedoch nicht anmerken lassen und schrieb an Heinrich:

Ich bin keineswegs so verlassen, wie Ihr denkt, und Ihr tut gut daran Euch in Acht zu nehmen und Euch nicht in unser Land einzumischen und Unfrieden zu verbreiten. Bringt Euer eigenes Dasein in Ordnung und gewahrt in Anstand die gottgegebenen Grenzen.

Elisabeths Bruder und Philipp warnten Heinrich davor, sich Calenbergs zu bemächtigen. Meine Herrin befürchtete jedoch das Schlimmste, und so beschloss sie, die Räte, die Philipp und Joachim aus Hessen und Brandenburg entsandt hatten, bei uns in Münden zu behalten, bis sich ruhigere Zeiten einstellen sollten. Die Herren korrespondierten unentwegt mit Elisabeth und drückten ihren Willen aus, Heinrich mit ihrer

Anwesenheit in seine Grenzen zu weisen. Heinrich hielt indessen das Schreiben des Kaisers in der Hand, wonach er die Regierung übernehmen sollte. Als seine Abgesandten das Schreiben meiner Herrin überbrachten, ließ sie diese Boten kurzerhand gefangen setzen und gab den Wortlaut nicht weiter. Dann erfuhr sie, dass Heinrich bereits aufgerüstet hatte und das Schreiben überall austeilte.

Meine Herrin erhoffte sich Hilfe vom nächsten Landtag, der in Pattensen stattfand. Mich machte dieses Treffen sehr nervös, denn ich sollte Elisabeth in ihren besten Putz kleiden. Ich verstand mich auf die feine Kleidung meiner Herrin und auf ihre Jagdgarderobe, aber der rote Samt war etwas anderes. Also bürstete ich ihn, bis er purpurn glitzerte, und legte meiner Herrin noch gut ein Dutzend Ketten um den Hals. Die Amtskette legte ich noch über alle anderen. So geschmückt saß sie wie ein Kardinal zwischen den Räten und führte selbstsicher die Verhandlungen. Ich stand wie immer hinter ihrem Stuhl und ließ mir nichts entgehen, auch wenn ich vieles nicht verstand.

Es ging um Zahlen und Schulden. Ich beobachtete, wie Elisabeth die meisten Zugeständnisse den Rittern gegenüber machte. Wie stolz diese auf sie herabschauten! Wussten sie doch nur zu gut, dass meine Herrin ohne die Gunst der Ritter vollkommen wehrlos war, denn Elisabeth wollte nicht nur auf Philipp und ihren Bruder vertrauen. Sie brauchte ein Land, das sich wenigstens selber schützen konnte und fest zusammenhielt.

Stets zeigte sie sich stark und überlegen. Was niemand wusste: Des Nachts weinte sie sich in den Schlaf und ich lag hilflos neben ihr. So wie damals, als sie ihren Mann und ihre Kinder vermisste. So sehr schmerzten sie die Zugeständnisse, die sie machen musste, damit das Land einmal ihrem Sohn gehören konnte. Sie versprach, keine Steuern zu erhöhen, und gestand den Adeligen mehr Mitspracherecht und Selbstständigkeit zu. Das alles war mehr, als sich meine Herrin leisten konnte.

Und dann kam auch noch ein Brief vom Kaiser, der ihre finanzielle Unterstützung im Türkenkrieg dringend erwartete. Ohne Aufschub sei die in Speyer beschlossene Türkenhilfe zu entrichten, schrieb er. Dieser Weisung konnte sich Elisabeth nicht entziehen, und so sagte ihr Philipp zu, dass er mit den Landräten verhandeln würde. Er wollte sie davon überzeugen, die Kosten zu übernehmen. Aber zu der angesetzten Verhandlung erschien keiner der eingeladenen Räte!

Ihr Bruder warnte Elisabeth davor, den Kaiser erneut um Hilfe anzuflehen, und riet ihr, unverzüglich zu zahlen. Doch sie setzte sich hin und griff zur Feder:

An meinen hochverehrten, geliebten Kaiser, der aus Gottes Gnaden der Witwen Schutz und Waisen Hüter ist.

Entschuldigt mir untertänigst, dass ich am 14. Mai nicht die Zahlungen leisten konnte. Als Vormünderin meines Sohnes wurde ich weder zum Reichstag geladen noch kam mir ein Schreiben des Rechtsbescheides zu. Die Ausschreibung kam mir am 17. Mai durch Albrecht von Mainz zu Händen. Wegen hoher Belastungen des Kammergutes mit Schulden und wegen erst kürzlich übernommener Tilgungspflicht kann ich meinem armen Land keine weitere Bürde hinzufügen. Da eine Steuer die andere hindert, kann ich weder Ritter noch Fußvolk stellen. Mir ist es derzeit nur möglich, den Sold auf drei Monate zu erstatten.

Ich bitte Euch gnädigst, Euch an das Trostschreiben vom 17. März zu erinnern und den Heimsuchungen Herzog Heinrichs ein Ende zu setzen, denn Heinrich entzweit das Volk und rüstet gegen mich.

Ich schreibe Euch untertänigst als arme, nachgelassene Witwe, die um Gnade für den rechtmäßigen Erben und dessen Schutz fleht. Ich bitte Euch: Erinnert Euch an das Versprechen, das Ihr meinem Gatten gegeben hab.

Was war es für eine Zeit, als meine Herrin um ihr Land und die evangelische Sache kämpfte! Die Situation spitzte sich unerträglich zu. Heinrich streute die Erklärung seiner Vormundschaft im ganzen Reich. Meine Herrin hielt das gezeichnete Testament Erichs I. entgegen und rief schließlich das Reichskammergericht an, wohl wissend, dass sie eine Entscheidung durch die Kammer verzögern musste. Da sie auf der lutherischen Seite war, hatte sie automatisch Kaiser, Papst und König gegen sich und musste zu Recht befürchten, das Gericht würde allein aus Glaubensgründen ihr Land in die Hände Heinrichs legen.

Sie rang um die Unterstützung ihres Bruders und Mitvormundes Kurfürst Joachim II. von Brandenburg. Er hatte ihr zwar Speckwage geschickt und hielt zu ihr, hatte sie aber immer gemahnt, Zurückhaltung zu üben. In ihrer Verzweiflung und um ihren Bruder milde zu stimmen, kaufte sie trotz ihrer angespannten finanziellen Lage einen kostbaren Hengst und ließ ihn Joachim II. überbringen. Dabei war ein Brief, er möge doch all seine Kräfte aufbieten, um seiner armen Schwester und dem Wort Gottes aufzuhelfen.

Der Hengst und ihre Bitten liefen nicht ins Leere. Joachim II. und Philipp verfassten gemeinsam einen Brief an den König und erinnerten ihn daran, dass gegen die Türken Lutheraner wie Altgläubige zusammenhalten müssten. Da eine Hand die andere wüsche, so könne der König auf des Kurfürsten Joachims II. Anführerheer gegen die Türken bauen, wenn er sich gegen Heinrichs Ansinnen auf Calenberg stellen würde. Der König konnte auf das Heer Joachims II. von Brandenburg nicht verzichten, denn seine Kämpfer hatten die beste Ausrüstung und die schnellsten Kampfrösser im Land.

Ich glaube, es war Philipp von Hessen, der den Kurfürsten zu diesem Schreiben bewog. Der Hengst und die Bitten meiner Herrin mögen den stolzen Regenten allein nicht milde gestimmt haben. Aber die Männer, die gemeinsam in die vermeintliche Einhornhöhle gestoßen worden waren, hielten zusammen und halfen damit Elisabeth.

Frühling und Sommer vergingen in bangem Warten, wie sich König Ferdinand aussprechen würde. Meine Herrin lenkte sich mit Bibellesen und Krankenbesuchen von ihren Sorgen ab. Elisa bekam endlich die Aufmerksamkeit, die sie schon immer gebraucht hatte. Ihre Mutter sagte ihr: »Es wird bald Zeit, dass Ihr einem Mann angetraut werdet. Ich will Euch nun auch selbst unterrichten und die Schneiderin soll meiner lieben Tochter nun einige wohlgefälligere Kleider nähen, damit jeder Eure Schönheit rühmt.«

Und dann kam endlich, endlich der Bote mit einem Schreiben König Ferdinands vom 7. Juni 1542:

Es ist ein ungeheures Versehen, dass die Vormünder Eures werten Sohnes nicht zum Reichstag geladen wurden. Die Bedrohung, die Herzog Heinrich für Euch darstellt, wird seine königliche Majestät nicht länger dulden und wirksame Schritte gegen ihn einleiten. Was die Türkenfrage betrifft, so werde ich mit Eurem werten Bruder, dem obersten Feldherrn, verhandeln.

Elisabeth las diese Zeilen voller Erstaunen. Dann riss sie die Arme hoch und tanzte, ja, sie tanzte mit dem Schreiben in der Hand durch den Raum und sang Lieder, bis sie sich wieder gefasst hatte und alle Berater zu sich rief. Es war so schön, meine Herrin glücklich zu sehen.

Es waren wunderschöne Sommertage. An den Nachmittagen wurden Tee und Kuchen im Freien gereicht, und wir wünschten uns Frieden, der für immer anhalten sollte. Doch ich hatte nicht viel Zeit für Vergnügungen. Wenige Tage später war der Calenbergische Landtag in Hannover. Ich ordnete die Kleider Elisabeths und da ich die Liederlichkeit der Dienerschaft Hannovers kannte, ließ ich mir noch von den Badefrauen das Nötigste einpacken.

Als ich meine Herrin fragte, ob nicht noch eine erfahrene Badefrau mitreisen sollte, sah sie mich entrüstet an: »Ich reise nicht zu meinem Vergnügen. Es geht einzig darum, unsere Macht zu demonstrieren und zu festigen. Dazu dient mir das kalte Wasser aus einer Quelle besser als der Seifenschaum einer heißen Wanne.« Doch ich wusste nur zu gut, dass Elisabeth in der Lage war, zwei Tagen lang zu toben und eine Schüssel voll Wasser zum Fenster hinauszukippen, nur weil die Wassertemperatur nicht stimmte. Ich packte also ein, was ich konnte, damit unliebsame Überraschungen ausblieben.

Ich freute mich darauf, Lorleberger zu sehen. Und ich wollte mir die Geschichte seiner Entführung noch einmal von denen erzählen lassen, die dabei gewesen waren. Auf die anreisenden Adeligen, Bürgermeister und Ritter freute ich mich nicht. Nur zu gerne griffen ihre Hände den Frauen unter die Röcke, sobald sie nichts anderes zu tun hatten. Ich hatte meine Art gefunden, wie ich damit umgehen konnte, und es kam mir gerade recht, dass ich so eine fromme Herrin hatte, die auch uns Bedienstete in ihren Schutz und ihre Obhut nahm. Wenn wir uns über das Benehmen der Räte beschwert hätten, so wäre sie den Herren öffentlich entgegengetreten. Das wussten die Herrschaften und zögerten mehr als an anderen Höfen.

Elisabeths Berater waren weise Menschen, und gemeinsam mit den Abgeordneten des Landtages hatten sie von mehreren Städten ein Darlehen für die Türkenhilfe erhalten. Dies schrieb meine Herrin sofort an König Ferdinand. Wie das Darlehen zurückzuzahlen sei, war noch nicht ausgemacht, aber der König war erst einmal besänftigt und es war, wie meine Herrin gern sagte, wenn sie allein war: »Wir werden uns behaupten. Wer das Gute will, muss auch das Recht auf seiner Seite haben!«

Ich war so naiv zu glauben, dass mit jedem Sieg, den meine Herrin errang, der Frieden für uns näher rückte. Doch dann beschloss das Kammergericht, dass selbst ein existierendes Testament nicht in der Lage sei, die Fürsorgepflicht Heinrichs außer Kraft zu setzen. Und da Erich II. nun 14 Jahre alt sei, läge es an ihm, sich seinen Vormund zu wählen. Doch auch darin hatte meine Herrin vorgesorgt. Vorsichtshalber hatte sie Erich II. unterwiesen, vor Notar und Zeugen die Kuration Herzog Heinrichs abzulehnen.

Mir tat Erich II. inzwischen leid. Wie die Falken saß er in einem Käfig und wurde von seiner Mutter am Band gehalten. Die Nachrichten huschten über ihn hinweg wie Schatten, die er nicht zu deuten wusste. Hatte er Fragen an Elisabeth, so sagte diese: »Wir müssen uns klug verhalten, mein Sohn.« Mehr war nicht aus ihr herauszubringen, und so hatte Erich II. einmal mehr nur seinen Knappen als Vertrauten, mit dem er durch die Wälder ritt. Meine Herrin sprach zu wenig mit ihrem Sohn. Erich II. verstand auch nicht, warum er nicht mehr auf die Erichsburg durfte. Dort hatte er sich doch immer sicher gefühlt. Er meinte, wenn sein Knappe dabei wäre, würde ihm niemand ein Leid antun.

Er wusste nicht, dass die hessischen Räte befürchteten, Heinrich würde nicht nur die Grenzverletzungen ausweiten, sondern am nördlichen Ende Calenbergs mit seinem Trupp einfallen und die Erichsburg erobern. Elisabeth wollte alles vermeiden, was Heinrich zu sehr reizen könnte. Was hätte sie davon, wenn sie im Kampf alles verlieren würde? Das Land und Erbe, ihren Witwensitz und ein Land, in dem sie die Reformation vorantreiben konnte.

Dann kam die Wende. Die Schlinge, die zu seinem Verhängnis führte, legte sich Heinrich selbst um den Hals. Eines Tages, als wir am späten Abend wie üblich auf dem Weg ins Badehaus waren, kamen mehrere Reiter über die Brücke gesprengt und riefen meiner Herrin zu: »Heinrich greift Goslar an! Er will den Lutheranern den Garaus machen!« Elisabeth zögerte nur kurz, schritt dann rasch zu ihnen und sprach den Anführer an: »Wohin müsst Ihr diese Kunde noch überbringen?« »Wir müssen noch zum Landgraf Philipp von Kassel, das ist ein Fall für den Schmalkaldischen Bund. Ungestraft soll niemand lutherische Städte angreifen.« »Lasst mich morgen die Sache mit den Räten besprechen. Holt Euch neue Pferde aus meinen Ställen, wenn ihr weiterreiten wollt.« Ich hatte während des Gespräches mit Schrecken zugehört und drehte mich nun in Richtung des Schlosses um. »Wohin willst du?«, fragte mich Elisabeth. »Nun, ins Schloss, Ihr müsst doch die Nachricht überdenken.« Sie sah mich ruhig an. »Es gibt Nachrichten, die überdenkt man am besten im warmen Bad.« Ich verstand nicht, was sie meinte. Sie sah mein Zögern und fragte mich: »Was sollte ich denn tun? Könnte ich Heinrich bei Goslar die Stirn bieten? Goslar entzieht sich meinem Regierungsgebiet. Geht mich das etwas an?« Ich wusste nicht, was ich sagen sollte. Deshalb fuhr sie fort: »Ich meine damit, ich werde mich heraushalten. Dass Philipp reagieren muss, bleibt unbestritten, denn er hat im Schmalkaldischen Bund den Vorsitz. Und mich dünkt, er wird die Gelegenheit nicht an sich vorbeiziehen lassen, Heinrich endlich eine Schmach zuzufügen.« Ich antwortete eifrig: »Ihr meint, er wird sich auch dafür rächen, dass Herzog Heinrich ihn überall wegen seiner Doppelehe denunziert hat?« »Ja, ich denke, der Anlass wird ihm gerade recht kommen.« »Also wird der Landgraf mit dem Heer des Schmalkaldischen Bundes …?« »Das könnte ich mir vorstellen.« »Aber, gnädige Herrin, was werdet Ihr dann tun?« »Wie du siehst, werde ich baden und dann wie gewohnt zu meinen Kindern gehen und sie fragen, was sie gelernt haben.« »Das ist alles?« Sie lächelte mich gütig an und sagte: »Geh, derweil ich bade, und hole mir den Corvinus. Denn ich denke, seinen Beistand brauche ich noch für die Nacht.«

Während meine Herrin mit großem Gleichmut in das Badehaus trat, raffte ich die Röcke und rannte los um Corvinus zu suchen. Am liebsten hätte ich es laut in die Gegend geschrien: »Heinrich greift Goslar an!« Schlimmer als das schnelle Laufen war, dass ich nicht schreien durfte. Die Ruhe meiner Herrin war nicht die meine. Mit jedem Schritt, den ich tat, lief ich einem Feuer davon.

Bertha sah mich laufen und sie rannte neben mir her. »Wohin willst du?« »Zu Corvinus.« »Er ist nicht in der Amtsstube. Er ging noch ins Siechenhaus und will einem Sterbenden beistehen.« Bertha versuchte mit mir Schritt zu halten, doch ich ließ sie hinter mir. Im Siechenhaus sorgte meine Kurzatmigkeit für Aufregung. Die Leute dachten, die Herrin sei gestorben oder noch Schlimmeres. »Corvinus«, stieß ich keuchend hervor. Corvinus trat ins Zimmer und sah in mein rotes Gesicht. »Aber Kindchen«, sagte er. »Wer wird denn, bloß weil er den altmodischen Segen für ein neugeborenes Fohlen will, sich so außer Atem bringen?« »Ach, ein Fohlen«, sagte einer. »Es ist nur ein Fohlen.« Corvinus wandte sich an ihn und meinte: »Aber wenn es das Fohlen unserer Herrin ist, so muss ich natürlich sofort zur Stelle sein.«

Corvinus bedeutete mir, mich bei ihm einzuhaken, und legte bedeutungsvoll seinen Zeigefinger auf seinen Mund. So ging er mit mir bis in seine Amtsstube und rückte mir einen Sessel zurecht: »Und nun sprecht.« »Ich möchte Euch bitten, in ungefähr einer Stunde zu einem Trostgebet bei meiner Herrin zu sein.« »Dafür rennt ihr durch die Gegend um mir zu sagen, dass ich in einer Stunde bei der Herzogin sein soll?« »Ja«, gab ich kleinlaut zu. Corvinus wiegte den Kopf hin und her. »Ich denke, du weißt mehr, als du mir nun anvertrauen kannst. Aber sei unbesorgt, richte deiner Herrin aus, ich werde mich zur rechten Zeit einfinden.«

Ich ging ins Badehaus und holte Elisabeth ab. Als wir in der Kammer waren, trat Corvinus ein und Elisabeth erzählte ihm, was sie gehört hatte. Sie fügte hinzu: »Ich werde dieses außer den Räten niemandem weitersagen. Ich möchte nicht, dass sich unser Land spaltet, und ich kann es mir nicht erlauben, in Streitigkeiten verwickelt zu werden.« Corvinus aber hörte sie kaum. Er ging auf und ab und raufte sich die Haare. »Goslar, mein geliebtes Goslar!« Da schlug sich Elisabeth an die Stirn: »Wie konnte ich vergessen, dass Ihr in Goslar ja selbst eine Amtsstelle innehattet. So wütet Heinrich nun in Eurer ehemaligen Gemeinde?« Corvinus nickte mit dem Kopf. Dann fiel er auf seine Knie und weinte bitterlich.

An dem Abend lag meine Herrin wie immer mit offenen Augen in ihrem Bett. Diesmal war ich es, deren Tränen nicht versiegen wollten. Ich weinte um eine Stadt, die ich noch nie gesehen hatte. Dort war Krieg und Geschrei und die Lutheraner, Corvinus' geliebte Schäfchen, wurden zusammengetrieben, damit die tapfersten unter ihnen brennen sollten. In meiner Verzweiflung fiel mir nichts Besseres ein als Heinrich den Tod zu wünschen. Ihm und allen seinen Söhnen.

Die Tage vergingen und es kamen keine neuen Nachrichten. Elisabeth vermied es, an Philipp zu schreiben oder ihren Bruder um Rat zu fragen. Niemand blieb jedoch verborgen, dass sich Kriegsknechte formiert hatten und durch die Lande zogen. So unverbindlich es ging, schrieb meine Herrin dann doch an den Landgrafen:

Falls Ihr der Herr der Knechte seid, bitte ich Euch mir geheim mitzuteilen, welchen Zweck die Rüstung hat und ob der Zug durch die Lande meines Sohnes geht, damit ich Vorbereitungen treffen kann.

Weder die sonnigen Tage noch die blühenden Wiesen vertrieben mir den Kummer, dass nun wohl der Landgraf an der Spitze des Schmalkaldischen Bundes gen Braunschweig ritt. Elisabeths Bruder, der ebenfalls im Schmalkaldischen Bund war, würde mit allen anderen Bündnispartnern ebenfalls dazustoßen. Ob sie schon unterwegs waren? Am meisten aber litt Corvinus. Mehrmals am Tag hielt er Bittgottesdienste ab und betete ohne Unterlass.

Dann ritt endlich ein Bote in Münden ein und während er die Botschaft an meine Herrin überbrachte, versammelten sich die Angestellten und Bürger Mündens auf dem Schlosshof, weil sie fürchteten, selbst zu den Waffen greifen zu müssen. Als meiner Herrin der Aufruhr gemeldet wurde, trat sie ans Fenster und sprach zum ersten Mal auf den Hof hinab. Erich II. stand neben ihr, damit die Menschen ihren zukünftigen Regenten in Sicherheit sehen konnten. Sie rief hinab:

»Meine lieben von Gott geliebten Untertanen! Zuerst schreckt euch nicht, denn im Lande Calenberg wird keine Auseinandersetzung stattfinden. Es ist jedoch zu vermelden, dass der Schmalkaldische Bund eine Fehde gegen Heinrich von Braunschweig ausgerufen hat, da dieser die reformierte Stadt Goslar aus niedrigen Gründen angegriffen hat. Ich bitte euch nun, der ernsten Lage mit eurem festen Glauben entgegenzutreten und auch, da es nicht an uns ist zu kämpfen, so doch auf Knien zu liegen und um das Leben derer zu bitten, die uns lieb sind und der gerechten Sache dienen.«

Die Worte wirkten und die Menschen zerstreuten sich. Als ich in Erichs II. Gesicht sah, wusste ich plötzlich nicht mehr, ob ich Heinrich den Tod wünschen sollte, denn Erich II. hatte immer an Heinrichs Familie gehangen. Der Riss ging mitten durch die Familie. Ritt nun Elisabeths ältester Bruder, Kurfürst Joachim II., gegen seinen jüngsten Bruder, Hans von Küstrin, an, der doch die älteste Tochter Heinrichs geheiratet hatte? Als ob Elisabeth meine Gedanken ahnte, nahm sie mich immer weniger mit in ihr Arbeitszimmer. Es fiel mir schwer, meiner Herrin nur die Kleider zu richten und sonst im Ungewissen zu sein. Ich sprach mit Corvinus über meine Unruhe. Er erzählte mir: »Damals, als ich Mönch war, habe ich mein Leben an Gott gebunden, das ist das Einzige, das immer bleibt. Egal, welcher Arbeit wir nachgehen, ob wir Diener oder Herren sind: Gott bleibt der Gleiche. Und dazu muss man weder Mönch noch Nonne sein.« Corvinus hatte gut reden. Seine Arbeit war das heilige Amt. Er tat große Dinge. Ich dagegen grämte mich drei Tage lang, als ich meiner Herrin die Stirn an der rechten Seite zu weit ausrasierte. Das war meine Welt: Kämmen, Bänder schnüren und dabei stets eine angenehme Unterhaltung führen.

Und dann ritten drei Boten auf den Hof. Einer schien es eiliger zu haben als der andere und sie sahen aus, als ob sie sich tagelang nicht gewaschen hätten. Sie überbrachten Elisabeth ihre Nachrichten. Sie schickte sie gleich danach ins Badehaus und ließ ihnen frische Kleidung bringen.

Alle wollten nun wissen, was die Boten zu berichten hatten. Wer immer konnte, machte sich im Badehaus zu schaffen. Der Knecht musste plötzlich Holz liefern, Bertha dort die Wäsche kontrollieren, die Waschfrauen die Kleider holen. Ich überlegte ebenso, wie ich unbemerkt ins Badehaus kommen konnte. Doch gerade, als ich dachte, mir fiele etwas ein, rief mich Elisabeth und wies mich an zu packen. »Ich muss im Land Calenberg Präsenz zeigen. Auch Erich II. soll mich begleiten. Wir werden über Nienover zur Erichsburg reiten.« Sie sah mich an und sagte: »Und du kommst mit, denn du kennst dich aus und mir ist eine bekannte Kammerdienerin mehr wert als drei dahergelaufene Mägde.« Ich verneigte mich und fragte nach ihren Wünschen – ob ich etwa auch ihre Jagdkleidung einpacken solle? Ich sah ihre Augen aufleuchten, aber sie meinte nur: »Ich wünschte, ich könnte auf Jagd gehen. Nun aber werde ich, so es die Zeit erlaubt, nur ein paar Fasanen und Auerhühner schießen.« Und sie fügte hinzu: »Da mir Heinrich meine Landsleute nicht mehr abspenstig machen kann, will ich die Städte und Adeligen noch besser hinter mich bringen.« »Was ist mit Herzog Heinrich?«, fragte ich. »Die Boten widersprachen sich, ich werde auf genauere Auskunft warten müssen.«

Es musste etwas geschehen sein. Als ich Elisabeth ins Badehaus gebracht hatte, raffte ich die Röcke und rannte in die Küche. Dort saßen die Boten, wie ich vermutet hatte, und ließen es sich schmecken. Die Küchenmeisterin und Bertha arbeiteten schwer daran, an die begehrten Nachrichten zu kommen. Sie schenkten Bier nach, ehe die Becher leer waren, und als ich kam, hatten die Männer bereits glänzende Augen und eine schwere Zunge. Ich rückte mit auf die Bank und zog mein Kleid etwas tiefer, damit die Männer meine Brüste sehen konnten. »Was haben wir denn da Schönes?«, sagte einer und zeigte mit dem Finger, den er nicht einmal mehr richtig gerade halten konnte, auf mich. »Nun, ich bin ein Hoffräulein und möchte wissen, was mit Heinrich ist. Kämpft der Schmalkaldische Bund noch?« Ich erntete eine Lachsalve. »Kämpft der Schmalkaldische Bund noch?«, äffte der, den ich gefragt hatte. Es tat mir schon leid, dass ich mich für ein solches Gelächter feilgeboten hatte. Da griff Bertha ein und sagte: »Nun sagt der Vertrauten der Herzogin schon, was sich zugetragen hat.« Diese Worte verfehlten ihre Wirkung nicht. Der Bote sprang auf und grüßte mich, als ob ich ein Feldhauptmann wäre: »Ich melde, vom 30. Juli bis 15. August rückte der Schmalkaldische Bund gen Braunschweig und eroberte das Land. Herzog Heinrich und seine zwei ältesten Söhne sind nun in Gefangenschaft auf der Feste Ziegenhain. Der Landgraf Philipp ließ sie eigenhändig dorthin bringen.« Bevor ich etwas fragen konnte, sprang ein anderer Bote auf, salutierte vor mir und rief: »Philipp von Hessen wollte sie auf seine Feste nach Ziegenhain bringen, aber Herzog Heinrich und seine Söhne fanden Aufnahme in Bayern!« Ich sah von einem zum andern: »Also wo ist Herzog Heinrich nun? Ist er gefangen oder ist er geflohen?« Da mischte sich Bertha ein und sagte: »So weit waren wir auch schon. Jedenfalls ist die Fehde vorbei. Der Schmalkaldische Bund hat Heinrich aus Wolfenbüttel vertrieben und sein Land besetzt.« »Und Heinrich?« »Ich denke, das wissen die Boten selber nicht genau. Und wenn wir sie noch weiter befragen und trunken machen, fangen sie noch an, sich darüber die Köpfe einzuschlagen.« Da ich nichts weiter erfahren konnte, verabschiedete ich mich und huschte zum Badehaus zurück.

»Ich dachte mir schon, dass du den Klatsch suchst«, sagte Elisabeth beiläufig, als ich eintrat. Ich wollte mir keine Blöße geben und antwortete selbstbewusst: »Fragt sich nur, wo Herzog Heinrich wirklich ist.« »Warum interessiert dich das so sehr?« »Eure Feinde sind meine Feinde«, gab ich zur Antwort. »Nun«, sagte Elisabeth, »die Frage kann auch ich noch nicht beantworten. Aber das wird sich klären.« Ich verstand, dass meine Herrin jetzt die Zeit nutzen wollte. Endlich konnte sie ungehindert regieren. Endlich konnte sie ihre Kirchenordnungen drucken und im ganzen Land verteilen lassen.

Doch zuerst verzögerte sich unsere Abreise um ein paar Tage, da Elisabeth als Deckblatt für die Kirchenordnung ein Porträt von sich drucken lassen wollte. Stundenlang saß sie vor dem Maler still. Der Künstler zeichnete Elisabeth auf ein Blatt Papier und ritzte später das Bildnis in eine Holzvorlage. Ich hatte meiner Herrin zuvor die Falten an den Ärmeln und am Kragen zurechtgelegt. Der Hut saß vortrefflich und zwei zarte Straußenfedern hingen an ihm herab. Die weiten Ärmel hatte ich mit mehreren Bändern gerafft und die Goldketten poliert. Die Amtskette zeigte deutlich, wer nun regierte. Ich war mit meinem Werk zufrieden und war stolz auf meine Herrin. Ich hatte gut dreißig Bordüren, Ketten und Streifen in ihre Tracht gebunden, und die kamen auch ohne Farbe wunderbar zur Geltung. Jeder sollte auf dem Bildnis ihre Macht und Freundlichkeit erkennen. Doch nicht nur ihr Porträt zierte die neue Kirchenordnung. Sie war nicht nur von Corvinus allein geschrieben worden – auch Elisabeth hatte Hand an den Text gelegt.

Wieder begaben wir uns auf eine Reise und wieder konnte meine Herrin nicht ablassen trotzdem zu schreiben. Immer waren wir mit Papier, Federn und Tinte unterwegs und mir war die Pflicht übertragen, stets alles sauber und zur Verfügung zu halten. Lieber hätte ich eine Schar Enten transportiert, die hätten mir weniger Ungemach bereitet. Elisabeths Tintenfässchen waren mir angepriesen worden, weil sie dicht verschlossen seien. Doch es genügte schon, ein wenig daran zu wackeln, und die Tinte lief aus der Verschraubung. Setzte ich stattdessen einen Korken darauf, so löste auch er sich oft nach kurzer Fahrt auf den wackeligen Karren. Ich sah während der Reisen inzwischen nicht mehr die holperigen Wege vor meinen Augen, sondern stellte mir mit Bangen vor, wie sich in dem verschlossenen Holzkasten die Tinte in den Gläsern hin- und herbewegte und danach trachtete, nach draußen zu schwappen, an dem Glas herunterzulaufen und sich über den ganzen Kistenboden auszubreiten. Immerhin führte ich inzwischen das Papier, genügend Federn und scharfe Messer gesondert mit. Bei unserer ersten Reise hatte ich sie zusammen mit der Tinte aufbewahrt. Damals hatte ich geweint, als ich den Kasten öffnete, und meine Herrin hatte mich übel beschimpft. Trotzdem war es nach jeder Ankunft schwierig, die Schreibutensilien sauber und mit möglichst wenig Verlust zu präsentieren.

Elisabeth schrieb ohne Pause und ihre Themen erweiterten sich. Zu der Sammlung der Trostworte für Witwen kamen geistliche Lieder und Gebete und nun eine Sammlung für einen Sendbrief an die Untertanen. Diesen sollten dann alle Bürger, Prälaten und die Ritterschaft erhalten. »Wozu einen Brief an die Untertanen?«, fragte ich ungläubig. »Nun, was nützt es mir, wenn man ein Land reformiert, aber keine Anweisungen erteilt, wie man darin eine christliche Besserung erreicht und gottselig leben kann? Jede Amtshandlung und die Neigungen des Herzens sollen in Gottes Namen geschehen.« Und sie fügte hinzu: »In gut einem Jahr will ich auch eine Hofgerichtsordnung fertig erstellt haben, da soll sich dann eines ins andere fügen.«

Jetzt, da der Weg frei war, ging Elisabeth mit großer Kraft alle Aufgaben an, die sie so lange schon geplant hatte. Sie ernannte Corvinus zum Superintendenten mit Sitz in Pattensen und erließ eine Klosterordnung und Anweisungen für die Schulen für Mädchen. Sie verfügte, dass alle Kinder zur Schule gehen sollten, die Mädchen sollten den Buben nicht nachstehen. Die Klosterordnung regelte genau die Besitzverhältnisse der verlassenen Klöster, an denen sich niemand bereichern sollte. Die Ländereien und Besitztümer sollten treuhändisch verwaltet werden und sozialen Aufgaben zukommen. Siechenhäuser, Schulen und Armenspeisungen – diese gottgefällige Aufgaben sollten im ganzen Land mit dem Besitz der Klöster vorangetrieben werden.

Ich weiß nicht, ob es je eine Kammermeisterin gegeben hat, die mit ihrer Herrin so viel reisen musste wie ich in dieser Zeit. Zwei Monate waren wir unterwegs, weil meine Herrin ihre politische Macht festigen wollte. Oft hatte sie dabei Erich II. an ihrer Seite. Danach blieb Erich II. in Münden, und wir reisten mit Corvinus in Städte und Klöster zu Visitationen. Meine Herrin notierte sich genau alle eingetragenen Nutzungen der Ländereien, notierte alle Wertgegenstände und Barschaften der Klöster und Kirchen, damit bei der Auflösung der Klöster nicht Städte oder Adelige den Besitz an sich brachten. Wie immer misstrauten die Northeimer meiner Herrin ein weiteres Mal und behinderten die Einsicht in das St.-Blasius-Kloster. Ich hatte schon Angst, dass jemand meine Herrin angreifen wolle und bat Elisabeth, doch früher als geplant weiterzuziehen. Und dann war es auch nur ein kurzer Ritt zum Nonnenkloster in Weende, wo uns freundliche Nonnen voller Vertrauen empfingen. Ihnen zeigte Elisabeth auch ihre Gedichte und Gebete und sie lobten und ermutigten sie, noch mehr zu schreiben. Meiner Herrin bereitete es so viel Freude selber zu reimen, dass sie zu bekannten Melodien Liedtexte schrieb. So erfand sie ein Lied, das wir jedes Jahr zum Jahreswechsel in Münden in der Kirche sangen:

»Und wolle Gott, dass unser Gesang
allzeit geschehe dem Herrn zum Dank.
Wir wünschen Euer Gnaden ein gutes Jahr,
das Gott mit Güte mache wahr.
Halleluja!

Mit Eurer Gnaden sei Gottes Hand
die uns behüt vor Sünd' und Schand',
sie verleihet uns ein fröhlich Jahr
in Furcht und Liebe, das werde wahr.
Halleluja!«

Wenn meine Herrin zu müde war, um zu schreiben, setzte sie sich und schloss die Augen und ich las ihr aus dem Evangelium vor. »Halt«, sagte sie, sobald ihr ein Gedanke kam. »Notiere dir die Bibelstelle und schreibe dazu, was ich dir sage.« Ich notierte die Bibelstelle und schrieb dahinter, wo es meine Herrin zu verwenden gedachte. Meist schon am nächsten Tag trug sie ihre Gedanken in die Schriften ein.

Elisa heiratet und Elisabeth und Erich II. verlieben sich (1542–1544)

Die Lieder zum Jahresanfang 1542 waren noch nicht verklungen und es war bitterkalt, als ich das erste Mal den Namen des Mannes las, den meine Herrin für den Rest ihres Lebens lieben sollte.

Ich sortierte die Schreibutensilien meiner Herrin, als mir ein Brief auffiel, der lose auf dem Tisch lag. Elisabeth hatte ihn noch nicht versiegelt, wohl in der Absicht, ihn später weiterzuschreiben. Ich sollte eigentlich ihre Briefe nicht lesen. Aber ich wagte einen Blick und sah, dass es in diesem Brief um die Verheiratung Elisas ging. Da schaute ich genauer hin.

Der Brief war an den Grafen Wilhelm IV. von Henneberg gerichtet. Erst wunderte ich mich darüber, doch dann las ich:

Durchlauchtester Graf Wilhelm IV. zu Henneberg und Schleußigen,

es ist wohl eine große Gnade Gottes, dass Ihr nun auch einer Verbindung unserer Häuser mit Wohlwollen gegenübersteht. So hat Gott unsere Gebete erhört und Euren Sohn, Graf Georg Ernst, aus dem Türkenfeldkriege zurückkehren lassen. Somit könnt Ihr mein Ansinnen, unsere Kinder miteinander zu verehelichen, nicht mehr in Abrede stellen.

Damit dem Glück und Wohle unserer lieben Kinder jedoch nichts im Wege steht, stelle ich noch folgende Bedingungen:

Der zukünftige Gemahl meiner lieben Tochter, Graf Georg Ernst, soll – ehe wir die Verlobung in Augenschein nehmen – zum Protestantismus übertreten und das Land soll reformiert werden. Ebenso sollen seine Brüder, die Grafen Christoph und Poppo, einen schriftlichen Verzicht auf das Erbe leisten und auch nicht, wenn sie heiraten, durch ihre Ansprüche das Land teilen können. Somit hat das Paar die nötige Grundlage zum Wirtschaften und Regieren.

Meine tugendsame Elisa wird von Haus aus eine großzügige Morgengabe einbringen und damit der Grafschaft Henneberg zum Segen sein.

Als ich den Namen »Poppo« las, musste ich lachen. Wie kann ein Graf Poppo heißen? Ich stellte mir dabei eher einen Spieler vor, der auf dem Markt seine Kunststücke feilbot. Aber schließlich sollte Elisa nicht den Spieler heiraten, sondern dessen älteren Bruder Georg Ernst. Ich wusste, Elisabeth hatte weder ihren Bruder noch Philipp und erst recht nicht Heinrich gefragt, als sie sich die überschuldete, altgläubige Grafschaft Henneberg ausgesucht hatte, um ihre älteste Tochter dorthin zu verheiraten. Das Land grenzte an Hessen, Sachsen und das Bistum Würzburg. Doch mir wurde klar: Wo die Bauernkriege gewütet hatten, fand meine Herrin einen fruchtbaren Boden für die Reformation vor. Ich kannte den Grafen Georg Ernst. Er war am Hofe Philipps gewesen. Dort mussten ihn meine Herrin und Elisa gesehen haben. Mir war jedoch nicht aufgefallen, dass sie einander zugetan gewesen waren.

Als im Februar die unterzeichneten Verzichtserklärungen der Brüder eintrafen und die Grafschaft reformiert wurde, setzte meine Herrin die Verlobung in Münden im Juni fest.

Als der Sommer heraufzog, wurde die Stimmung heiter. Alle, von meiner Herrin und der Braut bis zu den Mägden, wollten sich neu einkleiden und waren aufgeregt. Die Verlobung verlief wie geplant. Elisa verhielt sich ausgesprochen würdevoll, als sie ihrem Bräutigam begegnete. Wie meine Herrin damals war sie stolz und zeigte keine Ängste. Meine Herrin war zufrieden und hatte auch für das Brautlager alles gut vorbereitet. Ich war froh, dass Elisas Bräutigam jung und Elisa seine erste Frau war.

Altfrau Bertha, die Küchenmeisterin, die Schneiderin – alle hatten wir zu tun. Trotzdem fiel jeder von uns auf, dass sich Elisabeth stets zum jüngeren Bruder des Bräutigams, Poppo, hielt. Poppo war Domherr von Würzburg und Straßburg und trug doch nur eine einfache Kutte.

Wenn ich meine Herrin suchte, fand ich sie bei Poppo. Suchte sie Rat, so ging sie nicht zu Corvinus oder Mithof, nein, sie fragte Poppo. Wollte sie einen Gang durch die Stadt oder den Park machen, so verschmähte sie meine Gegenwart und suchte stattdessen die Gesellschaft Poppos. Alle Augen sahen es, doch die Gerüchte verbreiteten sich erst, als Elisabeth eine teure Goldkette aus der Silberkammer holte und sie beim Silberschmied umarbeiten ließ. Diese Kette hängte meine Herrin Graf Poppo eigenhändig um den Hals mit den Worten: »Dass der gnädige Herr meiner nicht vergesse und zur Hochzeit von seinem Bruder und meiner Tochter gerne nach Münden kommen wolle.«

Wenn auch alle sagten, dass sich Elisabeth als Witwe nicht schicklich anstellte, so war sie doch mit ihren 32 Jahren noch nicht alt und ich sah: Sie war verliebt bis über beide Ohren. Nur waren diesmal die Rollen umgekehrt: Meine Herrin verstand zu regieren und hatte an Poppo gemessen ein reichliches Auskommen. Wir alle sahen Poppo an, dass ihm die Sache nicht geheuer war und er fast erleichtert aus Münden ritt. Aber meine Herrin ging immer zum Fenster, als ob er zurückkehren würde. Und nun seufzte sie mitten am Tag – einfach so. Von den Nächten ganz zu schweigen. Ich hätte ebenso gut neben einem unruhigen Fohlen liegen können!

Die Hochzeit war nicht mehr weit entfernt. Doch war im Grunde nicht die anstehende Hochzeit das große Ereignis, sondern die damit verbundene Wiederkehr Poppos. Wie würde Poppo meiner Herrin begegnen? Wie würde sich meine Herrin verhalten? War eine Hochzeit der beiden denn nicht vollkommen ausgeschlossen? Poppo war drei Jahre jünger als Elisabeth und jünger als ihr eigener Schwiegersohn. Würde meine Herrin nicht ihren großen Witwensitz verlieren, wenn sie sich wieder vermählte? Sollte ich dann etwa mit ihr auf das einzig für Poppo übrig gebliebene kleine Schloss Ilmenau ziehen müssen? Das Feuer wütete im Herzen meiner Herrin, und mir brannte davon der Kopf. Elisabeth stand wie damals, als sie noch keine Kinder hatte, am frühen Morgen auf und jagte auf dem Pferd durch die Gegend. Alle konnten sich zusammenreimen, warum sie keine Ruhe fand. Ich überlegte mir sogar, ob ich meiner Herrin meine Hilfe und Verschwiegenheit zusichern sollte, wenn sie sich heimlich mit Poppo treffen wollte. Aber sooft ich nach den richtigen Worten dafür suchte, sie kamen mir nie über die Lippen, und ich fand nie den richtigen Ort dazu. Hätte meine Herrin wenigstens von sich aus mit mir gesprochen!

Die Tage waren voller Arbeit und die Unruhe zeichnete mir rote Flecken auf meinen Hals. Da meine Herrin schlecht schlief, hatte ich ihr oft mitten in der Nacht vorzulesen. Meine Augen wurden dabei immer müder, und wenn ich endlich schlafen durfte und erschöpft einnickte, weckte mich meine Herrin mit den Worten: »Es ist schon hell, ich reite vor dem Morgenmahl.« Dann wusch ich sie, kleidete sie an und hätte mich am liebsten wieder hingelegt, denn meine Herrin ritt nicht kurz vor dem Morgenmahl, sondern lange davor. Aber ich musste wach bleiben, denn für meine Herrin hatte der Tag begonnen und da durfte ich nicht schlafen. An manchen Tagen ritt sie nicht nur einmal, nein, sie ritt auch noch am Nachmittag mit Gästen oder den Kindern. Es kam nicht selten vor, dass ich ihr an einem Tag in dreizehn verschiedene Trachten half, und es musste immer schnell gehen und tadellos sitzen. Während ich mich abmühte, versuchte meine Herrin auch noch in aller Seelenruhe zu schreiben. Ich sah ihr oft über die Schulter und eines Tages fielen mir fast die Hutnadeln aus der Hand, als ich den Text erfasste, den sie an die Räte ihres Landes schrieb:

Ich bitte die geneigten Räte um Hilfe für eine arme, zurückgelassene Witwe.

Welche Änderungen könnten wir im Leibzuchtvertrag eintragen, damit ich auch bei einer Wiederverheiratung im Besitze meiner Leibzucht Münden bleiben kann?

Am Tag vor der Hochzeit erhielt sie die Antwort. Einhellig entzogen sich die Räte einer Antwort und sagten, dies könne allein Erich II. bei seiner Volljährigkeit entscheiden, da es in erster Linie ihn beträfe. Als Elisabeth das Schreiben las, schlug sie wütend mit der Hand auf den Tisch, beherrschte sich dann aber wieder.

Und dann war Hochzeit. Goldketten und Ringe glänzten und der neue Hut meiner Herrin, den sie sich aus blauem Samt hatte arbeiten lassen, sah zauberhaft aus. Elisas Brautkleid stand den Gewändern einer Königin ebenfalls nicht nach. Sie sollte an der Hand ihrer Mutter an den Altar geführt werden.

Und dann traf die Familie der Braut ein. Wir schauten in das Gesicht von Elisa und lasen in den Gesten von Grafen Georg Ernst. Was sahen wir darin? Und was bedeuteten die demütige Verbeugung Poppos vor meiner Herrin und der Kuss auf ihre Hand, die er zu lange hielt?

Philipp kam auch, mit seiner ganzen Familie. Seine älteste Tochter Agnes, die bereits als Kind mit Erich II. verlobt worden war, war inzwischen die Braut eines Kurfürsten von Sachsen geworden. Meine Herrin und der Landgraf hatten sich darauf geeinigt, dass Erich II. nun die jüngere Anna ehelichen würde, und die beiden waren auch bereits verlobt. Wie schön das Mädchen war! Aber Erich II. war erst fünfzehn und warf keinen Blick auf sie.

Es war nicht mehr zu übersehen: Das Glück strahlte aus den Augen Elisabeths und Poppos, wenn sie von gemeinsamen Ausritten zurückkehrten. Elisabeth hatte es sich in den Kopf gesetzt, dem Bruder ihres Schwiegersohnes eines ihrer besten Pferde zu schenken. Poppo sollte sich zwischen drei Hengsten entscheiden und dazu mit ihr um die Wette reiten. Ich glaube nicht, dass Poppo schneller reiten konnte als meine Herrin, aber sie hatten beide Freude daran. »Welcher Gaul macht wohl beim Grafen Poppo das Rennen?«, fragte ich den Stallmeister, als ich ihn traf. Da leuchteten seine Augen und er sagte verschmitzt: »Die Frage ist doch eher: Kann sich ein friedlicher Mann in einer Kutte überhaupt für ein Kriegspferd entscheiden?« Ich lachte und wusste wohl, dass er mit doppelter Zunge sprach. Sein Witz erinnerte mich an die Zeit, als Philipp noch mit uns scherzte. Diese fröhlichen Unterhaltungen waren selten geworden. Elisabeth ging Philipp aus dem Weg, weil er sie ständig aufforderte, Mitglied im Schmalkaldischen Bund zu werden. Sie wollte jedoch nicht, sie hatte schon genug Ausgaben. Und wenn ich an die Hochzeit und den Aufwand dachte, so wurde mir klar, dass die anstehende Hochzeit Erichs II. gewiss Unmengen verschlingen würde.

Die Hochzeit verlief friedlich. Elisa sollte sich wenige Wochen später unter dem Schutz einer starken Ritterschaft nach Henneberg aufmachen. Graf Georg Ernst, der ein Freund des Landgrafen Philipp war, zeigte sich sichtlich erfreut darüber, auf Befehl des eigenen Vaters lutherisch zu werden und das Land zu reformieren. Die Grafen von Henneberg waren dafür meiner Herrin sogar dankbar! Philipp, der die Henneberger gerne schon früher lutherisch gesehen hätte, beklagte sich im Scherz: »Und ich habe Euch als Vorbild gedient und stets versucht, Euch zum rechten Glauben zu bekehren! Aber dann hört Ihr lieber auf die Worte eines Rockes und die Eures Vaters.« Das Ende ging im Gelächter unter, aber meine Herrin erfüllte es mit Stolz und sie sagte zu Elisa: »Wir haben ein gutes Werk begonnen und was immer in meiner Macht steht, ich möchte Euch für alle Zeit unterstützen, damit Euer Land gesegnet sei.« Als sie Elisa fragte, ob sie ihr noch etwas mit auf den Weg geben könne, ob sie mehr Silber, eine Bibelübersetzung oder mehr Vieh wünsche, antwortete Elisa schlicht: »Meine liebe Mutter, besser als Ihr für mich Sorge tragt, findet es wohl keine andere Tochter vor. Aber da Ihr mich um einen Wunsch fragt, damit ich auch in Zukunft zufrieden wohnen kann; so bitte ich Euch, gebt mir die alte Magd mit, die uns all die Jahre als Kindermädchen begleitet hat. Denn ihren Händen würde ich auch gern meine Kinder anvertrauen.« Da nahm Elisabeth die Hände ihrer Tochter in die ihren und streichelte sie: »Ihr trachtet nicht nach Gold und Glanz, sondern nach Frieden für Euer eigenes Haus. Ich bitte unseren lieben Vater im Himmel, dass er Ihn Euch geben werde und will Euch dazugeben, was ich kann.« Dann umarmten sich die beiden, so wie es auch immer die Mutter meiner Herrin getan hatte. Es war das erste Mal, dass sie sich in die Arme nahmen, und ich freute mich.

Meiner Herrin Mutter kam erst zwei Tage nach dem Fest, denn ein Fieber hatte sie an einer zügigen Reise gehindert. Die Kinder fielen ihrer Großmutter um den Hals und bestürmten sie mit Fragen und Geschichten. Die Kurfürstin brachte die neuesten Nachrichten von Luther mit und somit scharten sich Corvinus, Philipp von Hessen, die Familie von Henneberg und andere um sie. Als meine Herrin ihrer Mutter jedoch vorwarf, dass sie keinen Unterschied zwischen Adel und niederer Herkunft mache, meinte die Kurfürstin nur: »Sagte nicht auch Jesus, dass derjenige

Vater und Mutter sei, der den Willen des himmlischen Vaters tut?« Meine Herrin gab ihr recht und dann ergänzte die Kurfürstin: »Elisabeth, mein liebes Kind. Ich wünschte Euch, Ihr könntet einmal eine Woche bei Luthers im Haushalt und bei Tische sitzen, dann wüsstet Ihr, was ich meine. Bei ihm zählt nicht Wissen und Titel, sondern ein liebendes Handeln und eine Weisheit des Herzens, die sich darin ausdrückt, maßvoll und doch mutig zu sein.« Corvinus und Poppo pflichteten ihr bei und Poppo meinte: »Auch wenn ich unter den Adeligen einer der Ärmsten bin, so drängt mich doch nichts in die machtvollen Strukturen, die ihren Erfolg am eigenen Kriegsvolk und den Mitteln zur Bestechlichkeit festmachen. Im Gegenteil, ich empfinde eine große Lust daran, die Kutte, die ich trage, nie wieder auszuziehen.« Corvinus nickte und meiner Herrin schoss das Blut in die Wangen. Ihre Mutter wusste sehr wohl, wer Poppo die Kette geschenkt hatte, die er um den Hals trug. Und verschmitzt, wie sie immer war, erwiderte sie Poppo: »Ihr gefallt mir in Eurer Kutte und die goldene Kette scheint ein Geschenk an Eure löbliche Einstellung zu sein. Ihr habt es nicht mehr nötig, Euch mit dem Prunk der Kirche zu überhäufen und Euch noch Schellen an die Schuhe zu nähen und Glöckchen um den Hals zu hängen, wie es die altgläubigen Mönche gerne tun.«

Nun wurde auch Philipp wieder munter und erzählte, dass mancher Kirchendiener vor lauter Prunk einen schwereren Gang hätte als ein Kriegsmann in Ritterrüstung. Begeistert warf Elisabeth ein: »Da gibt es doch eine Bibelstelle, wo Paulus zu den Ephesern von der Ritterrüstung des Glaubens sprach. Da werden die Kriegswaffen gegen die Waffen des Heiligen Geistes ausgetauscht. Wie heißt es da noch genau?« Daraufhin erwiderte Corvinus: »Wie schön, dass Ihr danach fragt, denn diese Bibelstelle hat mir schon immer gefallen und sie gefällt all denen nicht, die weiterhin das Schwert in die Hand nehmen müssen. Aber die Bibelstelle sollten wir auch nicht zu sehr auf das Kriegsvolk beziehen, sondern auf die listigen Angriffe, die der Teufel täglich in unseren Herzen und Köpfen aussät.«

Er wischte sich über den Mund, rückte seinen weißen Kragen zurecht und zitierte:

Deshalb ergreift die Waffenrüstung Gottes, damit ihr an dem bösen Tag Widerstand leisten und alles überwinden und das Feld behalten könnt! So steht nun fest, umgürtet an euren Lenden mit Wahrheit und angetan mit dem Panzer der Gerechtigkeit, und an den Beinen gestiefelt, bereit, einzutreten für das Evangelium des Friedens.

Vor allen Dingen aber ergreift den Schild des Glaubens, mit dem ihr auslöschen könnt alle feurigen Pfeile des Bösen, und nehmt den Helm des Heils und das Schwert des Geistes, welches ist das Wort Gottes. Betet allezeit mit Bitten und Flehen im Geist und wacht dazu mit aller Beharrlichkeit im Gebet für alle Heiligen.

Ich hätte mir gewünscht, die Kurfürstin bliebe für immer bei uns. Die Männer rieten meiner Herrin zwar so gut sie konnten. Aber eine erfahrene Mutter verfügte noch über andere Kräftigungsmittel. Sie selbst war ein Schild und ihre liebreichen Worte und ihre Freundlichkeit die beste Waffenkammer, die es gab. Wenn sie in Münden war, rückten wir alle zusammen. Und als Corvinus in der St.-Blasius-Kirche noch einen Gottesdienst hielt, ehe sich die Festgesellschaft trennte, saßen zwar Bürger und Adeligen auf ihren angestammten Plätzen, aber als wir alle aus einem Kelch tranken und dasselbe Brot aßen, waren wir Brüder und Schwestern, Väter und Mütter. Die Orgel ließ den Fußboden erzittern, rauschte durch die Kirche und trug unsere Lieder durch die ganze Stadt.

Das Fest war vorbei. Philipp reiste mit seiner Familie nach Kassel zurück. Corvinus machte sich frohgemut zu seinem Hauptsitz nach Pattensen auf und auch die Grafen von Henneberg packten ihre Wagen und sattelten die Pferde. Meine Herrin fand keine Zeit mehr, mit Poppo alleine zu sein. Als Georg Ernst und Poppo zum Aufbruch bereit waren, gingen Elisabeth, Elisa und ich auf den Hof, um Lebewohl zu sagen. Elisa hatte schon am frühen Morgen zu weinen begonnen und stand nun neben ihrem Gemahl, der nicht recht wusste, wie er sie trösten oder verabschieden sollte. Elisabeth hielt derweil das Pferd am Zaumzeug, das sich Poppo ausgesucht hatte, und wartete auf ihn. Und dann kam er. Gut sah er aus in seinen Reithosen und ehe er aufsaß, sagte er zu meiner Herrin: »Verzeiht mir, wenn ich zuvor weder den Mut noch den richtigen Zeitpunkt fand, mich für all Eure Güte zu bedanken. Obwohl es mir von Gott nicht gegeben ist, große Geschenke zu machen, will ich Euch doch zum Zeichen meiner guten Wünsche für Euren Leib und Euer Seelenheil zwei Andenken an meine Zuneigung schenken.« Er griff in die braune Ledertasche, die er umgehängt hatte, und holte eine Schachtel hervor. »Was so schlicht in weißem Zucker eingehüllt liegt, ist ein getrockneter Fruchtaufstrich, den die Türken herstellen. Es ist das Köstlichste, was mir je begegnete und wohl auch das Einzige, was wir von ihnen annehmen sollten.« Danach griff er sich in die Brusttasche und holte ein kleines Kreuz hervor. »Dies ist das Kruzifix, das ich als Kind erhalten habe. Ich trug es immer bei mir. An dem Tag, als ich zum lutherischen Glauben übertrat, fasste ich am Abend danach und stellte mit großem Schrecken fest, dass ich den Christus, der daran hing, verloren hatte. Ich wollte schon beginnen zu klagen und zu suchen, da wurde mir der verlorene Christus zum Gleichnis. Auch unser Christus hängt nicht mehr am Kreuz, er ist auferstanden von den Toten und mit ihm leben auch wir. Nehmt es aus meiner Hand als Zeichen, dass Euch die Kraft Gottes nicht verlassen wird.« Meine Herrin reichte mir die Schachtel und das Kreuz, dann bedankte sie sich und küsste die Hände Poppos.

Die Henneberger Grafen saßen auf. Die Wagen wendeten in einem großen Bogen noch einmal im Hof, dann schnalzten die Reiter mit ihren Zungen und ritten durch die Tore hindurch zum Hof hinaus. Später hörten wir, wie sie über die Brücke ritten, und nach geraumer Zeit verloren sich die Geräusche im Wald. Alle hatten wir die ganze Zeit stillgestanden.

Einige Zeit später brach Elisa auf, um zu ihrem Gemahl zu ziehen. Die Kurfürstin hatte ihr versprochen mit ihr zu reisen und eine gute Weile bei ihr zu wohnen, bis sie sich eingelebt hatte. »Eure Mutter wird in Calenberg dringender gebraucht, da müsst Ihr eben mit mir vorliebnehmen«, scherzte sie. Doch Elisa war zufrieden mit der Entscheidung. Ich wäre selber gern mitgekommen und hätte mir alles angeschaut, aber mein Platz war bei meiner Herrin.

Wie dankbar war ich Poppo, dass er meiner Herrin das Kreuz geschenkt hatte. Wenn sie nun zu Bett ging und unruhig wurde, so griff sie unter ihr Kissen und nahm das Kleinod in die Hand. Sie drückte es gegen ihre Stirn oder gegen ihren Busen. So kehrte Frieden ein in unserem Bett und ich fand endlich nach vielen Wochen meinen Schlaf wieder. Doch das andere Geschenk Poppos brachte neue Unruhe, wenn auch nicht für mich. Elisabeth hatte die Küchenmeisterin beauftragt, die türkischen Köstlichkeiten selbst herzustellen. In der Küche wurden nun eifrig die unterschiedlichsten Fruchtmuse gekocht, auf Tüchern getrocknet und mit Zucker bestreut. Allein meiner Herrin wollte nichts so munden wie die Leckerei aus Poppos Hand.

Wieder ging es auf Reisen. Die neue Aufgabe meiner Herrin war es, ihren Sohn auf die Regierungsübernahme vorzubereiten. Sie reiste deshalb mit ihm, um ihn an einigen Höfen und vor allem bei Luther vorzustellen. Wir blieben lange bei Elisabeths Mutter auf dem Schloss Lichtenberg. Von dort aus besuchte meine Herrin mit Erich II. die führenden Köpfe der Lutheraner. Diese prüften das Wissen Erichs II. »Sehr nett, der Sohn, und er scheint viel zu wissen«, sagte Luther zu meiner Herrin. An Corvinus schrieb er jedoch ehrlich, dass

der junge Herr zwar gelehrig sei, aber ihm eine gewisse Standfestigkeit fehle. Mir dünkt, dass der junge Erich noch nicht aus Überzeugung verankert ist. Eher bestünde die Gefahr, dass er wankelmütig sein könne und wohl gerade dem treu ist, der ihm am besten nach dem Munde redete.

Corvinus zeigte Elisabeth den Brief und diese meinte: »Nichts anderes spüre ich in meinem Herzen. Doch ich hoffe, dass alles zum Guten gedeiht.« Und sie berichtete Corvinus von einem Gespräch mit ihrer Mutter. Sie seien sich einig, dass es wichtig sei, Erich II. früh zu verheiraten und ihm eine starke lutherische Frau an die Seite zu stellen.

Ihre Mutter würde an den Dresdener Hof reisen, denn Moritz von Sachsen hätte noch eine unverheiratete Schwester, Sidonie. »Gute Frau«, entrüstete sich Corvinus, »vergesst Ihr denn euer Verlobungsversprechen mit Philipps Tochter? Brecht nicht euer Wort, weil Ihr Euch davon einen Vorteil erhofft. Darauf legt sich der Segen Gottes nicht.« Aber Elisabeth antwortete ihm nicht.

Nicht nur ihren Sohn trieb Elisabeth in dieser Zeit zum Gehorsam an; auch ihre Untertanen sollten ganz in ihrem Sinne handeln. Als der Winter dem närrischen Treiben auf den Straßen wich, hatte sie eine neue Hofgerichtsordnung geschrieben und einen Sendbrief an Untertanen, Prälaten und die Ritterschaft fertiggestellt. An den Adel schrieb sie darin:

Es gilt vor Gott wenig, dass man vor der Welt edel geboren wurde, wenn man nicht gottselig und fromm dabei ist. Und ich halte Euch an allzeit diese gläubige Fröhlichkeit und ein gerechtes, barmherziges Leben und Regiment zu halten.

Der Bevölkerung schrieb sie, dass sie wohl von den schweren Zeiten wüsste. Aber wenn sich einer gegen den andern erhöbe, gelte doch dies:

Wo man Gott nicht zum Freund, sondern wider sich hat, da helfen weder Festung noch Mauern, noch Wälle, noch Geschütze, noch Rüstung.

Meine Herrin legte Corvinus ihre Sammlung vor, damit er prüfen sollte, ob sie auch mit der Heiligen Schrift übereinstimmte. Corvinus fand den Sendbrief so hervorragend, dass er ihn, ohne meine Herrin zu fragen, in Hannover in Druck gab. Die Schriften wurden im ganzen Land verteilt.

Elisabeth reformierte die Kanzleien in Münden und am Rübenberge erneut. Sie sollten nun den Bürgern gegenüber freundlich gesonnen sein. Ihre Anordnungen lauteten:

Damit soll nun endlich allem Mutwillen und bösen Treiben in unserem Fürstentum Einhalt geboten werden und soviel wie möglich in äußerlichem Verhalten und Besitztümern noch mehr Friede, Einigkeit und Recht geschaffen werden, auch soll hier niemand Unrecht und Gewalt erleiden.

Ich war sehr stolz. Wohin wir nun auch immer kamen, es fand sich immer jemand, der uns stolz seinen Druck des Sendbriefes zeigte. Und als ob ich selbst die Schreiberin gewesen wäre, las ich freudig das Vorwort meiner Herrin:

Ein christlicher Sendbrief der durchlauchtigsten, hochgeborenen Fürstin und Frauen, F. Elisabeth, geborene Markgräfin zu Brandenburg ec., Witwen all F.G. und ihrer F.G. herzlieben Sohnes Herzog Erichs II. Untertanen geschrieben zur christlichen Besserung und zum neuen gottseligen Leben, so in dieser letzten bösen Zeit die hohe Not fordert, betrifft. Mit einer Vorrede von Antony Corvini

Auch Mithof lobte meine Herrin: »Mit der neuen Hofgerichtsordnung gehört Ihr nun zu den vorbildlichsten und gerechtesten Herrschern. Und mit dem Sendbrief erweist Ihr Euch als eine gute Mutter für Euer anvertrautes Volk.« »Ich wünsche mir doch nur, dass mein geliebter Sohn, wenn er bald die Regierung antritt, ein geordnetes, gottgefälliges Land vorfindet«, antwortete Elisabeth. Mithof nickte: »Die Zeit, in der Ihr Euren Gatten und Sohn vertretet, ist die einzige Zeit, in der nicht gefordert wird, dass der Herzog mit in den Krieg reitet und damit immer weiter das Volk verschuldet. Und jetzt erst verstehe ich, warum Ihr nicht in den Schmalkaldischen Bund eintretet. Ihr wollt, so lange es geht, die hohen Kosten von Eurem Land abwehren.« »Ja«, sagte Elisabeth. »Aber mich dünkt, ich verliere darüber einen meiner liebsten Freunde und Verbündeten, Kurfürst Philipp von Hessen.«

Es war schon lange geplant, dass wir im Frühsommer 1544 mit Erich II. nach Kassel reisen sollten, damit er seine zukünftige Frau Anna besser kennenlernen konnte. Auch die Grafen von Henneberg und Elisa sollten kommen. Elisa wollte danach für einige Zeit wieder in Münden sein und ihre Familie besuchen.

Ebenso war auch Moritz von Sachsen mit seiner Familie nach Kassel geladen worden, er war einer der einflussreichsten und mächtigsten Gestalten im Schmalkaldischen Bund.

Lange bevor wir nach Kassel reisten, traf sich Elisabeth mit der Heilerin. Ich lauschte ihrem Gespräch gebannt aus der Ferne. Es fielen die Worte »Liebestrank – ohne allzu großen Rausch – Sidonie«. Was hatte Elisabeth nur vor? Neugierig verfolgte ich ihre Anweisung, die Heilerin mit nach Kassel zu nehmen. Sie sollte sich als Waschfrau ausgeben. Wir hatten noch nie eine Waschfrau mitgenommen! Und so gab niemand der falschen Waschfrau etwas zu tun, bis es Elisabeth befahl.

Ich weiß bis heute nicht, welche Tränke die Heilerin gebraut hat. Auf jeden Fall war Moritz von Sachsen mit seiner Schwester gekommen, und sie hieß Sidonie. Sie hatte blonde Haare, die sie in einem Zopf geflochten um den Kopf legte. Sie schmückte sich nicht mit ausladenden Hüten, sondern trug meist ein Tuch, das zwischen die Haare geschlungen war. Sie kleidete sich, wie es die jungen unverheirateten adeligen Frauen gerne taten. Nach der neuen Mode trug sie keine weiten Ärmel, sondern eng anliegende Ärmel, die am Handgelenk mit einem anderen Stoff abgesetzt waren und sich wie ein kleiner Rock über die Hände legen konnten. Ich musste ständig auf ihre kleinen Handröckchen schauen, die mit jeder Bewegung wie kleine Flügel hin- und herschwangen. Die Ärmel ließen auch die Schultern frei und lenkten den Blick auf ihren Hals, die Schultern und das Dekolleté.

Sie bestach durch natürliche Anmut. Anna von Hessen, die Verlobte Erichs II., war gewiss noch liebreizender. Doch Erich II. hatte, nachdem er Sidonie gesehen hatte, nur noch Augen für sie. Anstatt sich mit den anderen im Gespräch zu üben oder mit Anna eine schöne Konversation zu führen, suchte er jede Gelegenheit, sich mit Sidonie zu treffen. Vielleicht wäre sein Verhalten nicht so sehr aufgefallen, wenn wir nicht extra nach Kassel gefahren wären, damit er mit seiner Verlobten Anna zusammen sein könnte. Was wollte er nur von Sidonie? Sie war doch zehn Jahre älter als er selbst!

Meine Herrin beobachtete alles mit großer Gelassenheit. Sie spazierte, sobald sie abkömmlich war, mit Poppo durch die Gärten, während Erich II. sich ein Boot auslieh, um mit Sidonie in der Sonne zu schaukeln.

Eines Abends hatte ich meiner Herrin bereits die Haare gelöst und wollte sie gerade entkleiden, als es an unserem Schlafgemach klopfte. »Poppo«, dachte ich entsetzt. »Nun klopft Poppo und ich muss mich zurückziehen.« Elisabeth schaute erstaunt auf: »Sieh nach, wer zu solch später Zeit anklopft.« Ich ging zur Tür und traute meinen Augen kaum. Da stand Erich II. und machte einen wahrlich erbärmlichen Eindruck. »Es ist Euer werter Sohn, Erich II.« »So soll er kommen.« Erich II. trat ein, ging zu seiner Mutter und fiel vor ihr auf die Knie: »Helft mir, liebste Frau Mutter, helft mir, damit ich nicht ein unglückliches Ende nehme.« Elisabeth bat Erich II. aufzustehen und wie ein Sohn, der Vertrauen in seine Mutter hat, von seinen Sorgen zu berichten. Ich rückte ihm einen Stuhl zurecht und schaute nach, ob die Tür auch gut verschlossen war. Erich II. redete ohne viel Umschweife: »Werte Frau Mutter, Ihr wisst, dass ich Euch immer ein treuer und gehorsamer Sohn war und ich stets Euren Willen und den Willen meines geliebten Vaters geachtet und getan habe. Ich war ein Kind, als Ihr mich mit Anna verlobtet. Doch heute bin ich ein Mann und erkenne, dass es nicht Anna ist, der ich mich anvertrauen und mit der ich unser Land regieren will, sondern es ist Sidonie aus Sachsen, die unserem Hause gewiss ebenso viel Ehre einbringen wird. Seit ich sie sah, von einem Augenblick zum andern, will ich nichts mehr in meinem Leben, als sie zur Frau nehmen.«

Elisabeth lächelte: »Langsam, langsam. Meint Ihr, wir könnten so einfach unser Wort brechen? Denkt Ihr, ein Mann Eures Standes könnte sich so einfach eine Frau aussuchen?« »Nein, Mutter, ich weiß ja, dass ich Euch in Schwierigkeiten bringe und das freundschaftliche Verhältnis zu Philipp von Hessen aufs Spiel setze. Ich bitte Euch trotzdem von Herzen: Löst die bestehende Verlobung und verhandelt mit Sidonies Vater.«

»Der Schritt ist folgenschwer«, grübelte Elisabeth. »Seid Ihr Euch denn der Zuneigung Prinzessin Sidonies gewiss?« »Ja, liebste Mutter. Erst wehrte sie mich ab und sagte, dass es einer alten Jungfer nicht anstünde, einen zehn Jahre jüngeren Mann zu heiraten. Aber auch sie liebt mich. Sie hat es mir gesagt.« »Liebe«, sagte meine Herrin. »Ach Kind, warum muss Euch so etwas quälen?« »Es quält mich nicht, werte Mutter. Es quält mich nur so lange, bis Ihr die Verlobung lösen könnt. Bei Gott, ich schwöre

Euch, dass ich es Euch vergelten werde, so ich es kann.« »Mein liebster, einziger Sohn, grämt Euch nicht. Ich versichere Euch, ich werde Euer Anliegen bedenken. Ich muss mich aber zuvor beraten, ehe ich dem Landgrafen gegenübertrete. Also geduldet Euch. Diese Nacht werde ich Pläne schmieden und mich morgen darüber beraten.« »Das heißt, Ihr löst das Verlöbnis?« »Ich will sehen, was wir tun können. Schweigt nun jedoch über allem und verhaltet Euch Anna und Sidonie gegenüber wie es dem derzeitigen Stand gebührt.« Als Erich II. begriff, dass sich seine Mutter für ihn und Sidonie einsetzen würde, rannen ihm die Tränen über seine flaumigen Wangen. Er küsste seine Mutter stürmisch und sprang aus dem Zimmer. Ich hörte, wie er noch auf dem Flur lautstark seinen Knappen umarmte und ihn dieser ermahnte, still zu sein.

Ich dachte, meine Herrin würde nun die ganze Nacht wach liegen und grübeln. Aber nachdem ich sie fertig entkleidet hatte und sie sich im Nachtgewand ins Bett gelegt hatte, griff sie zu dem kleinen Kreuz, küsste es und schlief ein, noch ehe ich bei ihr lag. Ich konnte es nicht fassen. Warum regte sie sich nicht auf? Was würde geschehen, wenn die Verlobung tatsächlich gelöst würde? Wenn, dann müsste es gleich geschehen, solange noch die Henneberger Grafen und Sidonies Brüder zugegen waren. Über diesen Gedanken schlief ich ein.

Als ich am nächsten Morgen aufwachte, musste ich immer noch daran denken. Bewahrheitete sich die Vermutung, dass Erich II. und Sidonie ein Liebestrunk eingegeben worden war, der, sobald die Wirkung nachließ, zwei enttäuschte Menschen zurücklassen würde? War dies der Beginn eines großen Unglücks? Ich erwartete nichts Gutes. So kam es, dass ich lächelte, als meine Herrin am nächsten Abend ins Zimmer trat und ihrem Sohn die Nachricht überbrachte, dass das Verlöbnis mit Anna von Hessen gelöst sei und sie nun mit Prinzessin Sidonies Vater verhandeln würde. Ich lächelte über seine Freude, weil ich mich ja auch mit dem jungen Paar freute, das seine Liebe so offenkundig zeigte. Fortan brauchte ich meine Herrin in Kassel nicht mehr begleiten. Um sie herum sprang Prinzessin Sidonie und erfüllte ihr alle Wünsche.

Anstatt mich auf eine schöne Liebeshochzeit zu freuen, war mir mein Herz schwer, denn ich hatte Anna von Kassel schon lange in mein Herz geschlossen und konnte nicht mit ansehen, welchen Kummer sie nun hatte.

Am nächsten Tag unternahm ich mit meiner Herrin einen Spaziergang in den wunderschönen Gärten des Landgrafen. Die Sonne schien auf uns und langsam, ganz langsam kamen meine Seele und mein Herz zur Ruhe. Von Weitem schon sahen wir Graf Poppo auf einer Bank in der Sonne sitzen und er winkte uns heran.

»Es hat noch Platz an meiner Seite und es wäre mir eine große Freude, wenn ich die Ehre hätte, an Euren Gedanken teilzunehmen, werte Herzogin.« Meine Herrin freute sich über Poppos Worte und nahm den freien Platz ein. »Ich bin zufrieden«, sagte Elisabeth. »Wenn nur nicht der Landgraf, Philipp von Hessen, mit zweierlei Maß messen würde.« »Wie meint ihr das?« »Nun, mein verstorbener Gemahl und ich haben ihm vor Jahren keinen Kummer bereitet, als er das Verlöbnis mit unserem Sohn gelöst und Agnes mit dem Hause von Sachsen verlobt hat. Wir willigten ein, mit der jüngeren Anna als Schwiegertochter vorlieb zu nehmen. Nun aber, da ich ihn bat, das Verlöbnis mit Anna zu lösen, lehnte er ab und fordert die üblichen Entschädigungen, weil wir das Heiratsversprechen nicht einhalten würden. Er besteht darauf, dass ich seiner Familie 10.000 Gulden Entschädigung zahle. Wenn das Geld nicht innerhalb eines Jahres eintrifft, will er beim Kaiser klagen. Ebenso hat er das Verlöbnis zwar gelöst, aber gleichzeitig seine Vormundschaft für Erich II. zurückgezogen.«

»Philipp ist nicht mehr der Vormund Erichs II.?« »So ist es«, bestätigte Elisabeth. »Ich werde mich nun an die Familie Sidonies halten müssen, wenn ich Unterstützung brauche.« Poppo schüttelte den Kopf: »Ich habe bei der ganzen Sache kein gutes Gefühl. Die Leute munkeln schon, dass Ihr Euch von einer Heirat mit Sidonie mehr politische Vorteile versprecht, als Euch Anna von Hessen bieten kann. Sie sagen, Ihr habt das neue Verlöbnis bewusst herbeigeführt.« »Üble Reden!«, empörte sich Elisabeth. Poppo ließ jedoch nicht nach und bemerkte: »Ihr habt nur einen Sohn und könnt Philipp keinen zweiten im Tausch bieten, wie er es damals bei Agnes machte. Somit sind mit Eurer Wahl von Sidonie alle seine Hoffnungen auf eine Vereinigung der Länder zunichtegemacht. Ich denke, er wünschte sich, Euer Gemahl würde noch leben, dann hätten sie die Dinge von Mann zu Mann geregelt.« Meine Herrin war wütend, weil Poppo so mit ihr sprach. Sie stand auf und ging davon. Poppo ging ihr nach. Ich hielt es jedoch für das Beste, schon in unser Zimmer zu gehen und alles für die Nacht herzurichten.

Ich verstand nicht, warum meine Herrin Philipps Vormundschaft, die ihr so viel bedeutete, so einfach aufs Spiel setzte. Hatte sie nicht dem Landgrafen vieles zu verdanken und war er nicht weiter ihr Vorbild für ihr eigenes Reformationswerk? Ich war nicht die Einzige, die ihr Verhalten nicht verstand. Böse Zungen behaupteten, dass meine Herrin mit Sidonie von Sachsen eine bessere Partie machen wollte, um ihr Land politisch zu stärken. Wie dem auch war, meine Herrin musste wohl oder übel ihren Erzfeind, Heinrich, um Erlaubnis fragen, der nun als Vormund den Wunsch Erichs II. unterstützen musste. Sie schrieb Heinrich die Bitte, der Eheschließung zwischen Erich II. und Prinzessin Sidonie von Sachsen zuzustimmen, damit sie die Brautverhandlungen führen könne.

Mein lieber Sohn wird es Euch gewiss sein Leben lang danken, denn es ist sein Herzenswunsch, die Frau zu sich zu nehmen, die er liebt. Ich denke, Ihr könnt ermessen, welch Glück es ist, mit einem Menschen vermählt zu werden, den man von ganzem Herzen liebt und begehrt.

Sie musste nicht lange auf Antwort warten: Heinrich stimmte zu. Das Hochzeitsfest sollte schon im Jahr darauf, im Mai 1545, stattfinden.

Im folgenden Winter sah ich Erich II. in neuer Vertrautheit mit seiner Mutter. Sie saßen ständig zusammen und besprachen die kommende Hochzeit. Wie ich schon vermutet hatte, würde es ein großes Ritterturnier geben, das Sidonies Brüder, die Herzöge Moritz und August von

Sachsen, veranstalten würden. Da diese aufwendigen Spiele von anderen Höfen nicht mehr praktiziert wurden, konnten sie sich der Sympathie der antretenden Ritter gewiss sein. Erich II. wusste, dass ihm die Adeligen und die Ritterschaft zugetan waren, und er freute sich darauf, mit der Heirat frühzeitig mündig zu werden. Dann würde er tun und lassen können, was er wollte. Doch zuvor hatte seine Mutter noch zwei dringende Wünsche an ihn. Da Erich II. seiner Mutter versprochen hatte, ihr zu Gefallen zu sein, schwor er in der St.-Blasius-Kirche, dass er während seiner Regentschaft sein Land weiterhin reformieren wolle und sich am Kaiserhof für Luthers Schutz verbürgen würde. Den zweiten Wunsch hatte meine Herrin bereits schriftlich niedergelegt und als Erich II. unterschrieb, waren Mithof, Lorleberger und mehrere Amtsbrüder zugegen, die das Schreiben zur Richtigkeit siegelten. Dann setzte sich meine Herrin an den Tisch und schrieb alles fein ab. Sie schickte die Kopie nach Sachsen und legte ein Begleitschreiben an Poppos Vater hinzu:

Wie Euer Hochwohlgeboren aus dem Schreiben ersehen könnt, stellt sich nun einer Vermählung mit Eurem hochgeschätzten Sohn, Graf Poppo von Henneberg, nichts mehr in den Weg, denn ich werde bis an mein Lebensende mein Wittum behalten, auch wenn ich mich mit Eurem Sohn vermählen würde. Somit habe ich alle Einnahmen aus dem Mündener Land bis weit über Göttingen hinaus. In diesem Gebiet liegen die ertragreichsten Landstriche. Die Handwerkerschaft gelangt zurzeit zu großer Blüte und die wald- und wildreichen Gegenden geben auch ein gutes Geschäft ab. Mein herzliebster Sohn hat es bereits gesiegelt und unterschrieben, und wie Ihr seht, hat er auch zugestimmt, dass meinen Töchtern eine gute Hochzeitsgabe mitgegeben wird. Sie liegt höher, als ursprünglich gesiegelt wurde. Einer guten Verheiratung meiner zwei jüngsten Töchter wird somit nichts im Wege stehen.

Es zählt nun nicht länger, dass Ihr und Euer Sohn einer Heirat gegenüber abgeneigt seid, da ich genug Land und Mittel in den Besitz Eures geliebten Sohnes, Graf Poppo, bringe, um eine Familie zu ernähren.

Wie froh war ich, als meine Augen sich zufällig auf das Papier hefteten. Und ich lobe die Tinte, die ihre Zeit brauchte, um zu trocknen. So musste Elisabeth warten, bis sie das Papier falten konnte. Als Tage später ein Brief von Poppos Vater ankam, schlich ich mich heimlich in meiner Herrin Schreibstube. Ich fand das Schreiben erst nach längerem Suchen, denn meine Herrin hatte das Papier zuunterst gelegt – wohl damit niemand so schnell darin lesen sollte? Ich überflog es und da stand:

Mein geliebter und bescheidener Sohn, Graf Poppo von Henneberg, dessen Charakter und Gottesfürchtigkeit aus einem reinen Herzen fließen, ließ mich jedoch wissen, dass es nicht in seinem Ansinnen steht, eine hochwohlgeborene Herzogin zu ehelichen, der er nicht in Gänze ein ebenbürtiges Erbe entgegenhalten könne. Vielmehr bessert sich nun mein geliebter Sohn seinen Lebensunterhalt auf, indem er in Preußen in Dienst gegangen ist. Dort ist er sehr zufrieden und kommt mit seinem Leben gut zurecht. Sein Erbsitz und Schloss in Ilmenau wird ebenso sorgsam gepflegt und darin wird er, wenn es an der Zeit ist, ein ruhiges Alter verbringen. Indes befürchten wir, dass Erichs II. großmütige Tat angefochten wird und Eure Durchlaucht mitsamt meinem Sohn ins Unglück stürzen könnten.

Ich war enttäuscht, aber wie immer überraschte mich Elisabeth. Am Abend setzte sie sich in die Schreibstube und als sie sich munter zur Nacht begab, wusste ich, dass sie früher oder später auch diese Schlacht für sich gewinnen würde.

Erich II. heiratet Sidonie von Sachsen und Herzog Heinrich verliert die Höckelheimer Schlacht (1545–1546)

Das Jahr 1545 brach an und mit ihm begannen alle fleißig zu arbeiten. Die Hochzeit sollte erst im Mai sein, doch bereits im Januar summte ganz Münden wie ein Bienenstock. Es wurde gebaut und gehobelt, gestrichen und geputzt, geschneidert und poliert. Die Stallknechte richteten die Pferdeboxen und reparierten das Zaumzeug. Die Fische in den Teichen wurden gefüttert, damit sie zum Fest auch schön dick sein sollten. Vor dem Fest durfte keine Sau und kein Schaf mehr geschlachtet werden. Während ich stundenlang übte, Haare zu toupieren und gleich einem gewundenen Turm auf den Kopf zu stecken, schritt Erich II. auf Anweisung seines Erziehers mal im Prunkgewand, dann wieder in Ritterrüstung hoheitsvoll durch die Gänge und die Treppen hinauf und hinunter. Ich konnte mir zwar nicht vorstellen, dass etwas schwerer sein könnte als eine Frisur, der man nicht ansehen sollte, dass sie voller Zuckerwasser war, doch Erich II. übte seinen hoheitsvollen Gang in der Rüstung so lang, dass das mir noch viel schwerer erschien.

Elisabeth beendete ein weiteres Werk und es sollte ihr schönstes werden. Sie hatte in ihrer gleichmäßigen Schrift ein Regierungshandbuch für Erich II. geschrieben, das ihm helfen sollte, wenn er die Regierungsgeschäfte im Jahr nach der Hochzeit übernahm. Es war gerade vollendet und die Seiten lagen auf einem kleinen Sekretär und warteten auf den Einband des Buchbinders. Der Silberschmied hatte den Auftrag erhalten, silberne Schnallen anzufertigen und allerlei Verzierungen vorzunehmen. Als der Einband geliefert wurde und das Buch gebunden war, nahm ich es ein letztes Mal in die Hand. Mir rannen die Tränen über die Wangen, denn es war wunderschön, geschrieben mit unterschiedlichen Tinten und ausgestattet mit gemalten Kleinodien. Ich blätterte staunend darin. Das Buch war in Kapitel geordnet. Meine Herrin hatte seine Abschnitte verschiedenen Bereichen zugeordnet und sie hatte wirklich alles Wichtige aufgeschrieben, um Erich II. vor Schaden zu bewahren und ihm die

Verantwortung für seine Untertanen, die Kirche und das Eheleben zu erleichtern. In der Einleitung schrieb sie:

Unterrichtung und Ordnung der von Gottes Gnaden, Elisabeth, geborene Markgräfin zu Brandenburg, Herzogin zu Braunschweig und Lüneburg (Witwe), aus ganz mütterlichem und wohlmeinendem Herzen dem hochgeborenen Fürsten, Herrn Erich II., Herzog von Braunschweig und Lüneburg, unserem freundlichen, herzlieben Sohn zur zukünftigen und angehenden Regierung, damit sein Regiment sich Gott gegenüber selig und im weltlichen Regiment gegen jedermann richtig verhalten und schicken soll, zur freundlichen und nützlichen Unterrichtung und gefälligem Tun.

Sie ermahnte Erich II. auf der nächsten Seite, dass er das Buch nicht unter der Bank liegen lassen, sondern oft darin lesen solle und dass der mütterliche Rat zu beherzigen sei. Damit Erich II. ihre Worte auch ernst nehmen sollte, zitierte sie aus dem Alten Testament:

Gott sprach zu Abraham: Alles, was Sara dir gesagt hat, dem gehorche.

Und am Ende des Buches einen Bibelvers, der noch einmal belegte, dass Männer auf Frauen hören sollten:

Mordechai ging hin und tat alles, was ihm Ester geboten hatte.

Ich war mir nicht sicher, ob Erich II. sich an die Anweisungen halten würde, denn er war wie sein Vater. Auch Erich II. wartete sehnlichst darauf, endlich in ferne Länder zu ziehen und im Dienste des Kaisers zu kämpfen. Siechenhäuser, Klöster und Bauern schienen ihm unwichtig und Zeitverschwendung. Worüber sich seine Mutter den Kopf zerbrach, war für ihn Weibersache. Noch konnte ich mit meinen Händen über das Buch streichen und roch das Papier und die frische Tinte. Mit schwerem Herzen trug ich es wenige Tage später auf Befehl meiner Herrin in die Silberkammer.

Der Tag der Hochzeit kam und es war alles so, wie ich es als junge Frau mit meiner Herrin 20 Jahre zuvor erlebt hatte: Von den Türmen flatterten bunte Fahnen, die Ritter begutachteten den Turnierplatz und ihre Knappen polierten die Schilde und ölten die Scharniere. Die Küche hatte sich um ein Vielfaches vergrößert und in zwei großen Hallen lagerten die Getränke, flatterte noch das Geflügel in den Käfigen, und die Müller warfen einen Sack Mehl nach dem anderen auf einen Haufen. Die Küchenmeisterin, Bertha, der Schmied, alle anderen arbeiten emsig und voller Eifer und duldeten keinerlei Ablenkung. Mir war es hingegen gegönnt, immer wieder meinen Hals zu recken und beobachten zu dürfen, wie die Ritter gegeneinander antraten, wie die Damen die neueste Mode und Stoffe ausführten und wie sich das junge, verliebte Paar freundlich zueinander neigte. Während ich meine Herrin begleitete, konnte ich alle ihre Gespräche mitverfolgen und meine Blicke schweifen lassen.

Corvinus saß neben Elisabeth auf der Tribüne und sie vertieften sich in ein Gespräch, über dem Elisabeth das Turnier vergaß. »Es wäre wohl die größte Freude für den Herzog gewesen, diesem Tag beizuwohnen«, sagte Elisabeth zu ihm. Corvinus war wohl der Einzige, dem die Hochzeit nicht zu Kopf gestiegen war, und er antwortete gelassen: »Nun, wäre Euer Gemahl noch am Leben, würde ich hier nicht sitzen, nachdem ich dem Paar den Segen erteilt habe.« »Aber es ist doch Sidonies und Erichs II. Wunsch, dass sie lutherisch getraut werden!« »Gewiss ist es so. Doch so sicher es ist, dass ein Pferd vier Beine hat und nur einen Schwanz, so sicher würde nun an meiner statt ein katholischer Priester den Weihrauchtopf schwingen und Euren Sohn damit einzunebeln verstehen, wenn Erich I. noch lebte.« »Ihr zweifelt an der lutherischen Einstellung meines Sohnes?« »Eurem Sohn fehlt der Vater. Wenn Erich I. noch leben würde, könnte Erich II. an den unterschiedlichen Glaubenseinstellungen der Eltern wachsen. Ein Mann könnte ihn bei seinen Fragen stärken.«

»Er hat eine Mutter.«

»Eine gute Mutter, gewiss. Sogar die beste Mutter, die ein Sohn haben kann. Und doch ist es so, dass Ihr als Frau keinen Vater ersetzen könnt. Je gründlicher Ihr das einseht, umso besser können wir für Euren Sohn sorgen.« »Ihr sprecht in Rätseln. Corvinus, ich bitte Euch, werdet konkret.« Corvinus versprach Elisabeth, dass er ihr wichtige männliche Berater für Erich II. vorschlagen würde. Doch meine Herrin wies ihn ab und sagte: »Er hat mich, das reicht.« Dieses Gespräch war das einzige, das für einen kleinen Augenblick meine gute Stimmung trübte. Ansonsten machten mich die Hochzeit und die folgenden Sommernächte trunken vor Glück.

Die Hochzeit brachte neue Hoffnungen. Meine Herrin freute sich auf die Zeit, in der endlich Erich II. die Regierung antreten und zusammen mit Sidonie die Geschicke des Landes lenken würde. Sie versuchte, die beiden nun häufiger in Aufgaben einzubinden. Sie träumte gewiss auch davon, dann endlich mit Poppo vereint zu sein.

Und dann gab es Neuigkeiten: Sidonie war schwanger. Nach dem Brautgelage versiegten die Blutungen und ihre Brüste begannen zu schwellen. Elisabeth gebärdete sich wie eine Glucke. Sie wollte alle Wege des Paares wissen und ermahnte sie ständig, auf sich achtzugeben. Sie sorgte sich um ihren Sohn, weil sie in ständiger Angst war, ihrem einzigen Erben könnte etwas zustoßen. Und sie hütete den Leib Sidonies, weil sie erst vollkommenen Frieden hatte, wenn ein neuer Erbe geboren war.

Meine Herrin, die doch bei ihrer Hochzeit noch viel jünger gewesen war als Sidonie, wollte ihr nun vorschreiben, wohin sie zu gehen und was sie zu sagen hatte. Ich sah sehr wohl die fragenden Augen Sidonies, wenn sie nicht verstand, warum ihre Schwiegermutter sie behandelte wie ein kleines Kind. Sie hatte ein unglaublich feines Gespür für politische Belange und war in der Schwangerschaft viel vernünftiger, als meine Herrin es gewesen war. Ich beobachtete alles genau und schätzte an Sidonie, wie vorsichtig sie mit meiner Herrin umging und schnell lernte, ihre Meinung einzubringen. Erich II. bewunderte seine Frau und sagte ihr, dass sie genau die richtige Frau sei, um bald das Land mit ihm zu regieren. Doch Elisabeth zügelte seine Erwartungen. »Eure Zeit zu regieren ist noch nicht gekommen«, sagte sie. »Grämt Euch deswegen nicht, glaubt mir, andere werden die Schlachten für Euch schlagen und Gott wird unser Schutz sein.«

Neue Auseinandersetzungen kündigten sich an. Herzog Heinrich hatte in der Verbannung neuen Mut gefasst und setzte von Köln aus alles daran, sein Land wieder zurückzuerobern. Drei Jahre lang war es durch den Schmalkaldischen Bund besetzt gewesen. Während der Zeit waren auch viele Bürger und Adelige seines Landes aus freien Stücken evangelisch geworden und hatten sich von ihrem Herzog abgewendet. Elisabeth hatte Philipp mehrmals gebeten, Heinrich sein Land zurückzugeben, unter der Bedingung, dass dieser die Reformation zulassen und alle Evangelischen schützen würde. Der Landgraf zürnte meiner Herrin deswegen. Er wusste sehr wohl, dass sich Elisabeth nur für Heinrich einsetzte, damit sie beim Kaiser in einem guten Lichte stehen konnte. Philipp blieb unerbittlich und so beauftragte Heinrich einen Kriegsobersten, für ihn Truppen aus Norddeutschland anzuwerben, um seine abtrünnigen Städte Braunschweig und Wolfenbüttel zurückzugewinnen. Elisabeth erfuhr davon, aber die Boten dieser Nachricht erschienen ihr unglaubwürdig und so schickte sie einen Auftrag an alle Städte und Dörfer, ihr unverzüglich zu melden, was vorging. In den kommenden Wochen sprengten Boten über die Brücke auf das Schloss zu und meldeten, dass sich das Heer Heinrichs ständig vergrößerte und er wohl bald um Braunschweig auch noch seine Landsleute werben wollte, um ein schlagkräftiges Heer zu bilden. Elisabeth befahl uns, weder für Philipp noch für Heinrich Partei zu ergreifen. Hatte Heinrich denn nicht auch das Recht, seine Länder wieder zurückzugewinnen? Und waren seine Länder nicht auch die Länder der gemeinsamen Vorfahren? Erich II. war seiner Mutter dankbar, dass sie nicht gegen Heinrich vorging.

Eines Nachmittags saßen wir bei Tee und frischen Beerenküchlein, als ein Bote eintrat. »Er halte sich kurz, wir unterbrechen nur ungern diese Gemeinschaft«, sagte sie zu ihm. Der Bote schaute unsicher in unsere Gesichter und sprach: »Herzog Heinrich von Braunschweig hat mithilfe der Landsknechte und Reiter den Großteil seiner Länder zurückerobert. Lediglich die Festungen Wolfenbüttel und Schöningen hat er noch nicht wieder in seine Gewalt bringen können. Er belagert nun die beiden Festungen und hofft auf die Aufgabe der Besetzer.« »Weißt du, wie stark das angeworbene Heer Herzog Heinrichs ist?« »Man spricht von 3 500 Reitern und 10 000 Landsknechten.« Wir atmeten alle tief durch, denn wir wussten, dass dieses starke Heer neue Probleme für Heinrich bedeutete. Die Kriegsleute warteten auf ihren Sold, den er ihnen nur zahlen konnte, wenn er sein gesamtes Land wieder einnehmen konnte.

»Weiß Philipp von Hessen schon, zu welchen Gunsten die Auseinandersetzungen nun gedeihen?«, fragte meine Herrin. »Sehr wohl haben einige Geschlagene schon Hessen erreicht und Philipp Kunde gebracht.« Meine Herrin sah ihn nachdenklich an und sagte dann: »Morgen reitest du ohne Eile zum Kassler Hof und gibst Philipp über die Lage einen genauen Bericht.« »Aber er hat die Kunde doch schon vernommen«, wandte der Mann ein. »Das tut nichts zur Sache«, unterbrach ihn Elisabeth. »Du sagst einfach, du kämest in meinem Namen, um ihm die traurige Kunde zu überbringen. Und dann kommt deine eigentliche Aufgabe. Bleibe am Hof und komm erst dann wieder zu mir, wenn du in Erfahrung gebracht hast, was der Landgraf zu unternehmen gedenkt. Komm unverzüglich zu mir und sprich mit niemandem darüber. Wenn du mir ehrlichen Bericht gegeben hast, bist du ein freier Mann. Doch solange du mir nicht sagen kannst, wie Philipp von Hessen zu handeln gedenkt, stehst du in meinem Dienst.« Der Bote schlug die Hacken zusammen und verbeugte sich. Als sich die Tür hinter ihm geschlossen hatte, fingen Erich II. und Sidonie gleichzeitig an zu reden. Elisabeth schlug jedoch mit der Hand auf den Tisch und wir schauten erstaunt auf. »Wir sind hier, um Tee zu trinken und die wunderbaren Küchlein zu genießen. Lasst uns dies nicht vergessen.« Und zu Sidonie und Erich II. gewandt sagte sie: »Ich werde mich gleich mit dem Hofrat besprechen und ich würde mich freuen, wenn Eure Hoheiten auch zugegen wären, da wir einig zu handeln gedenken.«

Mir waren die Türen zum Sitzungszimmer verschlossen. Ich erfuhr erst mehr, als nach drei Tagen der Bote aus Kassel zurückkam. Der Rat, Erich II. und Sidonie versammelten sich, denn der Bote sollte erst sprechen, wenn alle zugegen waren. Wie gut, dass Sidonie eine lange Schleppe trug und ich mich so hinter ihr verstecken konnte. Als alle da waren, begann der Bote mit seinem Bericht. »Ich habe in Erfahrung gebracht, dass Landgraf Philipp von Kassel aufrüsten wird und von Kassel über Göttingen in die Gegend von Northeim ziehen möchte, um dort Heinrich zum Kampf zu fordern. Am 10. Oktober will er dort sein.« »Er will den Kampf in unserem Land austragen?«, unterbrach ihn Erich II. entrüstet. »Höre erst zu, was der Bote alles zu sagen hat«, bat Elisabeth. Der Bote fuhr fort: »Philipp von Hessen befahl die Kurfürsten von Sachsen zu den Waffen. Ebenso wies er Herzog Moritz von Sachsen an, sein gesamtes Heer und seine Kriegskunst in den Dienst des Schmalkaldischen Bundes zu stellen.« »Aber mein Bruder Moritz ist krank. Er liegt schon seit mehreren Tagen in Dresden nieder«, rief Sidonie. Der Bote sah von Sidonie zu Elisabeth. »Was weißt du noch?«, fragte Elisabeth. »Die sächsischen Heere sollen sich am 9. Oktober in Mühlhausen treffen und dort in den Oberbefehl des Landgrafen Philipps gestellt werden. Allerdings folgt Moritz nicht willig, er stellt die Frage, ob es nicht Heinrichs gutes Recht sei, sein eigenes Land wieder zurückzugewinnen, da er ja der rechtmäßige Herrscher ist. Dies sei auch im Sinne des Kaisers und des Papstes. Herzog Moritz bat Philipp ausdrücklich, nicht das Schwert zu ziehen, sondern mit dem Schmalkaldischen Bund zu verhandeln.« »Konntest du etwas über die Gruppenstärke erfahren?«, fragte Elisabeth nach. »Nein, jedenfalls ist mir keine genaue Zahl bekanntgegeben worden.« Der Bote verneigte sich und wollte gehen. Aber meine Herrin hielt ihn zurück. »Ich bin sehr zufrieden mit deiner Nachricht. Mir scheint, du hast ein gutes Händchen, an wichtige Informationen zu gelangen. Einen solchen Mann möchte ich erst aus meinem Dienst entlassen, wenn die Waffen schweigen.« Sie machte eine Pause und redete freundlich auf den Mann ein: »Wenn du bei guter Gesundheit bist und noch einige Zeit in meinem Dienst stehen kannst, so wäre ich dir von Herzen dankbar und möchte dir einen guten Lohn zahlen.« Der Bote fühlte sich sichtbar geschmeichelt und beruhigte meine Herrin: »Wenn ich Eurer Hoheit einen Dienst erweisen kann, so schätze ich mich glücklich und werde gerne mein Leben in die Hände meiner gnädigen Herzogin und ihrer liebenswerten Familie stellen.« »Ich überlasse dir noch vier gute Männer vom Hof, die mit dir reiten und dir dienen können. Deine Aufgabe ist es, nach Northeim zu reiten und mir von dort täglich zwei Boten zu entsenden, die mir genauestens Bericht geben, wie sich die Lage befindet. Jeder Bote wird gut besoldet und danach entlassen werden. Du jedoch sollst mit den anderen vier Männern immer vor Ort bleiben.« Elisabeth wies einen Berater an, dem Boten die richtigen Männer zuzuweisen und noch gut ein Dutzend Pferde bereitzustellen. Ebenso sollten auf dem Weg Herbergen eingerichtet werden, wo die Boten ihre Pferde wechseln und sich erfrischen könnten.

Als alle Berater gegangen waren, wandte sich meine Herrin an Sidonie und sagte aufrichtig: »Was ist das für eine Zeit, in der Euer werter Bruder gegen den Verwandten Eures Mannes reitet. Ich versichere Euch, dass ich den Friedenswillen Eures Bruders schätze und wünsche, dass er gesundet und noch einmal mit Philipp reden kann. Kurfürst Moritz versteht das gut. Ich denke aber auch, er fühlt sich Philipp verpflichtet, weil er sein Schwiegervater ist. Ansonsten würde er nicht sein Heer aufrüsten.« Sidonie rief aus: »Am liebsten würde ich selber aufs Pferd, meinem Bruder entgegenreiten und zwischen Philipp und Heinrich vermitteln.« »Ich verstehe nur zu gut, wie es Euch geht. Auch mir sind die Hände gebunden, da wir, wenn wir uns zu sehr einmischen, auch unser eigenes Land verlieren können. Wir haben kein schlagkräftiges Heer. Und erst in einem Jahr werden unsere Untertanen mit ihrem rechtmäßigen Herrscher Erich II. und mit Euch, hochwohlgeborene Sidonie, wieder wahre Landesherren haben.« Elisabeth seufzte tief und fügte hinzu: »So zieht der Vormund meines Sohnes gegen den Schmalkaldischen Bund und unser Land, auf dem der Streit ausgetragen wird, muss beten, dass es dabei nicht vernichtet wird.«

Meine Herrin begnügte sich nie damit, nur zu beten. Es war Sidonie, die mich nach der Besprechung bat, mit ihr in die Kirche zu gehen. Wir saßen still nebeneinander. Ich dachte bei mir, es müsste schön sein, ihre Kammermeisterin zu sein, denn sie war freundlich und immer darauf bedacht, Streit zu schlichten. Es gab auch immer etwas zu lachen, wenn ich in der Nähe ihrer Hofdamen war, und das Gelächter verstummte nicht, wenn ihre Herrin zugegen war.

Ehe wir die ersten Nachrichten von Kämpfen erhielten, bereitete uns Sidonie Sorgen. Hatte sie noch am Tag der Besprechung berichtet, dass sich das Kind in ihrem Leib munter verhielt und wohl ein richtiger Kämpfer werden würde, so klagte sie am nächsten Morgen über Rückenschmerzen und Übelkeit. Obwohl sich die Hebamme um sie kümmerte, eilte meine Herrin auch zu ihr und legte ihre Hand auf Sidonies Bauch. Als sie zurückkam, berichtete sie, dass sich das Kind noch bewege, aber der Leib sich zusammenkrampfe, als ob das Kind geboren werden solle. Sidonie musste im Bett bleiben und alle schwärmten um sie, mal die Hebamme, dann die Heilerin oder meine Herrin. Selbst Mithof legte sein Ohr auf Sidonies Leib, um zu horchen, ob das kleine Herz noch schlug. Später begannen sie zu streiten, was zu tun sei, denn die Hebamme und die Heilerin aus Sachsen schlugen andere Maßnahmen vor, als sie Elisabeth und Mithof angebracht schienen. Einig waren sie sich jedoch darin, dass der Teufel das Kind beiseiteschaffen wolle, damit die Reformation aufgehalten werden solle.

Meine Herrin ging unruhig auf und ab, sorgte sich um Sidonie, sah den ganzen Tag aus dem Fenster und horchte nachts auf das Getrappel der Pferde. Wie lang zwei Tage sein können, wie unendlich lang! Der erste Bote kam erst gegen Mittag des zweiten Tages. So schnell er auf den Hof ritt, so schnell rannten alle die Treppen hinunter, ihm entgegen. Die Menschen drängten sich auf dem Pflaster, als ob ein Empfang gegeben werden würde. Selbst ich ließ mich von der Aufregung anstecken, doch dann hielt ich inne. Ich entschloss mich, stattdessen zu Sidonie zu gehen und ihr von der Ankunft des Boten zu erzählen.

Mein Plan ging auf. Ich trat an Sidonies Bett und übernahm es, die Kissen aufzuschütteln. Die Hebamme freute sich, selbst in den Hof gehen zu können.

Sidonie schien ebenso keine Eile zu haben, an die Nachrichten zu gelangen. »Wie geht es Euch, werte Sidonie?«, fragte ich, denn ich fürchtete, sie würde sich aufregen. Anstatt mir zu antworten, fragte sie mich zurück: »Woher kam der Reiter?« Ich zuckte mit den Schultern. »Als ich auf den Hof trat, versperrten mir die anderen ja bereits den Blick auf den Boten. Wenn ich aus dem Fenster geschaut hätte, wüsste ich mehr.«

Sidonie lachte: »Es ist eine hohe Kunst, nicht mit der Menge zu rennen, sondern sich einen klugen Platz zu sichern. Aber nun bist du hier. Die Hebamme hat ihr Vergnügen und wir wissen bald mehr.«

Aber wir mussten doch länger warten, als uns lieb war. Erich II. kam erst nach gut zwei Stunden. »Und? Wie geht es meinem Bruder? Wo befinden sich die Truppen?« »Regt Euch nicht auf, meine Liebste, regt Euch nicht auf.« Erich II. küsste die Hände Sidonies und wies sie an, lieber zuvor noch einmal zwei Löffel des Baldrianbreis zu schlucken, den ihr Mithof verschrieben hatte. »Wenn Ihr wüsstet, wie furchtbar diese elende Suppe schmeckt, würdet Ihr mich nicht zwingen, die Wurzel hinunterzuwürgen.« Erich II. griff selbst nach Teller und Löffel und fütterte seine Frau. Einen Löffel. Noch einen Löffel. Selbst ich schluckte bei jedem Löffel zweimal, obwohl ich nur zuschaute. »Nun, los, jetzt müsst Ihr mir aber erzählen!« »Nun, der Schmalkaldische Bund ist Heinrich bei Weitem überlegen. Philipp stellt 1 600 Reiter und 7 000 hessische Mannen, Johann Friedrich brachte 800 Reiter und ebenso 7 000 Mannen und Moritz von Sachsen hat 1 000 Schlachtrösser und 4 500 ausgebildete Landsknechte unter sich. Heinrich hat davon erfahren und die Belagerung von Wolfsburg und Schöningen aufgehoben. Er reitet nun mit seinem Heer den Verbündeten entgegen. Wenn es zu einer Schlacht kommt, wird sie sich bei Northeim ereignen.« Erich II. schwieg. Ich dachte an die Northeimer und was mit ihnen im Schlachtgetümmel wohl geschehen würde. Und was war mit der Erichsburg? Hatte eine der Parteien sie schon in Besitz genommen? »Und?«, fragte Sidonie. »Was gibt es sonst noch zu berichten?« »Nichts weiter, mein Herz. Wir wissen nicht mehr.« Sidonie sah ihren Mann mit schmalen Augen an: »Wegen dieser wenigen Sätze musstet Ihr Euch zwei Stunden besprechen? Mich dünkt, Ihr verschweigt mir etwas oder wollt mich schonen. Es ist aber nicht angemessen, wenn Ihr Eurer Gattin Dinge verschweigt, die sie wissen sollte.« Zum Zeichen ihrer Enttäuschung setzte sich Sidonie auf und verschränkte die Arme vor ihrer Brust. »Was habt Ihr die ganze Zeit verhandelt?«, forschte sie nach. »Ich habe meine Mutter gebeten, mit zur Erichsburg zu reisen, um die Burg als Verhandlungsort zur Verfügung zu stellen.« »Und was hat sie geantwortet?« Erich II. schüttelte den Kopf.

»Ihr kennt sie nicht so gut wie ich. Für sie zählt nur die Strategie, die sie sich zurechtlegt. Aber alle, die sich treffen, sind doch meine Freunde. Warum sollten meine Mutter und ich nicht zwischen ihnen verhandeln?« Sidonie hörte den Kummer in seiner Stimme, streckte ihre Arme nach ihm aus und sprach tröstend auf ihn ein: »Mein Geliebter, lasst nur ein einziges Jahr ins Land gehen, dann werden wir beide gemeinsam unseren Freunden entgegenziehen und sie zum Frieden untereinander bewegen.« Erich II. lächelte müde: »Mich hält allezeit meine Mutter zurück und Euch fesselt unser Nachkomme ans Bett.« Wie wahr, dachte ich, wie wahr. Ich sah die beiden an und lächelte. Ich war dankbar, dass Erich II. und Sidonie so ehrlich miteinander sprechen konnten.

Am nächsten Tag sprengte wieder ein Bote ins Schloss, diesmal mit einem Brief an Sidonie. Erich II. und seine Mutter überlegten, ob die Schwangere den Brief überhaupt erhalten solle, denn sie hatte Blutungen bekommen und brauchte Ruhe. Doch der Brief kam von ihrem Bruder. Alle wussten, dass keiner die Post öffnen durfte, aber würde Sidonie die Aufregung verkraften? Ich wandte mich an meine Herrin, die den Brief unschlüssig in der Hand hielt, und sagte mutig: »Als Ihr krank wart, habt Ihr doch auch die Zügel vom Bett aus in der Hand gehalten. Fragt doch Sidonie selbst, ob sie das Siegel brechen will oder nicht.« »Ja, das wird wohl das Beste sein. Geh zu ihr, nimm den Brief mit, und frage, ob du den Inhalt vorlesen sollst.«

Mit dem gesiegelten Brief rannte ich zu Sidonie. Als ich die Tür öffnete, erschrak ich, weil ich sie so blass vorfand. Ich entschuldigte mein stürmisches Eintreten und senkte meinen Kopf. »Was ist das in deiner Hand?« rief sie. »Post von Eurem werten Bruder. Euer Gemahl war unsicher, ob Ihr Euch nicht zu sehr aufregt, wenn Ihr die Post erhaltet. Aber ich konnte ihn überzeugen, dass Ihr das selbst entscheiden könnt. Und so Ihr möchtet, kann ich Euch die Nachricht vorlesen.« »Ihr könnt lesen?«, fragte Sidonie erstaunt. »Meine Herrin bestand darauf, dass ich es lerne, denn so kann ich ihr in vielem behilflich sein.« »Nun, so lies mir vor, was mein Bruder schreibt, aber lasst mich danach selber noch meine Augen darauf werfen, damit ich kontrollieren kann, ob es stimmt.« Ich ging zu einem kleinen Tisch und löste das Siegel. Am Bett zurück, setzte ich mich auf den Stuhl, der an ihrem Bett stand. Es war der Sitzplatz der Hebamme, die ich kurzerhand aus dem Zimmer geschickt hatte. Ich faltete das Papier auseinander und staunte über die schöne, gleichmäßige Schrift von Herzog Moritz. »Welch saubere Schrift Euer Bruder hat«, entglitt es meinen Lippen. »Mein Bruder schreibt nicht selbst. Er hat stets mehrere Schreiber um sich. – Aber nun lies!«

Meine geliebte Schwester, Herzogin Sidonie von Calenberg,

mit Trauer vernahm ich die Kunde, dass Ihr nun das Bett hüten müsst, da Euch nicht wohl ist. Ich wünsche Euch, dass sich alles wieder zum Guten wendet. Da ich in Eurem Lande bin, will ich meiner geliebten Schwester einen Gruß und Bericht senden. Die Lage ist schwieriger, als es scheint. Mich dünkt, dass Heinrich weder Hessen noch Sachsen angreifen will. Auch Euer Land ist nicht in Gefahr. Die Habsburger sehen keinen Grund, sich Heinrich in den Weg zu stellen, da er doch nur sein eigen Land zurückhaben möchte. Aber ein Sieg Heinrichs würde den Protestanten nicht gut zu Gesichte stehen. Ich habe aber die große Hoffnung, dass wir eine gute Grundlage zur Verhandlung haben, da Heinrich gewiss große Angst hat, dem starken Heer der Protestanten zu unterliegen. Ich werde zwischen Heinrich und Philipp vermitteln. Was wäre das für ein Sieg, wenn Heinrich sein Land zurückbekäme, es aber im Gegenzug selbst reformieren müsste und nie wieder gegen Protestanten aufstünde! Allein, Philipp von Hessen hat es sich in den Kopf gesetzt zu siegen und Heinrich erneut in Gefangenschaft zu bringen. Deshalb bat ich Philipp, mir Gründe für den Angriff zu nennen. Soll er mir doch einen Vorwand geben, damit mein Eingreifen vonnöten sei. Dies schreibe ich Euch, damit Ihr wisst, was in Eurem Land geschieht. Ich werde Euch auch berichten, wenn die böse Zeit hier ein Ende hat, denn ich weiß sehr wohl, welche Nachrichten freie Boten bringen. Meist verstecken sich darin mehr Lügen als Wahrheiten.

So betet für uns und die gerechte Sache, wie auch ich meine liebe hochwohlgeborene Schwester in meine Gebete einschließe.

Mit den freundlichsten Grüßen: Euer Bruder Herzog Moritz von Sachsen.

Mitsamt Grüßen von meiner Gemahlin Agnes, die sie mir schon vor langer Zeit auftrug mit der Bitte Euch, so es möglich ist, zu besuchen.

Ich staunte über den freundlichen Brief. Ich hätte es einem Kriegsmann wie Moritz von Sachsen nicht zugetraut, dass er so an seine Schwester dachte. Ich reichte Sidonie das Papier und sie sagte erstaunt: »Du kannst wirklich lesen! Und es erscheint mir sogar, du liest noch besser, als ich es kann.« »Ich muss meiner Herrin ja oft vorlesen«, erklärte ich. Und sie fragte weiter: »Willst du den Brief meiner werten Schwiegermutter bringen?« Ich wehrte ab und sagte, dass ich ihr die Nachricht auch mitteilen könnte. »Dann eile und halte dich an die Wahrheit.« Ich lief wirklich schnell zu meiner Herrin und berichtete ihr, was Moritz von Sachsen geschrieben hatte. Vorlesen wollte ich Elisabeth den Brief nicht, hatte Moritz sie doch darin vollständig übergangen. Er hatte sogar vergessen zu grüßen; ich aber richtete meiner Herrin die besten Grüße von Moritz aus.

Am nächsten Tag erfuhren wir, dass Heinrich bei Kalefeld sein Lager aufgeschlagen hatte. Moritz von Sachsen hielt sein Lager getrennt vom Heer Philipps und den Truppen Johann Friedrichs. Er lag zwischen Hillerse und Höckelheim. Am Abend kam ein Bote, der ausrichtete, dass Philipp nicht mit Heinrich verhandeln wolle. Moritz von Sachsen wäre jedoch ohne Verhandlung nicht bereit, ein Gefecht zu beginnen. Tags darauf hörten wir von einem anderen Boten, Heinrich hätte mit einem Teil seines Heeres die Leine bei Edesheim überschritten. Er hatte Höckelheim besetzen und Stellung auf dem Eichelberg beziehen wollen. Doch Philipp hatte sich bereits am Abend zuvor dort verschanzt und im Kloster Höckelheim warteten 400 Hakenschützen auf Heinrich. Diese hatten ihre Schießwaffen an den Fensterluken des Klosters in Position gebracht und eröffneten sofort das Feuer, als Heinrich heranzog. Der Kampf dauerte mehrere Stunden an und Heinrich verlor mehr als 100 Kämpfer, von den Verletzten nicht zu sprechen. Wenn die Wasser nicht die Kämpfenden getrennt hätten, wären wohl noch mehr Verluste zu beklagen gewesen. Von beiden Seiten wurden auch Kanonen eingesetzt. Es wurde so lange gefeuert, bis sich Heinrich zurückzog.

Am selben Abend erreichte ein weiterer Brief Sidonie. Es war ein Brief ihres Bruders Moritz. Ich eilte zu ihr und durfte das Siegel brechen.

Meiner lieben Schwester Sidonie von Calenberg, hochwohlgeborene von Sachsen,

ehe Euch falsche Kunde erreicht, sei Euch dies mitgeteilt: Der Landgraf Philipp stieß hart und ohne vorherige Erklärung auf Heinrichs Heer. Heinrich erlitt große Verluste und zog sich wieder nach Kalefeld zurück. Jetzt, da auch endlich Philipp bereit ist zu verhandeln, nannte er mir die Bedingungen, unter denen Heinrich sein Land zurückerhalten könne: Er sollte seine größten Festungen Steinbrück und Wolfenbüttel schleifen lassen, den Untertanen die evangelische Lehre gestatten, evangelische Geistliche einsetzen, den Streit mit Goslar bereinigen und 600.000 Gulden Kriegskosten bezahlen! Ich halte die Forderungen Philipps für unannehmbar. Welcher Landesherr kann es sich erlauben, seine eigenen Burgen zu schleifen und damit wehrlos zu werden? Ebenso wenig kann Heinrich so viel Geld aufbringen. Es gelang mir aber, einen Waffenstillstand zu erreichen, und ich schlug ein Treffen vor. Am Sonntag gegen 9.00 Uhr werden sich Heinrich und Philipp im Kloster Wiebrechtshausen treffen und ich werde die Verhandlungen führen. Ich bin immer noch in der misslichen Lage, meinem Schwiegervater Philipp klarmachen zu müssen, dass für mich immer noch kein Grund besteht, Heinrich anzugreifen, und er mir für eine solche Handlung noch Gründe geben muss. Denn auch ich muss mich vor dem Kaiser und Gott rechtfertigen. Mich dünkt, dass Heinrich vielleicht dankbar sein Land reformieren würde, wenn er dafür von allen anderen Verpflichtungen befreit werden würde. Das wäre doch auf lange Sicht ein größerer Gewinn als ein wütender Herzog, der auf Rache sinnt.

So bitte ich Euch, meine liebste Schwester, betet zu Gott, dass sich die Streithähne einigen, und sich beide damit zufriedengeben, den anderen nicht in der Gänze demütigen und vernichten zu wollen.

Euer ergebenster Bruder und Schwager Herzog Erichs II. Grüßt mir Eure hochwohlgeborene Mutter in Christo, Elisabeth von Calenberg, die landauf landab Mutter und Reformatorin genannt wird, und Euren werten Gemahl.

Das war ein Brief, den ich Elisabeth nur zu gerne zeigte. Sie las ihn gespannt und ordnete dann zusammen mit Corvinus an, dass sich alle in der Kirche einfinden und bis in die Morgenstunden für die Verhandlungen beten sollten. Es war eine lange Nacht und die Kirchenbänke wurden immer härter. Als jedoch der Sonntag anbrach, wurde mir bewusst, welcher Frieden wenigstens in Münden herrschte. Münden lag im

Spätsommerlicht, die Bürger gingen im Sonntagsrock in die Kirche und hatten dabei ihre Kinder an den Händen gefasst. Mich überkam eine große Dankbarkeit für diese Ruhe, als ich mit Elisabeth direkt von der Kapelle zur Kirche ging. Während wir unsere Lieder sangen, trafen sich in Wiebrechtshausen die Heerführer und verhandelten. Ich beobachtete Erich II. während des Gottesdienstes. Es fiel ihm schwer, sich auf die Predigt oder den Text der Lieder zu konzentrieren.

Am Nachmittag machte er sich bei der Brücke zu schaffen, damit er als Erster den Boten abfangen und zur Mutter begleiten konnte. Doch er wartete vergebens; erst nach Mitternacht tauchte ein Reiter auf. Er rief: »Die Verhandlungen sind gescheitert! Die Waffenruhe soll jedoch noch bis morgen Abend fortbestehen.« Er rief es, noch ehe er im Hof war. Alle zusammen stürzten wir ans Fenster, als wir die Hufe hörten. »Wie ich meinen Bruder kenne, wird er weiter verhandeln. Es bleibt ja noch ein Tag«, sagte Sidonie, als sie am nächsten Morgen von der Nachricht hörte. Sie glaubte fest an ihren Bruder und wir sprachen noch lange über das Geschehen. Wir konnten nicht verstehen, dass Philipp Heinrichs Truppen angegriffen hatte, ohne auf Verhandlungen zu warten. Warum hatte er nicht gewartet und in Wiebrechtshausen mit Heinrich den Religionsfrieden verhandelt? Das wäre doch die beste Gelegenheit gewesen!

Als meine Herrin das Mittagsmahl beendet hatte, wollte sie nach Sidonie schauen. Doch noch ehe wir uns auf den Weg machten, kam wieder ein Bote und berichtete, dass Philipp bereits in der Nacht Heinrich angegriffen habe. »Aber es herrscht doch Waffenruhe«, entgegnete meine Herrin. »Er hat es trotzdem getan.« Wieder versammelten sich alle im Saal, und der Bote rückte kleine Figuren auf dem Kartentisch und ließ Philipps Truppen eine Brücke schlagen.

»Die Truppen Philipps fielen in der Nacht, südlich von Kalefeld, über Heinrichs Leute her. Das heißt, erst trafen sie auf die braunschweigschen Reiter. Aber die waren so verwirrt, dass sie ...« Der Bote nahm drei kleine Pferdchen, die auf Heinrichs Gebiet zur Abwehr stationiert waren, und galoppierte damit zum Lager Heinrichs zurück.

»Als die überraschten Reiter sich zurückzogen, hatte Philipp leichtes

Spiel. Er ließ fünf Schneisen durch die Landwehr hauen, auf denen sein Fußvolk in Heinrichs Lager vorrückte.«

Und wieder wurden die Kämpfer auf dem Plan verrückt. Philipps Leute standen in Richtung des Feindes, während bei Heinrichs Kämpfern ein wirres Durcheinander entstand. »Ein Teil von Heinrichs Fußvolk verweigerte den Kampf, weil sie sich bereits besiegt glaubten.«

Dann nahm der Bote ein Pferd Heinrichs aus dem Stützpunkt und ritt damit in das Lager Philipps. Die Erklärung dafür: »Nachdem Heinrich Kriegsrat gehalten hatte, ritt der Kriegsführer in das Lager Philipps und sagte, dass Heinrich nun bereit sei, alle Artikel des Vertrages, die in der Wiebrechtshäuser Kirche genannt worden waren, anzunehmen. Philipp möge seine Angriffe einstellen. Philipp entgegnete, er würde die Angriffe erst einstellen, wenn sich Heinrich und sein Sohn Victor als Gefangene ausliefern würden.« Der Bote führte nun seine Hand zurück in das Lager Heinrichs und ich wartete darauf, dass er nun zwei Pferde von dort auf den Weg bringen würde. Doch er zog seine Hand wieder zurück.

Wir sahen alle gespannt auf den Boten. Aber er wusste nicht mehr. Nicht, ob Heinrich und sein Sohn Victor tatsächlich losgeritten waren noch was sonst geschehen war. »Ich ritt so schnell ich konnte im Auftrage Ihres Botschafters hierher. Die Kämpfe tobten in den Morgenstunden noch weiter.« »Kennst du den genauen Wortlaut der Verhandlungen?«, fragte meine Herrin. »Nein, werte Herzogin«, sagte der Bote. »Ich weiß nur, die Forderungen Philipps und die Heinrichs lagen weit auseinander. Und was Herzog Moritz vorschlug, wurde von Philipp nicht akzeptiert.« »Weißt du denn, was Herzog Moritz vorschlug?« »Ich kann Eurer Hoheit nur mit Vorbehalt antworten, da es sich meinen genauen Kenntnissen entzieht. Doch mich dünkt, er wollte die Freiheit aller Evangelischen und zukünftig keine Angriffe mehr auf Protestanten erwirken.« Meine Herrin seufzte: »Ein solcher Friede in der Religionsfrage wäre der größte und gottselige Gewinn! Würde er doch unsere Länder wenigstens in der Glaubensfreiheit sichern.« Erich II. sah zu seiner Mutter und sagte: »Vielleicht ist es noch nicht zu spät für Verhandlungen. Moritz von Sachsen hat noch Gelegenheit.« Da lächelte meine Herrin. Ich dachte, der Bote würde sich nun verabschieden, denn die Herrschaften wandten sich ab. Aber er rief: »Ich vergaß noch etwas Wichtiges zu sagen!« Alle schauten auf ihn. »Moritz von Sachsen versprach Heinrich von Braunschweig, dass er ihn bei allen Verhandlungen mit seinem eigenen Leben schützen wolle und ihn als freien Mann aus der Auseinandersetzung führen würde.« Meine Herrin sah den Boten an: »Weißt du das gewiss?« »Ja, denn Moritz erteilte den ausdrücklichen Befehl, Heinrich und seinen Sohn zu schützen. Heinrich bangt um sein Leben.« Elisabeth bat daraufhin alle Anwesenden, diese Nachricht nicht weiterzuverbreiten, denn sie wollte nicht, dass Sidonie sich aufregte. »Meine Schwiegertochter soll sich nicht zu sehr um ihren Bruder sorgen und damit ihren Nachwuchs gefährden. In wenigen Tagen wird alles beschlossene Sache sein, dann müssen wir uns ohnehin auf die Machtverhältnisse einrichten, die neu geschaffen wurden.« Erich II. ging wortlos aus dem Raum, ohne dass er von seiner Mutter entlassen wurde. Er begab sich geradewegs zu den Ställen und ließ sein Pferd satteln. Sein Knappe ging ihm nach und wenig später sprengten sie auf den Wald zu.

Ich begleitete meine Herrin zu Sidonie, der wir fast alles genau berichteten. Stumm empfing sie unseren Bericht. »Ich verstehe Philipp nicht«, murmelte sie. »Ich auch nicht«, antwortete Elisabeth. Bevor wir uns verabschiedeten, legte sie noch einmal das Ohr auf Sidonies Bauch. Sie konnte nichts hören und fragte Sidonie, wann sich das Kind das letzte Mal bewegt habe. »Ich weiß es nicht mehr genau – ob es gestern war?« Daraufhin legte meine Herrin noch einmal ihren Kopf auf Sidonies Leib. »Ich kann nichts hören«, sagte sie kläglich. »Die Hebamme horcht doch auch jede Stunde, sie muss die Schläge wohl gehört haben.« »So soll die tüchtige Hebamme sofort wieder eintreten und beweisen, welch gute Ohren sie hat!« Ich rief die Hebamme herein und griff nach Sidonies Arm, denn ich wusste, dass nun meine Herrin wenig Rücksicht auf ihren Zustand nehmen würde. Elisabeth wies die Hebamme an, unverzüglich zu sagen, ob sie das Herz des Kindes hören könne. Doch so sehr sich die Hebamme mühte und um den Bauch Sidonies kroch, sie konnte nichts hören und stotterte nur, dass sich das Kind wohl gedreht hätte. »Gedreht, es hat sich einfach gedreht? Und seit wann hat sich das Kind von deinen tauben Ohren fortbewegt?« Sie befahl mir, Mithof und Corvinus zu holen, dazu die alte Hebamme, die bereits meiner Herrin beigestanden hatte und die nun die Mütter und Kranken Mündens versorgte. Ich durfte nicht mehr in Sidonies Stube zurück, hörte aber das laute Geschrei meiner Herrin bis auf den Hof hinunter. »Die Herzogin wird die Hebamme ins Feuer schicken«, sagte ich zu den andern, die bei mir standen und warteten. »Rede kein unsinniges Zeug«, wies mich Bertha zurecht. »Die Hebamme wurde Sidonie aus Sachsen mitgegeben und genießt das Vertrauen ihrer Mutter. Was ihr nicht gelang, soll von niemandem angezweifelt werden. Schließlich sind es die Mütter und nicht die Schwiegermütter, die eine tüchtige Hebamme bestellen.«

Egal, wie viele Ohren sich auf Sidonies Leib drängten, niemand vernahm mehr den Herzschlag des Kindes. Während meine Herrin immer wütender wurde und nach den Schuldigen suchte und Erich II. durch die Wälder streifte, beratschlagten Mithof und die Hebammen, was zu tun sei. Mithof riet zu berauschenden Getränken und der sanften Massage von Sidonies Leib. Vielleicht könnte dadurch das kleine Herz angeregt werden. Die sächsische Hebamme meinte hingegen, dass gewiss der Teufel in ihr sei und der wäre nur durch glühende Eisen zu vertreiben, die der Mutter in den Schoß gestoßen werden sollten. Elisabeth hörte das und sagte entschlossen: »Da meine liebe Schwiegertochter nicht in Sachsen, sondern in Münden liegt, werden wir zwei Tage lang nach des Leibarztes Mithofs Regeln verfahren, ehe die Weisheit Sachsens aufgeboten wird.« Sie war jedoch damit einverstanden, dass der Hof Sidonies noch eine Hebamme und einen Arzt senden würde. Als Erich II. von seinem Ritt zurückkam, untersagte ihm Mithof den Besuch bei seiner Frau. Sie solle sich nicht aufregen.

Am nächsten Tag kam ein Bote, der berichtete, dass Heinrich in Gefangenschaft war. Er war bereit gewesen, alle Bedingungen anzunehmen, und war mit seinem Sohn in guter Absicht ins Lager Philipps geritten. Moritz von Sachsen hatte sie begleitet. Doch Philipp verweigerte dem Braunschweiger Herzog den Handschlag und seine hessischen Edelleute stellten sich sofort als Wachen um die beiden Bittsteller. Nun wurde Heinrich auf der Feste in Ziegenhain und sein Sohn in Kassel gefangen gehalten. Wir waren entsetzt. Sollte es denn nie Frieden geben?

Nur wenig später kam ein anderer Bote mit einem Brief von Moritz. Meine Herrin beschloss, dass sie mit Erich II. den Brief öffnen und dann entscheiden würden, ob sie ihn Sidonie zeigen würden.

Meine geliebte Schwester Sidonie von Calenberg und Gemahl, mitsamt Herzogin Elisabeth zu Calenberg!

Er schrieb, dass sein Kriegsvolk bald heimwärts ziehen würde. Er selbst wollte aber mit einer kleinen Truppe noch für einige Zeit nach Kassel reisen. Er würde dazu in den nächsten Tagen über Münden kommen, uns einen Besuch abstatten und Bericht geben. Er fügte noch hinzu:

Da wir beide, Kraft unserer hohen Geburt und Heirat, in Pflicht und Willen stehen, was oft über unsere kleine Kraft hinausreicht, freue ich mich darauf, bei meiner geliebten Schwester für eine kurze Zeit Trost zu finden. Noch kann ich mich nicht damit abfinden, dass ich in den letzten Tagen zum Gespött aller wurde. Denn niemand dankt mir nun meinen Einsatz. Es scheint, dass sich zwei erbitterte Feinde gegenüberstanden, die das rechte Maß verloren hatten und einander erniedrigt sehen wollten.

Erich II. beschloss, den Brief eigenhändig zu seiner Frau zu bringen. Er fragte seine Mutter nicht, sondern ging einfach. Ich atmete auf und wartete auf die Anordnungen meiner Herrin. »Bring mir die Altfrau Bertha und die Küchenmeisterin, richte auch schon die Kleider, denn wir erwarten ehrenwerten Besuch«, sagte sie zu mir, als sie sich an mich wandte. Ich ging, um Bertha zu suchen. Endlich gab es wieder etwas zu tun!

Am nächsten Morgen in der Frühe wurde Sidonie auf ihrer Matratze von acht Männern in den großen Saal getragen und in ein prunkvolles Bett gelegt. Altfrau Bertha hatte es so angeordnet, damit der Besuch von Moritz angemessen stattfinden konnte. Wir warteten einige Tage und dann ritt Moritz von Sachsen mit seinem Gefolge auf den Hof.

Am späten Nachmittag trafen sich alle am Bett Sidonies. Drei prächtige Stühle standen aneinandergereiht, darauf setzten sich Erich II., Moritz von Sachsen und Elisabeth. Der Knappe Erichs II. stand hinter seinem Herrn. Ich stellte mich hinter meine Herrin und da Moritz seinen Berater mitgebracht hatte, wurde ihm noch ein Stuhl gereicht. Ich musste ständig von Sidonie zu ihrem Bruder schauen. Sidonie lag auf gestickten Kissen und ihre Freude, den Bruder zu sehen, malte ihr ein Lächeln auf die Lippen. Ihre roten Wangen und die glänzenden Augen rührten jedoch vom Fieber her, das sie ergriffen hatte. Herzog Moritz war eine prächtige Erscheinung, denn er trug seine herzoglichen Gewänder. Doch niemandem blieb verborgen, dass ihm die noch nicht überwundene Krankheit und die unglückliche Schlacht dunkle Ringe um die Augen gemalt hatten. Er wirkte müde und traurig, trotz seiner edlen Erscheinung. So sehr war ich damit beschäftigt, die Geschwister zu studieren, dass ich dabei vergaß, dem Gespräch zu folgen.

Elisabeth bat Herzog Moritz, noch einige Tage zu verweilen, doch er entschuldigte sich und sagte, dass es seine Pflichten nicht zuließen länger als eine Nacht zu bleiben. Er verabschiedete sich von Sidonie, küsste ihre beiden Hände und sie die seinen. Am nächsten Morgen begleiteten wir Herzog Moritz hinaus auf den Hof, und nach einem kurzen Gruß ritt er mit seinen Männern weiter nach Kassel.

Sidonies Fieber stieg in den nächsten Tagen immer weiter und wenn sie sich erheben wollte, wurde ihr schwindelig und man musste sie auffangen. Altfrau Bertha meinte: »Nun vergiftet das tote Kind die Mutter. Es ist nicht anders als bei den Tieren. Wenn die Frucht nicht von alleine abgeht, muss man wohl den kleinen Körper im Leib zerteilen und mit bloßen Händen aus dem Schoß und Leib der Mutter holen.« Mir schauderte und ich wollte mir das nicht vorstellen. Doch genau darauf hatten sich auch Mithof und die Hebammen verständigt.

Und so kam der Vormittag, an dem niemand von den Angestellten mehr zu Sidonie durfte. Nur die Ärzte und Hebammen gingen hinein.

Sie hatten Messer und Tücher und einen Eimer glühender Kohlen dabei. Jeder im Schloss und auf dem Hof hörte die Schreie Sidonies. Sie jammerte und brüllte wie ein Tier, bis sie keine Stimme mehr hatte und nicht einmal mehr ihr Schluchzen zu hören war.

Erich II., der zu Beginn der Behandlung noch vor Sidonies Tür gewartet hatte, hielt es nicht länger aus. »Ein Fluch liegt auf mir«, klagte er seinem Knappen. »Der Teil des Landes, den ich mit meiner Frau regieren soll, ernährt noch nicht einmal die Bauern und mein Kind wird in Stücke gerissen, ehe es auf der Welt ist!« Damit drehte er sich um und ging. Ich sah wenig später durchs Fenster, wie die beiden die Pferde sattelten. Durch den Stallburschen ließ Erich II. seiner Mutter ausrichten, dass er für einige Zeit auf der Erichsburg sei und dabei die Gegend um Höckelheim und Northeim inspizieren wollte. Er kam erst nach zwei Wochen wieder zurück. Während der gesamten Zeit schickte er keine Nachrichten. Weder seiner Mutter noch seiner Frau.

Erich II. verweigert die Regierung und Elisabeth heiratet Graf Poppo von Henneberg (1546–1548)

Nach dem kalten Winter sollte nun ein besseres Jahr beginnen. Langsam genas Sidonie von ihren Qualen. Das Fieber war verschwunden und sie wurde wieder fröhlich. Aber keiner konnte sagen, ob sie je Kinder würde tragen können. Alle Frauen, denen ihre Kinder aus dem Leib geschnitten worden waren, waren danach unfruchtbar geblieben. Doch Sidonie gab sich nicht den Sorgen anheim, sondern plante frohgemut ihre Zukunft. Sie bestärkte Elisabeth, nach Schleusingen zu reisen, denn nun hatten sich doch Wege zu einer Ehe mit Poppo geebnet.

Elisabeth ließ sie in der Obhut der Hebamme und Mithof zurück und fuhr gemeinsam mit mir in einer kostbaren Kutsche nach Schleusingen an den hennebergischen Hof, um die Hochzeit zu besprechen. Einige Wachposten ritten mit ihren geschmückten Pferden voraus, die anderen galoppierten in geordneten Reihen hinter uns. Nur noch vereinzelt lagen schmutzige Schneereste am Weg. Wenn die Sonne schien, konnten wir unsere Mäntel ausziehen, sobald wir ins Freie traten, und beschatteten unsere Gesichter mit den großen Hüten.

Wenige Wochen zuvor waren die Brüder, Graf Poppo und Graf Georg Ernst, auf den Mündener Hof geritten, um die Ehebesprechung und den Handschlag zu vollziehen. Seitdem gab es keinen Zweifel mehr, dass Elisabeth und Poppo aus freien Stücken die Ehe eingehen würden. Meine Herrin hatte Poppo zur Verlobung eine goldene Kette geschenkt, an der ein »E« aus Rubinen hing, dazu einen Türkisring und ein mit Edelsteinen besetztes Armband. Den ganzen Winter hindurch hatte er noch mit Elisabeth gerungen, sie möge sich doch von ihrem Sohn auszahlen lassen und von dem Geld die Grafschaft Römhild kaufen. So hätten Poppo und sie einen eigenen, größeren Besitz, der auch, so Gott wolle, ihren gemeinsamen Kindern zukommen könne. Meine Herrin bestand jedoch darauf, dass sie alles geregelt hätte und keine Veränderungen nötig seien. Sie wollte weiter ihrer Verantwortung in ihrem Witwensitz Münden gerecht werden. Schließlich hatte sie darum gekämpft, dass ihr Sohn und die wichtigsten Vormünder der Eheschließung auch unter diesen Bedingungen zugestimmt hatten.

Ich wusste sehr wohl, dass Erich II. seine Mutter wohl gar nicht hätte auszahlen können. Für Sidonie wäre es glücklicher gewesen, wenn sie von Münden aus hätte regieren können und das Vermächtnis meiner Herrin allein hätte weiterführen können. Elisabeth war diejenige, die sich nicht aus den politischen Machtverhältnissen und ihrer Anerkennung als Herzogin und Reformatorin lösen konnte. Sie konnte sich nicht mit der Vorstellung abfinden, in der eher provinziellen Grafschaft Römhild ein unscheinbares Leben zu führen.

Schleusingen war neu für mich. Ich wusste ja, dass der hennebergische Hof nach der Hochzeit Elisabeths auch zu meiner zweiten Heimat werden würde, und so war ich neugierig. Und ich freute mich, Elisa wiederzusehen. Noch hatte sie leider keine Kinder bekommen. Und zu den Festtagen an Ostern würden Erich II. und Sidonie nachkommen. Doch dazu sollte es nicht kommen.

Ich war bei unserer Abreise so aufgeregt gewesen, dass ich zuvor kaum hatte schlafen können. Nun schaukelten mich die knarrenden Räder in den Schlaf. Als ich erwachte, sah ich, dass meine Herrin ihre Augen geschlossen hielt. Über ihrem Gesicht lag ein zufriedenes Lächeln. Ich konnte mir denken, an wen sie dachte und worüber sie sich freute. So lange hatte sie um die Nähe Poppos gekämpft und endlich waren die Wege für eine Heirat geebnet.

Wie sehr wünschte ich ihr, dass sie endlich ihr Glück fand. So großzügig war sie gegenüber anderen. Wenn sie jemanden liebte, war ihr nichts zu viel oder zu teuer. Hinter uns fuhren zwei Kutschen, die mit Hausrat und Lebensmitteln für Elisa bestückt waren. Meine Herrin wusste inzwischen auch, womit sie Elisas Mann, Georg Ernst von Henneberg, eine Freude machen konnte und so waren noch zwei Kutschen mit Einbeckschem Bier in unserem Zug.

Elisa stand auf dem Hof und sah uns froh entgegen. Sie hatte sich sehr verändert, ihr Gang war selbstsicher und ihre Haltung aufrecht. Ich sah ihr an, dass es ihr guttat, sich aus der Bevormundung ihrer Mutter gelöst zu haben und eine eigene Grafschaft zu haben. Sie empfing Elisabeth großzügig und aufgeschlossen, zeigte uns stolz die Zimmer des Schlosses und stellte die Bediensteten vor. Wir verbrachten wunderschöne Festtage am hennebergischen Hof. Und, wie ich schon vermutet hatte, wies mir Elisabeth eine eigene Kammer zu, gleich neben ihrem Schlafgemach gelegen. Gleich am ersten Abend schickte sie mich in meine Kammer und sagte mir, dass sie mich nicht benötigen würde. Mich dünkt, ich war die Einzige, die in den Nächten alleine liegen musste und am Morgen wartete ich sehnsüchtig darauf, dass endlich die Sonne aufging, um mir Gesellschaft zu leisten.

Wir machten auch Ausflüge zum Schloss Ilmenau, wo Poppo zufrieden seinen bescheidenen Wohnsitz hatte. Gut zwanzig Angestellte reichten ihm, um das Hofleben aufrechtzuhalten. Die Bediensteten bewirteten uns reichlich. Sie hofften, dass mit der Eheschließung Poppos das Schloss zu neuem Glanz kommen würde, denn sie hatten gehört, dass meine Herrin wohlhabend sei. Sie wurden nicht enttäuscht, denn meine Herrin äußerte verschiedene Wünsche zum Umbau und zur Verschönerung des Schlosses, die sie aus eigenen Mitteln bestreiten wollte. Doch die schöne Zeit in Schleusingen und auf Ilmenau währte nicht lange. Elisabeth wollte in Münden am 16. Mai die Regierung in einer feierlichen Zeremonie in Erichs II. Hände legen und zwei Wochen später im kleinen Kreis heiraten. Noch in Schleusingen schickte sie die Einladungen zur Regierungsübernahme an die Räte. »Das wird ein wichtiger Tag für Euch«, sagte sie zu Erich II., als sie das Siegel auf den letzten Brief setzte. Er jedoch schaute sie nur stumm an, wandte sich ab und verließ das Zimmer. Wenig später hörten wir, dass er mit seinem Knappen das Schloss verlassen hatte, wohin, hatte er niemandem gesagt.

So reisten wir bald wieder nach Münden zurück, um alles vorzubereiten. Sidonie und Elisa fuhren mit uns in der Kutsche zurück und es war eine fröhliche Runde. Wir hatten genug Zeit, um Pläne zu schmieden, was wir anziehen sollten, welche Speisen aufgetragen werden sollten und wie wir die Gäste unterbringen würden. Meine Herrin sagte immer wieder, wie sehr sie sich auf die Zeit freute, in der sie nicht mehr regieren musste. Sie wollte mehr Zeit für ihre neue Ehe haben und die sozialen und religiösen Belange vorantreiben.

Doch es kam anders, als es wir Frauen uns so schön in der Kutsche ausgemalt hatten. Wir trafen Erich II. nicht in Münden an, wie wir erwartet hatte. Ohne vorher mit seiner Mutter oder mit Sidonie zu reden, schickte er an die hessischen und brandenburgischen Räte ein schroffes Schreiben, dass er nicht vorhabe, die Regierung anzutreten; er hätte sich in den Dienst des Kaisers gestellt und sei nun anderweitig in dringender Mission unterwegs. Sie bräuchten zu dem von seiner Mutter veröffentlichten Datum nicht zu erscheinen. Obwohl sie nun wusste, dass Erich II. nicht plante zu kommen, hoffte meine Herrin doch insgeheim, dass er zu dem genannten Termin erscheinen würde. »Wahrscheinlich lebt Erich II. jetzt genau das Abenteuer, das er immer schon gesucht hat«, sagte Sidonie resigniert zu mir an diesem Abend, als ich noch einmal in ihr Zimmer getreten war.

Der 16. Mai nahte und Elisabeth bereitete sich schweren Herzens auf die Zeremonie vor. Bis spät in die Nacht hatte sie alle Bücher, Hofrechnungen und Rechenschaftsberichte noch einmal auf Fehler durchgesehen und wünschte sich nichts sehnlicher, als die sauberen Abschlüsse ihrem Sohn übergeben zu können. Sie hoffte immer noch, dass er erscheinen würde, aber mit jeder Stunde, die verging, wurde sie bedrückter. Sie ging zu Sidonie und bat sie, ein herzogliches Kleid anzuziehen und bereit zu sein. Doch Erich II. kam nicht, diesen Tag nicht und an keinem der folgenden. Er schickte nicht einmal eine Auskunft, wann er gedachte, den Akt der feierlichen Würdigung seiner Regierungsannahme nachzuholen. Selbst ich hatte bis zur Nacht hin gehofft, Erich II. würde doch noch einreiten. Den ganzen Tag saß Elisabeth am Erkerfenster und wartete, dass ihr Sohn durch das Tor ritt. Unten im Saal saßen die Räte und murrten, weil sie warten mussten. Am Abend löste sich Elisabeth endlich aus ihrer Starre und trat in den Saal. Sie dankte den Räten für ihre Geduld und entließ sie mit freundlichen Worten. Wie tapfer sie war. Auch angesichts der furchtbaren Situation bewahrte sie nach außen hin die Ruhe.

Es war eine Katastrophe. Eine namenlose Trauer legte sich über meine

Herrin und Sidonie. Wir wussten an diesem Abend nicht, wie es weitergehen würde. Elisabeth waren die Hände gebunden, da sie nun nicht mehr befugt war, das Land ihres Sohnes zu regieren. Ihre ganze Arbeit der vergangenen Jahre, das Vertrauen, das sie mit Untertanen und Räten aufgebaut hatte, war in Gefahr und wurde von niemandem gewürdigt. Die Unsicherheit war unerträglich und wenn Erich II. sich weiterhin weigern sollte, die Regierung förmlich anzutreten, dann würde niemand mehr wissen, an wen er sich denn nun halten sollte. Bedeutete sein Fernbleiben, dass er weder mit der Hochzeit seiner Mutter noch mit ihrem Witwensitz einverstanden war? Liebte er Sidonie nicht mehr? Hatte er damals, als ihr unter Schmerzen das Kind im Leib entfernt wurde, seine Zuneigung verloren? War er zu jung, um die Verantwortung für seine Frau und sein Land zu übernehmen? Wollte er den Landstrich wirklich nicht regieren und lieber als Kriegsmann seinen Weg gehen wie sein Vater? Hätte er doch seinen Willen kundgetan, alles war möglich. Er könnte doch Sidonie die Regierungsaufgaben im Land übertragen. Sie war schließlich alt genug. Wenn er sie unterstützte, würde sie gewiss eine ebenso gute Landesmutter werden wie meine Herrin. Alle warteten darauf, endlich die Zeit der Vormundschaft abzuschließen und sich auf einen Regenten verlassen zu können, der sich um das Wohl seines Volkes kümmerte.

Es wunderte mich nicht, dass sich meine Herrin und Sidonie insgeheim einander die Schuld daran gaben, dass Erich II. nicht gekommen war. Sidonie war sich der bedrückenden Übermacht der Mutter bewusst und meine Herrin fand, dass es Sidonie nicht verstand, ihren Mann besser an sich zu binden. Das Regierungshandbuch, das meine Herrin mit so viel Herzblut geschrieben hatte und das sie aufwendig verzieren ließ, blieb in der Schlosskammer eingeschlossen. Sidonie war es versagt, an der Seite ihres Mannes offiziell die Regierung anzutreten.

Es war gut, dass nur zwei Wochen nach diesem schwarzen Tag die Hochzeit angesetzt war. Elisabeth hatte keine Zeit, sich viele Gedanken zu machen, auch wenn das nicht leicht war. Sie stürzte sich in die Vorbereitungen, ließ für Poppo einen herrlichen Saal einrichten und schmückte sein zukünftiges Schlafgemach mit erlesenen Stoffen. Sie bestand darauf, dass er einen Kammerdiener zuließ, ebenso bestellte sie ohne Poppos Wissen einen Bademeister, der ihm ebenso getreu zu folgen hatte wie sein Diener.

Mich erheiterte die Vorstellung, dass Poppo nun einen ständigen Begleiter hatte, dass er angezogen, gewaschen und gekämmt wurde, obwohl er zuvor darauf bestanden hatte, sein Leben als frommer, bescheidener Mann zu leben.

Alle litten noch unter dem abrupten Sinneswandel von Erich II., aber die Vermählung in der großen geschmückten Kirche war eine glückliche Stunde. Stundenlang hatte ich Elisabeth an diesem Morgen geschmückt. Für eine kurze Zeit verschwanden die Sorgen und sie sah wieder aus wie damals, als sie Poppo das erste Mal begegnet war. Es war nur die enge Familie, die die Reihen füllte. Ich blickte in ihre Gesichter und las in allen den gleichen Wunsch: Möge sie glücklich werden, diese Frau, die so vielen Gutes tut. Ich war glücklich, dass Elisabeth einen so liebevollen und umgänglichen Mann an ihrer Seite hatte.

Als wir uns nach der Kirche im geschmückten großen Saal versammelten, war die Stimmung ausgelassen. Die Gäste tranken und schwatzten und auch Elisabeth lachte mit den anderen. Elisa scherzte mit ihrer Mutter, dass sie nun wohl auch Schwestern seien, da sie Brüder geheiratet hätten. Corvinus, der neben Elisabeth saß, beugte sich vor und bestätigte: »Zumal Eure Mutter den jüngeren Bruder gewählt hat, besiegele ich die neue Schwesternschaft zwischen Mutter und Tochter.«

Doch Elisabeth feierte nicht nur, sie vergaß auch am Tag ihrer Hochzeit nicht die Armen der Stadt. Als sich die Festgesellschaft zerstreut hatte, ging sie gemeinsam mit Poppo und reichlich Speisen und köstlichen Küchlein zu den Siechen und Kranken. Ich trug die Schleppe ihres Kleides durch die Stadt und Poppo reichte ihr seinen Arm. Als die Kranken sich ausreichend gelabt hatten, griff ich wie üblich nach der Heiligen Schrift, die Elisabeth in ihren Händen hielt, um aus dem Evangelium zu lesen. Aber sie schüttelte nur stumm den Kopf und reichte die aufgeschlagenen Seiten Poppo. Poppo nahm das Buch in Empfang und begann langsam zu lesen. Als er fertig war, schlug er das Buch zu und dachte einen Moment nach. Dann erklärte er in wenigen einfachen Sätzen, was diese Worte für die Menschen bedeuteten. Ich sah, dass einigen der Kranken Tränen in die Augen stiegen. Auf einmal fuhren mir die Wacholderbeeren, die ich mir wie immer in den Mund gelegt hatte, in die falsche Röhre und ich begann zu husten, dass manche meinten, ich würde mein Leben aushauchen. Ich konnte mich erst wieder beruhigen, nachdem ich einige Schlucke Wasser zu mir genommen hatte. Ich holte noch einmal sieben Wachholderbeeren aus meinem Säckchen und sprach danach das Vaterunser nur still mit, damit es mir nicht noch einmal so erginge.

Die Unglücklichste in ganz Münden war wohl Sidonie. Erich II. war immer noch nicht erschienen, sondern hatte es vorgezogen, nach Regensburg an den kaiserlichen Hof zu reiten und um die Freilassung Heinrichs zu bitten. Er ließ seine Frau und seine Mutter an deren Hochzeitstag allein und hatte es nicht für nötig befunden, sie darüber zu informieren. Sie erfuhren es von anderen. Nun sah er ein weiteres Mal seine Frau nicht, wie sie in schönen Kleidern und ihren aufgebundenen blonden Haaren eine wahre Zierde darstellte. Mit der Wiederverheiratung seiner Mutter erlosch die Vormundschaft über ihn endgültig. Nun nahm Erich II. keinerlei Rücksicht mehr auf die Pläne seiner Mutter, aber genauso wenig erklärte er sich Sidonie gegenüber. Poppo, der sich auf die Familie seiner Gemahlin gefreut hatte und auch seinem Stiefsohn ein guter Freund hatte sein wollen, fand erst gar nicht die Gelegenheit, Erich II. seine guten Absichten zu zeigen.

Poppo wohnte nun in Münden und das ganze Gesinde musste sich daran gewöhnen, dass Elisabeth nun nicht mehr allein war. Mir gefiel die Vorstellung gar nicht, dass ich nun wieder bei den anderen Frauen schlafen musste. Es änderte sich einiges. Elisabeth wollte nicht einmal, dass ich ihr am Tag ihrer Hochzeit aus den Kleidern half. Als ob ich sie auch nur ein einziges Mal gestört hätte! Ich konnte während ihrer Hochzeitsnacht nicht schlafen. Ich musste ständig an die Haarnadeln denken, die ich ihr in die Haare gesteckt hatte. Wie übel würden die meiner Herrin zusetzen! Noch nie hatte sie mich fortgeschickt, ehe ich ihr am Abend die Haare gebürstet hatte!

Die nächsten Wochen wurden bitter für mich, denn Elisabeth brauchte mich nur für die Garderobe und als Bote, der ständig hin- und hergeschickt wurde. Aber sie hatte mir ihr neues Liedbuch anvertraut! Corvinus hatte es ihr gewidmet und als Hochzeitsgabe zugedacht. So erhielten die Gemeinden in Hannover ihre ersten Gesangbücher. Luther und Melanchthon hatten Corvinus ermuntert und wünschten ihm, dass die Lieder

in allen Kirchen, daheim, unter dem Hausgesinde, in den Gärten, auf den Äckern, in den Heerlagern, in allen Werkstätten gehört und gesungen werden sollten.

Ich sang nicht nur mit den Bediensteten und in der Kirche. Ich trug das Gesangbuch immer bei mir, und wenn ich zu Bett ging, so legte ich es unter mein Kissen. Die Lieder wiegten mich in den Schlaf und sie verbanden mich auf immer und ewig mit all den Menschen, mit denen ich sie gemeinsam gesungen hatte.

Wochen vergingen ohne eine Nachricht von dem jungen Herzog. Elisabeth und Sidonie erhielten keine Briefe von ihm, hörten nur von anderen Gesandten, dass er sich am Kaiserhof einen Namen machte. Die Stimmung wurde schlechter, die anhaltende Abwesenheit von Erich II. sorgte für große Anspannung. Immer öfter stritt meine Herrin mit Sidonie, weil sie der Meinung war, Sidonie wäre zu sanft zu ihrem Mann und würde die Reize ihres Körpers zu wenig einsetzen. »Warum sonst ist er dauernd auf Reisen?«, ereiferte sie sich. »Weil mein Gemahl schon immer davon träumte, zu kämpfen und sich zu beweisen«, erwiderte Sidonie sachlich. Elisabeth war erbost darüber, dass Erich II. sich in die große Politik einmischte, ohne sein Land zu regieren, und sagte: »Er ist erst 17 und doch hat ihn der Kaiser bereits zum Fürstentag nach Regensburg geladen. Und auch wenn ich mich darüber freue; warum kommt er nicht zurück und berichtet uns?«

»Vielleicht traf er andere Fürsten, mit denen er Pläne schmiedet, und er stellt sich in den Dienst des Kaisers?« Da wurde meine Herrin zornig und zischte: »Werte Sidonie, es ist nicht die Aufgabe meiner Schwiegertochter, mir die Fragen zu stellen, sondern mir Fragen beantworten zu können!« »Wie sollte ich Euch Fragen beantworten können, wenn Ihr doch immer alles zuerst in Erfahrung bringt? Ich wüsste keinen einzigen Umstand, den Ihr, liebe Schwiegermutter, nicht schon vor mir wüsstet.« Elisabeth sah sie wütend an, forderte mich auf, ihr zu folgen, und stürmte aus dem Zimmer. Ich schaute mich noch einmal um und sah Sidonie voll Mitgefühl an. Sie senkte nur traurig den Kopf. Meine Herrin eilte durch die Gänge und riss die Tür zu Poppos Gemach auf. »Sidonie hat einen unverschämten Ton an sich!«, rief sie, immer noch erregt. »Was fällt ihr ein, meine Ratschläge zurückzuweisen!« Doch Poppo reagierte mit der ihm eigenen Besonnenheit: »Wir müssen Nachsicht mit der Jugend haben, Elisabeth. Sidonie ist jung, sie braucht unser Mitgefühl und die Kraft unseres Glaubens, nicht unsere Zurechtweisung.« Doch es half nichts. Sogar seine beruhigenden Worte regten Elisabeth nur noch mehr auf. Sie eilte so schnellen Schrittes durch die Gänge, dass ich ihr kaum folgen konnte. Das war kein gutes Zeichen. Ich fragte atemlos, während ich neben ihr herstolperte: »Möchte meine gnädige Herrin vielleicht einen Ritt machen und dabei klare Gedanken fassen?«

Sie würdigte mich keines Blickes und schnaubte nur: »Du meinst wohl, ich sollte meinen Zorn kühlen?«

»Nein«, widersprach ich schnell. »Ich dachte nur, beim Reiten kommen Eurer Hoheit doch oft so gute Gedanken.« Ich wusste sehr wohl, dass ich nichts sagen sollte. Ich hätte mich heraushalten sollen. Im Grunde hätte ich mir gewünscht, dass meine Herrin wie früher mit Sidonie und ihren Töchtern ausritt, damit sie alle neuen Mut schöpften. Aber das traute ich mich nicht zu sagen. Elisabeth blieb abrupt stehen. Ich erschrak über ihre Worte: »Du meinst, ich brauche den Rat meiner Kammermeisterin, wenn mir die Kinder das Herz brechen?« Ich wünschte, ich hätte geschwiegen. Ich überlegte lange und sagte dann: »Ich habe keinen Rat. Es gibt nur einen, der raten kann. Von ihm erzählen die Lieder, die mich schon seit Wochen begleiten. Das Einzige, was ich Ihrer Majestät geben kann, ist ein Lied aus dem Gesangbuch des Corvinus.« Sie schaute mich an und nickte dann. »So singe. Gleich, wenn wir in der Schreibstube sind, denn ich will an meinen säumigen Sohn einen Brief schreiben. Selbst wenn mir die Finger wund werden sollten, ich werde nicht ablassen, ihn zu mahnen.«

Ich stand also neben ihr und sang. Es war seltsam, weil sie nicht mitsang. Sie sah mich nur prüfend und unwillig an. Wie bittere Medizin war mein Gesang für sie. Als ich fertig war, sagte sie nichts, sondern griff zu Papier und Feder. Hastig und mit großen Strichen schrieb sie. Erst später am Abend konnte ich einen Blick auf den Brief werfen, als er auf ihrem Tisch noch zum Trocknen lag. Doch der Brief war nicht an den jungen Herzog gerichtet, sondern an den Kaiser persönlich. Darin bat meine Herrin, dass er

den jungen Herzog, der sich mit mehreren hundert Pferden und Kriegsvolk freiwillig in seinen Dienst gestellt habe, doch bitte zurücksenden solle, da das Land nicht die Mittel habe, Krieg zu führen. Zudem habe der geliebte Sohn versäumt, offiziell die Regierungsgeschäfte anzutreten, zudem sei er doch erst siebzehn Jahre alt und solle nicht in Kriegsgeschäften sein Leben aushauchen. Vielmehr solle Er, Kaiser Karl V., die große Not seiner leidgeprüften Mutter und seiner Gemahlin Sidonie, Herzogin von Calenberg, geborene von Sachsen, bedenken, da sie noch keinen Erben haben und seine Gemahlin noch nicht guter Hoffnung ist. So bitte ich untertänigst im Namen meines verstorbenen Gemahles, Herzog Erich I. von Calenberg, meinem Sohn zu befehlen heimzukehren und seinem Land für einige Zeit vorzustehen.

Überrascht sah ich auf. Ob Sidonie ahnte, wem meine Herrin geschrieben hatte? Und wie würde Erich II. reagieren, wenn er vom Kaiser erfuhr, dass er wegen der Bitten seiner Mutter entlassen würde? Er, der sich endlich als Landsknecht beweisen wollte. Was auch immer der Kaiser unternahm, wir erfuhren es nicht, denn immer noch erreichte uns keinerlei Nachricht.

Der junge Herzog war weiterhin abwesend und wir hatten Angst davor, wie es weitergehen würde. Als ob heulende Wölfe uns alle Nächte aufs Neue die Angst lehrten, so wussten wir nicht, was uns die nächsten Tage bringen würden. Wir waren zu einer kleinen verängstigten Schar geworden, die sich gegen das Unheil zu schützen versuchte. Ich tat es mit Sidonie und den zwei jungen Töchtern meiner Herrin, Anna Maria und Katharina, die sich mit ihren Hofdamen einfanden, indem wir die neuen Lieder sangen und nicht davon abließen, allen, die es wollten, die biblischen Geschichten zu erzählen. Wir taten es Elisabeth nach und ermunterten sie zum Lesen und Schreiben. Dies, so erklärte uns Sidonie, mache die Menschen frei, wenn sie selbst erkennen könnten, was gut und was böse sei und sich nicht in die Hand der Menschen oder des Geldes stellen müssten, die die größten Feinde des Menschen sein könnten. Woher nahm Sidonie nur die Kraft, so gut zu allen zu sein und sich so sehr um andere zu bemühen? War denn ihre Hoffnung auf einen guten Ausgang ihrer Lage unzerstört? Ich fragte sie selbst, denn wir waren uns vertraut geworden. »Wer sagt denn, dass ich auf einen guten Ausgang hoffe?«, fragte sie mich zurück. »Nun, Ihr singt fröhlich und bietet meiner Herrin die Stirn, wie es einer Herrin gebührt. Außerdem seid Ihr Eurem Gemahl gegenüber sanft.« »Alles, was Ihr aufzählt, ist doch meine Pflicht. Aber ob eine Sache siegreich ausgeht, steht nicht in meinen Händen. Sieh doch, selbst Christus, der ein vorbildliches Leben führte, hat keinen Sieg bei den Menschen errungen, sondern wurde ans Kreuz genagelt. Dürfen wir für unser Leben mehr erwarten?« Sidonie sprach, wie es Corvinus in der Kirche tat. Ich wandte mich fort von ihr, damit sie meine Tränen nicht sah.

Elisabeth und Poppo reisten unentwegt, um die christliche Lehre in ihrem reformierten Land lebendig zu halten. Und ich war dabei, als sie die Städte und Landschaften aufs Neue bereisten, um zu prüfen, ob die Errichtung von Schulen und Krankenhäusern voranginge und die Pfarreien besoldet würden. Leider stieß Poppo bei vielen Ratsherren auf unerwarteten Argwohn. Es gelang ihm nicht, einen guten Stand in Calenberg zu fassen. »Wozu soll ich Eure Arbeit beschweren«, sagte er zu Elisabeth eines

Abends. »Ihr seid es, die den Bürgern mit eigener Hand siegelt, dass sie Zuwendungen erhalten, um ihren Pastor weiter besolden zu können. Wenn sie mich sehen, fürchten sie doch nur, dass nun noch ein weiterer Herr sie ausbeuten könnte.« Wieder bat er Elisabeth, mit ihm ein neues Leben anzufangen: »Überlasst doch die Geschäfte Sidonie und kommt mit mir nach Ilmenau.« Doch sie schüttelte den Kopf. »Ich kann weder mein Land noch meine Kinder im Stich lassen«, erwiderte sie. Poppo musste sich damit abfinden, dass Elisabeth an ihrer Aufgabe hing. Sie einigten sich darauf, dass Poppo mit ihr die Reise beenden würde, um dann nach Ilmenau zu gehen und dort die Ausbauten vorzunehmen, die sie beide zusammen geplant hatten. Im Frühjahr des kommenden Jahres wollte dann meine Herrin über längere Zeit in Ilmenau weilen.

Sofort nach unserer Rückkehr nach Münden brach Poppo auf. Elisabeth fielen so viele Sachen ein, dass Poppo nicht wie geplant mit einer kleinen Truppe nach Ilmenau aufbrach, sondern sechs voll beladene Kutschen, vier Bedienstete, Wachpersonal und ein gut Dutzend gesunde Pferde im Gefolge führte. Unter anderem gab Elisabeth ihm zwei Architekten und einige Bauleute mit auf den Weg. Sie sollten eine Silberkammer in Ilmenau einrichten, denn sie wollte dort einige ihrer wertvollen Gegenstände lagern. Endlich war alles bereit und wir standen im Hof, um Poppo Lebewohl zu sagen. Bevor er aufsaß, küsste Poppo Elisabeth noch mitten auf den Mund.

So schied das glückliche Paar und Elisabeth war wieder allein. Nun lag ich wieder jede Nacht neben ihr und sie war trotzdem einsam. Ich konnte fühlen, wie sie Poppo vermisste. Als der Frühling kam, bekam Elisabeth endlich neue Nachrichten, aber sie waren nicht gut. Erich II. hatte sich entschieden: Er kämpfte gegen den Schmalkaldischen Bund. Er kämpfte gegen unsere Freunde. Corvinus ließ sofort Nachrichten an die reformierten Kirchen schicken, dass sie eine Sondersteuer für Erich II. entrichten sollten. Dieser versprach daraufhin, sein eigenes Land und die Städte zu schonen. Keiner von uns glaubte an seine Versprechungen.

Doch die Steuer konnte nicht verhindern, dass andere altgläubige Herrscher unser Calenberg überfielen. Während Erich II. reformierte Gebiete angriff und Heldentaten bei der Belagerung von Bremen vollbrachte, zerstörten sie weite Landstriche und plünderten sie aus. So hatte Erich II. über sein eigenes Land doch die Vernichtung gebracht und wir lebten darüber hinaus in Furcht, dass Erich II. sein Versprechen brechen und Schrecken über Münden bringen könnte. Wieder musste Elisabeth schwere Tage alleine durchstehen. Poppo war nicht da und auch ein anderer, wichtiger Trost blieb ihr inzwischen versagt: Immer hatten Briefe, die Albrecht von Preußen an sie geschrieben hatte, sie getröstet. Nun war Albrechts Frau gestorben und der Herzog darüber schwermütig geworden. Als Elisabeth darüber nachdachte, wie sie ihn ihrerseits trösten könnte, kam ihr eine andere Idee. Schon eine ganze Weile hatte sie die Sorge bedrückt, dass Erich II. planen könnte, seine beiden unverheirateten Schwestern mit altgläubigen Fürsten zu vermählen. So schrieb sie in einem glühenden Brief an Albrecht:

Mein werter Herzog, Albrecht von Preußen, so Euer Herz betrübt ist über den Verlust Eurer lieben Frau, so sollt Ihr wissen, dass ich eine überaus fromme und tüchtige Tochter habe, die es versteht, wunderbar zu singen und Klavier zu spielen. Unser Haus würde es hoch schätzen, wenn Ihr den Bund der Ehe mit ihr eingehen würdet.

Herzog Albrecht schrieb zurück, dass er nicht daran dachte, sich zu verheiraten. Auch sei er ein alter Mann und Anna Maria gerade 15 Jahre.

Ich fand, er hatte recht mit seinen Worten. Anna Maria war noch so jung. Elisabeth dachte jedoch nur daran, dass sie erst 14 gewesen war, als sie Erich I. geheiratet hatte. Und sie hatte gute Gründe: Albrecht wäre eine gute Partie für ihre Tochter gewesen.

In ihren Briefen an Poppo klagte Elisabeth über Erichs II. Kriegstaten und über die Demütigungen, die sie immer wieder auf Neue erfahren musste.

Unsere missliche Lage, mein liebster Gemahl, wird immer bedrückender. Meinem Sohn, den ich unter Schmerzen und viel Hoffnung geboren habe, gelang es zu unserem großen Leidwesen mit großer Kriegslist Bremen und weite nördliche Teile zum alten Glauben zu zwingen.

Was mir aber als ein noch größerer Schmerz in mein Herz stieß, war ein Brief meines Sohnes, den er mir überbringen ließ. Er hatte ihn geschrieben, als er vor einigen Tagen in Hilwartshausen nahe Münden weilte. Er, der nur eine kurze Strecke hätte reiten brauchen um bei seiner Gemahlin und Mutter zu weilen, zog es vor, bei den katholischen Benediktinerinnen einzukehren und von dort seine falschen Ränke zu schmieden.

Wir sind voller Gram, denn der junge Herzog lässt sich feiern wie ein Held. Es werden Heldenlieder auf ihn gesungen, weil er bei Drakenburg Stellung hielt, als er vom Obristen Wilsberg im Stich gelassen wurde. Mein Sohn rühmt sich, obwohl bei der Schlacht 3 500 Mann ihr Leben ließen und weitere 2 000 gefangen genommen wurden. Mein Sohn durchschwamm sogar in seiner Rüstung die Weser. Einem normalen Ritter wäre dies nicht gelungen. Mein Sohn hat den gleichen kämpferischen Körper, wie ihn auch sein Vater hatte, aber sein Herz und sein Verstand haben die Größe eines Vogeleis. So erdreistete sich mein Sohn, mir, seiner Mutter zu schreiben, er würde zwar gerne zu ihr kommen, jedoch müsste er nach Halle, denn des Kaisers Wunsch ginge vor.

Sie schrieb ihm auch:

Ich wüsste nicht, wie ich diese bösen Tage ohne Euch, meinen geliebten Gemahl, ertragen könnte. Ich denke an die Zeit, als wir vor wenigen Wochen, wie es Gott gebietet, zusammen lagen und uns herzten. So stärkt mich Eure treue Liebe, auch wenn wir getrennt sind und mir nichts anderes übrig bleibt, als mich nach meinem geliebten Fleisch zu verzehren. Ich verspreche Euch, dass Ihr, wenn Ihr das nächste Mal zu mir kommt, Eurer großen Vorliebe frönen könnt und wir gemeinsam in Nienover zur Jagd blasen werden. Ich werde Euch beweisen, dass ich nicht nur flink mit der Feder bin, sondern mich ebenso darauf verstehe, selber einen Eber mit Stangen zu erlegen. Nienover verfügt über gut ausgebildete Jagdhunde, denen kein Hase zu entwischen versteht. So tröste ich mich in all meinem Elend mit den lieben Gedanken an Euch. Gebe Euch Gott einen gesunden Schlaf und Gesundheit.

Doch bald nach diesen Briefen kam eine unerwartete Wendung. Es stellte sich heraus, dass die Berichte über die Heldentaten Erichs II. nicht der Wahrheit entsprachen. Er hatte die Schlacht bei Bremen, um deretwegen er so hoch gepriesen wurde, nicht siegreich bestanden, sondern hatte im Gegenteil durch Unachtsamkeit viele seiner Kämpfer verloren. So hatte er, um vor dem Kaiser besser dazustehen, den Obrisken Wilsberg zu Unrecht beschuldigt, um von seiner eigenen Schuld abzulenken. Der besungene Held, der in schwerer Rüstung durch die wilde Weser geschwommen war, war in Wirklichkeit ein Feigling, der seine Leute im Stich gelassen hatte, um sein eigenes Leben zu retten. Als der Kaiser von den wahren Begebenheiten erfuhr, schickte er Erich II. kurzerhand nach Hause.

Doch der Herzog kam nicht nach Münden, sondern ging seiner Mutter weiterhin aus dem Weg. Er richtete sich in seiner Festung Calenberg ein. Als Sidonie erfuhr, dass ihr Gemahl auf der Festung Calenberg wohnte, packte sie ihre Sachen zusammen, rief ihre vertrautesten Mägde und einige tüchtige Handwerker und machte sich mit ihnen auf den Weg, um bei ihrem Mann zu wohnen.

Als die Reisetruppe aus Münden fuhr, sagte meine Herrin: »Wie viel Mut Herzogin Sidonie hat. So viel Mut und so wenig Stolz und fast keinen Schutz.« Ich wusste, dass sich meine Herrin wegen der Handlungen ihres Sohnes schämte und wohl auch wegen ihrer eigenen. Wenig hatte sie in den zurückliegenden Wochen noch mit Sidonie geteilt. Sie hatte sich ihr immer mehr entzogen und hatte sie nicht mehr an den Regierungsgeschäften teilnehmen lassen. So verließ Herzogin Sidonie das wohlbestellte Münden, in dem sie mit vielen freundlichen Frauen gelebt und ein sicheres Zuhause gehabt hatte. Sie nahm es auf sich, an der Seite ihres unsteten Gatten auszuharren. Und ich war mir sicher, wie groß ihr eigenes Unglück auch sein würde, stets würde sie darauf bedacht sein, die Lutheraner zu schützen und für die Elenden zu sorgen.

Erich II. rekatholisiert das Land und nimmt Corvinus gefangen (1548–1549)

Der Krieg überzog das ganze Land und das Blatt wendete sich. Der Schmalkaldische Bund unterlag in vielen Landstrichen dem Kaiser, es gab die Vereinigung der protestantischen Fürsten nicht länger. Einige Gründer wurden gefangen genommen, so auch Philipp von Hessen. Im Gegenzug wurde Heinrich von Braunschweig befreit und er übernahm wieder die Regierung in seinem Land.

Für die Städte Calenbergs bedeutete das eine schwere Niederlage. Da sie die protestantische Seite unterstützt hatten, mussten sie an den Kaiser harte Strafen zahlen, um ihre Unabhängigkeit zu behalten. Er forderte von Hannover 20 000 Gulden und 12 Geschütze. Göttingen sollte 30 000 Gulden zahlen und 10 Geschütze abliefern. Während Hannover eine reiche Stadt war und die Gilden der Stadt noch im gleichen Jahr 6 Geschütze liefern konnten, begann die Stadt Göttingen mit dem Kaiser zu verhandeln. Sie baten ihn, mit 10 000 Gulden zufrieden zu sein, da sie schon an Herzog Erich II. 6 000 und an Heinrich 3 000 Gulden bezahlen müssten. Er willigte ein. Und selbst diese vereinbarten Summen musste sich die verarmte Stadt in vielen kleinen Beträgen zusammenborgen.

Doch dem Kaiser war dies alles nicht genug. Er führte die alten katholischen Bräuche wieder landesweit ein und erließ ein Interim, in dem genau geregelt war, was zulässig war und welche Handlungen gotteslästerlich und strafbar waren. Diese Richtschnur sollte für alle Gültigkeit haben. Doch diese neuen Gesetze waren enger als alle anderen zuvor, und nur die ängstlichen Altgläubigen stimmten zu. Mutige Städte wie Braunschweig ließen den Kaiser wissen,

dass keine wahren Lehrer des göttlichen Wortes, oder, wer auch nur ein einziges Mal die Wahrheit in dem ewigen Wort Gottes erkannt habe, ohne Verlust seiner Seele das Interim annehmen könne!

Da der Erzbischof von Mainz darauf bestand, das Interim auch in Calenberg auszuüben, beauftragte meine Herrin Corvinus, es mit gelehrten Geistlichen genau zu studieren und einen theologischen Gegenentwurf zu verfassen. Als Elisabeth den Entwurf Corvinus' mit dem Titel »Ratschläge und Bedenken« in Händen hielt, berief sie eine Synode in Münden ein. Sie bewirtete in diesen Tagen 140 evangelische Pfarrer. Alle fanden Herberge und Platz im fürstlichen Saal, wo sie um den großen Tisch saßen und über das Papier sprachen.

Einige Pfarrer waren aus Angst vor der Reaktion Erichs II. der Sitzung ferngeblieben. Das Kloster Bursfelde schickte lediglich den furchtsamen Abt. Als es darum ging, den Entwurf zu unterzeichnen, versuchte er aus Angst darum herumzukommen. Doch dem wankelmütigen Abt spielten seine schlagfertigen und überzeugten Kollegen einen Streich. Wohin der Abt auch ging, ob er im Saal oder auf dem Abort gesichtet wurde, hörte er einen Spottvers, den sich ein lustiger Kopf ausgedacht hatte und den alle nachplapperten:

»Herrn Abt zu Bursfelde!
Hier gibt's kein Gelde, es gilt die Seel, dazu die Haut,
schreibt drunter, so werdet Ihr Christi Braut!«

Mich freute es, dass der Abt so zum Gespött wurde, denn er war wirklich ein Hasenfuß. Selbst als er unterzeichnete, ahnte ich, dass er so wankelmütig sein würde wie der junge Herzog. Sobald sich die Mönche fürchteten, würden sie wieder auf die andere Seite schwenken.

Abschließend stärkten sich alle bei einem Gottesdienst in der St.-Blasius-Kirche und beim heiligen Abendmahl mit Brot und Wein für die kommende Zeit. Und das war auch nötig, denn ein neues Unwetter begann sich schon zusammenzubrauen.

Als Erich II. erfuhr, was seine Mutter getan hatte, packte ihn ein großer Zorn. Er machte sich sofort auf den Weg, ritt durch Münden hindurch, ohne jemanden zu grüßen, und weiter nach Hilwartshausen, wo er wieder bei den katholischen Nonnen Unterkunft fand. Von dort aus erließ er das scharfe Gebot, dass ganz Calenberg rekatholisiert werden solle. Die Klöster, Städte und jeder Bürger sollten mit sofortiger Wirkung zum alten Glauben zurückkehren, die evangelischen Pfarrer vertrieben werden. Anschließend ritt er weiter zur Erichsburg und sammelte seine Kämpfer. Er handelte selbstherrlich, ohne die Räte zu befragen oder Ritter und Adelige um sich zu sammeln. Er stellte spanische Söldner in seinen Dienst und ließ für ihre Bezahlung viel Geld eintreiben. Diese sollten dem verwerflichen Treiben der Lutheraner ein für alle Mal ein Ende bereiten.

Der Abt von Bursfelde war, wie ich schon geahnt hatte, der Erste, der wankte. Er führte sofort den römischen Gottesdienst wieder ein. Einige Städte und Klöster fügten sich willig, andere aber, besonders die großen Städte waren es leid, in alte Zeiten zurückfallen zu müssen. Viele stellten sich hinter die evangelische Lehre, selbst das kleine Dassel, das lange zum Bistum Hildesheim gehört hatte. Dassel plante sogar, in der Kirche ein großes Wandgemälde anfertigen zu lassen, das zeigte, wie neben den Heiligen auch die Reformatoren und evangelischen Landesherren gradewegs in den Himmel gingen. Mit Luther und Käthe gingen auch Elisabeth und Corvinus dem göttlichen Licht entgegen. Die altgläubigen Würdenträger verschluckte jedoch der Höllenschlund.

Nicht genug, dass der Herzog die bekennenden Lutheraner in große Not brachte. Erich II. verlangte von den Räten der Stadt Hannover, dass sie den Fußfall vor ihm machen, sich als aufsässige Rebellen zu erkennen geben und um Gnade bitten sollten. Sie sollten keinem Bündnis mehr beitreten und nur ihren Herzog um Rat und Hilfe bitten. Innerhalb der Ringmauer sollte für ihn ein Kastell errichtet werden. Als Weiteres mussten sie ihm eine Verehrung von 7 000 Gulden zukommen lassen. Die Stadt Göttingen überzog er ebenfalls mit solch hohen Forderungen, dass Elisabeth ihren Bruder und den Kaiser anflehte, ihrem Volk zu helfen.

So wütete der Herzog mit fremden Söldnern im eigenen Land, indem er nie rechtmäßig die Regierung angetreten hatte. Meine Herrin wurde krank vor Kummer und Sorge. Sie gönnte sich keine Ruhe und versuchte so gut es ging, das Schlimmste zu verhindern. Wieder hatte sie seit Tagen keine Nahrung zu sich genommen, da ihr das Essen im Leib große

Schmerzen bereitete. Ich bat sie, sich ins Bett zu legen, damit sie wenigstens mit ihren Kräften haushalte, zumal sie vor Bauchschmerzen kaum noch aufrecht gehen konnte. Selbst Mithof sagte, dass sich Elisabeth auskurieren müsse.

So krank meine Herrin bereits war, sie wurde nicht geschont. Es erreichte sie noch eine weitere schreckliche Nachricht. Dem Boten, der um den Gesundheitszustand meiner Herrin wusste, fiel es sichtlich schwer zu berichten. So stotterte er: »Werte Herrin, ich muss Euch eine traurige Nachricht überbringen. Die spanischen Soldaten haben unseren verehrten Corvinus und Walter Hocker, Prediger zu Pattensen, wie Verbrecher gebunden und sie als Gefangene zur Festung Calenberg gebracht. Sie handelten im Auftrag unseres Herzogs. Die beiden Gottesmänner sind nun im Gefängnis, wo sie im irdenen Loch einsitzen.« Elisabeth sah ihn entsetzt an, seufzte und brach zusammen. Ich konnte sie gerade noch stützen und legte sie sanft auf den großen Diwan, damit sie wenigstens wieder richtig atmen sollte. Ich legte ihr beruhigend die Hand auf die Stirn. Sie schlug die Augen auf, Tränen schimmerten darin. Ihr Gesicht war leichenblass. »So liegt nun mein treuer Freund und Seelsorger mit einem solchen Jammer in diesem frostigen Verlies. Allem, was wir mit Herzblut und Gottes Gnade erbaut haben, trachtet mein einzig geborener Sohn nach dem Leben.« Elisabeth schlug die Hände vor das Gesicht. Noch nie hatte ich meine Herrin so bekümmert gesehen, noch nie war ich so hilflos gewesen. Ich stand da und wusste nicht, was ich tun sollte. »Bring mir Papier und Feder«, bat sie mich endlich. »Ich muss meinem Sohn schreiben und ich muss Corvinus schreiben und ihn trösten.« Ich brachte ihr, was sie verlangte, doch ihre Hände zitterten so sehr, dass sie weder die Feder ruhig führen noch das Papier stillhalten konnte. Sie verzweifelte fast und ließ die Feder wieder sinken. Schnell sagte ich: »Werte Herrin, ich hole Euch einen Schreiber, damit Ihr ihm Eure Worte diktieren könnt. Wartet eine kleine Weile, und Euch ist die rechte Hilfe zur Seite.« Ich sprang aus dem Zimmer hinaus, die Stiegen hinab und klopfte an die Amtsstube. Der Schreiber, den ich wollte, hob seinen Kopf, als ich eintrat. »Komm mit mir«, sagte ich. »Meine Herrin braucht einen schnellen, sauberen Schreiber.« Der junge Mann drückte mir sein Tintenfass in die Hände und griff schnell nach dem Holzbrett, das neben seinem Sekretär stand. Darauf legte er einige Seiten Papier und verschiedene Federn. Mit einer kleinen Kopfbewegung wies er mich an, für ihn die Tür zu öffnen.

Im Zimmer zurück, rückte ich für ihn einen Stuhl vor ihr Lager. Als er darauf Platz genommen hatte, legte ich ihm die Platte auf die Knie und reichte ihm die Utensilien. Ich eilte in die Küche, um ein weiches Tuch zu erbitten, und holte einen Krug voll Wasser, damit sich meine Herrin erfrischen konnte. Die Küchenmeisterin stellte mir mit einem aufmunternden Lächeln noch ein Fläschchen Minzöl hinzu. Sie hatte wohl gemerkt, dass ich es gebrauchen konnte. Und so war es auch. Noch ehe ich in die Stube eintrat, spürte ich, dass auch meine Hände zitterten. Deshalb stellte ich das Tablett ab, träufelte einen Tropfen Öl auf meinen Finger und betupfte damit meine Schläfen. Ich atmete tief ein und schöpfte neue Kraft.

Der Schreiber hatte bereits das Datum und die Anrede auf das Papier gebracht, und Elisabeth fiel es sichtlich schwer, nun die ersten Worte zu finden. Ich goss ein Glas Wasser ein und reichte es meiner Herrin. Sie trank ein paar Schlucke und begann zu diktieren:

An meinen werten Sohn, Erich II., Herzog von Calenberg!

Ich habe Euch mit Bangen getragen, mit Mühe und Arbeit erzogen, und als Ihr in die Schlacht gezogen seid, habe ich um Euch geweint und ließ in allen Kirchen für Euch beten. Doch dies alles liegt nicht so schwer auf mir wie Eure neuen verwerflichen Taten.

Die erkannte Wahrheit zu verleugnen, ist eine Sünde, die weder in diesem noch im jenseitigen Leben Vergebung findet. Und die Diener des göttlichen Wortes schänden und beleidigen bedeutet nichts anderes, als den Heiland zu kränken, der unsere Sünden getragen hat. Ich kann von meiner mütterlichen Bitte nicht ablassen: Sehet von Eurem Vorhaben ab um Eures Friedens und Eurer Ehre willen. Bedenket, dass des Herren Zorn über ein Land kommt, in dem seine Diener gedemütigt werden. Diener, die ihr Heim verließen, um uns armen, verängstigten Menschen die gute Nachricht zu verkünden, da wir zuvor in Angst lebten und verführt waren. Nicht die Mächtigen der Kirche brachten uns die gute Nachricht der Liebe Gottes, sondern Luther und seine

Getreuen waren es, die uns den Weg zum Himmel frei machten. Denkt an die Diener Gottes, die keine Gelder anhäufen, wenn sie den Armen die Sünden vergeben.

Ferner denkt an Euer fürstliches Wort, das Ihr gegeben und auf das Ihr Euren Eid gelegt habt, die reformierten Untertanen zu schützen. Welcher Landesvater wird seine Kinder so im Stich lassen und sein Wort brechen? Die Urkunde darüber halte ich in Händen und welche Schmach ist es für die ganze Welt, ein solches Siegel gegen das eigene Volk zu brechen!

Habt Ihr ein solches Verhalten gegenüber Eurer Mutter in Hispanien gelernt und das wohlwollende, christliche Leben Eurer Eltern und Eurer Heimat vergessen? Soll ich etwa den Tag verfluchen müssen, an dem ich Euch unter Schmerzen und großer Dankbarkeit geboren habe?

Meine Bitte lässt Euch nicht: Gebt die frommen Männer frei und in meine Hände, damit sie Euch freisprechen.

Es war für mich kaum mit anzuhören, was Elisabeth da ihrem Sohn schrieb, aus jeder Zeile sprach ihr großes Leid. Endlich schloss sie den Brief und bat den Schreiber, gleich ein neues Blatt aufzulegen. »Der folgende Brief geht an alle Landesräte. Du sollst ihn auch dem Schreiben an Erich II. beilegen. Bist du bereit?«, fragte sie. Doch der wartete schon, die mit Tinte gefüllte Feder schwebte über dem Papier.

An alle Landräte und die da tragen die Verantwortung und haben die Pflicht zur Ordnung und Regierung im Lande Calenberg!

Ist nur ein einziger guter Blutstropfen in Euch, der den Gekreuzigten liebt und bekennt, so ermahne ich Euch, gedenkt Eurer Eide und Pflichten, verstummt nicht in Feigheit, besprecht Euch mit dem Adel und den Städten, die armen unschuldigen Gefangenen zu vertreten und freizubitten. Will sie der Herzog nicht länger im Lande haben, so mögen sie den Staub von den Füßen schütteln, ihre Sache Gott befehlen und sich woanders hinwenden.

Dieses böse Spiel hat unser Sohn ins Haus gebracht und sieht er nicht davon ab, so wird er auch uns unter die Erde bringen.

Kratzend fuhr der Tintenkiel über das Papier. Der Schreiber endete, legte die Feder beiseite und stand auf. »Die Briefe, werte Herrin, werden noch heute verschickt, keiner der Schreiber soll heute seinen Heimweg antreten, ehe nicht alle Kopien für die Landräte geschrieben sind.« Er verneigte sich und wollte aus dem Zimmer eilen. »Halt, halt!«, rief Elisabeth. »Wir dürfen nicht die vergessen, die am meisten leiden! Corvinus soll ein Zeichen erhalten.« Der Schreiber verneigte sich erneut und wandte sich an mich: »Geh bitte in die Amtsstube und übergebe dort das Schreiben an die Landräte. Keiner soll gehen, ehe nicht alle Kopien säuberlich geschrieben sind.« Ich nickte, nahm das Blatt und übergab es so schnell es ging. Ehe ich wieder zu Elisabeth kam, ließ ich mir von Mithof ein mit Lavendelöl getränktes Tuch geben. Als ich ins Zimmer trat, hatte Elisabeth noch nicht mit dem Diktat begonnen, sondern schöpfte Atem. Ich legte ihr das Tuch über die schweißfeuchte Stirn. Sie blickte dankbar auf, als sie den Duft wahrnahm. »Ach, wie schwer fällt es mir, dem alten gebeugten Corvinus zu schreiben, der Ehre und Dank verdient und den mein Sohn in ein Loch mit Ratten und Unrat steckte!«

Sie wandte sich an den Schreiber und diktierte:

Lieber Corvinus,

mir tut dein Elend so herzlich leid und ich wollte, ich könnte den Brief mit eigener Hand schreiben. Doch ich liege hart darnieder und ein Schreiber bringt meine Worte zu Papier. Es ist mir ein großer Schmerz, dass dir das Ungemach von meinem eigenen Fleisch und Blut angetan wird. Ich habe darüber viele Tränen vergossen, die durch die Wolken zu unserem Gott gedrungen sind. Ich werde alles in meiner Macht Stehende tun, um dein Unheil zu wenden. Harre aus mit dem Glauben, den du auch uns gelehrt hast und der mir das Licht auf dem Wege ist.

Noch lange diktierte sie dem Schreiber, um Corvinus Trost zukommen zu lassen. Danach fiel sie in einen langen Schlaf. Ich steckte Kissen um sie, damit sie nicht von dem Diwan fiele, und setzte mich an ihre Seite. Ich wünschte mir, ich hätte zum Trost ihre Hand halten können, so wie es Poppo oft tat. Aber ich wagte es nicht, sondern betrachtete sie nur still und betete.

Zwei Tage später kam ein Brief von Corvinus. Obwohl mir seine Lage schon bekannt war, rührte es mich an, seine Worte zu lesen. Sah ich die Schrift seiner Hand, so konnte ich seine Stimme dabei hören. Wie oft hatten mich seine geschriebenen Zeilen erheitert und getröstet. Sein scharfer Verstand und sein Humor hatten immer alles überwunden. Aber nun las ich nur von seinem Elend:

Man hat mich alten Mann am letzten Samstag aus meinem Zimmer gerissen und auf den Calenberg gebracht, wo ich nun im Gefängnis sitze. Trotz der schriftlichen Zusicherung des Herzogs auf freies Geleit werde ich ohne Ansehen meiner Person dort hart im kalten, vergitterten Keller gehalten. Ich bitte Euch das Büchlein, das ich im Auftrage geschrieben habe, dem Herzog auszuhändigen, damit mein Elend ein Ende finde.

Der Brief ließ auch deutlich erkennen, dass Corvinus das Schreiben Elisabeths nie erhalten hatte. Als sie nachforschte, wurde ihr mitgeteilt, dass Erich II. ihre Briefe abgefangen hatte. Als Elisabeth das erfuhr, bat sie den Schreiber sofort wieder zu sich und diktierte erneut einen Brief an Corvinus. Sie schrieb auch an ihren Bruder Joachim II. und bat ihn zu kommen, um ihr beizustehen. Joachim II. antwortete, dass er ihren Schmerz teile, da er sie immer in ihrem Reformationswillen unterstützt hatte. Er wolle tun, was er tun könne, und würde bald einen Besuch bei ihr abstatten. Wenn ihr der Besuch auch nicht zur Hilfe gereiche, so vielleicht doch zum Trost.

Corvinus blieb im Gefängnis, die Bemühungen Elisabeths waren erfolglos. Niemand kam ihm zur Hilfe, denn alle Landesräte fürchteten die Konsequenzen, wenn sie sich Erichs II. Anweisungen widersetzen würden. Doch ganz unerwartet tat sich eine andere Möglichkeit auf. Altfrau Bertha sprach mich eines Nachmittags auf dem Hof an und bat, bei Elisabeth vorsprechen zu dürfen. Ich blickte sie fragend an, aber sie sah mich nur lächelnd an und meinte: »Warte ab, Agnes, du wirst es schon früh genug hören.« Noch am gleichen Tag trat Bertha ins Zimmer und verneigte sich vor Elisabeth, die nach wie vor auf dem Diwan lag. Während sie ihr Anliegen vorbrachte, hielt sie den Kopf gesenkt, weil es nicht zu ihren Aufgaben gehörte, sich in die Regierung einzumischen.

»Verzeiht mein Eindringen, gnädige Herrin. Es ist wegen meiner Liebe zum Evangelium und unserem geistlichen Vater Corvinus, dass ich nichts unversucht lassen will.« Elisabeth ermunterte sie: »So wir beim Abendmahl Schwestern wurden, so kannst du auch frei sprechen, denn vor Gott sind wir eine Familie.« Da fasste Bertha Mut und sagte: »Corvinus sitzt in Calenberg ein und dort ist Sidonie nicht weit. Und wenn Sidonie in der Nähe der Gefangenen ist, so hat Gott schon seine Engel um ihn gestellt.« Meine Herrin nickte. Bertha fuhr fort: »Nun, ich dachte, vielleicht weiß Sidonie Dinge über Erich II., die wir nicht wissen, und kennt Wege zu seinem Herzen, die uns fremd sind? Vielleicht würde sie einen Vermittler empfangen?« »Jetzt einen Vermittler zu schicken, würde für Corvinus den Tod bedeuten. Und wenn ich selbst meine Schwiegertochter besuchen würde, so müsste ich darum bangen, dass Erich II. während meiner Abwesenheit mein Münden zerstört«, antwortete Elisabeth. »Ich habe nicht daran gedacht, dass Ihr, kranke Herrin, gehen solltet. Ebenso wäre es für jeden Mann ein Todesurteil. Aber wenn ihr Sidonie eine Hebamme schicken würdet?« »Eine Hebamme?«, fragte meine Herrin ungläubig und meinte: »Du wirst es genauso wie ich ahnen, dass Sidonie keine Kinder mehr tragen kann. Ihr Leib ist gewiss unfruchtbar geworden, als sie ihr das tote Kind mit heißen Zangen entrissen haben.« »Es geht ja auch nicht um ein Kind, sondern darum, einen Boten zu Sidonie zu schicken.« Ich kannte Bertha nur zu gut und ahnte schon, was sie plante. Meine Herrin fragte sie: »Aber was könnte eine Hebamme auf dem Calenberg ausrichten?« »Nun, Eure Kammermeisterin könnte sie begleiten. Und da Eure Kammermeisterin das Vertrauen Sidonies genießt und sie eines Glaubens sind, wird sie wohl recht zu reden wissen.« Als sie das gesagt hatte, machte Bertha einen Knicks, drehte sich um und ging schnellen Schrittes aus dem Zimmer.

Was hatte sie gerade gesagt? Hatte ich recht gehört? Elisabeth sah mich eine Weile stumm an und meinte dann: »Hol mir Mithof und den Schreiber und während sie bei mir sind, kannst du dich im Park ergehen.«

Ich sollte mich im Park ergehen! Ich sollte langsam um das Schloss wandern, während sie Pläne für mich schmiedete? Was hatte sie vor? Was hatte Bertha mir da nur eingebrockt? Ich ging direkt zu ihr und machte meinem Ärger Luft: »Du hast mich verraten und verkauft!«, sagte ich zu ihr. »Wie bist du ausgerechnet auf mich gekommen?« Sie sah mich nur an und meinte: »Auf wen denn sonst? Sollten etwa die Schwestern Erichs II. den Besuch machen, damit er sie abfängt und mit Spaniern verheiratet? Sollte Poppo die Reise antreten und in Stücke gerissen werden?« »Nein«, wandte ich ein. »Aber du hättest mich wenigstens in den Plan einweihen können und mich zuvor fragen, ob ich mich der Aufgabe gewachsen fühle.« Da fasste mich Bertha an den Schultern und rief: »Willst du dich weiterhin im Bade räkeln, während unsere Freunde jämmerlich zugrunde gehen?« Ich schüttelte den Kopf. »Aber Bertha, warum hast du nicht zuerst mit mir gesprochen?« »Hättest du denn zugestimmt und stillgehalten, wenn ich deiner Herrin berichtet hätte?« Ich verstand, was sie meinte. Sie ergänzte: »Wenn dich jemand nach dem Grund deiner Reise fragt, so weißt du nichts. Eben nur, dass du deiner Sehnsucht nach Sidonie nachgeben durftest, und die Hebamme nicht allein reisen sollte. Ich denke, am besten ist es, wenn ihr von Geistlichen begleitet werdet. Von Mönchen aus Bursfelde vielleicht?« »Bist du von Sinnen?«, rief ich aus. »Nein, ich bin bei klarem Verstand. Es ist stets hilfreich, in der Obhut von Menschen zu sein, die ihr Fähnchen nach dem Wind richten.« Ich konnte nur staunen, welche Gedanken Bertha sich machte. Solch ein Plan wäre mir nicht eingefallen.

Doch meine Sorge schien unbegründet, Elisabeth erwähnte den Vorfall mit keinem Wort, als ich wieder in ihr Zimmer trat. So atmete ich erleichtert auf und freute mich im Stillen. Elisabeth wandte sich an mich und meinte: »Nun müssen wir sehen, dass ich wieder gesund werde. Ich will endlich mit Poppo nach Nienover reisen. Irgendwann müssen sich doch die Wolken wieder verziehen. Und du kannst in Nienover den Bediensteten wieder aus der Heiligen Schrift vorlesen. Wer weiß, wenn die Prediger zu schweigen haben – ob wir Frauen dann die gute Nachricht verbreiten müssen?« Doch so einfach war es nicht. Elisabeth kam nicht zu

Kräften. Während sie weiter darniederlag, schmiedete sie wie immer große Pläne. Sie hatte sich in den Kopf gesetzt, Anna Maria mit Albrecht von Preußen zu verheiraten. Ihre Briefe an Albrecht hatten wenig erreicht und selbst die Besuche Poppos am Hof Albrechts hatten den Willen Albrechts nicht auf Anna Maria gelenkt.

Elisabeth gab nicht nach und selbst auf ihrem Krankenlager kam ihr eine Idee: Warum sollte sie dem Herzog nicht schreiben, was ihre Tochter selbst gesagt hatte? Ein letztes Mal wollte sie Albrecht erklären, dass Anna Maria ihn gerne nehmen würde. Und dann wollte sie Albrecht Zeit lassen. In ihrem nächsten Brief an den Fürsten stand:

Eure Bedenken, dass Ihr von meiner liebenswerten Anna Maria aufgrund Eures Alters verschmäht werdet, kann ich entkräften. So wahr diese Zeilen nun wieder mit meiner eigenen Hand geschrieben sind, sagte Anna Maria noch im Beisein Erichs II., dass »ich lieber einen alten, weisen Mann hätte als einen jungen Narren; denn ein Alter bleibt bei mir, was ein Junger nicht tut«.

Zwei Tage später erreichte uns die Nachricht, dass sich Erich II. wieder im Ausland aufhielt. Wir atmeten auf. Und noch eine wunderbare Überraschung wartete auf Elisabeth. Graf Poppo konnte nicht länger ertragen, dass es seiner Frau so schlecht ging und er abwesend war. Er erschien unangemeldet in Münden. Sofort übernahm er die Pflege von Elisabeth und führte sie an seinem Arm an die frische Luft. Er schnitt mit eigener Hand Bärlauch, den meine Herrin zur Kräftigung essen musste. Er ließ auch dünne Birkenäste schlagen, die die Badefrauen samt den jungen Blättern in die Wanne legten und mit heißem Wasser übergossen. Da hinein wurde meine Herrin gesetzt. Ich konnte nur staunen: Mit jedem Bad strömten ihr neue Kräfte zu und ihre Haare begannen wieder zu glänzen. Doch Poppo gab seinen Rat jedem, der ihn bedurfte. Poppo riet Mithof, der unter Schmerzen in den Knochen litt, unter das Laken frische Farnwedel zu legen. Da dies Wundermittel ihm wahrlich schon nach wenigen Tagen deutliche Linderung verschaffte, ordnete Mithof an, dass alle im Schloss vom nächsten Sonntage bis zum Sonntage darauf eine gute Lage Farnwedel ins Bett nehmen sollten. Als die Bediensteten in die Wälder gingen, um die leuchtend grünen Wedel zu pflücken, wollten auch die Bürger nicht nachstehen und schnitten ebenfalls die grünen, fein gefiederten Blätter dicht über dem Boden ab. So gingen die Mündener Bürger mit einem Arm voll grüner Wedel durch die Stadt und legten sie auf ihre Matten. In den ersten Tagen waren die Blätter noch weich, doch schon bald trockneten sie und knisterten, sobald man sich darauf bewegte. Ich war froh, als ich das Kraut wieder entfernen konnte. Und da mir zuvor nichts schmerzte, wusste ich auch nicht, ob es half. Doch sobald nun Poppo aus der Türe trat, lobten ihn die Menschen, dass er sie mal von diesem, dann von jenem Leiden erlöst hätte.

Poppos Gegenwart war eine Wohltat für alle; Elisabeth gewann ihre Gesundheit endlich wieder und trotz der unverändert misslichen Lage von Corvinus und ihrem Land hatte sie wieder Freude am Leben. Endlich konnte sie ihre Reise zum Jagdschloss Nienover planen. Bald sprach Elisabeth nur noch von der Jagd mit Poppo; was sie dafür benötige, und dass sie, da die Wildsauen Frischlinge führen würden, wenigstens den einen oder andern Eber jagen könnten. Ich richtete ihre Garderobe und freute mich ebenso auf die Zeit in den Wäldern.

Am Tag vor der Abreise, als ich gerade dabei war, die letzten Kleider zu verstauen, trat Elisabeth in die Kammer und rief mir fröhlich zu: »Agnes, ich bitte dich, packe noch einen separaten Beutel mit Haarnadeln und Kämmen.« Ich sah auf: »Gnädige Herrin, ich habe bereits alles, was vonnöten ist, gepackt. Die Taschen sind voll.« »So nimm einen neuen Beutel und stecke noch die neuen Spangen hinein, die mir der Goldschmied gestern geliefert hat.« »Ihr wollt in Nienover den Schmuck im Haar tragen?«, fragte ich ungläubig. »Nein, nicht ich will ihn tragen. Ich habe Sidonie geschrieben, dass du immer noch die kunstvollsten Frisuren steckst, die einer Königin würdig sind. Und da sie von früher deine Kunst zu schätzen weiß, möchte sie gerne, dass du ihrer Kammermeisterin diese Fertigkeit beibringst.« Ich wartete, dass sie fortfuhr. Aber sie sagte nichts weiter, sondern wandte sich ihrem Schreibtisch zu. »Ich verstehe Eure Hoheit nicht. Ich soll ein Bündel für Sidonie schnüren? Treffe ich denn auf die junge Herzogin?« »So wird es sein.« »Könntet Ihr mir sagen, wie das vonstatten gehen soll, wenn ich für unsere Reise nach Nienover plane?« »Du packst alles so wie immer. Nur eben noch das Bündel mit den Utensilien dazu. Packe das Werkzeug großzügig ein, denn es soll bei meiner Schwiegertochter bleiben und ihr ein Zeichen meiner Zuneigung sein.« »So habt Ihr die Zierkämme und Spangen für Sidonie anfertigen lassen?« »So ist es. Wir ziehen zusammen nach Nienover. Von dort wirst du mit der Kutsche weiter zur Erichsburg reisen und dort auf Sidonie treffen. Während deines Aufenthaltes wird die Kutsche Einbecksches Bier laden und noch genug Platz für die Rückfahrt meiner lieben Kammermeisterin lassen. In Nienover sehen wir uns dann wieder.«

So war ich also die liebe Kammermeisterin. Und das war ihr Plan, jetzt verstand ich, was sie aus Berthas Idee gemacht hatte. Ich sollte, verlassen von meiner Herrin, Poppo und den Wachsoldaten, allein mit den Bierkutschern zur Erichsburg bei Einbeck reisen. Während meine Herrin mit Poppo durch die Wälder ritt, lauerten mir vielleicht die Räuber auf. Ich wünschte, ich hätte es mit der Kunst des Haarebindens nicht so weit gebracht. Und ich sollte allein reisen. Nicht einmal eine Hebamme würde mich begleiten.

Allein der Gedanke daran ließ mein Herz schneller schlagen. Dann dachte ich an Sidonie. Ich erinnerte mich an die Stunden, in denen wir zusammen gesungen hatten, daran, wie verliebt sie gewesen war und auch an die Stunden, als sie ihr Kind verlor. Eine große Liebe begann sich in mir auszubreiten. Das Bündel, in das meine Hände die Kämme, Nadeln und Spangen packten, wurde schwerer und schwerer. Nichts wollte ich vergessen. Ich fragte Elisabeth sogar, ob ich für Sidonie kleine Kuchen einpacken dürfte. Elisabeth freute sich über mein Ansinnen und ermutigte mich, Sidonie reichlich zu beschenken. Da erbat ich mir für sie ein paar von den Farben, mit denen die Schreiber ihre Bücher verzieren, denn Sidonie liebte es, ihre Briefe mit einer Blume oder einem kunstvollen Vogel zu schmücken. Als sich im Schloss herumsprach, dass ich auf Herzogin Sidonie treffen würde, gaben mir die Töchter meiner Herrin Briefe und Geschenke mit. Angestellte und Bürger brachten ihre Gaben, sodass meine Beutel nicht mehr ausreichten. Die ganze Kutsche war voll beladen mit Geschenken. Wie sehr freute ich mich nun auf diese Fahrt! Es war Mai, aber ich kam mit Geschenken, als ob bald Christtag wäre. Und ich fuhr doch nicht allein: Die Kutsche war durch die Fracht so wertvoll geworden, dass sie von Wachen umsäumt werden musste.

Ich blieb zwei Tage in Nienover, dann stieg ich wieder in die Kutsche. Zwei Wachen ritten voraus und zwei hinter mir her. Zwei Tage brauchten wir, bis wir Einbeck erreichten. Noch nie war ich allein gereist. Jeden Abend wurde mir ein Bett gerichtet, dem es an nichts fehlte. Und während die Kutscher, sobald sie die Pferde versorgt hatten, ordentlich dem Bier zusprachen, behüteten die Wachen jeden meiner Schritte. Elisabeth hatte angeordnet, dass sie mich hüten sollten wie ihre Herrin und wenn jemand schuldig an mir würde, würde sie keine Gnade walten lassen. So reiste ich wie eine Fürstin.

Als wir in Einbeck ankamen, schickte uns Sidonie mehrere Berittene entgegen. Sie bestand darauf, dass diese mich sicher zur Erichsburg geleiten sollten. Die Wachen aus Münden blieben in der Herberge zu Einbeck. Die Wachleute der Erichsburg ritten auf schwarzen Rössern, wie ich noch nie welche gesehen hatte. Als wir auf den Hof fuhren, kamen die Bediensteten heraus und stellten sich im Kreis auf. Sie taten, was sie immer tun, wenn meine Herrin kam. Obwohl sie wussten, dass nur ihre Kammerdienerin anreiste, machten sie mir ebenso höflich ihre Aufwartung. Sie führten mich in das große Gästezimmer, das mir in den Tagen ganz allein gehören sollte. Eine Kammerdienerin wartete darin auf mich und sie erklärte mir, dass sie zu meiner Verfügung stehe. Ihre Herrin Sidonie würde mich schon sehnlichst erwarten, und wenn ich bereit wäre, würde sie mich zu ihr führen. Nachdem ich mich erfrischt hatte und meine Reisekleidung gegen ein manierliches Kleid eingetauscht hatte, führte sie mich in die Empfangshalle. Und da wartete Herzogin Sidonie wirklich schon. Sie eilte mir entgegen und niemanden verwunderte es, als wir uns in die Arme nahmen. Wie froh war ich, die junge Herzogin endlich wiederzusehen! Vom ersten Augeblick an redeten wir miteinander, wie wir es auch in Münden getan hatten. Zwischendurch sprach sie einige Worte französisch. Ich fragte, woher sie das könne, und sie erklärte mir, dass sie einen Lehrer eingestellt habe, der ihr nicht nur Französisch, sondern auch Spanisch und Italienisch beibrachte.

Nach dem Abendmahl zeigte ich Herzogin Sidonie alle Geschenke, die ich aus Münden mitgebracht hatte. Ich nannte die Namen der Geber und überbrachte ihre Grüße. Sidonie weinte vor Freude und rief immer wieder: »Und ich dachte, Münden hätte mich vergessen!« »Warum sollten wir Euch denn vergessen?«, fragte ich. »Ach«, antwortete sie, »das erkläre ich dir, wenn wir ausreiten.« Ich verstand sofort. Nicht einmal in ihrem eigenen Heim konnte sie unbekümmert reden. Und so nickte ich nur. Drei Tage lang begnügten wir uns mit der üblichen Konversation und sangen gemeinsam Lieder. Dann war das Wetter gut genug und wir ließen die Pferde satteln. Zuvor ermutigte mich Sidonie, mir vom Stallmeister die schwarzen Pferde zeigen zu lassen. Sie ahnte wohl, dass Elisabeth alles über die wunderbaren Tiere hören wollte. Die Pferde waren wirklich einzigartig, sie reagierten nicht nur auf den Druck der Schenkel und der Zügel, sie hörten auch auf die Befehle, die ihnen der Reiter zurief. Es waren spanische Kommandos, denn die Tiere waren in Spanien gezüchtet worden. Sie konnten geduldig Parade gehen und die Beine sogar seitwärts setzen.

Unsere Pferde standen schon im Hof bereit und wir stiegen auf. Herzogin Sidonie führte ein weiteres Pferd am Zügel, das mit einer weichen Decke bepackt war. Wir ritten durch den Solling, dessen sanfte Hügel leicht zu bezwingen waren. Von den Bergrücken aus hatten wir einen weiten Blick auf das fruchtbare Land. Unter einer ausladenden Eiche machten wir Rast. Sidonie nahm ein Seil, wir banden unsere Pferde fest und breiteten die Decke aus. Eine Weile saßen wir schweigend und sahen ins Land hinein. Dann fragte ich Sidonie: »Können wir nun miteinander vertraulich sprechen?« »Deshalb kam ich mit dir hierher«, gab sie mir zur Antwort. Dann schwiegen wir wieder. Wir schwiegen lange, denn unsere Gedanken waren schwer und es war nicht leicht, Worte zu finden. Aber da ich die Stunde nicht ungenutzt verstreichen lassen wollte, fragte ich schließlich: »Hörtet Ihr von dem Unglück Corvins und Hockers?« Sie nickte und wandte sich mir zu. »Ich hörte sogar, wie mein Gemahl die Befehle zu ihrer Verhaftung erteilte. Ich flehte ihn an, er solle sich nicht versündigen. Doch er hörte nicht auf mich. Er sah mich nur an mit Blicken voller Hass und antwortete, dass ich mich schon zu lange mit diesem verfluchten davongelaufenen Mönch abgegeben hätte. Er hat ihnen eine Falle gestellt. Bis zum Schluss wussten sie nicht, was den Soldaten aufgetragen worden war. Wenn ich mir vorstelle, wie es Corvinus geht, bin ich voller Leid. Kannst du ermessen, wie es gewesen sein muss, als Corvinus auf Deutsch den spanischen Kriegsleuten erklären wollte, dass er nicht ins Gefängnis gebracht werden soll? Doch der Herzog hatte genau das eingeplant. Mir wird es verwehrt, in die Nähe des Gefängnisses zu gehen. Obwohl ich Erich II. beschwor, dass er sie schonen solle, um seiner Seele willen. Doch mein Flehen machte ihn nur noch härter. Er will nun nichts mehr mit mir zu tun haben, da ich den Feinden des Heiligen Vaters huldige.« »Und wo befindet sich Corvinus nun?« »Immer noch im Verlies. Ich erteilte einigen frommen Bürgern, die in der Festung arbeiten, den Auftrag, Corvinus mit Essen und Trinken zu versorgen. Ebenso ermöglichen sie es ihm, Post auszutauschen. Es ist auch so, dass in der Nähe noch der evangelische Pfarrer Dedekind wirkt, der ihn regelmäßig besuchen kommt. Der Kerker zerfrisst mit der Zeit jedes Mannes Gemüt und seine Gesundheit obendrein. Der Winter war hart. Die feuchten Decken gefroren an den Körpern der Männer. Obendrein ließ mein Gemahl schon mehrmals die Fenster im Verlies mit Brettern zunageln, damit Corvinus sich nicht mit Leuten draußen unterhalten konnte.«

Ich lauschte ihrer Erzählung mit Entsetzen und gestand ihr, dass ihre Schwiegermutter es nur gewagt hatte, mich zu schicken, weil Erich II. sich in Spanien aufhielt. Sidonie nickte. »Ja, mein Gemahl reist ohne meine Gesellschaft zu Hochzeiten und anderen Festen. Und von dort lässt er mir dann Nachricht bringen, wohin er sich als Nächstes begibt. Wenigstens solche Nachrichten lässt er mir noch zukommen.« Ich fragte, ob sie wüsste, wann der Herzog wiederkäme. »Ich werde ihn im Bade zu Ems wiedertreffen, denn ich werde dort eine Kur machen, damit sich meine Gesundheit wieder kräftigt.« »So habt Ihr noch guten Kontakt zu Eurem Gemahl?«, fragte ich leise nach. Sidonie sah mich an und schwieg lange. Dann erklärte sie: »Der Herzog wird mich in Ems treffen, damit ich meinem falschen Glauben abschwöre und in den Schoß der römisch-katholischen Kirche zurückkehre. Zuvor werde ich dazu in Ems von mehreren katholischen Geistlichen beraten und belehrt werden. Meine Antwort wird vor Gericht festgehalten.« Wir schwiegen lange. Dann fragte ich: »Was wird das bedeuten?« »Ich weiß es nicht«, antwortete Sidonie. Ich sagte: »Aber der Herzog kann sich nicht von Euch trennen und eine andere Frau vom alten Glauben ehelichen. Das hat selbst der Kaiser so bestimmt.« Doch als ich das sagte, musste ich an die Mutter Elisabeths denken. Sie hatte allen Schutz ihres Mannes verloren, als sie lutherisch geworden war. Sie hatte alles verloren. Welche Hoffnungen blieben dann Sidonie? Sidonie sagte wie zu sich selbst: »Mein Gemahl wird mir, wenn ich meine Entscheidung kundgetan habe, wohl den Tod wünschen.« Ich schwieg, denn ich konnte Sidonie nicht trösten. Der junge Herzog war nicht wie sein Vater. Erich II. war nur bemüht, dem Kaiser zu gefallen. Seine Frau war für ihn zu einer großen Enttäuschung geworden, die seinen wirklichen Plänen im Wege stand. Mehr zählte für ihn nicht.

Sidonie sagte tröstend zu mir: »Gibt es ein größeres Glück auf Erden, als einem liebenden Gott treu zu sein und der Herrschaft des Aberglaubens und des Krieges zu entsagen?« Ich sah diese tapfere Herzogin an. Ich wusste, dass sie aus einer der einflussreichsten reformierten Familien kam und einen großen wirtschaftlichen Reichtum mit in die Ehe gebracht hatte. Sie war nicht ganz verloren, denn sie konnte eigenständig ein großes Hofleben unterhalten. Aber ihre neue Heimat im Lande Calenberg war für sie zu einem unwirtlichen Platz geworden. Sollte es für sie noch schlimmer kommen? Wir saßen noch lange im Schatten des Baumes. Dann sagte sie: »Nun müssen wir zurückreiten. Sonst suchen sie uns noch.« »Werte Herzogin«, bat ich. »Noch auf ein Wort: Bangt Ihr um Euer Leben durch Eures Gemahles Hand?« »Nicht er selbst wird Hand an mich legen. Ich hörte jedoch, dass entsprechende Pläne bereits geschmiedet werden. Was soll der Herzog auch mit einer Gemahlin, die ihm keine Erben schenkt und deren Religion ihm abscheulich scheint?«

Ich war zwei Wochen bei Herzogin Sidonie auf der Erichsburg und bemühte mich, noch so viel wie möglich in Erfahrung zu bringen. Ich wusste sehr wohl, was mich daheim erwartete: »Warst du auch in meinem geliebten Dassel? Sind die Bürger dort noch voll des Glaubens oder huldigen sie wieder den abergläubischen Bräuchen?« Das und noch vieles würde mich Elisabeth fragen. Das erste Mal war ich allein verreist und schon war ich eine Botschafterin! Ich würde meiner Herrin berichten müssen, dass sich Sidonie um Corvinus Wohlbefinden kümmerte, auch wenn sie auf ihren Gatten keinen Einfluss mehr ausüben konnte.

Sidonie und ich verbrachten so viel Zeit wie möglich mit Ausritten oder spazierten im Garten. Sooft es ging, sprachen wir unbeobachtet. Aber auch im Schloss blieben wir Seite an Seite, sangen und beteten zusammen und berichteten uns von unserem Leben. Und natürlich gab ich den Kammerfräulein und Hofdamen Unterricht im Frisurenstecken. Nach dem Abschied von Sidonie, bei dem wir beide weinten, stieg ich wieder in die Kutsche. Es war furchtbar, sie an einem Ort zurücklassen zu müssen, an dem ihr so große Gefahr drohte. Auf dem Weg zurück schmerzte mein Rücken und ich konnte kaum die Arme heben. Und mein Herz war schwer.

Als ich in Nienover aus der Kutsche steigen wollte, umringte mich eine Meute wildgewordener Hunde. Ihnen tropfte noch Blut und Geifer aus dem Maul. Manche hatte wohl der Stoß eines Ebers erwischt, denn sie hatten Verletzungen und humpelten. Doch das hielt sie nicht davon ab, sich auf mich zu stürzen, sobald ich meinen Fuß auf die Erde stellen wollte. So wartete ich lieber, bis ihre Begleiter weiterzogen und sich die Meute wieder entfernte. Und dann bog Elisabeth im vollen Galopp um die Ecke, dicht gefolgt von Poppo. Sie lieferte sich sogar noch auf den letzten Metern ein Wettrennen mit ihrem Gemahl! So übermütig waren die beiden, dass sie mich, mitsamt der Kutsche frischen Bieres, erst gar nicht bemerkten. Doch dann begrüßten sie mich stürmisch und Elisabeth wies auf den Wagen, der die Beute des Tages anfuhr: Drei Eber, elf Hasen und fünf Füchse. Die Tiere hatten eine blutige Spur auf den Weg gezeichnet. »Ich gab ihm den Todesstoß«, berichtete Elisabeth und zeigte zufrieden auf einen Eber, dem noch ein Stück der abgebrochenen Lanze aus dem Leib schaute. Ganz allein habe sie nur mithilfe der Hunde und der ihr gereichten harten Stangen das Tier erlegt. Sie saß stolz und aufrecht auf ihrem Pferd. Obwohl Elisabeth und Poppo sichtlich Blessuren davongetragen hatten, wirkten sie nicht erschöpft. Ich musste lächeln. So war es jedes Mal bei der Jagd: Elisabeth entwickelte Kräfte wie ein Mann und spürte keine Schmerzen. Sonst ließ sie sich bedienen und beklagte sich bald über zu kaltes Wasser, oder dass ich ihr zu viel an den Haaren reiße. Dass ihr bei der Jagd der brennende Schweiß in die Augen lief und sie Tage danach noch schmerzende blaue Flecken trug, darüber hatte sie sich nie aufgeregt.

Ich ließ die beiden allein, denn ich wusste, dass sie nach der Jagd erst eine Weile allein sein wollten, und ging lieber schon einmal in Schloss.

Der Wildreichtum des Sollings war so groß, dass meine Herrin an einige befreundete Fürstenhöfe gepökeltes Fleisch und harte Wurst schickte. Die Einnahmen durch den Fleischverkauf hatte sie in wenigen Jahren vervielfacht. Doch die Freude an der Jagd war nicht ungetrübt. Heinrich hatte mit meiner Herrin Händel angefangen und wollte seinen Anteil an den Einnahmen. Er behauptete, meine Herrin würde das Erbe des eigenen Sohnes plündern und ihm stünde auch selbst die Jagd in dem Gebiet zu. Elisabeth und er schickten sich bitterböse Briefe. Als Heinrich von Kundschaftern hörte, dass Elisabeth nach wie vor die Einnahmen aus den Ländern an sich nahm, wandte er sich an Erich II. und Sidonie und machte ihnen klar, dass meine Herrin die jungen Regenten in den sicheren Ruin treiben würde. Da Erich II. nichts mit der Angelegenheit zu tun haben wollte, versuchte Sidonie zu vermitteln. Doch sie erreichte wenig.

Zurück in Münden, wandte sich Elisabeth wieder ihren Plänen und Aufgaben zu. Sie baute ihren Zweitwohnsitz in Ilmenau aus, was auch zu Uneinigkeiten mit Poppo führte, der sich gerne mit weniger zufriedengegeben hätte. Sie aber wies ihren Silberkämmerer an, ein gut Teil des

Schmuckes und wertvollen Hausrates nach Ilmenau zu bringen. Dem folgten 28 großformatige Ölgemälde, die im Familienbesitz waren.

Als sie jedoch in Schleusingen noch mehr Land dazu kaufen wollte, das Philipp von Hessen gehörte, wies sie dieser strikt ab und veräußerte das Land an seine Schwester. Die beiden Frauen, die sich noch nie gut verstanden hatten, zögerten nicht über die andere schlecht zu sprechen und sich gegenseitig das Leben schwer zu machen. Doch meine Herrin ließ sich von nichts abhalten, das Schloss Ilmenau in großem Stile herzurichten. Da große Säle, Kirche und Keller vorhanden waren, brauchte sie nur noch die fürstlichen Gemächer anbauen lassen. Poppo und Elisabeth beauftragten einen Architekten, der einen Garten für die Küche anlegte und einen Garten, um darin zu lustwandeln.

Elisabeth schrieb sich auch fast täglich mit Albrecht, der sich nun, nachdem sich Anna Maria ebenfalls mit ihm schrieb und sie Bilder ausgetauscht hatten, doch dazu durchgerungen hatte, Anna Maria zu ehelichen. Elisabeth nannte in ihren Briefen Albrecht »ihren lieben Sohn«, obwohl ihre Tochter ja noch nicht mit ihm verheiratet war. Stundenlang schrieb sie, weil sie bis ins kleinste Detail sicher sein wollte, dass Anna Marias Glück nichts im Wege stand. Sie bestand darauf, dass die einzige Tochter Albrechts einen eigenen Wohnsitz bekam, damit sie Anna Maria nicht bevormunden konnte. Möglichst sollte Albrecht seine einzige Tochter ausbezahlen, damit sie keine Ansprüche mehr stellen würde. Sie meinte, niemand könne Anna Maria zumuten, dass sie mit einer älteren Stieftochter zusammen lebe. Da Albrecht keinen männlichen Erben hatte, war offen, wer das Erbe antreten würde. Sie mahnte ihn, dass er ein guter, treuer Mann sein solle und die Verpflichtungen aus seiner ersten Ehe einem neuen Glück nicht im Wege stehen sollten. Und sie mahnte ihn, Maß zu halten und ebenso den ganze Hof; denn sie wusste wohl, dass in Preußen am Hof viel getrunken wurde. Das musste ein Ende haben! Und er habe darauf zu achten, dass unter den Bediensteten keine ehemalige Mätresse sei, denn von ihnen könne viel Unheil ausgehen. Meine Herrin machte wahrlich aus ihrem Herzen keine Mördergrube, wenn sie Albrecht schrieb.

Täglich danke ich Gott, weil ich einen herzallerliebsten Mann habe und in meiner zweiten Ehe viele glückliche Stunden mit ihm verbringe.

Und nun bin ich doch getröstet, dass all die viele Liebe und Weisheit, die ich in Eurer Nähe und bei Euren lieben Briefen empfinde, ich zwar nicht selbst als Eure Frau genießen kann, so doch meine liebe Tochter in den Genuss Eurer Liebe kommen wird. Da mir diese Huld versagt ist, wünsche ich sie meiner Tochter, Anna Maria, umso inniger.

Elisabeth war sichtbar stolz auf die glanzvolle Verbindung, die sie nun mit ihrer Tochter besiegeln konnte. Der rote Adler Brandenburgs vereinigte sich mit dem schwarzen Adler Preußens. Die väterliche Dynastie ihres Vaters wurde hochgehalten.

Als der Herbst ins Land zog, wurde für Anna Maria der Hochzeitsring überbracht. Sie würde Ende Dezember an den brandenburgischen Hof zu ihrem Bruder reisen und ihre Mutter wollte zur Hochzeit, die im Januar in Albrechts Residenz in Königsberg stattfinden würde, nachkommen.

Die Freude über die bevorstehende Hochzeit wurde Elisabeth jedoch gründlich verdorben. Als wir mit Poppo im November wie üblich nach Nienover reisten, um Rotwild und Schweine zu erlegen, stockte uns der Atem. Die Wälder waren verwüstet und leer. Das Jagdschloss war geplündert. Das Dorf Brügeborn, das Elisabeth erst gegründet hatte, war vollkommen niedergebrannt, die Männer als Gefangene abgeführt. Erst vor kurzer Zeit war Heinrich hier gewesen. Er hatte mit einem großen Aufgebot an Jägern in den Wäldern eine wilde Hetzjagd veranstaltet und hatte ohne den Nachwuchs zu schonen das Wild erlegt. Aus dem Jagdschloss hatte er alles entwendet, was er gebrauchen konnte.

Als wir das Elend sahen, ging es uns zu Herzen. Die Einwohner von Brügeborn hatten alle Hoffnung verloren. Die Frauen waren krank vor Kummer und die Kinder versteckten sich vor uns. Heinrich hatte die Gräueltaten so geplant, dass wir noch die Brandherde riechen konnten. Elisabeth war keine, die lange zauderte, und erteilte sofort den Auftrag, aufzuräumen und neuen Mut zu schöpfen. Zwar halfen alle mit, die Spuren der Verwüstung zu beseitigen, aber es war niemand bereit, auf Befehl neue Hoffnung zu schöpfen.

Obwohl sie am liebsten ein Heer angeheuert hätte, um es Heinrich zu vergelten, hielt sie ihren Zorn im Zaum und schrieb an Heinrich. Den Brief brachten drei Unterhändler nach Braunschweig, denen meine Herrin Schmuck mitgab, damit sie die Gefangenen freikaufen konnten. Wir warteten mit den verängstigten Menschen von Brügeborn auf die Nachrichten aus Braunschweig.

Die Unterhändler kamen zurück und berichteten, dass die Gefangenen freikämen. Heinrich hatte ihnen bereits den ganzen Schmuck abgenommen und forderte noch mehr. Der Zorn Elisabeths war grenzenlos, zumal in dem mitgeschickten Brief Heinrichs zu lesen stand:

Ihr werft mir zu Unrecht ein Fehlverhalten vor. Ich schändete weder die Wälder noch zerstörte ich Brügeborn. Ich bitte Euch, von solchen Verleumdungen abzulassen.

Heinrich leugnete seine Taten, obwohl wir sie mit eigenen Augen gesehen hatten! Ebenso leugnete er die Gefangenen und forderte doch gleichzeitig Mittel, damit sie wieder freikämen! Elisabeth war sprachlos. Als Poppo auch noch zu ihr sagte: »Ich bringe Euch kein Glück, Euer Sohn und Heinrich zürnen mir. Es ist wohl besser, wenn ich diesen Ort nicht mehr betrete«, da wurde sie so verzweifelt, dass sie mir befahl, unverzüglich einige Kleider zu packen. Sie müsse mit Sidonie selbst sprechen. »Und morgen brechen wir auf!« Sie bat Poppo, in Nienover zu bleiben, bis die Gefangenen eingetroffen seien und mit ihren Familien eine neue Unterkunft gefunden hätten. Denn an dem Ort, an dem Brügeborn gestanden hatte, wollte niemand mehr bauen. Und das ist so geblieben bis auf den heutigen Tag.

Um schneller voranzukommen, wollte Elisabeth nicht in der Kutsche reisen. Das hieß, auch für mich gab es keine Kutsche. Dabei war ich doch keinen Sattel mehr gewohnt! Sie hingegen saß mehrmals täglich auf einem schnellen Hengst. Sie ritt, wie ich erwartet hatte, an der Spitze des kleinen Zuges und nahm keine Rücksicht auf meine Befindlichkeit. Bereits am ersten Abend schmerzten mir alle Knochen. Als ich im Bett lag, vermochte ich mich nicht einmal mehr auf die andere Seite zu drehen. Am andern Morgen musste ich von einer Bank aus aufs Pferd steigen, denn ich konnte mich nicht mehr in den Sattel schwingen. An den nächsten Tagen war es nicht besser, aber ich trank an den Abenden so viel Bier, dass ich die Schmerzen vergaß. Und wenn ich tagsüber auf dem Pferd saß, dachte ich zum Trost an den nächsten Schanktisch.

Als wir auf dem Calenberg ankamen, bestürzte es mich, wie kühl sich Elisabeth und Sidonie begegneten. Ihre Gesten und Worte waren zwar voller Höflichkeit und Freundlichkeit, doch das frühere Vertrauen und die Freude, die sie zuvor aneinander gehabt hatten, war verschwunden. Nicht einmal der Glaube, für den beide ihr Leben geopfert hätten, hatte noch verbindende Kraft. Und auch die Tatsache, dass sie unter demselben Mann litten, brachte sie einander nicht näher. Elisabeth legte keinen Wert darauf, mit ihrer Schwiegertochter allein zu sein, und so war ich bei jedem ihrer Gespräche zugegen. Während ich hinter dem Stuhl Elisabeths stand, sah ich Sidonie an und sehnte mich nach der Zeit zurück, als ich mit ihr alleine ausgeritten war, und wünschte mir, ich könnte ihr noch einmal zum Zeichen meiner Verbundenheit die Haare flechten. Aber ich war die Kammermeisterin meiner Herrin. Weder mein geschundener Körper noch meine Hinwendung zu Sidonie durften mich von meinem Dienst abhalten.

Doch der Gottesdienst am nächsten Morgen brachte eine Gelegenheit. Sidonie hatte uns dazu eingeladen, aber meine Herrin sagte, dass sie nicht wohlauf sei und erst später zu Tisch kommen würde. So ging ich allein mit Sidonie durch dic kalte Morgenluft zu einer kleinen Kirche.

»Es tut mir von Herzen leid«, sagte ich zu ihr. »Werte Herzogin Sidonie, es tut mir von Herzen leid, dass sich Erich II. aufgrund Eures Glaubensbekenntnisses von Euch abgewendet hat und Euch nun auf eine Burg abschiebt.« Ich erschrak über meine groben Worte, aber mir fiel nichts Besseres ein, denn das war ja die Wahrheit. Sidonie wusste, wie ich es meinte, und nickte. Dann sagte sie: »Es ist sogar noch schlimmer, als du denkst. Ich hatte nur noch nicht den Mut, meiner Schwiegermutter zu sagen, was Erich II. jetzt plant. Er hat Heinrich unser Land zum Kauf angeboten. Er will für immer Landsknechtsführer werden und nicht an Ländereien gebunden sein.« Mir stockte der Atem und ich blieb stehen. »Deshalb benimmt Heinrich sich so, als ob er sich überall holen könnte, was er will!« Sidonie schüttelte den Kopf. »Ich weiß es nicht. Vielleicht will er auch einfach den schutzlosen Raum ausnützen. Heinrich wird Calenberg nicht kaufen können. Er wird versuchen, es ohne Kauf an sich zu reißen. Ihm fehlt das Geld ebenso wie Erich II.«

Ich wusste nicht, was ich sagen sollte, und war froh, als wir bei der Kapelle ankamen. Nur eine Handvoll Menschen hatte sich eingefunden, doch dem Prediger waren wir genug. Er las aus dem Wort Gottes und erzählte davon, dass Gott Wunder tun kann. Während wir sangen, fasste Sidonie nach meiner Hand. Auf dem Rückweg bat ich sie: »Sagt meiner Herrin bitte die ganze Wahrheit. Es geht doch um ihren Sohn.« Sidonie nickte und fügte hinzu: »Es kann jetzt ein Glück sein, dass der jüngste Bruder meiner Schwiegermutter eine Tochter Heinrichs geheiratet hat und dass auch meine Familie gute Beziehungen zu Heinrich unterhält.« Ich seufzte. »Heute bin ich froh, eine einfache Kammerdienerin zu sein und keine Herzogin.« Sie lachte. »Ach«, sagte sie bitter, »du bist eine glückliche unverheiratete Kammerdienerin und ich bin eine ›verheiratete Witwe‹. Ich lebe das Leben einer Witwe, obwohl ich verheiratet bin. Schau: Einen Witwensitz will man mir als Trost verschaffen; und mein Mann ist für mich wie tot, obwohl er noch lebt.«

Die Stunde, in der Elisabeth allein gewesen war, schien ihr gutgetan zu haben. Als wir wieder zurückkamen, war sie wie ausgewechselt. Sie entschuldigte sich bei Sidonie: »Es tut mir leid, die Last ist für uns alle kaum zu tragen. Ich wünschte, ich hätte Euch an meiner Seite, gerade in dieser schweren Zeit.« Sidonie trat auf sie zu und umarmte sie. »Meine liebe Mutter, ich verstehe Eure Sorgen wohl und es besteht Grund genug, dass wir um die Ländereien, den Glauben und das Wohlergehen der Untertanen Angst haben.« Ich atmete auf und innerlich dankte ich Gott von ganzem Herzen. Endlich sprachen sie wieder miteinander, wie es sich für Mutter und Schwiegertochter gehörte! Arm in Arm schritten sie zum Morgenmahl. Elisabeth versprach Sidonie, nicht zur Hochzeit Anna Marias zu fahren, sondern in Calenberg zu bleiben und gemeinsam mit ihr Verbündete zu suchen, die das Land vor Heinrich schützen würden. Als Sidonie meiner Herrin für die Heimreise eine Kutsche anbot und ihr auch noch zwei von den schwarzen Pferden schenkte, war meine Herrin beschämt und bedankte sich bei ihrer Schwiegertochter.

Als wir in der Kutsche saßen, hätte ich die ganze Zeit am liebsten geschlafen oder gesungen, denn mir war die Hinreise noch zu gut in Erinnerung. Aber Elisabeths Stirn legte sich erneut in Falten, und als ich mich nach ihrem Kummer erkundigte, sprach sie wie zu sich selbst: »Wie gerne würde ich zur Hochzeit fahren, aber wie könnte ich mein Land verlassen, wenn es dann von meinem Sohn geschändet wird und sich Heinrich die Reste wie ein Aasgeier holt? Ich werde wohl, da ich einem ungeratenen Sohn hinterherräumen muss, nicht das Vergnügen haben, meiner Tochter bei der Eheschließung die Hand auf die Schulter zu legen und ihr Glück segnen zu können.« »Selbst wenn Ihr nicht mit nach Berlin und Königsberg reist, so habt Ihr doch in Briefen schon alles aufs Feinste geregelt«, versuchte ich meine Herrin zu trösten. Doch sie wandte sich ab und antwortete nicht mehr.

Da sich die politische Lage weiter zuspitzte, blieb Elisabeth tatsächlich in Münden, und Anna Maria bereitete sich allein auf ihre Reise nach Berlin vor, von wo aus sie dann später nach Königsberg weiterreisen würde. Poppo würde sie begleiten. Elisabeth sagte ihrer Tochter immer wieder, dass sie eine wunderbare Frau und Mutter werden würde und sie allezeit in ihrem Herzen und ihren Gebeten zugegen sein würde. So gefasst meine Herrin auch tat, es blieb mir nicht verborgen, wie oft sie wegen des Abschieds weinte.

Elisabeth gibt ihrer Tochter Ratschläge und verzeiht ihrem Sohn (1550–1553)

Wieder musste sich Elisabeth verabschieden. Der Geleitzug stand aufbruchbereit im Hof und sie lief von einem zum andern. Ihre Fragen begannen sich zu wiederholen. Anna Maria hatte einen Reisehut nach der neuesten Mode auf. Sie stieg vor unseren Augen in die Kutsche und ihre Mutter fasste noch einmal nach ihrer Hand: »Grüßt mir meinen lieben Bruder, Joachim II. Sagt ihm, wie sehr ich ihm danke, weil er Euch nach Königsberg begleitet. Ihr werdet nun einige Tage auf dem Schloss sein, wo ich meine glücklichen Kindheitstage verbrachte. Und dann, meine Liebe, werdet Ihr den ehrwürdigen Albrecht von Preußen ehelichen. Das wird Euch Eure Hoheit und Würde deutlich vor Augen führen. Ich wünschte, ich könnte auch eine solche Reise antreten.« So sehr sich Elisabeth mühte, Anna Maria aufzumuntern; wie sollte sie denn verstehen, was ihre Mutter meinte? Sie und Albrecht verstanden sich gut. Für Anna Maria war Albrecht kein wunderbarer Prinz. Und davon träumen doch im Grunde alle Mädchen.

Poppo, der oft reiste, und dem Brandenburg und der Hof Albrechts vertraut waren, freute sich sichtbar auf die Reise. Er nahm Anna Marias Hand und sagte tröstend zu Elisabeth: »Sorgt Euch nicht, wir sind in Gottes Händen.« »Ich danke Euch von Herzen, dass Ihr für mein Kind Sorge tragt, wie ein eigener Vater es nicht besser tun könnte«, antwortete meine Herrin. Anna Maria und ihre Vertrauten stiegen in die Kutsche. Mit ernsten Gesichtern sahen sie aus dem Fenster und winkten zum Abschied. Graf Poppo ritt dem Zug voran. Eine Kutsche nach der anderen rumpelte vom Hof. Dreißig Wachen, ein gutes Dutzend Gesinde und eine Handvoll Hofdamen begleiteten Anna Maria. Elisabeth winkte. Ich wusste, dass ihr der Abschied schwerfiel. Doch ich dachte bei mir, dass es für das Kind besser sei, ihr Glück anderswo zu machen, denn in Calenberg ging die Angst um. Und doch grauste es mir bei dem Gedanken, dass die junge Anna Maria von einem Mund geküsst werden würde, der von einem grauen Bart umwuchert war, und wenn sie ihrem Mann in die

Haare fassen wollte, so fanden sich auf dem Kopf nur noch wenige davon. Sie würde dieselben Pflichten ertragen, wie sie auch meine Herrin auf sich genommen hatte. Welches Schicksal wohl Anna Maria erwartete?

Nachdem der Tross vom Hof gefahren war, wurde es still. Wir standen noch eine Weile herum, als ob wir darauf warteten, dass die Reisenden es sich noch einmal anders überlegen und zurückkehren würden. Auch die Bediensteten, die Tage zuvor emsig gepackt und geplant hatten, waren unschlüssig, was nun zu tun sei. Niemand auf dem Hof wollte sich als Erster rühren oder weggehen. Doch dann sagte meine Herrin zu Katharina und mir: »Lasst uns nachschauen, ob nichts vergessen wurde.« Und so gingen wir noch einmal durch die leere Lagerhalle und schauten in das kahle Zimmer Anna Marias. Elisabeth bestand sogar darauf, dass wir noch in den Ställen nachschauten, ob auch die richtigen Pferde und das ausgesuchte Zaumzeug mitgegeben worden waren. Wir fanden nichts, was es zu beanstanden gab. Alles, was wir Anna Maria Gutes tun konnten, war getan.

Lange standen wir in Anna Marias leerer Kammer. Elisabeth sagte zu ihrer jüngsten Tochter: »Katharina, überlegt Euch, wie Ihr Anna Marias Gemach neu gestalten lassen wollt, denn es soll nun Euch zur Verfügung stehen. Ich hoffe, Ihr beweist darin einen guten Geschmack. Wir werden uns dann darüber unterhalten, wie wir es bewerkstelligen können, dass ich Eure Wünsche in die Tat umsetzen kann. Nur weil Ihr die Jüngste von allen seid, soll das nicht heißen, dass Ihr mir weniger wichtig seid als alle anderen.« »Danke, liebe Mutter«, antwortete Katharina artig und ging. Als ich später nach ihr schaute, war Altfrau Bertha bei ihr und ermutigte sie, sich den neuen Raum so einzurichten, dass sie sich dort mit anderen edlen Damen zu Spielen und bei Festen aufhalten konnte.

Anna Maria war noch keine zwei Tage fort, da kamen meiner Herrin Zweifel, ob sie nicht doch zu jung für eine solche Ehe war. Ihre temperamentvolle Tochter, die ihrem zukünftigen Gemahl in der Jagd und in den musischen Künsten weit voraus war, würde vielleicht nicht gehorchen. Wahrscheinlich könnte sie sich Albrecht nicht unterordnen und würde dem alten Mann zu viel abverlangen. Anna Maria war das widerspenstigste Kind in der Familie gewesen und nun ließen meine Herrin die Fragen nicht in Ruhe, ob sie ihrem Kind alles gesagt hatte, was sie wissen und beherzigen musste. Und so stand sie noch am selben Abend, nachdem sie sich bereits hingelegt hatte, wieder auf und ging zu ihrem Sekretär. Ich tat, als ob ich schon schliefe, denn ich hatte keine Lust, in der Kälte im Nachtkleid hinter meiner Herrin herzulaufen. Zwischen meinen halb geschlossenen Lidern sah ich, dass meine Herrin einen wollenen Umhang umgehängt und ihre Füße auf das dicke Bärenfell gestellt hatte. So blieb ich liegen und schlief schließlich ein. Ich vermutete, sie hätte schon einen Brief an Poppo oder ihre Tochter geschrieben. Aber am nächsten Morgen las ich:

Mütterlicher Unterricht für Anna Maria, Herzogin in Preußen, 1550.

Ein freundlicher und mütterlicher Unterricht, aus mütterlicher Liebe und wohlmeinendem Herzen, für meine herzgeliebte Tochter zu Beginn des Ehestandes

Zehn Seiten hatte sie in der Nacht geschrieben und wie ich an der Gliederung für den Text ersehen konnte, würde das erst der Anfang sein. Sie schrieb in den folgenden Tagen, sobald sie eine freie Minute fand, alles an die Tochter nieder, was sie für hilfreich und nützlich erachtete. In diesen Stunden wirkte sie zufrieden und stark. Doch mir kamen Zweifel, ob Anna Maria die Worte ihrer Mutter wirklich lesen und beherzigen würde. War die Wirklichkeit des Lebens und die Schwäche der Menschen nicht viel größer als die wohlmeinenden Absichten der Eltern? Hatte Erich II. dies nicht bewiesen? Was hatte das wunderbare Regierungshandbuch, das Elisabeth ihm gewidmet hatte, denn genützt? Wenn sich der junge Herzog daran gehalten hätte, so hätte er sein Land in Frieden regiert. Aber es lag ungelesen und unbeachtet in meiner Herrin eigenen Silberkammer.

Sidonie behielt recht. Heinrich hatte nie vorgehabt, das Land Calenberg zu kaufen. Er hatte stattdessen an den Kaiser geschrieben. Erich II. hatte nicht damit gerechnet, dass Heinrich sein Kaufangebot dazu verwenden könnte, ihn vom Kaiser entmündigen zu lassen. Aber genau das geschah. Der Kaiser stimmte Heinrich zu: Jemand, der sein Land nicht regierte, sondern nur nützte, um es gewinnbringend zu veräußern, stellte eine Gefahr für das gesamte Reich dar.

Als diese Nachricht Elisabeth erreichte, wuchsen neue Sorgen in ihr. Sie wusste sehr wohl, dass Calenberg im Grunde nur mit ihrer Leibzucht Münden richtig regiert werden konnte, da dort die ertragreichen Gebiete lagen. Und so fürchtete sie sich davor, dass Heinrich sie angreifen könnte, um sich das ganze Gebiet anzueignen. Sie war auch nicht die Einzige, die sich vor einem Angriff fürchtete. Poppos Vater, Graf Wilhelm von Henneberg-Schleusingen, befürchtete, dass Heinrich nicht nur Münden angreifen könnte, sondern auch in Schleusingen einmarschieren würde, um Elisabeth ein für alle Mal zu besiegen, denn Elisabeth hatte schon erkennen lassen, dass sie Ilmenau als Leibgedinge haben wollte. Graf Wilhelm aber blieb vorsichtig. Meine Herrin hatte sich zu sehr für die Reformation eingesetzt und zeigte zunehmend einen unbeugsamen Machtanspruch, wenn es um ihren eigenen Besitz ging. Ilmenau sollte der Witwensitz Elisabeths werden und nichts anderes. Hatte er doch alles Gut bereits Elisa und seinem Sohn Georg Ernst zugedacht, und das mit dem ausdrücklichen Willen meiner Herrin.

Es wurde Frühling und Poppos Rückkehr rückte näher. Elisabeth wies an, das ganze Schloss zu putzen und die Zimmer zu schmücken. Und sie selbst wollte ihm entgegenreiten. Nun wurden ihr meine Dienste wieder ausgesprochen wichtig. Ich musste ihre Haare und ihre Haut mit verschiedenen Ölen zart und geschmeidig halten. Meine Tiegel, einer mit dem wertvollen Lippenrot, das aus Blutläusen gewonnen wurde, und ein anderer mit Honigwachs für die Haare kamen jeden Tag zum Einsatz. Ich träufelte meiner Herrin täglich ein paar Tropfen Minze und Rosmarin auf die Zunge, damit ihr Körper auf die Liebe vorbereitet wurde. Später würde das nicht mehr nötig sein. Hatten sich die beiden erst einmal wieder, so bedurften sie keiner anregenden Mittel mehr.

Als die beiden sich endlich trafen, war meine Herrin glücklich und wich Poppo kaum von der Seite. Selbst als er von der Hochzeit berichtete und sie ihn nach dem kleinsten Detail ausfragte, hingen ihre Augen doch auch aus einem ganz anderen Grund an seinen Lippen. Elisabeth wollte wissen, ob sich Albrecht an die Abmachungen gehalten hatte. »Was wurde bei der Feier aufgetischt?«, fragte sie. »Allein für eine Mahlzeit wurden 120 Kälber, 364 Schafe und 52 Mastsauen in die Küche gebracht.« Meine Herrin wiederholte die Zahlen und war zufrieden mit Albrecht. Immer wenn sie eine Zahl richtig wiedergegeben hatte, lächelte Poppo und küsste ihre Hände. Er berichtete, dass auf der Hochzeit auch Politik betrieben worden war. So hätte der Bräutigam mit ihrem Bruder Hans von Küstrin und Johann Albrecht von Mecklenburg ein Defensivbündnis zum Schutz gegen das Augsburger Interim geschlossen. »Somit, meine Liebe, wurde die Hochzeit Eurer lieben Tochter auch zur Grundsteinlegung einer ständischen Opposition gegen Karl V. und seine protestantenfeindliche Politik. Und es werden immer mehr, die des Kaisers Willen nicht mehr hinnehmen wollen.«

Die beiden genossen ihre Gemeinsamkeit. Poppo versäumte es nicht, Elisabeth jedes Mal vom Pferd zu helfen, nur damit er ihren Körper langsam an dem seinen heruntergleiten lassen konnte. »Danke für Eure Güte«, sagte meine Herrin dann, lächelte und tätschelte ihr Pferd besonders liebevoll. Sprachen sie miteinander, war sie friedlich wie ein Lämmchen. Sie hatte ihn wohl so sehr vermisst, dass sie die Zeit nicht im Streit vergehen lassen wollte.

Gemeinsam reisten Elisabeth und Poppo wieder, um im Land nach dem Rechten zu sehen. Und meiner Herrin war plötzlich jedes Nachtlager recht. Als wir zum Beispiel zum Kloster nach Wiebrechtshausen kamen, wollte sie nicht bei den Nonnen schlafen, weil sich diese wieder in ihre Nonnenkleider gehüllt hatten. »Ist eure Angst vor Menschen größer als eure reine Liebe zu Gott?«, schimpfte sie sie aus. »Ich werde nicht in euren heuchlerischen Betten schlafen, sondern meine Matte in der Kirche ausbreiten!« Poppos Knappe und ich sorgten dafür, dass sie ein halbwegs annehmliches Lager in der kalten Kirche hatten. »Ich schlafe am Feuer des Gesindes«, verabschiedete sich der Knappe und grinste mich an. »Wo bist du, falls wir dich brauchen?« »Da wo das Feuer brennt. Poppo findet mich immer.« Da, wo das Feuer brennt – der hatte gut reden. Für mich gehörte es sich nicht, am Feuer beim Gesinde zu schlafen. Ich breitete meine Strohmatte in einer Nische aus und stellte an meinem Lager fünf Kerzen auf. Um die Matte der Herrschaften hatten wir ein Dutzend Kerzen gestellt und an den Wänden sorgten vier Fackeln für Dämmerlicht. Bei Tage noch war ich mit offenen Augen und einem Stock bewaffnet durch die Kirche gegangen, um Mäuse und Ratten zu erschlagen, aber ich sah keinen einzigen Nager.

Eine fünfte Fackel brannte am Eingang eines unterirdischen Gangs. Das Gewölbe führte vom Frauenkloster Wiebrechtshausen bis in das Männerkloster St. Blasius, das mitten in Northeim stand. So konnten die Mönche und Bürger im Falle eines Angriffes aus der Stadt entfliehen. Meiner Herrin hatten die Northeimer Mönche den Zugang zum unterirdischen Gang stets verweigert, und sie vermutete, dass sie dort Wertgegenstände gelagert hatten. Immer, wenn ich an dem Eingang vorbeiging, spürte ich die Versuchung, die Fackel von der Wand zu nehmen und hineinzugehen. Aber ich tat es nicht.

Doch noch in dieser Nacht geschah etwas Sonderbares. Kurz vor Mitternacht hatten sich meine Herrin, Poppo und ich zur Ruhe begeben. Wie ich so still dalag und horchte, hörte ich die Herrschaften leise flüstern. Ich vernahm auch die Wassertropfen, die weiter weg im Gewölbe gleichmäßig von der Decke tropften. »Wie gut, dass wir wenigstens trocken liegen, wenn es schon so kalt ist wie in einer Grabeskirche«, dachte ich noch, als sich plötzlich der Raum veränderte. Die gesamte Luft in der Kirche und die Wände begannen zu atmen. Ein Hauch von unten, ein Schall von rechts, ein zitternder Wind von der Decke herab. Was immer in der Kirche war: Es lebte und atmete und hauchte. Immer lauter rauschte die Luft durch die Kirche, strömte über mich hinweg und ließ meine Gebeine erzittern. Ich meinte, selbst nicht mehr atmen zu können. Mir rann der Schweiß an den Lenden hinab, und ich glaubte, mein Herz würde aufhören zu schlagen. Ich riss mich hoch und rannte einfach los. Ich sah kaum, wohin ich lief, und merkte zu spät, dass ich in den unterirdischen Gang geraten war. Ich stolperte über den unebenen, feuchten Boden und taumelte von einem schwachen Fackelschein bis zum anderen. Dann fiel ich auf die Knie. Ich war ganz in mich versunken, als mich eine Hand an die Schulter fasste. Ich erschrak furchtbar, denn ich dachte, der Leibhaftige wollte mich holen. Doch es war nur ein Mönch. Er fragte: »Marie?« »Marie?«, fragte ich keuchend zurück. Doch er blickte mich an und entfernte sich schnell. Dann trat er in eine dunkle Nische. Ich saß nun so still wie ein Stein. Wenn ich Marie gewesen wäre, hätte er mich dann mitgenommen? Ich saß nicht lange, da kam von der Seite, aus der ich in den Gang hineingelaufen war, eine Nonne, die eine Kerze bei sich trug. »Bernhard?«, rief sie, als sie unweit von mir war. Und noch einmal: »Bernhard?« Da löste sich der Mönch aus dem Schatten und fragte: »Marie?« »Ja, ich bin's, Marie.« »So komm, und beeile dich, wir sind nicht allein.« »Allein, allein, allein«, hallte seine Stimme. Auch die Schritte, die sich schnell entfernten, hallten von einer Wand zur andern. Dann wurde es still, als ob sie durch eine Tür aus dem Gang getreten wären.

Mir kam in den Sinn, dass ich ihnen nachgehen könnte. Als ich mich jedoch anschickte, ihnen zu folgen, begriff ich, welchem Spiel ich beigewohnt hatte. Die beiden kannten sich. Und sie waren wohl ein Paar. Schon seit Langem waren sie ein Paar und sie trafen sich hier heimlich. In diesen Gängen, die nachhallten wie die Steine, die von den Bergen ins Tal fallen. Und dann fiel es mir wie Schuppen von den Augen: Was mich in der Kirche so erschreckt hatte, war nichts anderes gewesen als der Atem meiner Herrschaften, der sich im Kirchengewölbe vervielfacht hatte! Ich dachte an die Wucht, an das Auf und Ab und das Zittern in den Luftstößen. Es war der Atem der Lust gewesen, der jeden Stein der Kirche zum Leben erweckt hatte.

Ein unerträglicher Schmerz wütete in meiner Brust und mein Leib schmerzte, dass ich mich krümmte. Ich wünschte mir, jemand käme und würde mich beim Namen rufen. Und ich könnte sagen: »Ja, ich bin's.« Und dann würden wir Hand in Hand gemeinsam forteilen.

Ich weiß nicht, wie ich mein Lager in der Kirche wiederfand. Am nächsten Morgen weckte mich Elisabeth und fragte mich, warum ich mich neben die Matte gelegt hatte und nicht zugedeckt war. »Ich weiß es nicht«, sagte ich und spürte, dass mein Hals sich entzündet hatte und das Fieber in meinen Knochen wütete. Poppo, der dazugekommen war, streckte seine Hand aus und legte seine Finger an meine Schläfen. »Ins Bett, Eure

Kammerfrau muss sofort in ein warmes Bett gebracht werden, damit ihr das Fieber nicht die Kräfte raubt.« Ich setzte mich auf und griff nach meiner Matte. »Lass alles liegen«, sagte meine Herrin mild. Sie fasste meinen Arm und führte mich aus der Kirche zum Haus der Nonnen. »Es ist mir nicht lieb, dass ich dich von den abtrünnigen Nonnen pflegen lassen muss. Aber du brauchst dringend Hilfe. Ich werde dir heimlich noch Wacholderbeeren und ein Kreuz aus Sargnägeln zukommen lassen, dann bist du gegen das Böse geschützt«, sagte sie noch. Dann übergab sie mich der Vorsteherin und bedachte sie noch mit vielen Ermahnungen. Die Vorsteherin brachte mich in die Krankenstube. Darin standen mehrere frisch bezogene Betten. Obwohl ich die einzige Kranke war, heizten sie den Ofen ein und zwei Nonnen wechselten sich zur Wache an meinem Bett ab. Eine Schwester hieß Marianne und die andere Marie. Ich bekam das Säckchen mit Wacholderbeeren unter mein Kissen, und meine Herrin schob eigenhändig das geschmiedete Kreuz aus Sargnägeln unter das linke Fußende des Bettes, als meine Betreuerinnen den Raum kurz verließen. Sie hob das Bett dazu leicht an, obwohl ich darin lag. »Sage niemandem, dass ich das Kreuz hier niederlegte und lass es, wenn du gehst, dort liegen, damit dich der Fluch nicht weiterverfolgt«, flüsterte sie mir zu. Ich versprach ihr alles so zu tun. Sie wünschte mir eine gute Genesung. »Da wir erst in drei Tagen weiterreiten wollen, kannst du dich so lange ausruhen.« Dann lachte sie plötzlich, weil sie sich an ein Gespräch mit Poppos Knappen erinnerte. Sie erzählte mir: »Ich habe dem Knappen gesagt, dass dich die Kirche krank gemacht hat. Und er versprach uns, dass er sich in den nächsten Tagen sowohl um Poppo als auch um mich kümmert. Er bemerkte noch, dass du gesund geblieben wärst, wenn du mit am Feuer des Gesindes geschlafen hättest. Ich musste ihm versprechen, dass ich dich beim nächsten Anlass mit am Feuer liegen lasse.«

Ich kann mich an nichts Böses während der Zeit in Wiebrechtshausen erinnern. Ich lag lange in meinem Fieber. Wenn ich meine Augen aufschlug, sah ich Marie. Sie reichte mir Tee und Suppen, wusch mich liebevoll und bettete mich mehrmals am Tag. Da um Wiebrechtshausen genug Seifenkraut wuchs und die Nonnen daran nicht sparen mussten, wurde auch in meinem Waschwasser das Kraut ausgewaschen. Es war dadurch mit einem zarten Schaum durchsetzt.

Aber meine Genesung ließ auf sich warten und so reisten Elisabeth und Poppo ohne mich weiter. Ich war noch viel zu schwach, um aufzustehen und sollte ihnen später nach Nienover folgen. Die Vorsteherin versprach ihr den Schutz des Klosters für meine Reise.

Als ich eines Abends mit Schwester Marie alleine war und ihr dabei zusah, wie sie neuen Tee am Feuer aufbrühte, sagte ich ihr wie beiläufig: »Meine Herrin würde jede Nonne schützen, die ihre Kutte ablegt und den Ehebund mit einem Mönch eingeht. Sie hat es sich zur Aufgabe gemacht, solchen Paaren eine wirtschaftliche Grundlage zu verschaffen. Meist sind Nonnen und Mönche gute Erzieher und Krankenpfleger, da sie lesen und schreiben können und sich in der Medizin auskennen. Martinus Luther war ja auch Mönch und hat eine entlaufene Nonne geheiratet. Erinnert Euch nur, wie es war, als Elisabeth jeder Nonne aus eurem Kloster eine deutsche Bibel versprach, die ihre Kutte ablegte? Sie würde auch weiter helfen.« »Ist das wahr?«, fragte sie mich erstaunt und hielt inne. »Damals haben wir allerdings unsere Kutten wieder angezogen, sobald sie uns verlassen hatte.« Ich lachte und hustete. »So wahr ich hier im Bett liege und es nicht lassen kann zu husten«, entgegnete ich ihr. Sie fragte: »Wie ist unsere Herzogin als Mutter? Ich kenne nur diese strenge, fromme Frau, die Befehle erteilt.« »Marie, meine Herrin zeigt nicht, was ihr Herz empfindet. Aber wenn Ihr wüsstet, welch liebevolle Briefe sie an ihre frisch vermählte Tochter schreibt und wie hoch sie den Ehestand einschätzt! Ihr hättet in ihrer Nähe sicheren Schutz, falls Ihr einmal ehelichen wolltet.«

»Was sagte sie denn zu ihrer Tochter?«

Ich schloss meine Augen. Vor mir sah ich die vielen Seiten, die Elisabeth schon für Anna Maria aufgeschrieben hatte. Deutlich standen die Buchstaben vor mir und ich erzählte aus der Erinnerung:

Weil ich weiß, dass die Gottseligkeit zu allen Dingen nützlich ist, erachte ich es als meine mütterliche Pflicht, Euch als junge Fürstin in den Rosengarten des göttlichen

Wortes zu führen, um darin die edlen Blumen der Weisheit zu brechen. Der Apostel Paulus ermahnt die alten Weiber, die jungen zu lehren, wie sie keusch und züchtig leben, ihre Männer und Kinder lieben sollen, damit dem Wort Gottes nicht gelästert wird.

Obwohl Ihr abwesend seid, sind doch meine Gedanken immer darauf gerichtet, dass Ihr gottselig, vernünftig und tugendhaft leben möchtet.

Gott hat den Ehestand eingesetzt zur Vermehrung des menschlichen Geschlechts und zur Erhaltung der Ordnung im Staat, denn der Mensch ist von Natur aus auf die Gemeinschaft angelegt. Nur durch Tod oder Ehebruch kann die Ehe getrennt werden. Wie glücklich ist daher eine Frau, der ein frommer Gemahl beschieden ist. Da hat sie Schutz und Schirm. Im Hause herrscht Ruhe, Friede und alles Gute; kurz: Es ist ein Paradies auf Erden.

Und das sind die Bedingungen, von denen ein glücklicher Ehestand abhängt:

Aufrichtige und ungefärbte Liebe.

Wenn Euer Mann verdrießlich ist, wie es im Beruf oft vorkommt, so sollt Ihr ihm tragen helfen – mit Sanftmut und Freundlichkeit seinen Zorn mindern.

Die Männer sollen ihre Augen nicht auf andere Frauen werfen.

Euer Wille soll Eurem Mann unterworfen sein. Auch darf die Frau sich dem Mann nicht entziehen.

Ein tugendsames Weib ist die Krone ihres Mannes; und sollte ein christlicher Mann für ein solches Weib nicht dankbar sein?

Die eigenen Kinder mit Liebe und Strenge und Gottesfurcht erziehen.

Der schönste Schmuck der Frau ist und bleibt der inwendige Mensch mit Christentugenden, die köstlicher glänzen als Gold und Perlen.

Dass es in einer solchen Ehe zu Untreue kommen sollte, ist zu den Unmöglichkeiten zu rechnen, weil jeder in dem anderen sein höchstes Glück sucht.

Ich wusste nicht mehr weiter. Ich öffnete meine Augen. Schwester Marie hatte ihr Gesicht im Stoff des Mantels verborgen und schluchzte: »Wie ich es auch mache, es ist verkehrt.« »Nichts, was verkehrt ist, muss verkehrt bleiben«, tröstete ich sie und drückte ihre Hand. Sie ließ langsam den Stoff fallen und sah mich fragend an. Doch ich lächelte nur. Als ich ihr tränennasses Gesicht so ansah, fiel mir ein Ausspruch von Corvinus ein. Er hatte einmal gesagt, dass nicht nur die Heiligen, sondern ein ganz normaler Mensch einem anderen die Sünden in Jesu Namen vergeben könne. Seitdem er es gepredigt hatte, war es mir nicht mehr aus dem Sinn gegangen. Und nun, als ich diese junge Nonne so leiden sah, fiel es mir leicht, ihr stumm aufrichtige Vergebung zuzusprechen. Ich wünschte ihr von Herzen, dass sie ihr Glück finden würde.

Ich wurde gesund und brach auf, um meine Herrschaften einzuholen. Leider bedeutete dies der Abschied von Marie, die mich so treu umsorgt hatte und mir in dieser Zeit so lieb geworden war. Zum Abschied drückte sie mir einen großen Beutel Tee in die Hand: »Bitte trinkt dies drei Mal am Tag, damit Euer Blut gereinigt wird. Er schmeckt abscheulich, ist aber eine der besten Arzneien, die ich kenne.« Dankbar nahm ich den Beutel an mich und sagte ihr Lebewohl. Zwei Mönche begleiteten mich und gingen dann zurück nach Northeim; nur der bittere Tee blieb mir erhalten. In Münden griff Mithof in den Beutel und roch an dem Kraut. Er erkannte es und mischte für mich denselben grässlichen Tee. Er befahl mir, ihn so lange weiterzutrinken, bis sieben Vollmonde vorbeigegangen waren. So kam es, dass ich fast ein Jahr lang den abscheulich bitteren Geschmack im Mund und auf den Lippen hatte. Mithof sah mit Freuden, dass mein Kopf nicht mehr so schnell rot wurde, wenn ich mich anstrengte, und da ich durch die Kräuter an Gewicht verlor, trank er selbst nach einem fetten Mahl davon. Was immer in dem Jahr geschah, es ist noch heute in meiner Erinnerung mit einem bitteren Geschmack verbunden. Selbst als Anna Marias Tochter auf die Welt kam und wir zur Feier im Schloss Zuckerzeug verteilten, war der Genuss der Zuckerkringel nur halb so schön.

Als der Kaiser sein Mandat erlassen und Erich II. entmündigt hatte, hatte er neben Heinrich aus Braunschweig auch Sidonies Bruder, Moritz von Sachsen und meiner Herrin Bruder, Joachim II. von Brandenburg, als

Pfleger und Regenten über unser Land bestellt. Es war eine schlimme Lage. Vergeblich versuchte ich, Elisabeth zu beruhigen, aber sie tobte und schrie. Einzig ich traute mich noch, mit ihr im Raum zu bleiben. Wenn sie sich aufregte, warf sie mit Büchern oder Vasen um sich. Sie achtete nicht einmal mehr darauf, wie wertvoll die Gegenstände waren oder ob sie damit jemanden traf. Ich versuchte dann die Sachen aufzufangen, damit sie nicht Schaden nehmen würden, aber das diente nicht immer zu meinem Besten. Als ich einmal einen Teller auffing, riss sie ihn mir aus der Hand und zerbrach ihn auf meinem Kopf. So wütend war sie auf mich, weil ich ihr im Wege gestanden hatte.

Und dann kam auch noch meiner Herrin Schwester zu Besuch. Schnell wurde klar, dass sie plante, sich für immer bei uns einzunisten. Seit sie Witwe war, reiste sie von einem Verwandten zum anderen und war berühmt geworden für ihren großen Appetit. Elisabeth war ihrer schnell überdrüssig, da sie eine wehleidige Natur hatte, aber keine noch so strengen Ratschläge konnten sie vertreiben. Da riet ich Elisabeth, ihr gegen die Nörgelei und Fresssucht den gleichen Tee zu verordnen, den ich zu trinken hatte. Meine Herrin stimmte zu und es dauerte nicht lange, da wollte die Schwester eine schöne Kutsche, damit sie weiterreisen könne. Meine Herrin gab ihr die Kutsche gerne, denn sie hatte es satt, eine Witwe zu trösten, die nicht zu trösten war.

Als die undankbare Schwester endlich vom Schlossplatz fuhr, ging meine Herrin raschen Schrittes in ihr Zimmer, sodass ich Mühe hatte zu folgen. Ich verstand nicht, warum sie nicht wie üblich noch eine Weile im Hof geblieben war um zu lauschen, wie sich Wagen und Reiter entfernten.

»Eine Schande ist meine Schwester!«, schimpfte sie wütend. »Eine Schande für die ganze Familie. Sie hat keinen Charakter und zeigt keine Stärke, sondern meint, sie wäre geboren, damit sie sich durchs Leben frisst und säuft und üble Reden hält! Eine solche Witwe ist eine Schande für die ganze Christenheit.« Ich nickte, obwohl ich eigentlich schon damit zufrieden war, dass der Auslöser vieler Streits gegangen war. »Eine Witwe hat in unserem Land keine Rechte und keinen Trost, aber deshalb sollte eine Frau trotzdem um ihren guten Stand bei Gott wissen.« Sie schlug auf den Tisch und rief: »Das soll sich ändern!« Ich sah verwundert auf, denn Elisabeth hatte sich an den Sekretär gesetzt und haute noch einmal mit der Faust auf die Schreibplatte. »Mir geht schon lange durch den Sinn, dass ich all die erbaulichen Worte aus der Bibel zusammensuchen und niederschreiben sollte. All die Worte, die zum Trost der Witwen gesagt wurden. Alle Witwen sollten wissen, dass Gott für sie streitet.« Sie sah mich scharf an. »Setz dich!«, befahl sie mir und bot mir ihren Stuhl an. Ich wusste, was kommen würde. Schnell griff ich zur Feder, um alles niederzuschreiben, was ihr jetzt in den Sinn kam. Ich schrieb, so schnell ich konnte, aber es gelang mir doch nicht, alles festzuhalten. Als meine Herrin endlich erschöpft war und ich aufstehen konnte, sagte sie: »Ich werde der Sammlung den Titel ›Trostbuch für Witwen‹ geben. Daran sollen sich die rechtlosen, einsamen Frauen in den Zeiten halten, wo sie verlassen sind und Unrecht leiden.«

Der größte Kummer im Leben von Elisabeth war und blieb ihr eigener Sohn. Von Erich II. konnte sie sich keine Unterstützung erhoffen und nun waren Heinrich, der alle Reformierten zu seinen Feinden erklärt hatte, durch die Vormundschaft Tor und Tür geöffnet. Bei Tag gab sie sich Mühe, ihr Elend zu verbergen, doch in ihren Träumen tobte und weinte sie; und ich erwachte davon.

Ihr Sohn war einst ihre größte Freude gewesen. In ihn hatte sie all ihre Liebe und Hoffnung gesetzt und ihm die besten Lehrer zur Seite gestellt. Als sie dachte, nun könne sie endlich die Verantwortung für ihr Land in seine Hände legen, verabscheute er ihren Rat und plünderte sein Land aus. Die jetzige Situation nach Erichs II. Entmündigung war viel schwerer als die Zeit ihrer Vormundschaft. Heinrich tat, was er wollte. Die Vormünder verhandelten mit Sidonie, widersprachen sich und konnten Calenberg doch nicht richtig zusammenhalten. Meine Herrin hatte sich in Ilmenau zwar bestens eingerichtet, aber sie wollte ihr Land immer noch nicht verlassen, weil sie Angst hatte, die Kontrolle über die religiösen und politischen Belange in Calenberg zu verlieren. Als Erich II. wieder einmal in finanzielle Not kam, zog er Steuern ein und schrieb seiner Mutter, sie möge sich doch bitte auszahlen lassen und ihren Witwensitz woanders nehmen. »Nein«, rief sie laut, als sie den Brief las. »Soll ich denn mein Lebenswerk dem Teufel überlassen?«

Sie regte sich immer öfter auf und schrie auch mich an, obwohl ich alles für sie tat. Ich traute mich nicht einmal, ihr zu widersprechen, als sie auf Albrechts Vorwurf, dass ihre Tochter ein aufbrausendes Wesen hätte, zurückschrieb:

Meine liebe Tochter Anna Maria hat wohl die aufbrausende Art von ihrem Vater geerbt. Die wilde Art lag Erich I. im Blut. So wird es wohl auf die Tochter übergegangen sein. Also habt Nachsicht mit ihr.

Als ich diese Zeilen las, musste ich laut auflachen. Ich hatte Erich I. nie unbeherrscht gesehen. Stets suchte er, den Frieden wiederzufinden. Wenn Anna Maria ihre Launen nicht im Griff hatte, so stand sie darin ihrer Mutter nicht nach. Und alles, was ich von Elisabeths Vater wusste, ließ den Schluss zu, dass wohl schon er die wilden Teufel im Blut gehabt hatte, die auch in seiner Tochter und seiner Enkelin weiterlebten.

Als der Kaiser das Interim aufhob, begann Elisabeth wieder zu hoffen. Die Landesherren hatten endlich mehr Freiheit in religiösen Belangen. Philipp von Hessen wurde aus der Gefangenschaft befreit. Elisabeth nahm Kontakt zu ihm auf und erbat sich die erneute Freundschaft und Unterstützung des Nachbarn. Doch Philipp weigerte sich, an vergangene Zeiten anzuknüpfen. Er fühlte sich von Elisabeth und dem jungen Herzog im Stich gelassen. Außerdem habe er bereits Moritz von Sachsen beauftragt, Heinrich einen Versöhnungsantrag zu übermitteln. Er schrieb, es sei nicht seine Absicht gewesen, mit dem Braunschweiger Haus in Unfrieden zu leben. Es wäre schon genug Blut geflossen. Meine Herrin war sichtlich verärgert. Wen hatte sie nun, der ihrem Land den Rücken stärkte, wenn sie sich gegen Heinrich wehren musste?

Ihre ehemals stärksten Verbündeten, Philipp von Hessen und Moritz von Sachsen, hatten sich mit Heinrich ausgesöhnt. Moritz von Sachsen hatte erfolgreich den Passauer Vertrag verhandelt, der die Religionsfreiheit der Protestanten gewährleisten solle. Aber Elisabeth nutzte das nichts. Ihr Calenberg war durch Erich II. in einen, solch zweifelhaften Ruf geraten, dass sie sich keiner Seite anschließen konnte. Sie war schutzlos. Es gab nur noch einen schlagkräftigen Heerführer, an den sie sich wenden konnte. Er aber war mit dem Bann belegt worden, weil er in seinem extrem revolutionären Wüten rücksichtslos gegen Mensch und Machtstrukturen war. Von Süden nach Norden zog er langsam wie ein Raubritter seine blutige Bahn. Er hatte in Braunschweig, Wolfenbüttel und Goslar Heinrichs Gegner zusammengerufen und auf sich eingeschworen. Er brauchte nur noch zu kommen: Albrecht Alkibiades, ein Vetter meiner Herrin.

»Man kann nie wissen, wozu wir ihn noch brauchen«, murmelte meine Herrin vor sich hin. Und sie schrieb Briefe an ihn, die niemand sehen durfte.

Der Kaiser hatte befohlen, dass Erich II. in seine Heimat zurückkehren und dort lernen sollte, anständig zu regieren. Erich II. war enttäuscht. Er, der alles für seinen Kaiser getan hatte, sollte nun in sein Land zurück, obwohl der gleiche Kaiser ihn zuvor entmündigt hatte. Welches Land gab es für ihn noch zu regieren? Doch er hatte keine Wahl. Und so erreichte Elisabeth ein Brief, in dem Erich II. seine Mutter bat, sie möge ihn aufnehmen. Er wolle von ihr lernen, wie das Land für ihn zurückzugewinnen sei. Sie solle ihm helfen, sein Gebiet wieder an sich zu bringen, und sie dürfe sich sicher sein, dass er ihr Münden nicht antasten wolle. Als Elisabeth diese Worte las, wirkte sie ganz ruhig. Kein Wort der Bitternis oder des Zorns kam über ihre Lippen und in ihren Augen sah ich aufrichtige Liebe.

Wenige Tage später schon ritt Erich II. mit seinem Haufen über die Brücke Mündens. Elisabeth hatte Befehl gegeben, Erich II. und seine Leute wie den Kaiser selbst zu begrüßen und zu bewirten. Voller Freude nahm sie ihren Sohn auf.

Erich II. war nicht mehr der stolze, junge Mann, der damals vom Hof geritten war. Er war verbittert, enttäuscht und reumütig. Tiefe Schatten lagen unter seinen Augen und eine Narbe zierte seine Wange. In abgetragenen, dreckbespritzten Kleidern ritt er in den Hof und saß langsam ab. Elisabeth aber trat ihm entgegen und hieß ihn mit allem Respekt willkommen. Sie tischte ihm und seinen Mannen ein reiches Mahl auf und sie saßen bis spät in die Nacht zusammen. Sie tröstete ihn und versprach, ihm zu helfen. Ich lauschte ihren Worten, konnte jedoch in meinem Herzen für den Herzog kein Vertrauen empfinden. Wie wollte er Frieden über sein Land bringen, wenn er seine Frau am liebsten bei den Toten sähe?

Elisabeth und Erich II. besprachen die neuen Entwicklungen. Heinrich war es nicht gelungen, die calenbergischen Landesherren gefügig zu machen. Die Adeligen, die Ritterschaft, alle schuldeten ihm Steuer und wollten ihm nicht huldigen. Heinrich hatte ebenso nicht vergessen, wie widerspenstig sich die großen Städte verhalten hatten. Er hatte deshalb seinen Sohn Viktor mit einem großen Heer und Waffen ausgerüstet und ihn nach Calenberg geschickt, um die Städte und Dörfer zu brandschatzen. Als Erich II. von den Zerstörungen erfahren hatte, hatte er den Kaiser angerufen und Moritz von Sachsen gebeten, mit Heinrich einen Friedensvertrag auszuhandeln. Sie hatten ihm geantwortet, er solle sich von Viktors Brandschatzern freikaufen. Erich II. hatte sich eine gewaltige Summe von seinem eigenen, gepeinigten Volk geborgt. Heinrich jedoch hatte die Gelder eingestrichen und seinen Sohn weiter wüten lassen.

Das gesamte calenbergische Land hatte nun endgültig das Vertrauen in Heinrich und erst recht in Erich II. verloren. Ritterschaft und Stände verweigerten Erich II. seine Dienste. Sie warfen ihm vor, er habe das Land ins Unglück geworfen und würde seine Frau vernachlässigen. Ebenso waren sie es leid, von ihm erpresst zu werden, da sie für jeden lutherischen Gottesdienst, den sie abhielten, bezahlen mussten. Der Adel und die streitbare Ritterschaft sehnten sich ebenso nach einem Religionsfrieden wie die meisten Städte und Länder. Die Fürsten des ganzen Landes begannen zu rebellieren. Es war ihnen inzwischen egal, welchem Glauben die Mächtigen angehörten. Um ihre Position zu stärken, verbündeten sie sich mit jedem. Erich II. blieb nichts anderes übrig: Als reumütiger Sohn übertrug er im Mai 1553 seiner Mutter mit Brief und Siegel die Regierungsgewalt. Er bestätigte darin noch einmal ihr Recht, den Witwensitz in Münden beibehalten zu können. Hannover und anderen großen Städten sicherte er die Glaubensfreiheit zu.

Das Land atmete auf, denn Elisabeth war immer eine umsichtige Regentin und die Förderin des neuen Glaubens gewesen. Sie bestellte umgehend die evangelischen Pfarrer zurück. Sie veräußerte persönliches Eigentum, damit evangelische Gemeinden neu gegründet werden konnten. Doch sie schrieb sich auch immer noch heimlich mit Albrecht Alkibiades. Ich war darüber erstaunt, denn der Markgraf führte einen eigenmächtigen Krieg im Stil eines Landsknechtsführers. Kein Bündnis und keine landschaftlichen Verpflichtungen konnten ihn im Zaum halten.

Elisabeth sprach Erich II. Mut zu und machte ihm Hoffnung auf sein Land. »Dazu muss nur Heinrich ein für alle Mal besiegt werden. Und ich weiß auch Rat. Ich habe einen Vetter, den Söldnerführer Albrecht Alkibiades, Markgraf von Brandenburg-Kulmbach, der ein unerschrockener Landsknechtsführer ist. Selbst Papst und Kaiser haben ihn schon oft in ihren Dienst gestellt. Er ist zwar mit der Reichsacht belegt worden, aber er ist immer noch schlagkräftig und versteht es, dem Lauf der Geschichte eine Wendung zu geben«, erläuterte Elisabeth ihrem Sohn. »Außerdem wirbt er schon lange Söldner im Regierungsbereich Heinrichs an. Heinrich hat genug Feinde im eigenen Land, die auf Albrecht Alkibiades' Befehl nur warten. Wollen wir ihn zu uns einladen, damit er uns berät? Vielleicht können wir durch seine Stärkc wieder unser Land zurückgewinnen?« Erich II. hatte aufmerksam zugehört. Er nickte und sagte: »Noch heute, liebe Mutter. Lasst uns gleich dem Markgrafen schreiben.«

Albrecht, der seinen griechischen Beinamen »Alkibiades« nach dem ehrgeizigen, hochbegabten antiken Seehelden bekommen hatte, ließ sich nicht lange bitten. Als er über das Pflaster des Hofes jagte, klirrten die Gläser auf den Tischen und ich dachte schon, er wolle in seiner vollen Rüstung auf dem Pferd die Stufen im Haus hinaufreiten. Albrecht war eine furchteinflößende Figur und bei den kommenden Verhandlungen hielt ich mich lieber von ihm fern. In der ganzen Zeit habe ich ihn nie in Kleidern gesehen. Stets trug er seine Rüstung und legte zu den Mahlzeiten nur seine eisernen Handschuhe ab. Wenn er seinen Hut abnahm, der wie ein großer Fingerhut geformt war, so sah man, dass ihm unter der Kopfbedeckung ein Großteil der Haare ausgefallen war. Ich hatte es geahnt: Erich II. bewunderte den Vetter seiner Mutter. Dieser Mann war noch größer als er, trotzdem bewegte er sich in seiner Rüstung so wendig wie eine Echse. Nur sein langer Bart, der dem eines Ziegenbockes nicht nachstand, verriet einen Menschen hinter dem Eisen. Er trug ständig einen harten Stock bei sich, den alle zu spüren bekamen, die sich nicht fügten. Selbst bei Tisch fasste er immer wieder nach dem Griff seines Schwertes, um sich zu vergewissern, dass er nicht schutzlos war. Mir war nicht wohl in der Gegenwart des Feldherrn, obwohl auch ich ihn unverwandt ansehen musste.

Die Verhandlungen waren schnell getätigt. Da sich Albrecht schon lange aus politischen Gründen mit Heinrich überworfen hatte, war ein Feldzug gegen ihn auch in seinem Interesse. Nur als es um die Kosten ging, bewies er sich als harter Verhandlungspartner. Elisabeth fand bestätigt, was sie schon wusste: Albrecht Alkibiades hatte nur gut besoldete Kämpfer. Die Kosten waren enorm und Elisabeth würde sich Gelder borgen und ihre letzten Wertgegenstände verkaufen müssen.

Als Nächstes sprach sie mit dem Kanzler Waldhausen, denn er konnte die Landstände auf die Seite Alkibiades ziehen. Dann hätte der Vetter, sobald er gegen Heinrich reiten würde, die Unterstützung des Calenberger Heeres. Waldhausen versprach Elisabeth und Erich II., dass er alles dafür tun würde. Er würde handeln, wenn sich eine gute Gelegenheit bot. »Alkibiades ist unsere einzige Hoffnung«, versicherte meine Herrin eindrücklich ihrem Sohn. »Philipp versöhnte sich mit Heinrich, und Moritz von Sachsen hat sich, wie so viele andere auch, gegen Alkibiades verbündet. Damit ist er ein Verbündeter Heinrichs. Uns bleibt keine andere Wahl!«

Ehe sie Alkibiades die fertigen Pläne unterbreitete, verlangte Elisabeth noch ein Zugeständnis von ihrem Sohn. Erich II. sollte ein öffentliches Gelöbnis unterschreiben, dass er die evangelische Lehre fördern und unverzüglich den Superintendenten Corvinus und Pfarrer Hocker freilassen werde. Nur unter diesen Bedingungen war meine Herrin bereit, für ihren Sohn zu streiten und Alkibiades zu unterstützen.

Erich II. zögerte nicht und unterschrieb. Am liebsten hätte er sich sofort in den Sattel geschwungen und wäre mit Alkibiades in die Schlacht gezogen. »Geduldet Euch, wir schlagen erst zu, wenn es zu unserem Vorteil ausgeht«, beruhigte Elisabeth ihren Sohn. »Es ist gut zu wissen, dass Freunde an meiner Seite sind, wenn es zum Streit kommt«, sagte Erich II. zu Alkibiades.

Als Alkibiades gegangen war und meine Herrin mit Erich II. allein war, griff sie nach seinem Arm und sagte: »Bedenkt bitte, Alkibiades ist nur unser Freund, solange wir seine Arbeit unterstützen und gut zahlen können. Schon heute wird er unseren Hof als reicher Heerführer verlassen, denn er wird unsere besten Rösser mit sich führen.« Erich II. nickte und versprach, ihm nicht zu sehr zu vertrauen.

Während dieser angespannten Tage blieb Poppo in Ilmenau. Und alle vermissten ihn sehr. Er hatte Elisabeth geschrieben, dass er keinen Unfrieden bringen wolle. Sie solle sich mit ihrem Sohn aussöhnen und nicht vergessen, dass auch in Ilmenau ein Zuhause für sie bereitstünde. Aus Furcht vor den kommenden Tagen hätte ich am liebsten sofort meiner Herrin Kleider und Hausrat gepackt und wäre für immer nach Ilmenau gereist. Elisabeth jedoch fühlte anders. Sie legte große Hoffnungen in die kommenden Auseinandersetzungen. Und so blieben wir in Münden und sahen dem Krieg entgegen.

Da Erich II. sich nicht mehr schutzlos fühlte, reiste er inzwischen durch sein Land, wie er es gewohnt war, und sein erster Weg führte ihn auf die Feste Calenberg. Wenig später schrieb Corvinus an meine Herrin:

dass nach all den Jahren der junge Herr persönlich vorbeigeritten kam und den Befehl erließ, die Kerkertüren zu öffnen. Wir haben dem jungen Herzog die Referenz erwiesen und auch Erich II. hat seinen Hut gezogen. Somit glaube ich, dass die Schmach ein Ende hat.

Corvinus kehrte nicht als Superintendent zu uns nach Münden zurück, sondern folgte dem Ruf der St.-Ägidien-Kirche in Hannover. Dort wurde er als Pfarrer eingestellt. Nur kurz kam er nach Münden, um Elisabeth zu sprechen. Ich hatte mich so sehr auf diese Begegnung gefreut, doch sein Anblick entsetzte mich. Es war sichtbar, dass er nur noch wenige Wochen zu leben hatte. »Ich habe wohl in der Haft zu viel gefressen«, scherzte der tapfere Mann und zeigte auf seinen aufgedunsenen Leib. Später gestand mir Bertha bekümmert: »Ich denke, dass es die Würmer sind, die den frommen Mann bei lebendigem Leib verzehren. Im vorigen Sommer hatten auch die verendeten Hasen, die in den Feldern gefunden wurden, den Bauch voller Maden. Und was ist der Mensch anderes als ein Tier. Zumal Corvinus drei Jahre im eigenen Dreck bei den Ratten im Loch sitzen musste.« Als Corvinus im Frühjahr starb, machten wir uns auf den Weg nach Hannover, um ihm das letzte Geleit zu geben. Meine Herrin machte sich Vorwürfe, dass sie Corvinus' Leben nicht besser beschützt hatte. Sie weinte um ihn wie um einen Bruder. Doch der Tod dieses einzigartigen Mannes würde nicht das einzige Leid dieser Zeit bleiben. Die Zeit, die sie noch regieren würde, sollte noch mehr Unheil über uns bringen.

Die blutige Schlacht bei Sievershausen und Elisabeths bitteres Ende (1553–1558)

Heinrich war nicht verborgen geblieben, was Elisabeth plante. Die Anhänger Albrecht Alkibiades' häuften sich in seinen eigenen Reihen und viele davon kamen aus Calenberg. Er wies seinen Sohn Philipp Magnus an, große Teile des calenbergischen Gebietes zu besetzen. Der Krieg rückte also immer näher. Ich wusste, dass auch Elisabeth kriegerische Auseinandersetzungen fürchtete. Und doch führte sie keine Verhandlungsgespräche und bestellte keine Diplomaten. Sie befahl uns stattdessen, alles zu packen, was wichtig sei. »Ich will einige Wochen von Hannover aus regieren. Denn dort, wo die Lage angespannt ist, dort werde ich gebraucht.« Auch Katharina sollte mit uns kommen, da sie ihre Jüngste nicht allein lassen wollte. Wir hatten drei Tage Zeit, um zu packen. Meine Herrin wies ein gutes Dutzend Bedienstete an, mit ihr zu kommen. Wir würden über Göttingen reisen. In Göttingen würde sie auf einen Unterhändler Albrecht Alkibiades treffen. Meine liebsten Freunde kamen nicht mit. Bertha sollte dafür Sorge tragen, dass das Hofleben aufrechterhalten blieb, und der Schmied die Schwerter scharf halten. »Und außerdem«, sagte sie immer wieder, »kommen wir ja bald wieder zurück.«

Aber ich ahnte, dass es ein Abschied auf immer sein würde. Am Abend vor unserer Abreise ging ich in die Kapelle und weinte bitterlich. Ich wusste, dass ich diese Räume nie wieder sehen würde, denn ich hatte gelernt, meinen Träumen und Ahnungen zu trauen.

Als ob Bertha meinen Kummer geahnt hätte, setzte sie sich wenig später neben mich in die Bank. »Was bedrückt dich?«, fragte sie mich. »Ich verstehe meine Herrin immer weniger. Wie kann sie sich mit einem Gegner des Schmalkaldischen Bundes verbünden, mit einem Räuber und Mörder?« »Es wunderte mich nichts mehr, seit Alkibiades hier war.«

»Du weißt von den Abmachungen?«

»Ich weiß nichts, aber ich kann mir denken, dass Elisabeth mit allen Mitteln um Calenberg und Münden kämpft und Heinrich ebenso erbittert kämpfen wird.«

»Träumtest du auch von einer düsteren Zukunft?«

»Ich brauche nicht zu träumen, mein Kind. Ich deute nur die Zeichen.« »Ich glaube, wir sehen uns nie wieder«, gestand ich der Altfrau. Sie nickte. »So hat jede von uns ihre Aufgabe: Du dienst unserer Herrin und ich halte mein Münden in Ordnung.« Ich musste ihr versprechen, so es möglich sei, ihr Nachricht zukommen zu lassen, wie es uns erginge. »Es fällt mir schwer meine Herrschaften scheiden zu sehen«, sagte sie. Wir umarmten uns fest. Doch Bertha ließ sich den Trost nicht lange gefallen und herrschte mich an: »Nun geh und tu deine Pflicht!«

Am gleichen Abend erreichte uns noch eine frohe Nachricht: Anna Maria hatte einen Jungen geboren. Gleich schrieb Elisabeth an Albrecht:

In Eile schreibe ich meinem lieben Schwiegersohn, Herzog Albrecht in Preußen, und gratuliere zur erneuten Vaterschaft. So hat nun Preußen seinen kleinen Prinzen, Albrecht Friedrich. Gott beschütze Euch und möge seine Engel um Kind und Mutter stellen.

Ich kann Euch die frohe Kunde sagen, dass mir Gott meinen lieben Sohn Erich II. wiedergegeben hat und wir auf einem guten Wege sind. Ich bitte Euch, die nächste Post nach Hannover zu senden, da ich mich auf die Vorbereitung und Versorgung der Kriegsleute einstelle. Ich bin mir sicher, dass Albrecht Alkibiades und meinem Sohn der endgültige Sieg zufallen wird. Ich sehe auch meinen Witwensitz in Gefahr, falls Heinrich noch weiter in mein Land einfällt.

So unsere Pläne gedeihen, kann mein Sohn auf 4 000 Reiter sowie 100 Fähnlein Fußvolk verfügen. Da es über 23 000 Kriegsknechte werden, sehe ich meine Aufgabe darin, die Kämpfer mit Lebensmitteln zu versorgen, so wie ich mich auch um die Pestkranken in Hannover kümmern möchte, denn die Stadt wird von mehreren Plagen heimgesucht.

Als ich das las, war es nicht schwer zu erahnen, was mich in Hannover erwarten würde: Eine Herrin, die tagelang nicht schlief und eine Kammermeisterin, die ebenfalls nicht schlafen durfte. Bertha gab uns den gesamten Vorrat an Wacholderbeeren mit und wir mussten ihr versprechen, dass wir nicht die Pest nach Münden tragen würden. Und so brachen wir auf.

Je weiter wir nach Norden kamen, umso grausamer wurden die Bilder, die sich uns zeigten. Um seinen Feinden die Nahrung zu nehmen, hatte Heinrich halbreife Kornfelder abernten lassen und mitgenommen, was essbar war, oder die Felder verwüstet und angezündet. Über den Äckern hing noch der Brandgeruch. Als wir in Hannover einzogen, schlug uns ein anderer Brandgeruch entgegen, der der Scheiterhaufen, auf denen die Pestkranken verbrannt wurden. Auf den Straßen lagen die Kranken, keiner wollte sich ihrer in ihren letzten Stunden annehmen. Elisabeth befahl, die Kirchen für die Kranken zu öffnen, und veräußerte weiteren Schmuck, damit sie versorgt werden konnten. Sie schrieb erneut an ihren Schwiegersohn Albrecht und klagte ihm, dass Moritz von Sachsen an der Seite Heinrichs stehen würde, da er durch den Passauer Vertrag gehalten sei, gegen Alkibiades zu kämpfen.

Als ich las, dass unsere Kanonen sogar auf Moritz von Sachsen, Sidonies Bruder, gerichtet sein würden, schnürte mir der Kummer die Kehle zu. Ich war es leid, dass Menschen gegen ihre Lieben in den Krieg ziehen mussten.

Dann überschlugen sich die Ereignisse. Elisabeth hatte davon geträumt, dass sich Erich II. im Kampf gegen Heinrich siegreich hervortun würde und ihn dafür seine Landsleute lieben würden. Doch Alkibiades hatte andere Pläne. Er schickte Erich II. zum Kaiser, um diesem von seiner Bedrängnis zu berichten, um Hilfe zu bitten und um die Erlaubnis, Krieg zu führen. Das war jedoch nur ein Vorwand. Noch während sich Erich II. am Kaiserhof aufhielt, standen sich Moritz von Sachsen und Alkibiades bereits bei der Leine in Sarstedt gegenüber. Alkibiades riskierte keinen Kampf, zog jedoch weiter, nach Braunschweig, um auch dort seine Anhänger zu sammeln. Heinrichs Truppen, in dessen ersten Reihen seine zwei legitimen Söhne kämpften, ebenso wie ein Sohn Eva von Trotts, folgten Alkibiades. Moritz' Truppen stellten sich ihm in Sievershausen nahe Hannover in den Weg.

So entbrannte am 9. Juli 1553 gegen Mittag die blutige Schlacht bei Sievershausen. Kurfürst Moritz von Sachsen hatte 8 000 Mann Infanterie, 7 500 Reiter und 25 Geschütze. Alkibiades verfügte über 12 000 Mann Infanterie und 6 000 Reiter. Zusammen mit Heinrichs Heer standen sich zwei gleichstarke Truppen gegenüber. Mehrere Stunden wurde Mann gegen Mann gekämpft. Im Kampf kamen auch die neuen Handschusswaffen mit verheerenden Folgen zum Einsatz. Das Gemenge war so dicht, dass die Kämpfer nicht mehr wussten, wen sie vor sich hatten, und jeder gegen jeden anrannte. Da Alkibiades' Kämpfer sich mutig dem Gegner in den Weg warfen und um ihr eigenes Leben nicht bangten, wich das sächsische Heer immer weiter zurück. Als Alkibiades die Schlacht bereits siegreich geschlagen glaubte, fielen ihm jedoch die sächsischen Reiter in den Rücken und überrannten ihn. Alkibiades ergriff verletzt die Flucht.

In wenigen Stunden verloren 4 500 Kämpfer ihr Leben. Gut 8 000 Verletzte lagen auf dem Feld. Unter den Toten waren mehr als 300 niedersächsische und sächsische Adelige, vier Fürsten und neun Grafen.

Unter den Toten waren auch die beiden Söhne Heinrichs, Philipp und Viktor. Sidonies Bruder, Moritz von Sachsen, starb zwei Tage später an den Verletzungen, die ihm ein Verräter aus den eigenen Reihen beigebracht hatte.

Von all dem wusste Elisabeth nichts. Eine voreilige Nachricht hatte sie erreicht, nach der nicht nur Philipp und Viktor, sondern auch Heinrichs jüngster Sohn Julius verstorben war. Ebenso berichtete man ihr von einem Sieg Alkibiades', der sich mit seinen verbliebenen Leuten erneut sammelte und sie um Hilfe bat.

Meine Herrin frohlockte, »dass dem bösen alten Wolf nun endlich alle Zähne ausgefallen sind«. Sie freute sich darüber, dass Heinrich keinen Erben mehr hatte. Sie lieh sich noch einmal Geld von der Stadt Hannover und versprach, die Stadt nicht eher zu verlassen, als bis sie auch den letzten Heller zurückbezahlt hätte.

Doch in Wahrheit hatte sie verloren und das Blatt hatte sich gegen sie gewendet. Julius lebte und wurde an der Seite seines trauernden Vaters ein starker Regent. Alkibiades' neue Angriffe wurden abgewehrt. Er wurde im ganzen Land für vogelfrei erklärt und floh nach Frankreich.

Doch zum endgültigen Verhängnis wurde Elisabeth, dass Alkibiades auf seiner Flucht sein Pferd mitsamt seinen Taschen verlor. In den Taschen wurden die Briefe von Elisabeth an ihn gefunden. Alle ihre Pläne lagen offen. Allen wurde klar, dass sie diejenige gewesen war, die den grausamen Landsknechtsführer bezahlt hatte. Alle gaben ihr nun die Schuld an den vielen Toten und auch die letzten Verbündeten wandten sich ab. Selbst ihre Brüder wollten ihr nicht mehr zur Seite stehen. Und als Erich II. aus Brüssel zurückkehrte, drehte auch er seiner in Bedrängnis geratenen Mutter den Rücken zu. Er ritt nach Braunschweig und machte vor Heinrich den Kniefall. Der nahm ihn freundlich auf. In der Folge söhnte sich Erich II. auch mit dem Kurfürsten von Sachsen und dem Landgrafen Philipp aus.

Elisabeth war nun ganz allein. Tatenlos musste sie zusehen, wie sich eine Tür nach der anderen für sie schloss. Es schmerzte mich so sehr, sie so zu sehen. Von ihrer alten Stärke war fast nichts mehr zu spüren. Sie saß in Hannover und konnte noch nicht einmal zurück nach Münden, da sie erst ihre Schulden begleichen musste. Heinrich plünderte derweil das bereits verarmte Land weiter aus und besetzte Münden.

Elisabeth schrieb an Poppo. Sie bat ihn, er möge kommen und sie nach Ilmenau holen. Aber Poppo schrieb ihr freundlich zurück, dass er nicht kommen könne, da ihm Heinrich den Tod angedroht hatte, sobald er den Fuß auf sein Gebiet setzen würde; ebenso hatte Erich II. ihn gewarnt, sich in die Angelegenheit einzumischen.

Seid meiner Zuneigung und meiner Gebete versichert und versteht, dass ich nicht die Mittel habe, Euch von Hannover auszulösen. Harrt aus und wisst, dass auch ich hier gebraucht werde und nicht auch noch über meinem eigenen Land das Unglück hereinbrechen soll.

Meine Herrin wurde fruchtbar wütend, als sie das las. Wieder flogen Gegenstände im Zimmer umher. »Das ist der Dank, dass ich ihm alles gab, was ich hatte. Der Dank, dass er nun in schönen Gemächern sitzt und von meinem Geschirr isst?«, schrie sie. Ich wusste, dass sie am meisten gekränkt war, weil Poppo ihr nicht geschrieben hatte, dass er sich nach ihr sehnte. Meine Herrin vermutete, dass eine Mätresse dahintersteckte.

Die Monde vergingen, der Winter kam über uns und Elisabeth saß immer noch in Hannover fest. Hilflos musste sie mit ansehen, wie andere über ihr Schicksal entschieden. Die kluge Sidonie handelte in Einbeck auf der Erichsburg mit ihrem Mann, den sächsischen Verwandten und Heinrich einen Friedensvertrag aus. Es gelang ihr, die Vettern endlich miteinander auszusöhnen. Wie ihre Väter bereits vor vielen Jahren beschlossen hatten, wollten sie nun das Land gemeinsam regieren, in Zukunft alle Dinge miteinander absprechen und sich gegenseitig zu Hilfe eilen. Die Landsleute sollten sowohl Erich II. als auch Heinrich huldigen und vor beiden den Kniefall tun. Ebenso sollte es keine Händel mehr um die Harzer Bergwerke geben.

Die große Verliererin war Elisabeth. Der Vertrag sah vor, dass Münden im Familienbesitz zu bleiben hatte. Alle politischen Rechte und ihr Anspruch auf den Witwensitz wurden aufgehoben, denn Heinrich sah in Elisabeth die Stifterin zum Krieg und er meinte, dass es in ihrer Gegenwart keinen Frieden geben könne. Als der Vertrag meiner Herrin zur Unterschrift vorgelegt wurde, begann sie zu toben und zu schreien. Sie fühlte sich von aller Welt verlassen. Ich hätte mir so gewünscht, dass sie einfach unterschrieben hätte. Dann hätten wir unbehelligt nach Ilmenau reisen können. Aber sie blieb stur und unerbittlich. Als sie dann auch noch hörte, dass Sidonie nun von Münden aus regierte, zerriss sie ihr Kleid und rieb sich Asche in die Haare.

Das Leben in Hannover war traurig und hart. Obwohl Erich II. Anweisungen erlassen hatte, dass seine Mutter einen angemessenen Unterhalt und Lebensmittel bekommen sollte, so erreichte uns die Unterstützung nicht. Es schien, als ob uns die Ratsherren aushungern wollten. Einzig ihrem treuen Schwiegersohn Albrecht gelang es, ihr Gelder und Naturalien zukommen zu lassen. Er sandte uns eine ganze Herde Ochsen und Feuerholz; dazu Stockfisch, Gewürze und Muskatellerwein.

Je kleiner unsere Vorräte wurden, umso mehr hatte meine Herrin mit den Armen Mitleid. Von dem wenigen, das wir hatten, verschenkte sie einen guten Teil. Selbst kaum satt, ging sie zu den Kranken, um ihnen etwas zu essen zu bringen oder ihnen aus dem Wort Gottes vorzulesen. Jeden Tag stapften wir durch den Schnee und mussten uns am Abend in kalte Betten legen. Elisabeth wurde immer schmaler, ihr Gesicht fiel ein und dann begann sie schwer zu husten.

Als die bitterkalten Nächte endlich vorbei waren, hörte sie nicht auf zu husten und ihre Hände zitterten, sobald sie sich angestrengt hatte. Wir trugen ihr warme Steine ins Bett und gaben ihr ein mit Minze und Lavendel gefülltes Kissen. Wir rieben ihre Brust mit Fuchsschmalz ein und hängten getrocknete Fledermäuse an die Türen. Aber der Husten wurde immer schlimmer. Nichts half.

Selbst als der Sommer kam, ging es ihr nicht besser. Ich war froh, dass ich bei guter Gesundheit war und ihr in allem helfen konnte. Dann bekam sie eine Geschwulst unterhalb des Knies, dass ich schon meinte, es wäre die Pest.

In meiner Furcht holte ich einen Doktor, der die eitrigen Stellen ausschnitt und mit einem Brei aus Kräutern und Hundekot verband. Mehrere Tage dachte ich, sie würde die Operation nicht überstehen. Doch sie genas, langsam zwar, aber es ging ihr von Tag zu Tag besser. Nachdem sie aufstehen konnte, führte ich sie an meinem Arm, und es dauerte noch Wochen, bis sie selber wieder auftreten konnte. Fortan war ihr Gang ungleichmäßig.

Elisabeth konnte zwar wieder gehen, aber ihr Husten hielt sich hartnäckig. Sie glich bald selbst einer Kranken aus dem Siechenhaus. Ihre Haare hatten den Glanz verloren, und wenn ich ihr das Nachtkleid überzog, konnte ich ihre Rippen zählen. Ich fürchtete, dass sie nie wieder kräftig werden würde, denn sie glich immer mehr den Menschen, die Blut erbrachen, ehe sie verstarben.

Zwei Jahre vergingen auf diese Weise und Elisabeth lebte eher wie eine Nonne als wie eine Herrin. Dann endlich sah sie ihre Niederlage ein und unterschrieb den Friedensvertrag. Sie akzeptierte, dass sie ihr geliebtes Münden verlor. Sie hatte zuvor mit Erich II. eine Abfindung ausgehandelt und er verpflichtete sich, ihr eine Pension zu bezahlen.

Elisabeth nahm ihre Abfindung, um ihre Schulden zu begleichen. Denn sie sagte: »Ich will nicht als Lügnerin aus Hannover gehen.« Nachdem sie unterschrieben hatte, kam auch endlich Hilfe vom Kaiser, der ihr und ihrem Mann Poppo einen Schutzbrief ausstellte.

Während sie mit Mühe alle ihre Schulden beglich, zahlten ihr die vielen, denen sie stets so freizügig einen Kredit gewährt hatte, ihre Schulden nicht zurück. Elisabeth bereitete sich auf den endgültigen Abschied vor. Der Kirche schenkte sie ein Abendmahlsgeschirr, weil die Brüder und Schwestern stets zu ihr gestanden und für sie gebetet hatten. Sie hing an jedem Kloster und jeder Kirche wie an einem eigenen Kind und bangte um das Wohlergehen ihres Landes. Nie hatte sie sich vorstellen können, es je verlassen zu müssen. Ihr ganzes Streben war immer auf das Wohlergehen Calenbergs gerichtet gewesen. Nun war alles dahin.

In einer dieser ruhelosen Nächte stand sie auf. Ich folgte ihr und legte Decken um sie, da sie sich an den Schreibtisch setzen wollte. »Einundvierzig Jahre lang hat mich Gott nun geführt«, sagte sie. »Ich will es ihm und den Menschen danken.« Dann ergriff sie mit zitternder Hand die Feder und schrieb für ihre Glaubensgenossen ein Gedicht, das diese später über den Spendenkasten der Kirche hängten:

Elisabeth bin ich genannt,
durch Glück und Unglück wohlbekannt,
das löblich Brandenburgisch Haus,
ist mein Ursprung, da bin ich aus.

Fürst Poppo, Grafen und Herren,
bin ich vermählet in Zucht und Ehren.
Mein vorig Herr Herzog Erich war.
Ich rühme mich, und es ist wahr,

dass ich mit diesen Fürsten beide,
gelebet hab in Lieb und Leide.

Dermaßen, das zu loben ist.
Zuvörderst ist mir Jesus Christ
allzeit gewest das höchste Gut,
durch seinen Geist bekam ich Mut.
Dass ich mich christlich hab ermannt
und pflanzt sein Wort in dieses Land.
Darin ich hab gottselig gelebt
von früher Jugend auf gestrebt.

Ich hab regieret, wie man soll.
Wer dankbar ist, erkennt es wohl.
Die Diener des Wortes halt ich wert
wie mir selbst Gottes Güt beschert.

Davon hat auch der Arme seine Stücke,
wiewohl ich das nicht Gott anrücke.
Was ich Gutes tue, tut er durch mich.
Sein Gnad wirkt in mir wunderlich.

Ob ich nun drum Verfolgung leid,
so weiß ich doch: Es kommt die Zeit,
dass mich ergötzen will mein Gott
und retten mich aus aller Not.

Des scheid ich nun und lass das Land,
in dem ich Mutter werd genannt.
Gedenket mein, solang ich lebe.
Bittet, dass mir Gott Gnade gebe,
und tue, was gereicht zur Ehr
und sonst nichts mehr. Amen.

Es war die schwerste Reise, die Elisabeth je angetreten hatte. Sie war noch so krank, dass wir ihren Körper in der Kutsche an allen Seiten stützen mussten.

Bis wir in Göttingen waren, vergingen zwei Wochen. Katharina hielt sie stets an ihrer Seite, da sie immer noch fürchtete, Erich II. würde sie entführen und gegen ihren Willen mit einem katholischen Fürsten vermählen. Als wir in Göttingen ankamen, erwartete uns eine Überraschung. Wir trafen dort einen Großteil des Gesindes aus Münden an. So hatte Sidonie die Wünsche Elisabeths erfüllt und ihr treue Bedienstete mit auf den Weg gegeben.

Es war, als ob diese Geste Elisabeth neues Leben gab. Wie ein Rausch kam es über sie und sie ritt nicht als bescheidene, zufriedene Gemahlin in Henneberg ein. Mit einundsechzig Bediensteten, Pferden und Lastochsen zog sie dem Zug als Herrscherin voran.

Mit aller Gewalt war sie nun auf jedes letzte Stück ihrer Würde bedacht und gönnte sich nicht die nötige Ruhe. Ich bemerkte das mit Trauer, denn es bedeutete, dass sie ihre Ehe aufs Spiel setzte. Ich sah das Unglück kommen, als Elisabeth die schönsten Zimmer im Schloss bezog und Poppo lediglich zwei Kammern blieben. Sie mischte sich unverzüglich in die Regierungsgeschäfte ein, obwohl die Henneberger sich bereits gut arrangiert hatten und Veränderungen sie nur störten. Als sie endlich auf Poppo traf, war nichts mehr von ihrer alten Vertrautheit zu spüren. Es war, als könne Elisabeth nach den Demütigungen in Hannover niemandem mehr freundlich begegnen. Sie achtete so peinlich auf ihre Würde und wahrte solchen Abstand zu Poppo, dass dieser sich bald danach enttäuscht zurückzog.

Sie legte es darauf an, ihrem Mann und den Bediensteten demonstrativ immer wieder vor Augen zu führen, dass sie es war, die den größeren Reichtum in die Ehe gebracht hatte.

Ihr Schwiegervater hatte ihr eine Sänfte und eine kleine Kutsche geschenkt und so ging sie nicht mehr zu Fuß. Stets ließ sie sich tragen oder fahren, auch wenn es nur kurze Wege waren. Ich ahnte, dass sie früher oder später Ärger bekommen würde.

Und richtig: Irgendwann kam Poppo des Nachts nicht mehr in ihre

Kammer und auch nicht in den Nächten danach. Als sie an seine Tür klopfte, antwortete er nicht. Als sie die Tür öffnen wollte, merkte sie, dass er abgeschlossen hatte. Am nächsten Tag stritten sie sich vor aller Augen. Elisabeth beschuldigte ihn: »Ihr haltet Euer Ehegelöbnis nicht ein! Vor dem Gesetz seid Ihr verpflichtet, Tisch und Bett mit mir zu teilen.« Poppo entgegnete: »Ich werde erst das Bett mit Euch teilen, wenn Ihr Euch als gute Haushälterin mit dem begnügt, was in Ilmenau möglich ist. Ihr habt über hundert Bedienstete versammelt und die können weder ich noch Ihr verköstigen oder bezahlen. Es ist lächerlich, dass Ihr regieren wollt, wo es nichts zu regieren gibt. Ihr könnt in Henneberg nicht die gleichen Einnahmen erwarten wie in Münden. Die Pension, die Ihr von Eurem Sohn erhaltet, reicht nicht für einen so großen Hofstaat.« Und er schloss seine lange Rede mit den Worten: »Lernt Ihr erst einmal, Eure Bediensteten als meine Bediensteten zu betrachten, so wie Euch meine Mägde und Knechte in allen Stücken unterstellt sind, dann werdet Ihr in mir den liebenden Mann finden, der Euch treu zugetan ist.«

Der Streit der Eheleute dauerte an. Als die Ernte eingefahren werden musste und Poppo Elisabeth um zwei Knechte und Wagenpferde bat, verweigerte meine Herrin ihre Hilfe.

Der sanfte, nachgiebige Poppo blieb bei seiner Forderung, dass sich meine Herrin zu fügen habe. Um seinem mürrischen Weib nicht begegnen zu müssen, aß er in seiner Kammer. So lag es an mir, die Nächte bei meiner Herrin zu liegen und sie im Bett aufzurichten, damit sie genug Luft bekam, wenn sie hustete. Tags setzte sie sich an den Schreibtisch und schrieb an dem Trostbuch für Witwen. Ich wunderte mich, welch wunderbare Worte sie fand, und doch schien es mir, als erreichte keines davon ihr eigenes Herz. Sie kam ihrem Mann nicht entgegen, forderte aber weiterhin, dass er seinen ehelichen Pflichten nachzukommen habe.

Doch sie konnte bei Poppo nichts erreichen, deshalb schrieb sie an Poppos Vater und Bruder; selbst ihren Brüdern und Albrecht klagte sie:

Mein Herr hat sich von mir gewendet und von mir geschieden. Er hat sich im Bett und bei Tische von mir abgesondert. In seine Kammer will er mich nicht mehr einlassen.

Welche Teufel sind in ihn gefahren und muss ich nicht schon unverschuldet so viel Krankheit ertragen. So sich der Herr nicht besinnt, werde ich Poppo vor ein geistliches Gericht stellen und zur Kirchenbuße zwingen, falls auch das nicht helfe, solle er mit dem Kirchenbann belegt werden.

Sie musste sich immer neue Schliche ausdenken, denn Poppo fing ihre Briefe des Öfteren ab. Er hatte es satt, dass seine Frau andere um Gelder anbettelte, als ob sie dem Hungertod nahe wäre. Und wieder hatte sie Erfolg, Poppos Vater meldete sich und schickte einen Vermittler, der einen Einigungsvertrag aushandeln sollte.

Elisabeth gab diesem eine Beschwerdeschrift mit 78 Klagepunkten. Zwei Monate später erhielt sie 78 Antworten zurück. Und nun endlich gab sie nach. Sie sah ein, dass sie sich nicht gegen Poppo würde durchsetzen können.

»Was soll ich denn anderes tun«, klagte sie mir. »Mich tot grämen und die vier Wände ansehen? Ich habe weder Luft noch Frieden, weil er nicht zu mir kommt und der ganze Haushalt darunter leidet.« Ich konnte nur staunen: Dass meine stolze Herrin in dem sanftmütigen Poppo einmal ihren Meister finden würde, hätte ich nicht gedacht.

Der Vermittler fasste einen Vertrag in 13 Artikeln zusammen, mit denen Elisabeth unterschrieb, dass sie ihren Gemahl als ihren Herrn anerkennen, ihm den Haushalt überlassen und ihm eine liebe Frau sein wolle, wenn er auch gut zu ihr sein würde. Poppos Strategie war aufgegangen. Zwei Jahre hatte es gedauert. Jetzt waren sie endlich ausgesöhnt und ich war ehrlich froh, in meine Kammer ziehen zu können.

Nun war es an ihm, zu klagen und Elisabeths Freunden zu schreiben. Und er wählte deutliche Worte:

denn die Schande trifft mich, wenn meine Gemahlin herumzieht und sich Gelder erbettelt. Sie hat gewusst, dass sie einen armen Mann heiratet, da ich doch auf mein Erbe verzichten musste, um es an meiner Gemahlin Tochter weiterzugeben. Sie will weiter aufwarten und regieren und obwohl sie so evangelisch und fromm einhergeht und gläubig die Worte setzt, so trägt sie doch viel Gift und Neid in ihrem Herzen.

Poppos Vater, der stets zu seiner frommen Elisabeth gestanden hatte und sie auch in dem Streit mit Poppo so liebevoll unterstützt hatte, wies sie nun streng zurecht. In seiner Verzweiflung schrieb er an meine Herrin:

Es ist doch eine große Hoffart, dass Ihr die Regierung nicht verlassen könnt. Ist denn der Teufel und Mammon ganz in Euch gefahren, dass Ihr das Gut nicht lassen könnt?

Elisabeth war zwar erleichtert, dass sie sich mit Poppo ausgesöhnt hatte, und bemühte sich redlich, einen angemessenen Lebensstil in Ilmenau zu führen. Doch die Regierungsgeschäfte nicht mehr führen zu können, fiel ihr schwer. Sie haderte mit ihrem Schicksal, weil sie keinen Einfluss mehr auf die Geschicke nehmen konnte. All ihre Vertrauten baten sie darum, sich endlich zurückzuziehen, nicht nur Poppos Vater. Selbst ihre Mutter hatte sie noch kurz vor ihrem Tod gebeten, das Herrschen aufzugeben und eine gute Ratgeberin und Trösterin zu werden. Immer noch kränkten solche Worte meine Herrin sehr. Poppo wiederholte den Rat unablässig: »Herrscher haben wir genug, aber keine guten Hirten, die zu hüten verstehen, was ihnen anvertraut wurde. Und Ihr, werte Gemahlin, wurdet begabt und begnadet, das Wort Gottes auszusäen und die neue Lehre zu fördern. So schaut nun nicht weiter nach dem Gelde.«

Immer, wenn Poppo etwas sagte, das ihr missfiel, pflegte sie einfach aufzustehen und wegzulaufen. Sie traute sich nicht mehr zu toben und zu streiten oder Gegenstände zu zertrümmern. Sie konnte es auch nicht mehr, weil sie zu schwach geworden war und ihr, sobald sie tobte, die Luft fehlte und ihre Lippen blau anliefen. Auch hatte Poppo angeordnet, zerbrochenes Geschirr weiter zu benutzen, damit Elisabeth sehen konnte, was sie angerichtet hatte. Was nicht herzurichten war, ließ er in eine Schale legen, die uns täglich vor Augen stand. Während dies für mich wie ein Altar der Buße war, so grämte sich Elisabeth über diese Demütigung und zum Trost flüchtete sie in ihre Kammer. Immer wieder kam sie mit einem neuen Gedicht heraus:

Denn wer Gott vertraut
und seines Herzens Zuversicht auf ihn setzen kann,

der achtet nicht, wie groß das Unglück sei,
das ihm auf Erden auf dem Halse liegt.
Er achtet allein nur, ob im stehenden Unglück
Gott sein gnädiger Gott und Herr sei.

Sie schrieb auch fleißig an dem Trostbuch für Witwen, das sie zum Weihnachtstag zwei befreundeten Gräfinnen schenken wollte, denn, da sie nun nicht mehr Silber und Gold schenken könne, so wollte sie ihnen doch das noch köstlichere Wort Gottes zukommen lassen. In ihrer eigenen Not fand meine Herrin in der Bibel viele tröstliche Verse, die sie in ihr Buch aufnahm. Und sie fügte Weisheiten aus ihrer eigenen, bitteren Erfahrung hinzu:

Sünde vermeiden – ist ein Schrein;
Geduld im Leiden – lege drein;
Gut vor Arges – tu dazu;
Freude in Armut – nun schließ zu.

Die Gesundheit meine Herrin hatte sich seit der Versöhnung mit Poppo nicht weiter verschlimmert, doch anstatt wie früher ihren Willen lautstark kundzutun, redete sie nun vor sich hin und überlegte laut, was sie früher sicher leise überlegt hatte. Ich dachte, sie wollte mit mir reden, und ich fragte nach ihren Wünschen, aber dann sah sie verwirrt auf und wusste auch schon nicht mehr, dass sie gesprochen hatte. Seit wir in Ilmenau waren, war es meiner Herrin nicht mehr möglich auf einem Pferd zu sitzen. Ihr fehlte die Kraft in den Beinen und sie fürchtete auch, durch den Husten das Pferd nicht mehr halten zu können.

Wie wendig waren hingegen ihre Töchter. Sie waren nach Königsberg gereist und direkt weiter nach Münden, um Sidonie und ihren Bruder zu besuchen. Poppo wäre gewiss gern mit den beiden gereist, doch er blieb bei seiner Frau und hielt sein Versprechen, dass er stets an ihrer Seite sein wolle, wenn sie ihn brauchte.

Katharina und Elisa hatten es schon eine Weile vermieden, in Gegenwart ihrer Mutter den Namen Sidonies auszusprechen, denn ihre Mutter ertrug es nicht, ihre Schwiegertochter in Münden zu wissen. Ich wusste jedoch, dass sich die jungen Frauen gut mit ihrer Schwägerin verstanden und sich gewiss viel zu erzählen hatten, wenn sie sich trafen. Ich hätte so gerne ein Zeichen meiner Verbundenheit an Sidonie oder Bertha mitgegeben, aber es ziemte sich nicht, die edlen Damen damit zu belästigen.

Meine Herrin hatte geplant, die Abwesenheit Katharinas zu nützen, um mit Friedrich von Sachsen über eine Eheschließung ihrer Tochter mit seinem Sohn zu verhandeln. Doch der Plan kam zu spät, da Katharina nicht wieder aus Münden zurückkehrte. Erich II. hatte sie, ohne seine Mutter zu fragen, mit dem katholischen Oberburggrafen Wilhelm von Rosenberg von Böhmen verlobt. Und damit war genau das passiert, was Elisabeth immer gefürchtet hatte.

Als Elisa ohne Katharina nach Schleusingen zurückkam, begann meine Herrin nach langer Zeit wieder zu toben. Sie riss die Vorhänge von den Fenstern, zerbrach einen kostbaren Spiegel und schlug mit einem Stuhl um sich. Obwohl meine Herrin nur noch das Gewicht eines Kindes hatte, so war sie in ihrer Wut wie ein wildes Tier, das alles, was sich ihr in den Weg stellte, vernichten wollte. Erst als sie vollkommen ermattet war, trauten wir uns, sie am Arm zu nehmen und in ihr Bett zu geleiten. Obwohl Elisabeth so viele wertvolle Gegenstände zerbrochen hatte, war Poppo mild zu ihr und sprach beruhigend auf sie ein, als sie schluchzend im Bett lag. »Grämt Euch nicht«, sprach er. »Katharina durfte doch ihren evangelischen Glauben behalten, und Erich II. erlaubte ihr sogar, einen evangelischen Pfarrer mit an den böhmischen Hof zu nehmen. Wer weiß, was die Zeit bringen wird. Habt Ihr denn vergessen, dass in der Bibel steht, dass denen, die Gott lieben, alle Dinge zum Besten gereichen werden? Und so wahr ich hier stehe, ich zweifele nicht an Eurer jüngsten Tochter, die wie Ihr über einen starken Glauben verfügt.«

Vielleicht wäre meine Herrin über dem Kummer gestorben, wenn Erich II. sie nicht zur Hochzeit eingeladen hätte. So sammelte meine schwache Herrin alle Kräfte, um wenigstens das Hochzeitsfest im Frühjahr erleben zu können.

Als wir zur Reise aufbrachen, betteten wir meine Herrin in weiche

Kissen und Poppo sorgte dafür, dass sie in der besten Kutsche reiste, die Schleusingen aufzubieten hatte. Während der beschwerlichen Reise freute ich mich auf Münden, denn in den vielen Jahren, die ich in der Stadt zugebracht hatte, war es meine Heimat geworden und Bertha meine zweite Mutter. Meine Herrin grübelte und ihre Nächte waren so ruhelos, dass sie des Abends einen Brei aus Baldrianwurzeln und Mohnsamen zu sich nehmen musste, damit sie wenigstens ein wenig Schlaf fand. Ich sah ihr an, dass sie den Augenblick fürchtete, wenn sie in den Hof von Münden einfuhr und Schlossherrin Sidonie sie willkommen heißen würde. Ich versuchte mir vorzustellen, wie schwer diese Reise für meine Herrin war. Aber es gelang mir nicht. Wie groß war ihre Liebe zu ihrer Tochter, dass sie diese Schmach auf sich nahm. Auch ich fragte mich, wie es wohl sein würde, wenn ich mit meiner schwachen Herrin in Münden wäre und sie ertragen müsste, dass Sidonie regierte und ihre jüngste Tochter einen Grafen heiratete, den nicht sie ausgesucht hatte.

Doch es sollte anders kommen. Als wir in Göttingen in der Herberge ankamen, blickte uns der Wirt erstaunt an. Behutsam leitete ich Elisabeth die Treppe hinauf in ihr Schafgemach. Als ich wieder hinunterkam, um mich um eine Erfrischung zu kümmern, nahm er mich beiseite. »Wohin ist Eure Herrin unterwegs?« fragte er mich. »Zur Hochzeit ihrer Tochter Katharina in Münden«, antwortete ich. »Aber die hat doch schon vor zwei Wochen stattgefunden. Katharina ist schon vor sieben Tagen nach Böhmen aufgebrochen. Sie müsste schon längst dort sein.« Fassungslos starrte ich ihn an. »Was sagt Ihr da? Das kann nicht stimmen!«, rief ich. Doch der Wirt bestätigte es noch einmal.

Eine Weile konnte ich mich nicht rühren. Ich musste nur denken: »Erich II. hat seine todkranke Mutter erneut getäuscht. Er wollte seine Mutter nicht zugegen wissen und hat ihr absichtlich einen falschen Termin genannt.« Schweren Herzens schlich ich zu Poppo und berichtete ihm, was ich erfahren hatte. Er senkte den Kopf: »Das wird ihr das Herz brechen«, flüsterte er. Ich nickte stumm.

Nie war mir ein Gang schwerer gefallen als der Weg zurück in das Zimmer. Ich ahnte, dass Elisabeth diese Nachricht nicht mehr überleben würde. Poppo drückte die Tür auf und sah auf seine Frau, die müde von der Reise in ihren Kissen lag. Er setzte sich vorsichtig auf ihr Bett und griff nach ihrer Hand. In sanften, leisen Worten erklärte er ihr, dass sie sich umsonst auf den langen Weg gemacht hatte. Ihre Augen wurden immer größer. Am Ende seiner Rede setzte sie sich steil auf und stieß ihn von sich. Und dann begann sie zu toben. Ich weiß nicht, woher sie die Kraft nahm, aber es waren furchtbare Mächte, die sie in dieser Nacht schüttelten. Sie schrie und fluchte bis in das Morgengrauen und weinte so viele Tränen, dass das Kissen nass war. Das Schlimmste jedoch war, dass sie, sobald sie hustete, Blut spuckte.

Am nächsten Morgen betteten wir Elisabeth wieder in die Kutsche. Sie kam nicht zu Bewusstsein. Nach der langen Nacht war sie endlich in eine Art Schlaf gefallen. Wir kehrten um und fuhren langsam zurück. Hatte die Hinreise zwei Wochen gedauert, so dauerte die Rückreise drei. Es war ein quälender Weg, denn es war deutlich, dass Elisabeth nicht mehr lange zu leben hatte. Selbst der Ilmenauer Arzt schüttelte den Kopf. Als sie wieder zu sich kam, diktierte sie dem Schreiber zwei Briefe. Erich II. schrieb sie, dass sie umkehren musste, weil sie krank geworden sei. Ihren Freunden schrieb sie, sie hätte es sich anders überlegt und nicht zur Hochzeit nach Münden wollen, da sie es nicht ertragen könne, einer katholischen Messe beizuwohnen.

Wenigstens waren wir zurück in Ilmenau. Tag und Nacht wachte ich nun an Elisabeths Bett und musste mit ansehen, wie sich ihr Geist nach und nach verdunkelte. Über dem Geschehen auf der Reise verwirrten sich ihre Sinne. Ihre Worte passten nicht mehr in die Welt. Es gab Stunden, da weinte sie und war unglücklich. Und es folgten Zeiten, in denen sie sang und fröhlich war. Manchmal schöpfte ich Hoffnung und dachte, nun habe sie den schlimmsten Kummer überwunden und würde wieder fröhlich. Doch dann verfinsterte sich ihr Sinn aufs Neue und sie tobte und schrie, als ob sie von aller Welt betrogen worden sei und sie uns nicht kennen würde.

Poppo wich ebenfalls nicht mehr von ihrer Seite. Er half mir, meine

Herrin zu füttern und zu waschen. Keine Arbeit war ihm zu schwer und er saß stundenlang an ihrem Bett und hielt ihre Hand. Er schrieb an Elisabeths Familie, an ihre Kinder und Geschwister. Doch keiner war bereit, den Weg nach Ilmenau auf sich zu nehmen, und Anna Maria und Katharinas Wege waren zu weit. Nur Elisa war bei ihrer Mutter, während sie mit dem Tod rang. Woche um Woche blieben wir bei ihr und sorgten uns um sie.

Irgendwann reagierte sie kaum noch auf unser Rufen und nahm keine Speise mehr zu sich. Und als ich eines Morgens neben ihr aufwachte, war ihr Körper kalt. Sie atmete nicht mehr. Nur der Hauch des Todes durchflutete den Raum und schien auch von mir Besitz ergreifen zu wollen. Ich kniete mich neben das Bett. Aber ich konnte nicht beten, alles drehte sich. Das Bett, meine Herrin, das Laken und meine gefalteten Hände kreisten vor meinen Augen und ich konnte mich nicht mehr aus der Starre lösen. Lange Zeit verharrte ich so, bis Poppo die Tür öffnete. Als er erkannte, dass sie nicht mehr lebte, konnte er nur noch einen kurzen Befehl über seine Schulter rufen. Dann stand auch er tatenlos an ihrem Bett und es waren andere, die den Pfarrer riefen und den Totengräber bestellten. Wir blieben allein zurück, waren ratlos und stumm. Es war, als hätte jemand mein Herz herausgerissen. Ich begriff erst, was geschehen war, als von draußen der Klang der Totenglocke ins Zimmer drang. Mühsam erhob ich mich. Einen Augenblick sahen Poppo und ich uns an. Dann murmelte ich: »Ich muss sie nun waschen« und wandte mich ab. Ich holte die Schüssel mit Wasser und Seife und ein weiches Tuch. Poppo half mir, Elisabeth zu entkleiden. Dann strich ich ein letztes Mal über die Hände, die ich so gut kannte, und über das Gesicht, das mir so vertraut war. Im Tode sah sie friedlich aus und die Qualen der letzten Wochen schienen verschwunden. Dann zog ich ihr das schöne rote Samtkleid an, das sie schon sehr, sehr lange nicht mehr getragen hatte. Ihr abgemagerter Körper fügte sich ohne Widerstände in den wunderschönen Stoff. So lange war das her. Ich strich mit der Hand die ausgeblichenen Falten glatt und fühlte mit meinen Fingern die wunderbaren Säume. Wie gut erinnerte ich mich daran, als sie geschlossen wurden. Als Elisabeth angezogen vor mir lag, sah ich ihr ein letztes Mal ins Gesicht. Wir waren allein. Sanft nahm ich ihre Hand in meine und drückte meine Lippen darauf. Dann rief ich Poppo. Als er sie in einem Kleid sah, das er nicht erkannte, wollte er genau wissen, wann das Kleid genäht worden war. Ich erzählte ihm die ganze Geschichte, erinnerte mich daran, wie Erich I. ihr den Stoff geschenkt hatte und das dazu führte, dass Elisabeths Bedienstete lesen und schreiben lernen mussten. Gemeinsam lächelten wir, denn diese Begebenheit drückte so viel von dem aus, was Elisabeth ausgemacht hatte.

Hinter uns traten derweil mehrere Bedienstete ins Zimmer. Vorsichtig trugen sie den Leichnam in den großen Saal und betteten meine Herrin auf einen mit weißen Spitzen bedeckten Tisch. Poppo und ich zündeten die Kerzen an, damit alle von ihr Abschied nehmen konnten. Sie war nur 48 Jahre alt geworden.

Ausklang (Ilmenau 1558)

Als meine Herrin ihre Augen für immer schloss und ihr Körper im Sarg eingeschlossen wurde, wusste ich nicht, was ich tun sollte. Poppo war es auch leid, ständig von Neuem beginnen zu müssen, und so konnte ich im Haus des Grafen Henneberg bleiben. Ich gehe nun all die Wege hin und her, die ich zuvor mit meiner Herrin gegangen bin. Ich kann es nicht lassen, auf ihre Schritte zu lauschen und des Nachts auf ihren Atem. Ich weiß, sie ruht in Frieden. Aber ich finde keine Ruhe. Auf und ab gehe ich in den Gemächern, in denen sie zugegen gewesen ist. Ich prüfe ihren Schmuck, säubere die Bürsten und warte noch immer darauf, dass sie nach mir ruft.

Dann fällt mein Blick auf das Tintenfass, das neben dem Stapel frischen Papiers liegt, und ich erinnere mich an ihre Worte von damals, als sie mich zwang, lesen und schreiben zu lernen. »Ich möchte, dass du schreiben und lesen lernst, vielleicht wird es mir einmal das Leben retten.« Wie soll ich ihr nun, da sie tot ist, das Leben einhauchen? Ich muss lachen, wenn ich darüber nachdenke. Christus macht lebendig am Jüngsten Tag. Aber Tinte und Papier? Und dann kommt mir ein Gedanke: Was wäre, wenn ich das Leben meiner Herrin niederschreibe?

Ich nehme den Deckel vom Glas und tauche die Feder ein. Es ist schon lange her, dass ich etwas geschrieben habe und so setze ich einen Buchstaben sorgfältig an den anderen:

Meiner Herrin Elisabeth, Prinzessin von Brandenburg, will ich treu und ergebenst dienen bis zum eigenen Tode

Ich höre, wie sich die Tür zu meinem Zimmer öffnet. Es muss Poppo sein, der eintritt. Er tritt hinter mich und sieht mir über die Schulter. Er liest die wenigen Worte, die ich aufgeschrieben habe. »Willst du über das Leben Elisabeths schreiben?« Seine Frage verblüfft mich. Woher kann er wissen, was mir erst vor wenigen Minuten in den Sinn gekommen ist? »Ich weiß es nicht. Ich bin nicht gebildet genug und im Grunde verstand ich nie die

Politik und die Religion und all das, was ein guter Schreiber wissen müsste.« »Aber du hast mit ihr gelebt. Du weißt doch mehr als alle anderen. Du brauchst nur über dein eigenes Leben zu schreiben, denn du warst um sie und dir blieb nichts verborgen. An deiner Seite wird sie wieder lebendig werden.« »Das genügt? Wenn ich aufschreibe, was ich mit meiner Herrin erlebt habe?« Da legt Poppo seine warmen Hände auf meine Schultern und küsst sanft meine Haare. »Ja, Agnes«, sagt er, »das genügt.« Seine Hände ruhen noch lange auf meinen Schultern. Noch nie hat mich Poppo zuvor berührt. Noch nie hat die Hand eines Mannes auf meiner Haut gelegen. Ich spüre, wie ich tiefer und tiefer atme. Dann tauche ich die Feder wieder in das Tintenfass:

»Agnes, deine neue Herrin ist zwei Jahre jünger als du«, sagte meine Lehrmeisterin. »Sie wird Herzog Erich I., Herzog von Braunschweig-Lüneburg und Göttingen-Calenberg, heiraten, und du wirst ihre Kammermeisterin.«

Mehr sagte sie nicht. »Wer, wer genau ist die gnädige Frau, der ich dienen soll?«, hätte ich am liebsten gleich gefragt. Aber eine solch törichte Frage wäre mir nie über meine Lippen gekommen; seit meinem sechsten Lebensjahr war ich auf meine Aufgabe vorbereitet worden. Demut und Verschwiegenheit waren mir zur zweiten Natur geworden. Nun war ich 16 und bereit, meiner Bestimmung gerecht zu werden. Doch wer, wer würde meine Herrin sein? Mein Kopf zählte wie im Fieber alle jungen Prinzessinnen auf. Aber solange mir niemand sagte, zu wem ich geschickt werden würde, war eine solche Mühe vergeblich.

Nachwort

Als ich das Material zur vorliegenden Biografie sammelte, war ich erstaunt, dass ein realer Lebenslauf alle für einen Roman so wichtigen Elemente enthält. Da ist eine echte Prinzessin, erste Heirat mit 14 Jahren (und dann gleich mit einem 55-jährigen gestandenen Herzog, Kämpfer und Lebemann), da sind politische und religiöse Wirrungen, Hexenverfolgungen, Kriegshandlungen, Geschichten von Adel, Reformation, Bauernkriegen, Familienleben und nicht zu vergessen eine zweite Liebe zu einem jüngeren Mann. Ich war begeistert, welch guter Romanstoff mir mit dieser Frau zuteil geworden war. Eine Frau, die sich aufs Herrschen und Verhandeln verstand, die sich einmischte und kämpfte, Teilsiege errang und scheiterte.

Ein zusätzlicher Pluspunkt war, dass mein Wohnort mitten im Recherchegebiet liegt. Die Burgen und Klöster hatte ich all die letzten Jahre bereits besucht. Ich hatte Ausflüge nach Hannoversch Münden unternommen, in den Burgen Konzerten gelauscht oder in den Überresten der Schlösser nach Abenteuern gesucht und ein Picknick genossen. Trotzdem: Nie hatte sich bei mir dabei der Name »Elisabeth von Calenberg« eingeprägt. Im Gegenteil, als mein Verlag auf mich zukam mit der Idee für diesen Roman, fragte ich zurück: »Wer ist denn Elisabeth von Calenberg?«

Das hat sich seitdem schlagartig geändert. Wenn ich nun in meinem Heimatort Northeim einkaufe, komme ich an dem Haus vorbei, in dem Corvinus gewohnt hat, das Kloster Wiebrechtshausen ist mit dem Fahrrad in wenigen Minuten zu erreichen, und wenn ich in Göttingen bin, stehe ich vor dem alten Rathaus und denke: »Hier auf diesem Platz wurde die erste evangelische Predigt in der Stadt gehalten. Im Freien. Alle teilnehmenden Privatbürger und eingetragenen Gildemitglieder sind in der Chronik verzeichnet. Ich brauche nur ein paar Gassen weiterzugehen und sehe die Straßen, in denen die eingeschmuggelten Pfarrer wohnten.« Und dann das Wappen über dem Türbogen: Das Calenbergische Wappen. Mir fielen die Worte Goethes ein: »Man sieht nur, was man weiß.« Und da gab es während der Recherche unglaublich viel zu sehen. Gut 3000 Seiten waren zu lesen, dutzende Anfragen und Besuche zu tätigen. Es gab für mich einige Wochen lang nur ein Thema. Überall, wo ich gezielt nachfragte, taten sich freundliche Türen auf. Kirchen, Klosterkammern, Archive und Touristinformationen, alle sagten erleichtert: »Endlich schreibt jemand einen Roman über Elisabeth.« Es wurde Zeit, denn diese Frau hat sich um so vieles verdient gemacht.

Meine anfängliche Begeisterung, eine ideale Romanfigur gefunden zu haben, wich jedoch mit zunehmender Recherche dem Wissen, dass die Umstände ihres Lebens und der Zeit zu vielschichtig, global und wechselhaft verlaufen sind, als dass sich ein schöner Spannungsbogen finden ließe. Dazu kam, dass bei mancher Lektüre, zum Beispiel über die Hexenverfolgung und den Aberglauben der damaligen Zeit, keine märchenhaften Gedanken aufkeimen konnten. Die Unterlagen, die ich las, zeigten eine grausame Wirklichkeit auf, die ich jedoch in der damaligen Selbstverständlichkeit wiedergeben wollte. Mir ist bewusst, dass auch wir in 500 Jahren ebenso Geschichte sein werden, und die Lebenden dann vielleicht von uns als »Barbaren und Abergläubische« reden werden. Alles hat also seinen Platz, seine Zeit, seine Erkenntnis und wirkt doch in der Geschichte fort.

Um der Biografie nicht den komplizierten weltpolitischen Rahmen aufzudrücken und die Umstände für den Leser leichter verständlich zu machen, beschränkte ich mich auf wesentliche Daten und wählte als Erzählstimme die Erinnerungen einer Magd.

Zeittafel

24.8.1510 Elisabeth kommt als drittes von fünf Kindern an einem der mächtigsten Fürstenhöfen in Berlin zur Welt. Ihr Vater ist Kurfürst Joachim I. von Brandenburg, der wegen seiner umfassenden Bildung auch den Beinamen »Nestor« trägt. Die Mutter, Elisabeth von Dänemark, ist zeitlebens Luther zugetan und wird deswegen später von ihrem altgläubigen Ehemann verfolgt.

7.7.1525 Vierzehnjährig heiratet Elisabeth den 40 Jahre älteren, verwitweten Herzog Erich I. von Braunschweig-Wolfenbüttel-Calenberg in Stettin. Sie bezieht als Regierungssitz das Schloss in Münden.

1526 Elisabeth (im Buch »Elisa«) wird geboren. Elisabeth beginnt mit Erich I. eine Auseinandersetzung um seine Mätresse Anna von Rumschottel. In den Folgejahren wird Anna von Rumschottel als Hexe denunziert. Ihr gelingt jedoch immer die Flucht. Andere Fürsten sorgen sich, dass auch ihre Ehefrauen ihre Mätressen als Hexen verdächtigen werden.

1528 Erich II. wird geboren.

ab 1529 Die Städte Göttingen, Hannover und Northeim werden lutherisch. Der altgläubige Herzog Erich I. geht gegen die Städte vor.

1532 Anna Maria wird geboren. Eva von Trott, Mätresse Heinrichs von Braunschweig, wird scheinbeerdigt und später zeitlebens mit ihren Kindern versteckt gehalten.

1534	Katharina wird geboren.
1535	Elisabeths Vater stirbt. Ihr Bruder Joachim II. folgt dem Vater in der Regierung. Elisabeth nimmt ohne Wissen ihres Gemahls das Abendmahl und tritt zum evangelischen Glauben über. Sie korrespondiert mit Luther und stellt später Corvinus als Superintendenten ein.
1540	Erich I. stirbt in Hagenau (Elsass). Elisabeth übernimmt die Regierung und Vormundschaft für ihren noch minderjährigen Sohn. In der Folge reformiert sie ganz Calenberg. Corvinus erlässt die Kirchen-, Schul,- Kloster- und Kastenordnung für Calenberg. Ebenso erneuert sie das Finanzwesen nach dem Vorbild Preußens. Philipp von Hessen geht eine Doppelehe ein.
ab 1542	Es werden in allen Städten und Klöstern Visitationen durchgeführt. Die aufgelösten katholischen Güter und Gelder sollen in soziale Belange fließen. Diese Stiftung wird heute von der Klosterkammer Hannover verwaltet.
1545	Erich II. heiratet die evangelische Herzogin Sidonie von Sachsen. Er sichert seiner Mutter die Stadt Münden und die westlichen Gebiete Calenbergs als Witwensitz zu. Ebenso wolle er die Reformation fördern. Elisabeth unterstützt Heinrich von Braunschweig, um sich gegen die Übermacht des Schmalkaldischen Bundes zu wehren. Es kommt zur Schlacht bei Höckelheim.
1546	Erich II. verweigert den sorgsam vorbereiteten Regierungsantritt. Er beutet sein eigenes Land aus und ruiniert das Lebenswerk seiner Mutter. Elisabeth heiratet in zweiter Ehe den drei Jahre jüngeren Grafen Poppo von Henneberg. Er ist der jüngere Bruder ihres Schwiegersohnes. Sie baut

sich einen zweiten Wohnsitz in Ilmenau aus, bleibt jedoch weiter in Münden, um zu regieren. Zwischen Kaiser Karl V. und dem Schmalkaldischen Bund entbrennt der Krieg. Philipp von Hessen wird verhaftet, Heinrich von Braunschweig kommt frei. Erich II. kämpft auf der Seite des Kaisers gegen den Schmalkaldischen Bund. Er verliert die Schlacht bei Mühlberg.

1548 Kaiser Karl V. erlässt ein Interim, nachdem einige katholische Bräuche wieder eingeführt werden sollten. Kurfürst Moritz von Brandenburg stellt ein Leipziger Interim dagegen, das wenigstens die evangelische Lehre wahren soll. Elisabeth beauftragt Corvinus eine Gegenschrift zu entwerfen, die 1549 von 140 evangelischen Pfarrern in Münden unterschrieben wird. Darüber ist Erich II. so erbost, dass er die Pfarrer vertreibt und Corvinus gefangen setzt.

1551 Erich II. wird vom Kaiser entmündigt, da er sein Land nicht regiert.

1552 Erich fällt beim Kaiser in Ungnade und söhnt sich mit der Mutter aus. Corvinus wird schwer krank aus der Haft entlassen.

1553–1555 Heinrich von Braunschweig will sein Land wieder zurück, das vom Schmalkaldischen Bund besetzt wurde. Elisabeth befürchtet, dass er sich auch Calenberg einverleiben will. Da Philipp von Hessen sie nicht mehr militärisch unterstützt, verbündet sie sich mit dem unehrenhaften Albrecht Alkibiades gegen Heinrich von Braunschweig. Es kommt bei Sievershausen zur blutigsten Schlacht im Schmalkaldischen Bund. Elisabeth borgt sich von Hannover Gelder für Kanonen. Calenberg unterliegt. Die Stadt Hannover hält Elisabeth so lange fest, bis sie auf Münden verzichtet und die Gelder zurückbezahlt. Elisabeth zieht zu ihrem Mann Graf Poppo nach Ilmenau.

25.5.1558 Elisabeth stirbt in geistiger Umnachtung in Ilmenau

Stammbäume

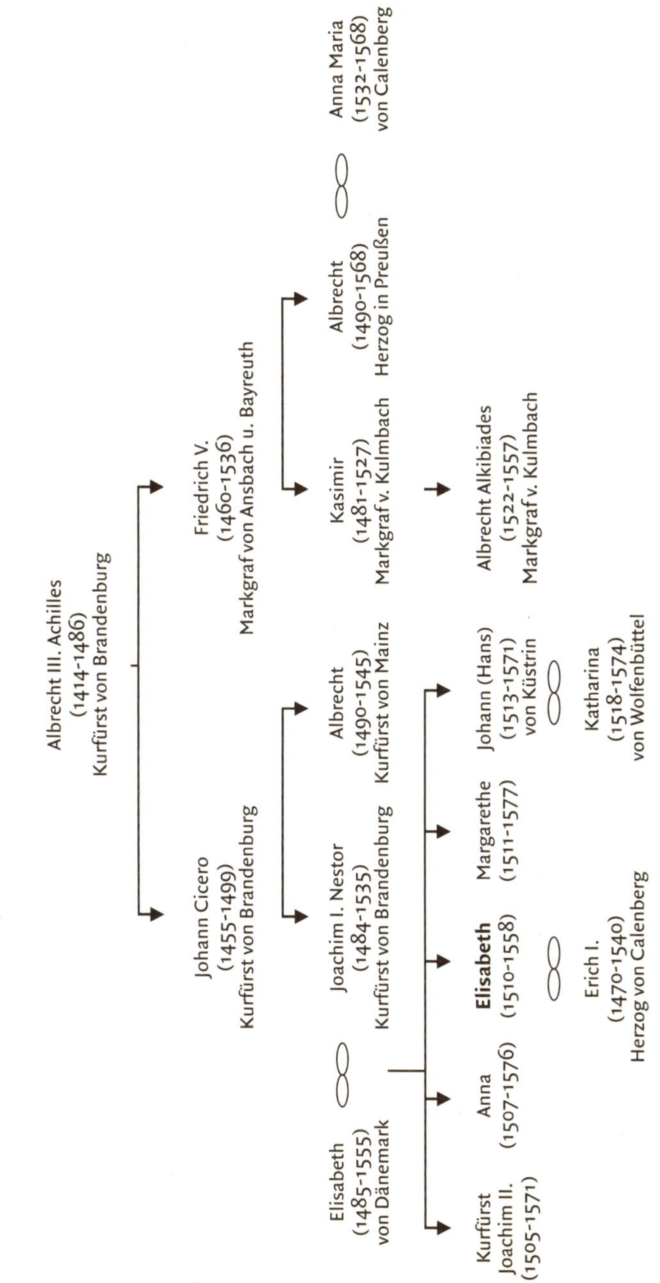

Albrecht III. Achilles
(1414-1486)
Kurfürst von Brandenburg
Johann Cicero
(1455-1499)
Kurfürst von Brandenburg
Friedrich V.
(1460-1536)
Markgraf von Ansbach u. Bayreuth
Elisabeth
(1485-1555)
von Dänemark
Joachim I. Nestor
(1484-1535)
Kurfürst von Brandenburg
Albrecht
(1490-1545)
Kurfürst von Mainz
Kasimir
(1481-1527)
Markgraf v. Kulmbach
Albrecht
(1490-1568)
Herzog in Preußen
Anna Maria
(1532-1568)
von Calenberg
Kurfürst
Joachim II.
(1505-1571)
Anna
(1507-1576)
Elisabeth
(1510-1558)
Erich I.
(1470-1540)
Herzog von Calenberg
Margarethe
(1511-1577)
Johann (Hans)
(1513-1571)
von Küstrin
Katharina
(1518-1574)
von Wolfenbüttel
Albrecht Alkibiades
(1522-1557)
Markgraf v. Kulmbach

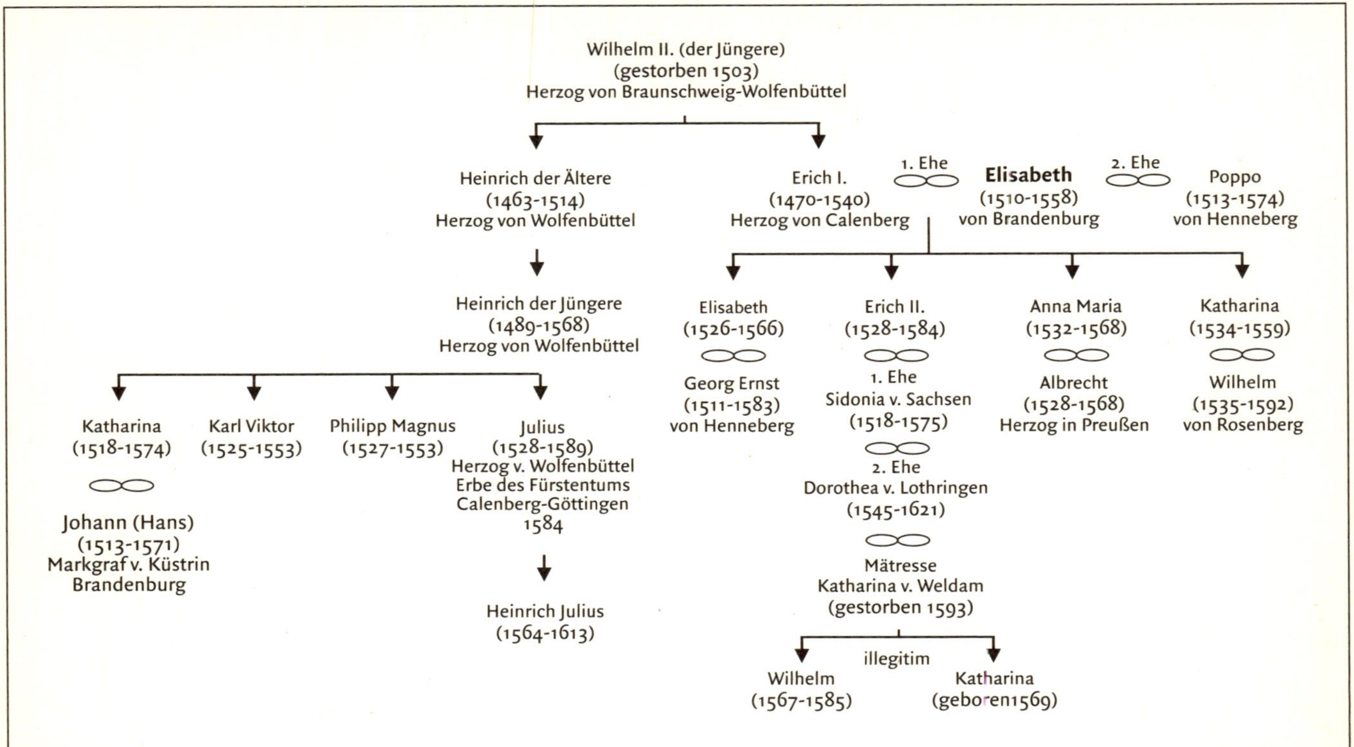
Wilhelm II. (der Jüngere)
(gestorben 1503)
Herzog von Braunschweig-Wolfenbüttel
Heinrich der Ältere
(1463-1514)
Herzog von Wolfenbüttel
Erich I.
(1470-1540)
Herzog von Calenberg
1. Ehe
Elisabeth
(1510-1558)
von Brandenburg
2. Ehe
Poppo
(1513-1574)
von Henneberg
Heinrich der Jüngere
(1489-1568)
Herzog von Wolfenbüttel
Elisabeth
(1526-1566)
Georg Ernst
(1511-1583)
von Henneberg
Erich II.
(1528-1584)
1. Ehe
Sidonia v. Sachsen
(1518-1575)
2. Ehe
Dorothea v. Lothringen
(1545-1621)
Mätresse
Katharina v. Weldam
(gestorben 1593)
illegitim
Wilhelm
(1567-1585)
Katharina
(geboren1569)
Anna Maria
(1532-1568)
Albrecht
(1528-1568)
Herzog in Preußen
Katharina
(1534-1559)
Wilhelm
(1535-1592)
von Rosenberg
Katharina
(1518-1574)
Johann (Hans)
(1513-1571)
Markgraf v. Küstrin
Brandenburg
Karl Viktor
(1525-1553)
Philipp Magnus
(1527-1553)
Julius
(1528-1589)
Herzog v. Wolfenbüttel
Erbe des Fürstentums
Calenberg-Göttingen
1584
Heinrich Julius
(1564-1613)

Literaturhinweise

Bartels, Hans, »Geschichte der Reformation in Northeim«, Hannover 1918

Brennecke, Adolf, »Die politischen Einflüsse auf das Reformationswerk der Herzogin Elisabeth im Fürstentum Calenberg-Göttingen 1538–1555« in: Niedersächsisches Jahrbuch, Hildesheim 1924

Havemann, Dr. Wilhelm, »Geschichte der Lande Braunschweig und Lüneburg«, zweiter Band, Göttingen 1855

Kalthoff, Edgar, »Geschichte des Südniedersächsischen Fürstentums Göttingen und des Landes Göttingen im Fürstentum Calenberg 1285–1584«, Herzberg-Pöhlde, 1982

Lehrmann, Joachim, »Hexenverfolgung in Hannover-Calenberg und Calenberg-Göttingen«, Hannover/Lehrte 2005

Lilienthal, Andrea, »Die Fürstin und die Macht. Welfische Herzoginnen im 16. Jahrhundert: Elisabeth, Sidonia, Sophia«, Hannover 2007

Mager, Dr. Inge, »Elisabeth von Brandenburg – Sidonie von Sachsen. Zwei Frauenschicksale« im Kontext der Reformation von Calenberg-Göttingen«, in: »450 Jahre Reformation im Calenberger Land«, hg. vom ev.-luth. Kirchenkreis Laakem-Pattensen 1992

Mengel, Ingeborg, »Elisabeth von Braunschweig-Lüneburg und Albrecht in Preußen – Ein Fürstenbriefwechsel« in: Göttinger Bausteine zur Geschichtswissenschaft, Band 13/14, Göttingen 1954

Nebig, Ernst-August, »Elisabeth Herzogin von Calenberg«, Göttingen 2006

Saathoff, Albrecht, Pastor an St. Albani, »Aus Göttingens Kirchengeschichte. Zur 400-jährigen Gedächtnisfeier der Reformation am 21. Oktober 1929«, Göttingen 1929

Steinwede, Dietrich, »Martin Luther«, Düsseldorf 2006

Tschackert, Paul, »Herzogin Elisabeth von Münden, geb. Markgräfin von Brandenburg«, Leipzig 1899

von Boehn, Max, »Die Mode. Eine Kulturgeschichte vom Barock bis zum Jugendstil«, München 1976

Zeitschrift der Gesellschaft für Niedersächsische Kirchengeschichte, Hrsg.: Cohrs, D. Ferdinand, Braunschweig 1918